人类的智慧和生活

刘长允 著

图书在版编目(CIP)数据

人类的智慧和生活 / 刘长允著. — 北京：商务印书馆，2020（2021.8 重印）
ISBN 978-7-100-18171-6

Ⅰ.①人… Ⅱ.①刘… Ⅲ.①社会人类学 Ⅳ.①C912.4

中国版本图书馆 CIP 数据核字（2020）第 037444 号

权利保留，侵权必究。

人类的智慧和生活
刘长允 著

商务印书馆出版
（北京王府井大街36号 邮政编码100710）
商务印书馆发行
北京新华印刷有限公司印刷
ISBN 978-7-100-18171-6

2020年5月第1版	开本 710×1000 1/16
2021年8月北京第3次印刷	印张 28

定价：72.00 元

目 录

001　　前言

001　　第一章　　开天辟地一瞬间
033　　第二章　　阴阳二气铸男女
087　　第三章　　岁月如歌一万年
179　　第四章　　千智百慧起先天
259　　第五章　　孔子基督如来佛
317　　第六章　　人间大道真善美
353　　第七章　　山重水复疑无路
395　　第八章　　柳暗花明又一村

435　　后记

前　言

　　英国大学者罗素说："我有三个简单而强烈的情感，持续一生，是我工作和学习的动力，即对爱情的期望，对知识的渴求，对人类无奈的极度悲悯。"我对此深表赞许，且认为自己亦有类似的情感，当然，这里的"爱情"也可以理解为仁爱之心。我幼承庭训，读古书比较早，受到中国古代士大夫的影响，从年轻时就充满了忧乐天下的情怀。20世纪80年代，我主要忧虑的是人类的信仰缺失、道德淡薄；90年代，我主要忧虑的是生态恶化，气候变暖；进入21世纪后，我主要忧虑的是科技颠覆，科学技术的滥用。我在30多岁时，写过这样一首小诗："如椽大笔惊宇宙，要写千古未有文。只手擎起将倾厦，敢为天地再立心。"这虽然是首咏史诗，诗中写的是扬雄和张载，但也多少有点自勉的意思在里面。我当时也常常想，应该用自己的所思所学，写出点东西，以针砭人性中的弱点，以匡正人们的思想和行为上的偏差，使我们的这个世界变得更加美好。可是，个人的知识和见解是远远不够的。我想，要想成功应对人类面临的危机和挑战，要想使我们人类永远幸福快乐地生活，就应该向历史去寻找经验答案，就应该向古圣先贤去请教，就应该多听一下当代有识之士的高见，毕竟是"天下万物理无二，世上大哲忧心同"，用人类的智慧去创造明天的美好生活。这就是，我撰写《人类的智慧和生活》的动机和初衷。

关于对如何处理人与自然的关系、人与人的关系、人与自身的关系这个亘古不变的议题，关于对人类的前途和命运的探讨，关于对如何使我们人类的生活更加幸福快乐的问题，我虽然思考了30多年之久，但真正动手撰写《人类的智慧和生活》一书，则是从2008年才开始的。这十多年来，我用掉了所有的业余时间，边读书，边思考，边写作。为了把这部书能写得扎实和丰富些，我先后阅读了400多部经典著作，包括商务印书馆出版的一部分"汉译世界学术名著"，包括中华书局出版的大部分中华经典藏书，查阅了有关学术论文在千篇之上，做了40多本读书笔记。有时为了一个并不大的问题，就需要读很多的书。如为了说清楚人类城市的起源和城乡关系问题，就通读了刘易斯·芒福德600多页的《城市发展史》；再比如为了写好人类的知识起源和人类获取知识的方式这一小节，就阅读了洛克、康德、黑格尔、休谟和罗素等人的不少著作。这本书中涉及丰富的历史、哲学、宗教和文学知识，也对人类在数学和物理、化学、生物等方面的成就进行了总结和概括。笔者每论及一个问题，总是先综合古今百家之言，然后间出己意。书中虽然知识面广信息量大，笔者也力求避免枯燥，不时地穿插一些幽默和轶事，并使语言尽可能的生动明快。

在写作本书的过程中，2012年11月8日，具有划时代历史意义的中国共产党第十八次全国代表大会召开了。党的十八大之后，习近平总书记发表了一系列重要讲话，习近平新时代中国特色社会主义思想逐渐形成。他不仅为中华民族的伟大复兴提供了理论基础和行动纲领，也为全人类的和平和发展，为全世界人民能够过上更好的日子指明了方向。习近平总书记关于构建人类命运共同体的理念、关于"一带一路"建设的倡议、关于共同建设美丽地球家园的呼吁、关于文明要相互交流和互鉴的主张，都回应了当今世界的共同关切，都从根本上维护了人类的利益和福祉。因此，这些理念和主张一经提出，立刻受到很多国家政府和世界人民的赞同和支持。

习近平总书记提出的解决人类问题的中国智慧和中国方案，不仅使我们人类可以走出困境和危机，而且能够迎来新的更好的文明时代。面对此情此景，我曾经吟诗一首，其中一句是："不愁身病无药治，且喜天塌有人擎。"习近平新时代中国特色社会主义思想，为我们人类撑起了一片美丽的星空，不仅使世界人民可以和平相处、共谋幸福，也仿佛让人看到了世界大同的曙光。正因为如此，我的这本书始终以习近平新时代中国特色社会主义思想为指导，始终贯穿中国智慧和中国方案这条红线。

本书共分八个篇章。这八个篇章看似都可以独立成文，但它们实际上是一个紧密联系在一起的整体。如果只看其中一章，而不看其他的篇章，就会影响对这一章内容的理解，甚至有时候还会感到突兀。同样，有些类似的内容和语句，在这一章节说了，在其他章节里还会看到，这并不是重复，而是角度有所不同。第一章"开天辟地一瞬间"。这一章用很大篇幅介绍了神话传说中的创世记，也不厌其烦地谈论了现代科学对宇宙起源和时空的解释。其实，这一章的主旨却是，我们至今为止对于宇宙的起源和性质并不真正清楚，我们人类对大自然应该永远抱有敬畏感和神秘感，应该永远热爱和保护好我们唯一的家园——地球。第二章"阴阳二气铸男女"。这一章重点揭示"性"在人类生活中的重要地位和作用，强调处理好两性关系的重大意义，热情讴歌爱情。更为重要的是，本章特别强调一夫一妻制家庭的重要性，认为稳固和谐的家庭乃是我们人类幸福生活的根本保障。第三章"岁月如歌一万年"。本章生动描绘了人类过去一万年生活的历史画卷，认为人类过去的生活总体是幸福快乐的。本章既描绘了原始社会，也描写了工业化时代，但主要是描写农耕文明时代。本章的一个重要观点是，农业和农村，永远是我们人类的生存之本，要不遗余力地保护好农业和农村。本章还强调，我们现代人如果有什么迷惘，应该到农业文明中去找指南；我们现代人如果有什么焦虑和不安，应该到农业文明中去找慰藉。因为农耕文明经过近万年的发展，累积了丰富的文化和精神，是最成熟的文明形态。第四章"千智百慧起先天"。这一章虽然主要是论述人类是如何获取知识的，并比较详细地介绍了人类在自然科学方面已经取得的成就。但这一章的用意却是要表明：人类已经获取的知识并不是确定的，人类的认识能力是有限的，人类有永远不能认识的事物，并断言这对人类不一定是件坏事。本章还特别强调，知识只有在智慧的引领下才能为人类的生活服务。第五章"孔子基督如来佛"。这一章详细介绍了儒家文化、基督教文化和佛教文化，认为人类的生活始终不能没有理想和信仰。本章特别强调的是：在人类今后的理想和信仰中，"宇宙情感"或"自然情怀"将是一个重要精神元素，孔子和儒家文化的"天人合一"思想，将发挥重要和不可替代的作用。第六章"人间大道真善美"。这一章深入分析了真善美的产生和来源，真善美的实质和内容，真善美三者之间的相互关系和统一的问题。笔者明确表示：真善美是人间的大道，过去是，现在是，将来也是。人类的幸福生活永远离不开真善美的陪伴。本章还严肃指出当前人类社会中真善美的缺失，并提出一些匡扶之策。第七章"山重水复疑无路"。这一章作者以十分忧虑的心情，论证人类在表面繁荣的背后，已经面临着严重的困境和危机。这些困境和危机，虽然可以反映在很多方面，但最要害的问题是：生态恶化、资源枯竭、核战争威胁、科技颠覆和科学技术的滥用，以及对重大国际问题形不成一致的认识和行动。本章还分析了人类面临困境和危机的深层次动因。第八章"柳暗花明又一村"。这一章着重论述人类一定能够成功应对危机和挑战，化解工业化和后工业化带来的各种负面影响，迎来人类更加美好的明天。本章还提出，走出困境，实现新的跨越，要靠全人类的智慧和共同努力。本章特别强调习近平新时代中国特色社会主义思想，习近平总书记提出的全球治理的中国智慧和中国方案，对人类今后的和平和发展，将具有巨大的示范和引领作用。

司马迁认为，写书应该"究天人之际，通古今之变，成一家之言"。我对此十分佩服，虽不能至，心向往之。但是话又说回来，一本小书无论怎么写，它的作用都是有限的，不是说"岂有文章觉天下，忍将功业误苍生"吗？我的这本小册子，如果读者能从中得到一点点启示，抑或学到了一点点原来不知道的知识，甚至这两点都做不到，只是觉得这本书还有可以赏玩之处，作者就已经心满意足了！

第一章

开天辟地一瞬间

人类生活在天地之间，没有天地就没有人类。那么，天地是如何产生的？没有天地之前又是一个什么状况？我们赖以生存的天地今后又会走向何方？这自然就成为人类要追究和回答的一个最根本问题。我们考察一下人类几千年的思想历程，对这一问题的探求和回答，已成为人类最激烈、最持久的心理冲动，它关乎人类生存的最终价值和意义，它是各种哲学和宗教产生的根源，它也是科学产生的动力和背景。

一

对于天地是如何产生的这类问题，据说每个智力正常的人一生总要考虑几次，也有少部分人为其困扰。但要说终其一生都在思考这个问题，并孜孜以求想找到最后的答案的，恐怕只有极少数人。笔者从孩童时听到"天没边，地没沿，老和尚没有头发辫"这首儿歌起，近半个世纪之久，大致就未间断过对这一问题的思考。应该说，它占据了我生命很多的时间，给我带来了诸多烦恼，当然也带来了很多愉悦，甚至在某种意义上改变了我的价值取向和生活状态。

在谈到天地是如何起源的，我在《天不变道亦不变》一书中曾说了这样一段话："对这些问题，不管是中国人，还是外国人；不管是古人，还是当今的人；不管是思想家、哲学家、科学家、文学家和政治家都会去探索，即使普通人也很关注，也在思考着。当然思考的方式和深度是各不一样的。然而，这类问题可能压根儿就没有最终和最确凿的答案，所以任何人只能提出自己的一己之见，并不能彻底地回答它。那就只好不断地探索下去。我称此类的问题，叫作人类的母问题。这既是人问，也是天问。"据我的考察，世界上各个民族，不管他们以后发展如何，是强盛，是衰弱，是绵延，是消亡，在他们民族形成和文明活动的初期，都曾经追问过天地和万物起源这一沉重课题。不仅如此，对这一问题探讨的深度、内容、形式和特色，会持久地影响着这些民族的感情和信仰，更不用说哲学思想和文学艺术了。

在西方，天地万物是如何产生的，尽管有种种解释和说法，但影响最大、最普遍的，当然是《圣经》中"创世记"的说法："起初神创造天地，地是空虚混沌，渊面黑暗，神的灵运在水面上。神说，要有光，就有了光。有了光之后，光被称为昼，暗被称为夜，这是第一天。""第二天，神说诸水之间要有空气，……神称空气为天。""第三天，神说天下的水要聚在一处，使旱地露出来。……称旱地为地，称水的聚集处为海。然后神又让地上生出青草和蔬菜，还有结着果子的树木。""第四天和第五天，神分别造出了管理昼夜的太阳和月亮，并创造了鱼类、鸟类和野兽昆虫。""第六天，神又照着自己的形象造人，造男造女。神看着一切所造的都甚好，有晚上，有早晨。""天地万物都造齐了，到第七日，神造物的工已经完毕,就在第七日歇了他的工,安息了。"

在中国,汉族和其他少数民族都有关于创世的神话传说,其中影响最广泛的盘古开天地和女娲补天。《三五历记》中这样记载:"天地混沌如鸡子,盘古生其中。一万八千岁,天地开辟,阳清为天,阴浊为地。盘古在其中,一日九变。神于天,圣于地。天日高一丈,地日厚一丈,盘古日长一丈,如此万八千岁。天数极高,地数极深,盘古极长。后乃有三皇。数起于一,立于三,成于五,盛于七,处于九,故天去地九万里。"关于盘古开天地的神话,不仅见于各种典籍,也以多种文艺形式广为流传,如"混沌之初不纪年,天连水来水连天。自从盘古开天地,方有日月人世间。盘古爷,一斧开天天无际,二斧开地地无边。三斧辟出黄河水,四斧辟出太行山。"因为很多民族都说他们的创世神是盘古,所以我们今天已无法确定盘古开天地的传说究竟是哪个民族的专利。关于女娲补天,《淮南子·览冥训》中这样记载:"往古之时,四极废,九州裂,天不兼覆,地不周载,火爁焱而不灭,水浩洋而不息,猛兽食颛民,鸷鸟攫老弱,于是女娲炼五色石以补苍天,断鳌足以立四极,杀黑龙以济冀州,积芦灰以止淫水。"这位美丽勇敢而智慧的女神,她不仅炼五色石以补昊天,据说人类亦由她抟土而造。每当我看到女娲的名字和画像,都有一种莫名的激动和亲情,难道我们人类或者说至少华夏儿女,都由这位伟大的母祖诞生吗?还有一些诗人,也以他们特有的想象和语言,来描述和诘问天地形成之初会是什么样子?如屈原在《天问》中说:"遂古之初,谁传道之?上下未形,何由考之?冥昭瞢暗,谁能极之?冯翼惟像,何以识之?明明暗暗,惟时何为?"唐代诗人张若虚说"江畔何人初见月,江月何年初照人",真是妙语,真是发千古之慨!

在印度的典籍《吠陀》《往世书》中,也记载了很多关于开天辟地的猜想和传说。古印度人认为宇宙分为天、地、空三界,世界不断创生,又不断毁灭。世界最初唯有水,除水之外别无他物。后来水里掀起了浪,浪里生出一个金蛋,金蛋变成了一只羊,羊又成一人,这就是原人。原人口里生出众神。又说,在世界创造之前,梵天和毗湿奴为争最高神位而争斗,湿婆的巨大林伽(即男性生殖器)突然竖在他们中间。梵天化作天鹅寻找林伽的顶端,毗湿奴化作野猪寻找林伽的底部。结果用了1000年它们也没有找到,只好返回原处,在湿婆面前甘拜下风。然后从林伽的左边发出 a 声,从右边发出 u 声,中间发出 m 声,组成神秘的 om 声,开始了世界的创造。

与人类在一代又一代传播这些开天辟地神话的同时,我们的思想家、哲学家更是一刻也没有停止,严肃认真地思考着宇宙究竟是如何形成的。古希腊的先哲是这样,中国的先哲也是这样。毕达哥拉斯学派认为数目的元素便是万物的元素,整个宇宙不过是和谐与数目而已。德谟克利特认为,宇宙万物的本原就是原子与虚空。在广阔无际的虚空中,很多不同形状的物体彼此聚集在一起,产生了一种漩涡运动。在漩涡中,物体相互撞击,然后开始分裂,相似的物体就和相似的物体结合起来,就形成了天和地。亚里士多德是古希腊哲学、智慧和科学的集大成者,他的宇宙观对人类影响深远。亚里士多德认为宇宙是一个巨大的球体,没有开端,也没有终点。他还把宇宙划分为两个大的部分,即天上区域和地上区域。他甚至还推算出,天应该有55层。

中国古代关于宇宙起源和万物化成的思想是很丰富的,

单就对"宇宙"一词的定义而言,就是极其精审的,即使放在今天也无可挑剔。《淮南子·天文训》中说:"四方上下为宇,古往今来为宙。"不仅先秦诸子对这一问题大都有所论述,就是后来的两千多年也从未停止,还产生了盖天说、宣夜说等对天体星球的具体描述。距今1000多年前的宋代学者邵雍,竟天才地猜出"月亮本无光",月光是太阳光的反射。不过,对这一课题思考最深、理性最强,也最能令人信服的,应该是2500多年前的老子。毫不客气地说,在寻找宇宙的统一性,在描述宇宙的初始状态和万物的衍生,在揭示宇宙的运动规律上,老子不仅代表着中国古代的最高水平,也代表着世界古代的认识水平,甚至暗合着一些近代的科学思想。

东西方学者都承认,老子是世界当之无愧的大哲学家。我们可以清楚地看到,老子哲学体系的展开正是从探索宇宙初始状态着手的。老子的《道德经》共八十一章,它在开篇的第一章即这样写道:"道可道,非常道;名可名,非常名。无名天地之始,有名万物之母。故常无,欲以观其妙;常有,欲以观其徼。此两者,同出而异名,同谓之玄。玄之又玄,众妙之门。"老子利用"先后"和"母子"关系进行命名,抓住了时间律和因果律这两个宇宙间的根本大法。"天地之始"即天地形成的开端,实际意味着天地形成之际,似有似无之间,我们也可以把这个状态称作无。老子把"无"和"始"联系起来,旨趣高深。老子这里的无并不是虚无,宇宙也不是到了"有"才是开端。"无"是宇宙的原始和初初状态,虽一片混体,不可名状,但孕有后来宇宙的一切可能性。老子还认为,道是"无"和"有"的矛盾统一,道既是宇宙和天地万物产生的根源,又决定着宇宙和万事万物的运行总规律，宇宙和万物都不可背道而驰。老子虽然认为他所说的"道"，不可言说，不可相传，但笔者经过几十年的思考和体悟，认为老子所说的"道"，应不外乎以下九个方面的内容：

1. 道是物质和精神的统一，是"有"和"无"的统一。这正如老子所描述的那样："道之为物，惟恍惟惚。惚兮恍兮，其中有象；恍兮惚兮，其中有物。窈兮冥兮，其中有精；其精甚真，其中有信。"说"道"是有，亦非实有；说"道"是无，亦非真无。

2. 道不是任何概念和实有，任何概念和实有都不是道。就连"道"这个概念本身，也是不应该有的，只是为了表达的方便，才"吾不知其名，字之曰道，强为之名曰大"。

3. 道是绝对的存在，也可以说是绝对的有。但道又无形无状，"视之不见名夷，听之不闻名曰希，搏之不得名曰微。此三者不可致诘，故混而为一。"老子所描绘的"道"，就其形状和大小而言，很像现代科学所揭示的构成物质的"基本粒子"。只是道的内涵要远比基本粒子更丰富。它不仅具有物质的特性，还具有精神的特性。

4. 道先于宇宙而生，无父无母，自具自足，独立不待。"有物混成，先天地生。""吾不知谁之子，象帝之先。""象帝"两字有许多不同的解释，我觉得王安石的解释比较妥帖，他在《老子注辑本》中说："象者，有形之始也；帝者，生物之祖也。"用我们今天的话来说，那就是，道产生于任何无机物质和有机生命之前。

5. 道产生天地万物包括人类，宇宙间的一切都是道的演化和派生。"渊兮，似万物之宗。""道生一，一生二，二生三，三生万物。"老子用数字建立起的宇宙和万事万物演化的模型，是大哲深思灵悟的结果，有充足的学理和逻辑根据，是难能可贵的。

6. 道是世界的本原和基始。宇宙的发展是从道开始的，宇宙的诞生就是道内部有和无矛盾的统一，相互激荡推演的结果。老子不仅认为有和无都统一于道，而且认为在道的作用下，有和无相互转化和产生。"天下万物生于有，有生于无。"

7. 道不仅有发展和运动规律，而且道的发展和运动规律也是宇宙和包括人类在内的万事万物的发展运动规律。或者说，道不仅产生宇宙和万事万物，它还赋予宇宙和万事万物与自己相同的特性和发展变化规律。即"人法地，地法天，天法道，道法自然"。

8. 道的运动规律最大的特点就是向着相反的方向发展。这当然也就是宇宙和包括人类在内的万事万物的运动发展变化规律。"反者，道之动；弱者，道之用。"

9. 道最深奥，也最现实，和每个人的生活都息息相关，没有哪个人能够摆脱。谁能够认识到道的神圣和规律，并能按照道的规律去行事，就算是得道之人，也可以说是有德之人。道德的本义就是得道。"道者万物之奥，善人之宝，不善人之所保"。"故立天子，置三公，虽有拱璧以先驷马，不如坐进此道。"

老子认为人性中有不知足的特点，即"祸莫大于不知足"。按理说，老子对于宇宙初始状态的分析，对于天地产生的描绘，对于万物演化的考量，已经够圆满的了，够深刻、系统的了。但是，人类的好奇心和刨根问底的习性，人类根深蒂固的厌求心态，在对待宇宙起源这样最具诱惑力的问题上，根本停不住上下求索的脚步……

二

关于宇宙起源问题的探索,有些人认为:谈论起宇宙起源这个话题,科学家、哲学家、神学家与山村野巷中老奶奶相比,其见解差不了多少!这番高论,如果是指人类古代的话,还是真有些道理的。但是,近300年来,随着物理、数学和天文学的发展,学术界对宇宙起源等问题的研究,已是今非昔比,已不容山村野巷老奶奶置喙。特别是宇宙起源问题又和以下相关问题交织在一起:时间和空间的本质是什么?为什么大自然的规律是现在这样?为什么宇宙是由现在组成的各种东西所组成的?这些东西是如何起始的?宇宙如何获得了组织?宇宙的结局是什么样?我们为什么在这里?诸如此类的问题,既关系到人类的宗教信仰和终极价值,又影响人类的现实生活和情绪。因此,对这些重大课题的探索过程,就不仅是波澜壮阔的,而且是惊心动魄的,甚至是令人不安和倍感遗憾的。

说起现代科学对宇宙的认识,首先会让我们想起牛顿。牛顿既是现代科学的开创者,又是现代科学的集大成者,他创立的经典力学体系,能解释从苹果落地到星体运行的动因和规律。艾萨克·牛顿于1642年圣诞日出生,终生未娶,享年84岁。法国著名学者伏尔泰目睹了牛顿的葬礼,曾十分赞叹地写道:"他像一个国王那样被安葬了,一个为其臣民做过大好事的国王。"在威斯敏斯特大教堂牛顿墓志铭上,有如下著名诗句:

大自然,

和它的规律深藏在黑夜里。
上帝说,
让牛顿出世吧!
于是一切都在光明之中。

牛顿一生的确创见颇多,但他对人类最伟大的贡献就是撰写了《自然哲学的数学原理》,以牛顿三大运动定律和万有引力定律为基础,建立了完美的力学理论体系,解决了行星运动、落体运动、振子运动、微粒运动、声音和波、潮涨潮落以及地球的扁圆形状等各种各样的问题。牛顿认为时间和空间都是绝对的,绝对时间均匀流失,绝对空间静止不动,一切物质的运动都是在绝对的时空背景里进行。牛顿对宇宙起源和生成的探讨,认为大自然本来就是这个样子,她今后还将是这个样子,宇宙既不是被创生,它也不会被毁灭。不过,牛顿又是一个追求完美的人,他既然把宇宙图景描绘成这样:各个行星围绕太阳做椭圆运动,维持圆周运动的向心力来自太阳的引力,那么,行星就必须首先是运动的,太阳的引力将使行星维持圆周运动,如果行星本来是不运动的,太阳的引力就会将行星吸进太阳。牛顿为了要说清楚行星的最初运动是怎么来的,在百思不得其解的情况下,他只好说"没有神力之助,我不知道自然界还有什么力量竟能促成这种横向的运动"。后人对牛顿的"第一推动"多有诟病,笔者认为这不仅无伤大雅,而且是科学和宗教的最好结合。要之,牛顿建立起的宇宙体系,使我们人类安安稳稳地生活200多年,天上和人间,一切都秩序井然。天之高,可供人遐想;地之厚,无需担忧坠落。而今,每当想起"科学"两字,我们都会有戒心和他想,然而牛顿的科学,对人类还是利而不害的!

　　康德的星云假说也很值得一提,它在探讨宇宙起源上具有继往开来的作用。康德不仅是古希腊以来最伟大的哲学家,也是卓越的科学家。康德生活机械呆板,平淡无奇,以致邻居可以根据他每天散步的规律来校正钟表。康德认为,太阳系是由炽热的"原始星云"发展来的。在遥远的过去,一团炽热的原始星云在旋转运动着。由于内部的质点吸引和排斥的相互作用,密度高的质点会把密度低的质点吸引过去,形成引力中心,这个中心质量越来越大,最后形成太阳。同时,由于旋转作用和排斥作用,还形成一个围绕着太阳旋转的扁的云雾状物质环,这个环后来形成了围绕太阳运动的各种行星。康德还认为宇宙中的各个天体都是由星云发展而来的。后来的科学发现还证明,宇宙起源于星云的推断是有一定道理的。康德关于时空的二律背反是非常深邃和智慧的,并充分展示了逻辑的力量。所谓时空的二律背反,即指说时间有起点、空间有限,或者说时间无起点、空间无限,都可以同样得到证明是有道理的。康德的星云假说和关于时空的二律背反,虽然没有确切地告诉我们什么,但它的价值是巨大的:扩宽了人类的视野,激发了无限的遐想,开启了继续探索之门。

　　人类进入20世纪,可以说是真正进入了新纪元,我们现在还无法估量,20世纪将对今后的人类产生多大的影响,将把人类的生活引向何方。我们说20世纪是人类真正的新纪元,人类的历史发生了质的改变,这主要还不是指人类思想和生活方式的重大变革,也不是指经济的全球化,也不是指它曾经发生过两次世界大战……那对人类最大、最深远的影响,主要是指人类在20世纪初,曾经有两项石破天惊的重大科学发现：一个是相对论，另一个是量子力学。相对论和量子力学，彻底改变了人类对宇宙的认识，彻底改变了人类对时间和空间的认识，彻底改变了人类对物质性质的认识，甚至改变了人类对因果关系的认识。当然，对宇宙的起源和万物生成，都有了全新的描述和解释。

相对论的创立者是阿尔伯特·爱因斯坦（1879—1955），据说他4岁时才会说话，这种人物来到人间，具有某种宿命论的必然。先不说相对论对人类究竟会产生什么影响，单就爱因斯坦提出的能量等于质量乘光速的平方，即 $E=mc^2$，科技人员就研制出核武器。我们有理由相信，人们今后还会根据相对论的一些原理和公式，演绎出更多的意想不到的故事。爱因斯坦创立的相对论，有狭义相对论和广义相对论之分。狭义相对论是爱因斯坦25岁在专利局做职员时完成的，它的标志是《论运动媒质的电动力学》这样一篇文章。狭义相对论的建立有两个前提或者说是假设，一个是相对性原理，即物体运动状态的改变与选择的参照系无关；另一个是光速不变原理，即对照任何一个参照系而言，光速都是相同的。其实，这些原理和假设，在和爱因斯坦同时代的一些科学家都注意到了，只是他们拘于牛顿绝对时空观的限制，没有再敢多想。爱因斯坦却年轻气盛，据此很自然地推导出一系列使人震惊的结论：如"尺缩"和"钟慢"，即运动着的物体在运动方向上长度会缩短，运动着的时钟会变慢。还有，任何物体的运动的速度都不可能超过光速；同时性是相对的，在一个惯性系中同时发生的事情，在另一个运动着的惯性中测量便不是同时发生的。这些论断在当时都是闻所未闻的，根据这些理论推演出来的故事更是荒诞离奇。如相对时间中的双生子佯谬，这个故事是说：想象有一对孪生兄弟达姆和迪姆，达姆进行一次相对论性高速太空旅游，而迪姆留在家里。再假设他们兄弟每个人都有一只特别的钟，这钟可以像灯塔那样，每隔五分钟发生一个脉冲信号。当达姆的速度增加时，迪姆在地球上收到的脉冲，时间间隔逐渐拉大，从迪姆的角度看，达姆的钟走得慢了。这样，当达姆旅游结束回到地球时，他比迪姆要年轻。然而在达姆来看，情况恰恰相反，他们重逢时迪姆应该比达姆年轻。当达姆开始他的太空旅游时，在他看来将是迪姆的脉冲间隔变大了，这表明迪姆的钟变慢了。

爱因斯坦1915年完成了广义相对论，即把原来仅限于匀速运动的规律，推广为一切运动的相对性理论。广义相对论有三个公设：第一，"广义相对性原理"，即一切坐标系对于物理现象的描述都是等价的；第二，"等效原理"，即惯性质量等于引力质量；第三，"马赫原理"，即在引力场中，空间的性质是由物体的质量所决定的。广义相对论实际上是关于空间、时间与万有引力关系的理论，它指出空间和时间不可能离开物质而独立存在，空间的结构和性质取决于物质的分布。物质的存在会使四维时空发生弯曲，万有引力并不是真正的力，只是时空弯曲的表现。说物质会使时间和空间弯曲云云，这不仅深奥费解，也很难令人信服。所以，爱因斯坦这些高超理论，在很长时间内并不被世人所知，也派不上用场。据说老爱一开始就考虑到这一点，他说根据他的相对论原理，可以作出三个预言，若日后得到证实不怕你不信服。他的水星近日点的运动、光谱线的引力红移和引力场使光线偏转的几个猜想，还真的都得到大差不差的验证，于是相对论大火于天下。爱因斯坦的相对论，对人类的影响无论如何评价都不为过，它彻底颠覆了很多传统的思想和基本概念，特别是有关时间、空间和物质引力的认识，且很多结论也有悖于人类几千年来根深蒂固的日常生活体验。更加使人瞠目的是，从爱因斯坦的相对论思想和一系列方程式中，后来的科学家可以从不同的角度，推演出很多重大的理论和实验课题，这当然包括宇宙的起源和星系的运行。

　　量子力学虽然是描述微观世界物质运动规律的，但这个学说改变了人们对物质世界、主客观世界关系、因果关系等一系列重大问题的看法，因此，它对于我们对客观世界的探讨，包括对宇宙起源和时间、空间的认识，都是有密切关系的。因此，在这一章里我们有必要介绍一下有关量子力学的情况。量子力学的创立和发展，是和以下一些有名的人物、有趣的故事联系在一起的。所谓量子，是普朗克为了解释黑体辐射中的能量不是连续的，而是以一定数值的整数倍跳跃式地变化这一现象提出的，当时称"能量子"或"量子"。量子力学是比相对论还难理解的一种现象和理论，这正如玻尔所说："假如一个人不为量子论感到困惑，那就是没有明白量子论。"普朗克、爱因斯坦和玻尔被尊为量子论的三元老，实际上为量子力学做出贡献的科学家还有：海森堡、德布罗意、薛定谔和狄拉克等人。爱因斯坦虽然为量子力学立下汗马功劳，但他对量子力学中的很多结论并不接受，甚至为此和玻尔等人争吵了大半辈子，在垂暮之年他曾对玻尔说道："对科学的期望，我们已经渐渐走向两极，你相信掷骰子的上帝，我则相信作为实体而存在的物质世界具有完美的规律。"

　　量子力学认为波—粒二象性是微观世界的最本质特性，所谓波—粒二象性，是说光子、原子、电子、介子等等都同时显示波和粒子的特征。这一结论的得出，是和著名杨氏双缝实验有关的。所谓双缝实验：屏幕A上的小孔照亮了屏幕B上的两个狭缝，两个狭缝的影像显示在屏幕B上，显示的结果是，并不是两道光，而是一系列明暗条纹（即干涉条纹）。形成干涉条纹，是因为从两个狭缝发出的光波在某些位置上是同步到达屏幕C的，在另一些位置上则是不同步的。即使每一次只有一个光子通过实验装置，仍然照样形成同样的干涉条纹，尽管任何一个给定的光子只能经过屏幕B上两个裂孔中的一个。微观世界的这种波—粒二象性，它的哲学意义是：物质与精神，肉体与灵魂，载体与信息，硬件与软件究竟是什么关系应该重新定位。这正如玻姆所说："习惯上把世界分成主体与客体，内心世界与外部世界，肉体与灵魂，这种分法已不恰当了。"

量子力学最要害的观点，或者说是量子力学对自然规律最深刻独到的揭示，也可以说量子力学最不易为人接受的理由，包括爱因斯坦等人对量子力学的抵制，就是它的测不准原理，也叫不确定性原理。这一重大自然规律的揭秘，虽然不能归功于某一人，但海森堡无疑是这一思想的集大成者。测不准原理的意思是：任何一个粒子、原子或电子，它的位置和运动速度（严格地说是动量）不可能同时准确测量。要准确测量位置，运动速度就完全测不准。要准确测量运动速度，位置就完全测不准。这就是说，你可以问原子在哪里，并得到一个确切的答案；你可以问原子在如何运动，也可得到满意的答复。但你若问：原子在哪里，它运动得有多快？就不仅没有答案，在量子力学看来甚至是无意义的。我们的微观世界为什么会是这样呢？据说是和观察者本身以及观察者所选用的测量方法有关。测不准原理实质上已经暗合了如下玄机：我们的宇宙从总体上来说是不可知的，人类的认知能力是有限度的；客观世界或者说物质世界，并不是独立性，它的存在状态依赖于观察者。这正如玻尔等人所概括的那样：原子的模糊世界只是在受观察时才变成具体的实在。没有观察时，原子就是一个幽灵。只是当你看它时，它才变成实有。这也正是爱因斯坦所大惑不解的：我不能想象，仅仅让一只老鼠看上一眼，就会改变宇宙的面貌。月亮只有在我们看着它的时候，它才能存在。话说到这里，笔者也想起自己年轻时的一个奇怪想法，当然那时我并不知道量子力学，只是看到《周易》上说"易简之善配至德"，即宇宙万事万物最高的法则就是简洁。那么，我猜想像泰山这样的大物体在夜深人静没有游客来看的时候，会不会就消失掉，第二天一早再依然屹立在世人面前，因为这符合宇宙崇尚简洁的法则，可节省很多的资源。我把这个想法告诉周围很多的人，竟没有一个人相信。

还有一个故事也很值得一提，那就是薛定谔猫。薛定谔是量子力学的重量级人物，他创立的波动方程，也称薛定谔方程，在量子力学发展史上占有重要地位。但他的关于薛定谔猫的假想实验，则成了世人对量子力学的嘲讽和诘难的话柄。这个假设实验是这样的：设定一个封闭的金属盒子（当然玻璃盒子也可以），一只猫被关在此盒内。盒中除了能使猫安静地存活的条件外，还有一个能被量子事件触发的装置。量子事件一发生，便可启动一个小锤击碎装有氢氯酸的小瓶，从而把猫毒死。所谓量子事件是假定为放射性原子的衰变，在某段时间 T 内衰变发生的概率是 50%，还有 50% 的可能性不会发生衰变。按照常理，盒子内的那只猫要么是活的，要么是死的。可是，根据量子力学的推论，盒内整个系统之中，在这段时间 T 内，猫是处于"活猫态"和"死猫态"这两种态的叠加之中。一只又活又死的猫这种现象，日常经验从来没有，常人也难以理解。

我们探讨宇宙的起源，为什么要不厌其烦地介绍反映微观世界规律的量子力学呢？因为量子力学归根结底已经成为哲学，它深刻揭示了物质和存在的最本质特征，而这一点是包括微观和宏观的。至于从量子力学出发而产生的"人择原理"和"延迟选择"，前者是说宇宙的一切状态之所以如此都是为了适应人的生存，后者是指我们现在人类的行为会影响宇宙以前的历史，就更反映了人类、自然和信仰密不可分的关系，就更具宗教和哲学的意义，就更是我们探讨宇宙起源所要必须顾及的。

现在把话收回来，根据相对论和量子力学的知识，我们所在的宇宙究竟是如何起源的呢？它今后会是一个什么结局呢？人类对时间和空间的认识目前达到什么程度呢？这些重大问题，我们现在将进行一下梳理。爱因斯坦相信物质能够使时空弯曲，但他不相信宇宙在根本上是动态的。根据相对论思维和有关方程式，时空具有一种内禀的膨胀倾向，爱因斯坦为了平抑宇宙的膨胀倾向和不稳定状态，竟在他的方程式里加入一个叫宇宙常数的项。据说加入宇宙常数后，在爱因斯坦的有关方程式里，就可以调节得恰好去平衡宇宙中所有物体的相互吸引，这样就可以得到一个静态的宇宙。当然，后来爱因斯坦曾为这个宇宙常数后悔过，说这是他一生中"最大的错误"。而当时的很多科学家，却正在根据相对论的新思想，在对宇宙的形态上做出大胆的探索。如俄国的物理学家亚历山·弗里德曼就这样论断：我们无论从哪个方向观察宇宙，也无论从任何其他地方观察宇宙，宇宙看起来都是一样的。仅仅从这两个观念出发去解释广义相对论的方程，我们就应该考虑到宇宙是在膨胀的，宇宙绝不是静止的。时间不久，哈勃就通过天文观测证实了宇宙正在膨胀，几乎所有的星系都飞离我们而去。不仅如此，哈勃还发现星系相互飞离的速度也是有规律的，它和星系离开我们的距离成正比。也就是说，星系越远，则飞离的速度越快。宇宙正在以光的速度膨胀，不同星系之间的距离一直在增长。那么，我们所处的宇宙究竟已经膨胀到多大呢？据说能观察到的，距离我们最远的星体是150亿光年。150亿年，这也是宇宙的年龄。在宇观世界里，时间和空间已经合二为一，成为共同的量度。

说我们现在的宇宙不断膨胀，各个星系之间在相互飞速远离，这些论断实际上提示人们，在遥远的过去，在宇宙起始的那一时刻：整个宇宙被挤压成一个无限小的点，宇宙的密度和时空曲率都为无限大，相邻星系之间的距离必须为零。当然，我们今天的一切所谓物理规律在那一刻都不起任何作用。人们依据这些新的科学发现，畅想了很多有关宇宙创生的故事。这其中尤以美国人伽莫夫等提出的"宇宙大爆炸"最负盛名。这个学说是1948年提出的，经过后来半个多世纪的不断丰富增添，它大致包括这样一些内容：在大约150亿年前，宇宙起始于一个奇点或"原始火球"的大爆炸。不仅天地从此开辟，时空也从此才有意义。据说这个原始火球不仅密度无限大，而且温度也无限高。在大爆炸后不到1秒的时间里，宇宙半径增大了100万亿亿亿倍。大约在大爆炸后的百分之一秒，温度降到100亿℃，宇宙物质的成分为光子、电子和中微子，和它们的反粒子，也有某些质子和中子。在以后的三分钟，当宇宙冷却到大约10亿℃时，质子和中子便结合成氦、氢和其他轻元素的核。几十万年后，当温度至几千摄氏度时，电子便缓慢到使轻核能够将其俘获，就形成了原子。碳和氧这些更重要的元素，则是在数亿年之后才逐渐形成的。具备了各种元素之后，这些物质逐渐凝聚成星云，进而演化为今天的各种天体，包括太阳和地球。

宇宙大爆炸学说之所以为世人所接受，之所以成为家喻户晓的创世故事，这和天文观测到的某些结果有密切关系。根据宇宙大爆炸理论，伽莫夫等人曾经预言：大爆炸早期阶段中所产生的辐射在目前的宇宙中仍应存在，并应当能够在遥远的太空中探测到现在的宇宙背景辐射温度，约为3K。1964年美国的阿诺·彭齐亚斯和罗伯特·威尔逊在装置提高卫星灵敏度的设备时，发现总有原因不明的"噪声"干扰。他们尽了一切努力，甚至曾以为是天线上的鸟粪引起的而将其消除，但无论如何都排除不了这些干扰，"噪声"依然存在。经过反复测量，认定这是一种消除不了的来自宇宙深处的辐射。这种辐射是各向同性的，与地球上的季节无关，相当于温度为3.5K的物质所发出的微波辐射。后经过其他科学家的反复论证和检测，大家基本认同这正是由宇宙大爆炸的残余辐射所致。那来自天际的"噪声"正是宇宙大爆炸的回响和证明。"宇宙大爆炸"这个当年不无嘲讽的词语，因为有了3K微波背景的发现，如今已成为人类研究宇宙起源的风向标。笔者虽然对所谓"残余辐射"它的实质究竟是什么，一直有自己的不同看法，在此也只好从众了。

如果说宇宙起源于大爆炸，如果说我们的宇宙无时无刻不在膨胀，那么，宇宙要膨胀到何时呢？宇宙的最终结局会是什么样呢？这无疑是人类更为关切的问题。据说，根据爱因斯坦的方程式，可以推导出宇宙膨胀的三个解：第一个解，宇宙膨胀得足够慢，这样不同星系之间的引力使膨胀减缓，并最终使之停止。然后星系开始朝着相互靠近的方向运动，而宇宙收缩。第二个解，宇宙膨胀得如此之快，以至于引力虽然能使之缓慢一些，却永远不能使之停止。第三个解，宇宙膨胀刚好快到足以避免坍缩。星系分开的速度越变越小，但它永远不会达到零。

近 30 多年来，以霍金为代表的科学家，对诸如宇宙起源和结局的研究，虽说不上有多少成熟的理论，但的确提出了很多值得关注的课题。霍金的抱负和努力方向是，把相对论和量子力学结合起来，利用这个新的理论——量子引力论，去理解和描述宇宙自始至终的全过程，也包括在时间的开端处，不需要上帝和什么任何奇点，都能够得到圆满的答案。霍金十分钟情于他要寻找的新理论，他有一次在接受采访时说："根据实证主义哲学，宇宙之所以存在是因为存在一个描述它的协调的理论。我们正在寻找这个理论。但愿我们能够找到它。因为没有一个理论，宇宙就会消失。"我不知道别人怎么看待霍金以上这几句话，笔者在情感上是很愿意接受的。下面，简要介绍一下霍金对宇宙学的新见解。

霍金关于黑洞的研究。大家知道，霍金是以研究黑洞起家的。"黑洞"一词，据说在英语里含有挑逗性；我则认为，"黑洞"一词在汉语和中国哲学里，更象征着万物来源于母阴而又回归母阴，大致相当于老子的"玄牝之门"。黑洞的思想虽然早在 200 多年前就有人提出，但真正现代意义上的黑洞理论应当说是奥本海默于 1939 年提出来的。这一理论认为，一个大质量的天体，当它向外的膨胀力抵抗不住向内的引力时，要发生坍缩现象。坍缩到某一临界，便会形成一个封闭的边界，学者们把它叫作"视界"。视界之外的物质和辐射可以进入视界之内，而视界之内的物质和辐射却不能逃逸到外面去，这个区域就是"黑洞"。说白了，"黑洞"就是只进不出，只吞不吐，连光线也休想逃出魔掌。更可怕的是，很多科学家都认为，各种星体最终都会演化成黑洞，星际物质最终都会被黑洞全部吞噬。黑洞将是宇宙的最终坟墓，那里是一片死寂，万劫不复。霍金对黑洞研究的独特贡献，不仅是他推导出计算黑洞面积的公式，也不仅是他提出了"黑洞无毛定理"，更重要的是他向世人宣布：黑洞不是黑的，粒子可以从黑洞中辐射出来，黑洞也有再生能力。霍金认为，在一个时空曲率半径小于普朗克长度（10^{-33}厘米）的黑洞附近，由于真空的量子涨落，会产生正反粒子对，若某个粒子对的其中一个反粒子掉进黑洞，另一个正粒子离开黑洞，则可等效为黑洞少了一个正粒子，前述正粒子被黑洞辐射出来，而其能量则是由黑洞提供的，因此黑洞是可以发射粒子的。这完全符合量子效应。再据热力学之说，黑洞还有热辐射功能，即黑洞可以蒸发，经过足够长的时间，一个黑洞会因蒸发而逐渐消失。显然，霍金的这些思想更易被人们所接受，因为没有一个人愿意看到宇宙将有不可逆转的大毁灭之结局。

霍金关于时间的研究。如果说霍金是以研究黑洞问题起家的，那么他则是以研究时间问题而闻名于世的。霍金的《时间简史》被翻译成40多种文字。笔者一直坚信，探讨宇宙的起源等根本性问题，最后一定会转化为对时间的研究：时间搞清楚了，一切清楚；对时间含糊其辞，其他问题必然是模棱两可。然而，时间是大自然的最后秘密，彻窥时间谈何容易！这正如奥古斯丁所说："时间究竟是什么？没有人问我，我倒清楚，有人问我，我想说明，便茫然不解了。"霍金对时间确有研究。他明确提出时间具有三个箭头（方向）：

即第一，热力时间箭头，在这个方向上无序度或熵增加；第二，人类心理学时间箭头，在这个方向上感觉到时光在流逝，我们可以记忆过去而不是未来；第三，宇宙学时间箭头，宇宙在这个方向上膨胀，而不是收缩。特别重要的是，霍金引入了"虚时间"的新概念，来解释宇宙的起源和发展。

所谓虚时间，正如霍金所说："虚时间，那是和我们感觉到正在流失的通常的实时间成直角的时间。宇宙在实时间中确定其在虚时间中的历史，反之亦然，但是这两种历史可以非常不同。特别是，宇宙在虚时间中可不必有开端或终结。"笔者虽然能够勉强理解"虚时间"，但我想多数读者会被虚时间搞得一头雾水。虚时间虽然难以理解且没有得到证明，但虚时间可以从理论上说清楚"历史求和"和宇宙不必起于奇点的问题。"历史求和"思想最早由美国物理学家理查德·费因曼提出的，这种思想认为：一个系统在时空中不止有单个历史，不像人们在经典非量子理论通常假定的那样。相反地，它具有所有可能的历史。这种观点，如果只用来解释微观世界，那也就是说：某一时刻的粒子从 A 到 B，并不是像人们想象的那样只沿着一条直线离开，而是有多条甚至无数条路径。这个观点如果用来解释宇观世界，那就是说，和我们人类所在宇宙并行的还有很多甚至无数个宇宙。霍金认为，对于宇宙不能取在实时间中的历史求和，相反地，它应当取在虚时间内的历史的求和，而这些历史，正如地球的表面那样，自身必须是闭合的。因为这些历史不具有任何奇性或者任何开端或终结，在他们中发生的什么可完全由物理定律所确定。这表明在虚时间中发生的东西可被计算出来。而如果你知道在虚时间里的历史，你就能计算出它在实时间里如何行为。很多人不喜欢宇宙开端处是个奇点，因为任何物理定律在奇点处都失效，且奇点会给人一种莫名其妙的感觉。然而，在虚时间中这个宇宙开端就不再是奇点，它有点像地球的北极。如果人们把地球表面的纬度当作时间的类似物，则可以说地球的表面从北极开始。北极是地球上完全普通的一点，它没有任何特殊之处，同样的定律在北极正如同地球上的其他地方一样适用。同样，我们用来标志为"在虚时间内宇宙的起始"的事件，在时空中也是一个普通的点，正如其他的点一样，物理定律在宇宙开端处照样成立。

　　霍金关于M理论的研究。大多数科学家都相信爱因斯坦的这句话："宇宙最不可理解之处，是它是可以理解的。"霍金等人则不仅认为宇宙是可以理解的，甚至认为可以找到一种理论，它可以概括和解释宇宙间的所有现象。所谓M理论，就是这样一种理论，它也称为万物理论。M理论是爱因斯坦场论的继续，是对超弦等理论的概括。霍金依据M理论等新思想，对宇宙作了这样大致的描画：宇宙具有十一维时空，而不是十维时空；人类生活在四维时空之中，而其余额外维被卷曲得非常小，大约为1英寸的一百万亿亿分之一，人们根本觉察不到；相对其他维度来说，人类可以说是生存在膜上或泡泡上，甚至可以说我们所在的时空实际只不过是一张全息图而已；M理论允许有多个宇宙存在，即使有10^{500}个宇宙也是完全可能的。

三

　　亲爱的读者朋友，上面的文字，我们简要梳理了人类从古至今对宇宙起源的追问和探讨，这当然也包括宇宙的结局，包括宇宙的时间和空间。人类为什么一直持续冲动地来追问这些深奥的问题，奢求来解答这几乎永无最后答案的问题呢？我们以往喜欢把它归结为人类所固有的好奇心。其实，笔者认为也不完全是，它还有更为深广的背景和目的。从玄虚处说，它是人和自然一体化的表征；从现实处说，它关系到人的生存意义和终极价值，当然也涉及人类的共同命运。如果说100年前人类在讨论宇宙起源这些话题时，那还是非常优雅的，非常诗意的，无论怎么讨论也不会伤及现实生活的话，那么，时至今日，情形已经发生了根本改变。以相对论和量子力学为基础理论的现代宇宙学，一会说时空是可以弯曲的；一会说我们乘坐时间机器是可以回到过去的；一会说宇宙起源于大爆炸；一会说宇宙正在以光的速度膨胀，四秒钟就可以增加一个银河系；一会说实时间之外还有虚时间，虚时间里应该有10^{500}个宇宙；一会说人类可能生活在膜上或胚上；一会说人类所生活在的宇宙实际只是一张全息图……这些话，不同于古人的"杞人忧天"，也不同于苏东坡的"明月几时有，把酒问青天"，这些话虽然也是连猜带蒙，但它们毕竟是以实验科学的面目出现的，甚至连数学模型都一套一套的。这样一来，上帝很生气，后果很严重。人类就不仅是生活在一种不确定的宇宙里，人类的未来不可把握，人生的终极价值莫名其妙，就连各种宗教信仰也失去了根基和情感。当然，目前知悉这些宇宙学新观点的人还是少数，但它必将借助各种媒介而迅速传播，给更多人带来恐慌和不安，使更多的人找不到北，使更多的人失去信仰的基础，从而引发深刻而广泛的社会问题。因此，我们必须高度重视这些问题，必须从更高的视野上看待这些问题，必须从人类的根本利益上来理智地判断这些问题，必须用大手笔来去伪存真、以正视听，必须有更善、更美、更慈的宇宙大情怀来润化人类。笔者没有这个才学，但心向往之。我在《天不变道亦不变》一书中写道："笔者也不自量力，凭着好奇心的驱使，从20世纪80年代初就开始思考这些问题，虽然说不上像样的研究，也颇有一些收获和心得。要之，我坚信以下几点：①宇宙是逐步演化而来的；②时间和空间不能分开来考察；③宏观宇宙与微观宇宙是一回事，最大和最小是重合的。"如果说笔者过去对宇宙起源等问题的思考，还主要是凭着好奇心的话，那么，我近几年对这些问题的探究，则充满了责任感和使命感。再不是可有可无的玩味和欣赏，再不是轻飘飘的胡思和遐想，而是成为绕不过的山，必须涉的水，是与人类命运攸关的必须解答的大课题。因此，笔者暂时放下其他研究，专心改志思考这些问题，可谓是"上穷碧落下黄泉"。以下就是我对宇宙和时空等问题的一些见解，不敢说它就是完全正确的，只希望能给人以少许安慰和明彻。

1. 宇宙学非同一般的科学知识，我们必须郑重对待。

宇宙的起源和结局，时间和空间的本质，这不是一般的科学知识，它关系到人类的信仰和生存价值，我们对这些问题本身要敬畏，而不能信口开河。

2. 宇宙是人类的宇宙，宇宙学应当照应人类美好的愿望。

人类的思想史和近代科学一再表明，人和宇宙是融为一体的，主体和客体是不能分离的，宇宙间所有信息都是相通和相互影响的。中国古代思想家说"吾心即是宇宙，宇宙即是吾心"，是有一定道理的。如果说量子力学中的延迟原理已经证明，我们今天的观测手段和观测主体的活动，会影响过去历史的状况的话，那么，几十亿人的美好愿力，也必将会影响宇宙的现状和走向,这就是"天遂人愿",而绝不是无稽之谈。因此,我们想要一个什么样的宇宙,我们希望宇宙有怎样的发展趋势,带着什么样的目的和出发点去探讨宇宙,就绝不是一个不需要设定的问题。当然,这其中的奥妙实难明言,甚至不宜说破。

3. 就目前来看,人类的认识不足以解释宇宙起源等根本性问题。

很多哲学家和科学家都承认,相对于大自然来说,人类的知识是有限的。笔者年轻时就有这样一个想法,人类要探寻开天辟地前的情景,就像孩子想知道母亲出嫁前是什么风采一样,那永远只能是道听和途说。就是退一步说,再经过若干年的努力,人类用相对论和量子引力学等知识,能够自圆其说地解释宇宙大爆炸及其成因的话,那么,接踵而来的问题,诸如宇宙大爆炸前后为什么会是这些规律在起作用,而不是其他的规律,这些规律又是从何而来的?宇宙为何要演化出人类,其动机和目的是什么等等,就更为棘手和难解,而且它已不属于科学研究的范畴。我们不能完全解释宇宙,包括不能完全解释人类本身,这或许不是一件坏事。试想,人类如果真的能洞察一切,对宇宙的起源和结局都搞得明明白白,那就没有了哲学、宗教和信仰,没有了探索和遐想,没有了激情和浪漫,没有了寄托和依傍,没有了敬畏和神圣,没有了崇高和悲壮,那生活还有什么意义?那人生还有什么价值?那就犹如面对一场将要谢幕的大戏,只能一哄而散地离开剧场。这正如一位哲人所说:"宇宙越是好像可以理解,它也就好像没有意义!"说句实话,人类需要一个永远也不能彻底理解的宇宙。

4. 宇宙是无限的,但和人类有关的宇宙则是有限的。

人类为什么会有无限的观念，我虽多方考究仍无确解。黑格尔和恩格斯等哲人，已经认识到无限实际上是"恶无限"，这正如 1+1+1+1……永无止境一样，深陷其中是无任何意义的。我想，人类之所以有无限的思想，正好从反面说明了人类是有限的。只有自身不具备的东西，才是他向往的东西。再者，如果说宇宙是有限的，它和人们的日常经验不相符合：那人类一定会问，有限之外是什么？因为人外有人，天外有天，才是人们可以理解的。正因为人类有这种根深蒂固的观念，所以人类想象和观测到的宇宙，也仍然是无限的。这些都无关紧要，现在要郑重声明的是，与人类有关的宇宙则是有限的。做这样一个区分，对人类生存和发展具有无量意义。有了这种区分，知道和人类有关的宇宙是有限的，那就会增加我们的归属感，那就会增加我们的安全感和平静感，那就使我们更有底气和根基。我这里所说的有限，相对于人类来说，在时间和空间上，它完全可以无限地满足。拿空间来说，人类的生存和太阳系有关，甚至和银河系也有关，但它却不是和无限的宇宙有关；拿时间来说，人类可能要生存一百亿年，甚至二百亿年，但它却不是无限亿年。我为什么说人类一定要和无限划清界限，因为无限和短暂没有区别。试想，如果我们说让一个人活无限久，那他一定要求死亡；如果没有死亡，那也当然无所谓生存。当然，就整个人类来说，它又是生生不息的。

5. 宇宙处在永远的循环之中，宇宙永远不会终结。

哲学家和科学家给我们提出了很多宇宙模型。有的说宇宙有个开端，有开端当然就会有结束；有的说宇宙无开端，它本来就是这样，今后永远会这样。现在最流行的看法，是宇宙起源于一次大爆炸，那它的结局当然是宇宙大塌缩。说宇宙有开端，说宇宙没有开端，或说宇宙起源于大爆炸，好像都有些问题不能说清楚，至少和我们人类的思维习惯和日常经验不相符合。如果再按因果律去套，那就找不到逻辑根据。然而，如果把我们的宇宙说成是无限循环的，则于情于理会自洽得多。所谓宇宙的无限循环，即指我们今天的宇宙，是在上一个宇宙死亡的基础上诞生的；我们今天宇宙的消亡，也必然是下一个宇宙诞生之母，母生子，子生孙，子子孙孙永无穷尽。如果有人要问，上一个宇宙是如何成为下一个宇宙之母的，它们是如何传宗接代的，用我们今天掌握的知识来说，那就是信息。如果有一天，人类发现了有比信息更加神秘、更加不易消失的东西，我们就会说是通过这种"东西"进行新旧宇宙传承的。说宇宙处在无限的循环之中，它非常符合人类的日常经验：我们一生都生活在循环之中。一天是一个循环，一年又是一个循环，一生完成了一代人的循环。说宇宙是无限循环的，和说宇宙是无始无终的是同效的，而这正是我们人类所愿意接受的。如果还有人要问，那么宇宙的每一次循环，是完全重复呢？还是有所变化呢？非常抱歉，我们现在还不能有把握地回答这个问题。就笔者的想象和愿望，它应该是完全一样的。举一个例子来说，在上一个宇宙中，也应该看到过亲爱的读者正在阅读的这本叫作《人类的智慧和生活》的书。

  6. 膨胀和旋转，是宇宙存在的基本形式。

  宇宙无时无刻不在运动之中，这已经是有定论的。但宇宙的基本运动形成是什么呢？我们的答案是，一面在向外膨胀，一面在进行旋转。宇宙从诞生之时起就开始膨胀，它膨胀的速度有多快呢？我想应该是以光的速度膨胀。说整个宇宙在旋转，那是指从原子到星体，都在不停地做旋转运动。

如果说宇宙在膨胀和旋转是大家所共知的话,那么宇宙膨胀和旋转的真实意义则是很少有人洞察的。笔者以为,正是宇宙的膨胀和旋转,才决定了生命的诞生和万物的循环。大家知道,宇宙间存在着四种力,即引力、强力、弱力和磁力,但这四种力都来源宇宙的膨胀和旋转。生命包括人类都只能在宇宙的膨胀相中诞生,如果宇宙不处在膨胀相中,种子就不会发芽,精子就不会发育成生命体。宇宙的旋转,则决定了宇宙间万事万物都处在循环之中,大循环里套小循环,甚至决定了上一个宇宙与下一个宇宙亦成循环式演变。宇宙的膨胀和旋转,这一基本的事实,可以作为我们认识宇宙的重要原则。

7. 时间和空间没有特性,宇宙间万事万物的特性就是时间和空间的特性。

我们天天都和时间空间打交道,但谁也说不清时间空间是什么?有人说时空只是人类的主观意识,是先验的,是人类进行哲学思考的基础和出发点;也有人说时空是客观的,时空是宇宙间万事万物的大容器,时空是万事万物得以演化发展的大舞台。这些说法或许都对。笔者只是想强调这样两点:一是时间和空间不可分割,说没有时间的空间,或说没有空间的时间,都是不可理解的;二是时间和空间没有特性,时间和空间的特性只能从万物中去寻找,时间和空间与万物相洽,且成就万物。以上两点见解并不是什么石破天惊的新发现。但郑重地强调这两点,则具有重大意义。首先,我们承认这些观点,则不仅有助于我们洞察时空的实质,也有助于理解万物的特性。其次,我们承认这些观点,宇宙演化和发展的基础则会更为牢固,人类的思想和情感则会趋于安宁。第三,对于有些骇人听闻的学说,比如说宇宙在大爆炸前并没有时间和空间,我们则能泰然处之。

8. 时间没有箭头,时间机器不能把人类带到过去。

半个多世纪以来,人们一直在探讨时间的方向问题,即时间的箭头,还具体提出:我们人类感觉到的一往无前的时间箭头,一是受热力学的影响,二是受人类的心理学的影响。既然时间有箭头,那就有一个时间是否可逆的问题,即时间是否可以沿着相反方向流动的问题。于是很多科学家大胆猜想,通过现代技术建造起时空隧道或者时间机器,可以把我们送回去。这里面还举了很多生动的例子,例如我们乘坐时间机器,可以把我们的祖父在他没生儿子时杀死。我可以负责任地告诉读者,人类永远不会获得时间机器,时光永远不倒流。这正如我上面所说,时间本身没有特性,它的特性体现在宇宙万物之中,它与万物紧紧融为一体,它和万物不能分离。说时间机器可以把我们送回过去,就等于说时间机器可以把当下的宇宙送回到过去。这显然是不可能的。时光不可以倒流,这是宇宙铁的秩序,这是宇宙所有物理定律的共同责任,这是人类得以生存和发展的最重要基础和保证。说时光可以倒流,它不仅违反人类已知的所有定律,而且更违反人类的情感和利益。时间不能倒流,并不意味着我们不能再与已故亲人见面,因为宇宙是循环的,循环即是重复。

9. 人类的诞生,是宇宙演化的伟大胜利。

我们稍微有点科学知识和思维能力,就会惊叹:人类的诞生是多么偶然。宇宙间任何物理常数和参数的微小变化,大到星体的运行轨道,小到元素的性质和构成,就都不适应人类的生存。也就是说,宇宙的现有条件如果不是"刚好",哪怕有一点过或不及,地球上就不会有智慧生命的出现。在量子力学中有一种思想，叫作"人择原理"，就是要解释这种现象。人择原理认为：可以设想有许多体现不同物理参数和初始条件的宇宙，但只是在宇宙的物理参数和初始条件有特定值的情况下才能演化出人类。我们看到的是一个允许人类存在的宇宙，此外别无选择。宇宙之所以是这样，是因为如果不是这样，就不可由自然产生出人类。没有人类，就没有谁去探讨和研究宇宙。

宇宙演化出人类，实际上比"人择原理"还有着更为深刻的背景和原因。人类的诞生，既是宇宙演化的伟大胜利，也是宇宙演化的根本目的。你可以说地球不在宇宙的中心位置，但我可以说，人类在茫茫宇宙中却居于中心位置，独特的位置。没有人类的诞生，宇宙就是无边无际的死寂。人类的诞生，是宇宙的觉醒；人类的诞生，使宇宙有了生机和活力；人类的诞生，使宇宙获得了最终的肯定和意义。在此，我愿与读者共同振臂高呼：人类的诞生，是宇宙演化的伟大胜利！

10. 美丽而温柔的地球，是人类唯一可以栖居的家园。

如果说宇宙间的很多物理参数都是依据了"人择原理"，如果说人类的诞生已属庆幸和偶然。那么，让人类能够在地球上繁衍和生息，让地球成为人类的母亲和家园，则可以说是大自然的眷爱和慈悲，是人类最大的福祉和享受。普照的阳光，充足的氧气，适宜的温度，清甜的泉水，壮丽的山河，丰饶的物产，千奇百怪的动物，万紫千红的花卉，摘不尽的果实，吃不完的五谷，蔚蓝的天空，辽阔的大地，闪电雷鸣，风雨雪月……应有尽有，样样珍奇，在大地母亲的怀抱里，人类成了大自然的骄子。几万年来，人类感恩苍天大地，人类依恋大地母亲。然而，近一百年来，随着科技的发展,随着人口的增多,随着地球资源的匮乏,随着环境的污染,有些人开始叫嚣,人类可以到其他星球上去生活。我坚定地认为人类可以到其他星球上生活的想法,是完全愚蠢和糊涂的。到某个星球上转一圈是一回事,而携家带口到某个星球上长年累月地生活又是另一回事。无论科技多么发达,无论其他星球上状况如何,人类只能繁衍生息在地球上,这也是"人择原理"。人类是非常善良和脆弱的,人类只能栖居在美丽而温柔的大地上。如果真的有一天,有些人可以到其他星球上去生活,那他们已经不是人类,他们的生活也必将变得不再是人的生活。人类只能接受阳光和雨露,人类也离不开鸟语和花香,人类只能吃馒头和面包,人类更离不开天伦之乐。皓皓明月,只能是人类把酒吟哦的良辰美景;灿灿繁星,只能是人类仰望指点的织女牛郎;茫茫太空,只能是人类的浪漫和遐想。地球,唯有地球,那美丽而温柔的地球,才是人类唯一可以永久栖居的家园。

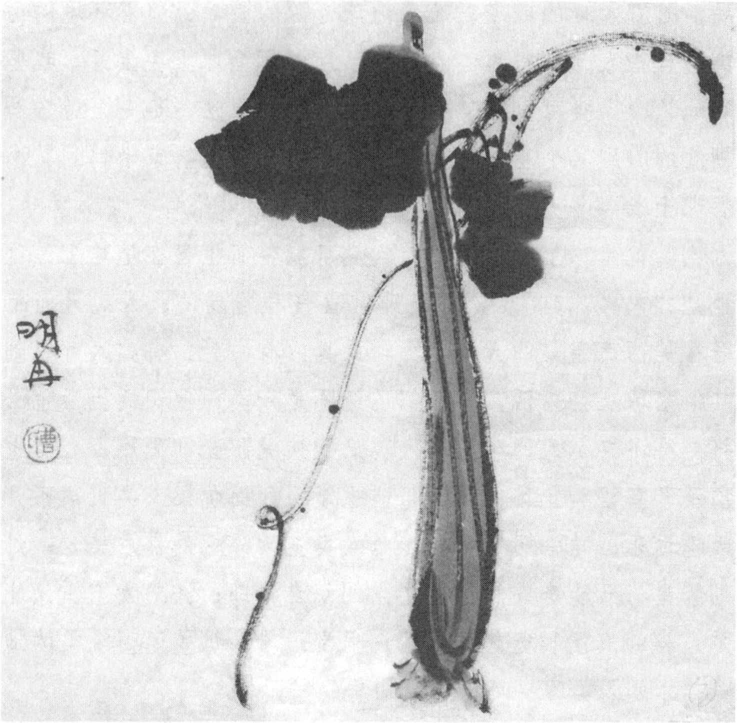

第二章

阴阳二气铸男女

如果说我们所在的宇宙，能够使人类得以诞生，已经是偶然中的偶然，巧合中的巧合。那么，大自然又让我们人类以两性即男人与女人的方式生活和发展，那就不仅是偶然和巧合，而是关照中的关照，厚爱中的厚爱。因为，人类只有以相辅相成的两性形态存在和发展，我们才能够生生不息，才能够体验到家庭的温暖，才能够体验到爱情的神圣，才能够享受到人生最深刻、最强烈的快乐。正因为这个理由，我们人类要由衷地感谢上苍的安排，要百倍地庆幸我们的生存方式，要十分珍惜我们美好的人生，要永远坚守男女应循之道，要不断地提高男女和谐的程度，要使男欢女爱永葆生机和活力，要使男女之爱永做全人类一切之爱的基石和源泉。

一

在过去的思考和研究中，我一直认为"力"（这里所说的力，是比物理学所说的弱力、强力、磁力、引力更基本和普遍的力量。）是宇宙间最本质的存在、最深刻的冲动，甚至比时间和空间还要古老而恒久。但是近一个时期以来，特别是为了撰写这一章的内容，当我对"性"进行深入和系统的思考时，我的上述看法有所改变。我越来越强烈地感到，"性"可能是比"力"还要是更基本的存在和更深刻的冲动。这无论是从目的论，还是从自然论；无论是从唯物论，还是从唯心论，用"性"来解释我们的宇宙形成和发展，用"性"来解释我们人类的生存和繁衍，好像更能自圆其说，也好像使我们的人类更乐于接受和相信。

现在大家都知道，植物、生物和动物都是有性的，这正如美国作家奥利维亚·贾德森在《性别战争》一书中所描述的："如果不是为了性，大自然中绝大多数艳丽、漂亮的东西将不复存在，植物不会绽放花朵，鸟儿不再啾唧歌唱，鹿儿不再萌发鹿角，心儿不再怦怦乱跳。但如果你问究竟什么是性，不同的生物会给出不同的答案，人类和许多动物会说性就是性交；青蛙和绝大多数鱼类会说性行为就是双方在战栗中排出卵子和精子；蝎子、千足虫和蝾螈会告诉你，性行为就是雄性将一包包的精子排在地上，等待雌性坐上去后，精子包就会破裂，然后精子会进入她的生殖道；海胆会说性行为就是在海水中排出卵子和精子，希望他们能在茫茫的海浪中找到对方；对开花植物来说，性行为就是拜托风儿或者昆虫将花粉捎给一朵等待中的雌花。"我这里需要指出的是，不仅植物、生物和动物是有"性"的，无机物也是有性的，宇宙间的星体有性，山川河流有性，土地和岩石也有性，万事万物无不有性，当然它们的表现形式是不一样的。我说这话时是有根据的，现代科学已经证实，宇宙大爆炸时代，就有物质和反物质同时产生，组成物质的最小元素的原子和粒子，也是分为正电子和负电子，也是分为阴性和阳性的。这正负和阴阳，就是两性特征在大千世界的表现形式和应有的反映。

据我的考察，世界上大多数国家和民族，在他们的思维方式和文化传承上，大都认为宇宙是一分为二的，宇宙间的万事万物都是由既相互对立又相辅相成的两个方面组成的。如毕达哥拉斯学派认为：数目的元素是偶和奇；其中偶为无限，奇是有限的。整个宇宙由十对矛盾统一体所组成，即有限和无限、奇数和偶数、单一和众多、左方和右方、阴性和阳性、静止和运动、直线和曲线、明亮和黑暗、善良和邪恶、正方和长方。再如库萨的尼古拉认为：上帝创造的宇宙是一个不同部分的和谐整体，万事万物都是由对立面组成的。还有布鲁诺，他更是鲜明地提出对立面吻合于一，一切事物都由对立面组成。他甚至说："谁要认识自然的最大秘密，那就请他去研究和观察矛盾的对立面的最大和最小吧。深奥的魔法就在于，能够先找出结合点，再引出对立。"

这里需要特别强调的是，中国古代文化中的阴阳思想，是对宇宙间万事万物皆具有两性的最生动描绘和深刻揭示。宇宙和宇宙间的万事万物都可以分为阴阳两性的思想，是中国传统文化的瑰宝和主流，对中国的文化影响巨大而深远。有关阴阳的思想虽然在诸子百家中都能找到，但这一思想又集中体现在《周易》这部经典和易学体系中。《周易》最重要的概念就是"阴"、"阳"，"阴"、"阳"用符号表示就是"--"和"—"。为什么用"--"和"—"来象征阴阳呢？有的学者认为它是由龟卜纹所演化；有的认为它是用于占筮的两种竹节的象形；也有人认为它是取用于上古"结绳"时代"有结"和"无结"的形状。但更多的学者则认为，"--"和"—"实际上是男女生殖器的象征，一虚一实，一直一柱，笔者是赞同这种观点的。《易传》中说："观变于阴阳而立卦，发挥于刚柔而生爻。"又说："一阴一阳之谓道。"《周易》不仅其基本概念是阴阳的对立，就是其整个哲学体系也都是围绕着相反相成这一规律而展开的。如《周易》中另一个重要范畴"八卦"，也是由四对相反相成的对立统一体组成的。即：乾坤、震巽、坎离、艮兑。汉代学者董仲舒在《春秋繁露》中说："物莫无合，而合各有阴阳。阳兼于阴，阴兼于阳。"宋代易学家周敦颐的《太极图说》，可以说把这种宇宙间万事万物都是阴阳对立变化和相反相成的思想作了生动形象和深刻的描述。《太极图说》全文如下：

> 无极而太极。太极动而生阳，动极而静；静而生阴，静极复动。一动一静，互为其根。分阴分阳，两仪立焉。阳变阴合，而生水、火、木、金、土。五气顺布，四时行焉。五行，一阴阳也；阴阳，一太极也。太极，本无极也。五行之生也，各一其性。无极之真，二五之精，妙合而凝。乾道成男，坤道成女。二气交感，化生万物，万物生生，而变化无穷焉。惟人也，得其秀而最灵，形既生矣，神发知矣，生性感动而善恶分，万事出矣。圣人定之以中正仁义而主静，立人极焉。故圣人"与天地合其德，日月合其明，四时合其序，鬼神合其吉凶"，君子修之吉，小人悖之凶。故曰："立天之道，曰阴与阳；立地之道，曰柔与刚；立人之道，曰仁与义。"又曰："原始反终，故知死生之说。"大哉易也，斯其至矣！

中国传统的这种万事万物皆分为二和相反相成的思想，

到了明末清初思想家方以智，发展到了一个新的高峰。方以智在他的学术代表作《东西均》中，明确提出了"尽天地古今皆二"的光辉思想，他说："一不可量，量则言二，曰有曰无，两端是也。虚实也，动静也，阴阳也，形全也，道器也，昼夜也，幽明也，生死也，尽天地古今皆二也。"方以智还提出了"合二而一"的矛盾统一思想，他说"两间无不交，则无不二而一者""交也者，合二而一也""天地间相反者相因，而公因即在反因中"。他还十分感慨地说道："吾尝言天地间之至理，凡相因皆相反，何其颠倒古今而臆说乎？此非我之臆，天地之臆也。""则所谓相反相因者，相救相胜而相成也。"方以智甚至非常天才地总结出统一体内两个相互依存的矛盾事物相互转化和衍生的公式，即"交""轮""几"。"交也者，合二而一也；轮也者，首尾相衔也。""几者，微也，危也，权之始也，变之端也。"还说："交以虚；轮续前后；而通虚实前后者曰'贯'，贯难状而言'几'。"

《周易》这部人类千古奇书，不仅高度概括出"阴阳"和"八卦"的重要哲学文化思想，它还为我们勾画出整个宇宙阴阳相交、生生不息的大化流行图，从而揭示了人类的神圣和崇高，确立了两性相交的神圣和崇高，为后来的炎黄子孙指明了人性即天性、人与自然必须相和谐的康庄大道。《易·系辞传》中说："天尊地卑，乾坤定矣。卑高以陈，贵贱位矣。动静有常，刚柔断矣。方以类聚，物以群分，吉凶生矣。在天成象，在地成形，变化见矣。是故刚柔相摩，八卦相荡。鼓之以雷霆，润之以风雨。日月运行，一寒一暑。乾道成男，坤道成女。乾知大始，坤作成物。乾以易知，坤以简能。易则易知，简则易从。易知则有亲，易从则有功。

有亲则可久，有功则可大。可久则圣人之德，可大则贤人之业。易简而天下之理得矣。天下之理得，而成位乎其中矣。"每当我读到这些天籁之章，都情不自禁地击节叫好，都由衷地对先祖先贤生起无限的敬仰和思慕，都为能成为人类的一份子而自豪和庆幸。您看，多美的和谐相生图景啊！天地在相摩，万物在相荡，男女在相亲，云行雨施，风鼓雷动，顺其自然，天性尽展，生生不息，繁荣昌盛。

《周易》虽是儒家经典中的经典，号称"六经"之首，在中国传统文化中具有神圣的地位，但它却毫不避讳地对男女生殖器进行描写，旨在揭示两性存在的重要，旨在揭示阴阳相交是一切发展变化的基础。《易传·系辞》中说："夫乾，其静也专，其动也直，是以大生焉；夫坤，其静翕，其动也辟，广生焉。广大配天地，交通配四时，阴阳之义配日月，易简之善配至德。"不用做过多的解释和论证，上面这段引文中的"乾"和"坤"不是泛指天和地或阴和阳，而是实指男根和女阴：男根在平静时是弯曲搏圆的，在激动和有欲望时是挺直的；女阴在平静时是闭合的，在激动和有欲望时是开启的。只可惜的是，中国几千年谈性色变，对祖先这么几句明白无误的话，也不敢去面对，不敢直截了当地去解说，而是拐弯抹角地顾左右而言他。

叔本华哲学认为，生物所最珍惜的就是其生命，只要求得生存，其他一切都可忍受。一颗种子，无论土壤、水分等其他条件多么恶劣，它也总是保持其生命力，待机生根、发芽、成长。就是在无机界，各种化学元素非在一定条件下亦不能转化为其他性质的物质。这些都是它们求生存、保存自身生命的表现。叔本华哲学同时认为，生命的体现和种族的延续，都离不开性。性欲是生存意志的核心，是一切欲望的焦点，性欲是求生意志最完全的表现和最明确的形态。两性之间所以具有强烈的吸引力和紧密的联结，就是由于各种生物的种族求生意志之表现。为了维持种族的延续不辍，个体在激烈的性欲冲动中常常变现出一种把其他一切事物都搁置一旁的习性。当然，性和性交不仅是生命意志的体现，不仅是种族繁衍的需要，它还应该是生物最快乐的享受。这正如叔本华所说："性欲和其他欲望的性质截然不同，就动机而言，它是最强烈的欲望；就表达的情形而言，它的力量最强猛。……它的重要性简直不可言喻；若不能在这方面得到满足，其他任何享乐也无法予以补偿。同时，不管动物或人类，为它常不惜犯难或大动干戈。"

中国有位伟大的诗人说："万类霜天竞自由。"《性别战争》一书向我们生动地展示了各类动物，竞争性欲快乐的自由，竞争生命意志的自由，竞争种族繁衍的自由。为了吸引异性，有些动物穿上华丽的外衣，如靓丽的羽毛或者夸张的鳍；或者又唱又跳地折腾上几个小时，或者使出浑身解数，把巢穴建了又建。动物如此的这般用心，不过是殊途同归——所有这些滑稽的动作，古怪的姿态，都是为了完成最终的性行为，为了基因的组合，为了造就一个有着全新基因组合的个体。我们人类中的很多人虽然已经迷失在琐碎生活的喧嚣之中，生活目的变得模糊不清，但从进化论的观点来说，生活的目的却非常明了——生存和生殖。任何一方面的失败，都只会使你的基因成为你死亡的陪葬品。进化论的核心机制就是大家所熟知的物竞天择，遗传变异在进化的过程中起着非常关键的作用，没有遗传变异就没有进化的演变。遗传变异从何而来呢？靠的是基因突变和性行为。没有基因突变，进化就会中断；没有性行为，生物就注定要灭亡。

《性别战争》中还写道,有很多动物的性欲是超强的,一个叫竹节虫的小动物,可以连续交配10多个星期。一头健壮的雄狮,在55个小时之内可以和几头雌狮交配157次。螳螂在做爱时,雌螳螂经常乘机把雄螳螂的脑袋砍掉,但在他失去脑袋之后,压制性行为的信息传输被迫中断,剩下的身体不停地抽搐,仍能继续交配,并变得更加狂野和激烈。这听起来好像证明了雄螳螂已经通过进化适应了被雌螳螂吃掉的现象,其实这更加反映了"宁掉脑袋,也享受性爱"在动物中是一种普遍存在。据说除螳螂之外,还有蜘蛛、蝎子、蠓等80种动物,在交配时雌性会吃自己的伴侣。至于它们为什么这样做,那肯定是自有道理,肯定与性的本质和生物的进化、繁衍有密切关系。

雄蜂的举动也很耐人寻味。雄蜂在达到性高潮时就会暴毙,而它的生殖器也会啪嗒一声与身体分离,留在蜂王的阴道内。雄蜂如此孤注一掷、铤而走险,是有它的阴谋的。雄蜂之间的竞争是异常激烈的,最多可能会有2.5万多只公蜂参加对一只蜂王的追求,但蜂王交配的次数充其量也不会超过17次,这就是说,绝大多数雄蜂都将以处子之身死去。能够和蜂王交配的雄蜂实属侥幸,他不惜牺牲生命也要把生殖器留在蜂王的体内,就是想通过"塞子"堵住蜂王的生殖器官,给她系上贞操带,使后来的雄蜂无法进行交配,以便他的基因可以传到下一代,以便自己的生命可以得到延续。但是,事情远远不如想象的这么简单。一是蜂王想和更多的雄蜂交配,这样能产生更多的蜂宝宝;二是后来的雄蜂也不甘失败,也想和蜂王交配。这样,造物和进化就使每个雄蜂阴茎的顶端,都有一个毛茸茸的组织,正是这个玩意儿可以将前任留下的阴茎弄掉,即拔出"塞子",撕碎"贞操带",

畅行无阻地继续交配和享乐。不仅在蜜蜂中，在蝙蝠、老鼠、线虫、蛇、蝴蝶、果蝇、天竺鼠、黑猩猩等动物当中，都存在"塞子"和"贞操带"的问题。不过，这些动物中的绝大多数并不是把自己的生殖器留在雌性的体内，而是以其他的形式，如利用更为传统的"塞子""黏结剂"或者"胶水"。比如说在许多啮类动物中，雄性拥有一个巨大的腺体，在交配之后，会分泌形成一个坚固的富有弹性的塞子，并放入雌性的生殖道深处。雄家鼠放在雌家鼠体内的"塞子"十分牢固，只有用手术刀才能将其取出；一旦雌家鼠体内被"塞子"塞住了，硬要取出"塞子"就可能撕裂雌鼠的子宫韧带。但是道高一尺魔高一丈，对于欲火冲天的动物来说，为了达到自由性交的目的，办法总比困难多。比如雌性狐松鼠，在一番云雨之后，她会趁热立刻拔出"塞子"，甚至把"塞子"当美味吃下去。雄性也与时俱进，不断提高拔"塞子"的技能。在有些鼠类中，雄性的阴茎简直就是一只爪子，他能做出一些令人叹为观止的拉取动作，非常专业地取出先交配者留在雌鼠体内的"塞子"，就如同通厕所的拔子，将堵塞物吸出来。

在动物界，为了达到性交的目的，为了使自己的基因得到传承，还有很多离奇的故事，可以说是八仙过海，各显神通，十八般兵器齐上，各种妙计层出不穷。据说蜻蜓的生殖器上有一个气囊——一个可以膨胀的球状物，在气囊的顶端有两个角，气囊的两侧则长着坚硬长毛。雄性利用这个装置将其他雄性留在雌性体内的精液冲洗出来，然后再把自己的精液留在里面。红尾蜻蜓则把生殖器作为说服雌性忘掉以前爱人的工具，通过以合适的方式刺激她，可以促使她射出前一个爱人的精液。雄山艾树蟋蟀背上进化出牙齿，这是因为这种动物性爱的体位是雄下雌上,当雄性向上弯曲背以达到生殖器接触时,背上的齿颊紧紧咬住雌性的腹部,从而将她牢牢地抓住,就可以随心所欲地进行交配。个头较小的雄海鬣蜥在做爱时,经常在达到性高潮之前,被个头大的雄海鬣蜥从雌性身上推到一边。适应这种形势的需要,当雄海鬣蜥看到雌海鬣蜥,首先进行自慰,一旦有机会交配,快刀斩乱麻,用最短的时间达到高潮,降低被别人在完成好事之前而轰走的风险。

  我们上文说了这么多动物界关于性的表现,旨在揭示作为万物之灵的人类更是因性而生,因性而活,因性得以繁衍和发展,时时都有性的冲动和表现,和性的关系更为密切和持久,性在生存和发展中更为重要和神圣。康有为说:"人各分天地原质以为人。"这话说得好,人就是大自然的一部分,人就是分得到天地间的资料而成形。问题的关键是,人是由两性即男人和女人而组成,这正如《周易》上所说:"乾道成男,坤道成女。"如果说人类的诞生是宇宙的觉醒,人类的诞生是宇宙演化的伟大胜利,那也只有当人类分为两性时,才能实现这一目的。人类分为男人与女人,这既是宇宙间普遍存在阴阳相对互补规律的表现,又是人类能够得以生存和发展的最佳形态。行文至此,我油然而生这样一语:"天地原质分为人,阴阳二气铸男女。"

  按照中国传统文化中的阴阳学说,男女既然是由阴阳两气分别组成,那么我们就不难把握男女关系的要领。男女关系是人类关系中最重要最基本的关系,男女关系是相辅相成的关系,男女双方都以对方为依存的对象,男女双方都相互吸引和渴慕,男女相悦能带来极大的快乐和激情,男女合和才能化生而繁衍。当然,男女关系的实质和核心是性,性是连接男女关系的纽带和要害。毫无疑问，没有性，就没有人类；没有性的结合，就无所谓男人和女人。生命以性的形式展现，这太神奇了，它既是生存和繁衍的需要，也符合人类的快乐原则。命就是性，性就是命，这大概就是汉语"性命"一词的真谛。

性是这么永恒和神奇，但性究竟是什么呢？我在前面谈到性是比力还更原始的存在冲动，她甚至比时空更早，在宇宙大爆炸时代就应该能找到她的身影。中国古代哲学认为性和吃饭一样，是人的自然本能和最基本生理需求，故云"饮食男女，人之大欲也"。

弗洛伊德认为："人体从头到脚皆已顺着美的方向发展，唯独性器本身例外，它仍保持其属兽性的形象，所以不论在今日，在往昔，爱欲的本质一向总是兽性的。要想改变情欲的本能委实太艰难了；……文明在这方面的成就总不能不以相当地牺牲快乐来换取。"劳伦斯说："令人遗憾的是，性在人们的心中是一个十分丑陋的东西，丑陋得让人无法回答。性究竟是什么？我们想得越多便越糊涂。"又说："科学认为性是一种本能，而本能又是什么？显然是一种古老的习惯，不管多么久远，总有一个开端，而性却没有开端。哪里有生命，哪里就有性。因此，性绝不是养成的习惯。"马林诺夫斯基说："自亚当和夏娃以来，性冲动就一直是绝大多数烦恼的根源。"对性也有不同的看法，如福柯指出："我们千万不要认为性是权力试图控制的天赐之物，或把它做知识试图逐步揭示的模糊的领域。它是一个可以给历史建构冠名的名称。"

性究竟是什么？笔者认为，那要问白天的太阳，夜晚的月亮；要问春夏秋冬，和永不停滞的时光；要问波涛无际的大海，和蜿蜒起伏的山岗；要问鲜艳的百花，和鸟儿的声声歌唱。当然，更要手抚一下你我的胸膛，我来自哪里？性应在何方？

二

　　人和动物、生物、植物甚至万事万物都有性，这是事实。但人的性，男女之性，又不同于动物、生物、植物以及万事万物之性。人之性高于动物、生物、植物之性，她既是万物之性的升华和提炼，又是宇宙普遍有性的标志和象征。也就是说，如果宇宙间普遍由两种相反相成的东西组成，或者说万物都秉承于阴阳二气。那么，男女就是阴阳二气之精华，造化钟神秀，才产生出千千万万男人和女人。换句话说，男女之关系能最深刻、生动地演绎宇宙的本质和结构。男女与其他动物、生物、植物一样是以性基础为特质，但她又超越了普遍的性，普遍的阴与阳，她生发了情，她生发了爱，她最终产生了婚姻和家庭。这就是人类形成和发展的最本质动因，当然还有生产力的发展和经济形态变革的巨大作用。

　　我们这个世界是美丽的。但我们这个世界为什么是美丽的？人类因何而发现美？人们为什么能够欣赏美？这源于性，这源于性别，这源于人类分为男人和女人，这源于男女之间的相互倾慕和欣赏。没有女人的眼光，那宇宙将没有阳刚之美，山岗不再巍峨，骏马不再雄健，肌肉不再有力；没有男人的眼光，那宇宙将没有温柔之美，月亮不再朦胧，花芳不再鲜艳，溪水不再欢唱。这正如劳伦斯所说："我们得承认性和美是一回事，就像火焰和火。如果你仇视性，你就是仇视美；如果你爱美，你就得崇敬性。……如果说直觉是叶，美是花，那么性就是根。"我说上面这些话，其要旨就是揭示"天地有大美而不言"，人类正是因为有男有女，有了对异性的欣赏，从而才扩展到认识大自然的美，认识艺术的美。我们的一切文学艺术，我们的一切对美的赞叹和歌颂，都发源于两性的相互欣赏和爱怜，都深深打上性别的烙印和记忆。当然，我们在大自然和艺术中发现的一切美，又用来丰富和润色对异性的描绘和想象。

关于美人有多大的魅力，有着怎样的风采，这无需我再费辞章，翻开古今中外的典籍，比比皆是，生动的事例举不胜举。《诗经》中这样赞美美人："手如柔荑，肤如凝脂，领如蝤蛴，齿如瓠犀，螓首蛾眉，巧笑倩兮，美目盼兮！"《洛神赋》中这样描写仙女："翩若惊鸿，婉若游龙，荣曜秋菊，华茂春松。髣髴兮若轻云之蔽月，飘飖兮若流风之回雪。远而望之，皎若太阳升朝霞。迫而察之，灼若芙蕖出渌波。秾纤得衷，修短合度。肩若削成，腰如约素。延颈秀项，皓质呈露，芳泽无加，铅华弗御。云髻峨峨，修眉联娟，丹唇外朗，皓齿内鲜。明眸善睐，靥辅承权，瑰姿艳逸，仪静体闲。柔情绰态，媚于语言。奇服旷世，骨象应图。披罗衣之璀粲兮，珥瑶碧之华琚。戴金翠之首饰，缀明珠以耀躯。践远游之文履，曳雾绡之轻裾。微幽兰之芳蔼兮，步踟蹰于山隅。于是忽焉纵体，以遨以嬉。左倚采旄，右荫桂旗。攘皓腕于神浒兮，采湍濑之玄芝。"

中国古典文学名著《红楼梦》，对风花雪月和各种形态的美人都有生动的描写，其中有一段这样的文字："方离柳坞，乍出花房。但行处，鸟惊庭树，将到时，影度回廊。仙袂乍飘兮，闻麝兰之馥郁；荷衣欲动兮，听环佩之铿锵。靥笑春桃兮，云堆翠髻；唇绽樱颗兮，榴齿含香。纤腰之楚楚兮，回风舞雪；珠翠之辉辉兮，满额鹅黄；出没花间兮，宜嗔宜喜；徘徊池上兮，若飞若扬。蛾眉颦笑兮，将言而未语；莲步乍移兮，待止而欲行。羡彼之良质兮，冰清玉润；羡彼之华服兮，闪灼文章。爱彼之貌容兮，香培玉琢；美彼之态度兮，凤翥龙翔。其素若何，春梅绽雪。其洁若何，秋菊被霜。其静若何，松生空谷。其艳若何，霞映澄塘。其文若何，龙游曲沼。其神若何，月射寒江。应惭西子，实愧王嫱。奇矣哉，生于孰地，来自何方？信矣乎，瑶池不二，紫府无双。果何人哉？如斯之美也！"

在西方也有很多关于美人的故事和描述，最著名的当然是海伦。海伦是艳冠全希腊的美女，风姿卓绝，令人羡慕不已。她原是斯巴达王墨涅拉俄斯的妻子，后被特洛伊王子帕里斯诱走，因而引发持续十年之久的特洛伊战争。据说阿卡亚人的长老对特洛伊战争提出质疑，认为为一个女人打仗不值得。但当这些长老们见到海伦后，也为海伦的美艳所倾倒，他们的看法有所改变，以为再为海伦打几年仗也是值得的，并说："难怪为了她，特洛伊人和金甲坚固的阿卡亚人数年奋战，含辛茹苦，谁又能责备他们呢？"

据说弗莱妮也是雅典城最美丽、最受喜爱的美人，有关她的风采和遗事见诸很多文献。传说弗莱妮曾因别人的诽谤而被法庭起诉，负责给她辩护的人是著名演讲家西波瑞底斯，在案子进入胶着状态而一筹莫展时，西波瑞底斯突然灵机一动，冲上前去，撕开弗莱妮的上衣，露出她美丽的乳房，使得法官们惊异于这样神圣的美丽，从而释放了这位爱神天使。事实上，弗莱妮的美一般人是看不到的。她总是穿着合身的衬衣和外装，从不去公共浴室洗澡，所以人们很少能见到她身体曲线的美。不过，在海节上，当所有希腊人都聚集到依洛西斯时，她会在众目睽睽之下脱光了衣服，松开了头发，光着身子走向大海，边走边唱，吸引着所有人的目光，形成一道亮丽的风景线。这就是阿佩勒斯提到过的他那海上升起的爱神。著名造型艺术家普拉克希特里斯也非常仰慕弗莱妮，并把她当作克尼杜斯爱神的模特，创作了不朽的绘画作品《爱神》。据说以严格道德著称的大哲学家色诺克拉底，也曾为弗莱妮的美貌所撩拨。

中国古代形容女人的美貌，还常常这样说：有闭花羞月之貌，有沉鱼落雁之色。中国古代美人如西施、貂蝉、王昭君、杨贵妃，关于她们的美丽和动人故事，两千年来一直被广泛传颂，甚至形成为中华民族重要的文化基因，发挥着巨大的美化作用。其实，我在这里要强调的是，不仅仅是这些古今中外的著名美人，就是每一个普普通通的女人，都是美的象征，都是美的化身，都是美的代表，都给我们这个世界和人类带来了美丽和愉悦，带来了生机和安慰。因此，我同意这样的看法：一个女人就是一束喷泉，清冽的泉水轻柔地喷洒着靠近她的一切。一个女人就是空中一道振颤的波，她的振动不为人知也不为己知，寻找着另一道振波的回应。我也同意这样的看法：女人是整个大自然的概括，她就是星星和月亮，她就是春风和冬雪，她就是玫瑰和百合，她就是大地和河流，她就是鲜花和果实，她就是清泉和绿茵，她就是野鹿和百灵，她就是妩媚和时尚，她就是歌声和欢乐……。女人的美和大自然的美融为一体，相互镶嵌，相互彰显，相互润化，相互诠释。人类的眼睛，都是首先从女人身上发现美，然后才认识自然之美，理解自然之美，热爱自然之美。

当然，作为雄性和男人，他的美也是值得赞叹的。男人的美，据一般的观点来说，他主要反映着威仪、潇洒和力量。男人的美同样来自于大自然，并彰显着大自然的美，亦具有普遍的价值和意义。中国古代这样描绘男子的美："玉树临风，英姿飒爽"、"雄姿英发，羽扇纶巾，谈笑间，樯橹灰飞烟灭"、"高大魁梧，眉清目秀，相貌堂堂，风流倜傥"。西晋文学家潘安是中国古代美男子的代表，据说他"姿容既好，神情亦佳"。潘安的具体相貌，我们今天已不详知，据说他当时有很多"粉丝"，倍受追捧，总有大批少女追着他。潘安走在道上，经常有少女和老妇给他献花献果，赠送礼品。

古希腊文学中有很多赞美青年男子之美的篇章，如卢西安在《亡者对话录》中说："金发，乌黑闪亮的眼睛，红润的肤色，紧绷的肌肉和宽阔的肩膀。"卢西安在《锡西厄人》中还有这样的描写："只要看他一眼，你的心会被他那充满男性魅力的美貌和高贵的姿态所征服，但只要他一开口说话，你又会专注于聆听他的声音。"我们很多人看到过米开朗基罗创作的《大卫》云石雕塑，塑造了一个怒目而视，准备战斗的全裸青年。大卫左手扶着肩上的投石机，右手下垂握着圆石块，扭头向左前方搜索敌人。大卫身上所表现出来的意志、力量和美感，可以说是男性阳刚之美的集中体现。不无遗憾的是，让我这个男性作者来讲述男性之美，无论如何也是言不由衷，话不到位。对男性之美仅是提及，聊备一格，以俟方家。

以性为最本质的内在需求，以两性相互倾慕为基础的审美直觉，而发生的男女两性之间的感情，或者说是爱情。那当然是天地间最自然的感情，最纯洁的感情，最激烈的感情，最深刻的感情，最震撼的感情，最美好的感情。我在

《大中华赋》中曾这样动情地写道："天地有大美不言，华夏向往真善美，松柏喻骨，梅兰比质，冰玉拟态，直叫清凉漫世界；夫妇乃人伦之始，爱情为情中之巅，举案齐眉，梁祝化蝶，白蛇传说，竟使山河动颜色！"

爱情是情中之巅，爱情"竟使山河动颜色"。"问人间情是何物，直教生死相许"；"得成比目何辞死，愿作鸳鸯不羡仙"；为爱情"在天愿作比翼鸟，在地愿为连理枝"；爱情又是那么美妙、朦胧和缠绵："去年元月时，花市灯如昼。月上柳梢头，人约黄昏后。今年元月时，月与灯依旧。不见去年人，泪湿春衫袖。"可以为爱情而死，爱情极其美好，那么，爱情究竟是什么呢？这个问题恐怕不好回答。苏格拉底曾经借他人之这样回答爱情："它既非不朽之物，也非必朽之物，而是介于这两者之间……它是一个伟大的精灵，而正像所有的精灵一样，它是神明与凡夫之间的一个中介。"恩格斯认为，爱情是两性关系的最高形式，在历史上最晚出现。在野蛮时代，大家都不讲爱情，和谁发生性关系都是很正常的。也有人从人性的角度来分析爱情，认为性行为、爱情、婚姻三者是两性关系的三种形式，它们是和人性的三个层次相对应的：性行为是人的生物性；婚姻是人的社会性；爱情是人的精神性。还有人着重从爱情的特点和表现形式上来界定爱情，认为爱情总是浪漫的、非理性的、激烈的、不顾一切的，爱情除了在初发时是一种目空一切的激情之外，还是一种长相厮守的愿望，因此爱情是排他的，它不能容忍不忠，有爱则合，无爱则分。也有人认为爱情就是相互倾慕，就是给予，就是疼爱，就是愿毫无保留地把自己的一切都奉献给所爱的人。以上这些说法应该说都各有一些道理。笔者倒以为，如果非要给爱情定义的话，如果人类本身真的同时兼有兽性、人性和神性的话，那么，爱情不妨可以表述如下：爱情是男女之间产生的最美好和最美妙的情感，这种情感是其他情感所无法代替的，它以性和审美为基础，以相互爱慕和志同道合为保障，它是人类兽性、人性和神性的完美统一和集中表现。其实，我们每位读者终其一生都多多少少有爱情的体验，大家心知肚明，都能对爱情说个子丑寅卯，无需再知道这么多哲理和教条。我们下面再重温一下，曾经脍炙人口的几个人类历史上经典的爱情范例，于我们对爱情的感悟和理解，可能是更有帮助的。

中国古代有所谓四大民间传说，即《牛郎织女》《孟姜女哭长城》《梁山伯与祝英台》《白蛇传》，这四大民间传说都是歌颂和赞叹爱情的。四大民间传说经过上千年的广泛传播，由口口相传，到说书唱戏，再到今天的影视作品，已经达到家喻户晓，成为中华民族优秀传统文化的重要组成部分，发挥着巨大的教化和引导作用。它也有力地证明中华民族是一个热爱和向往美好爱情生活的民族。民间传说，虽然大都有虚构和神秘的成分，它的时间、地点和人物也可能不太确凿，但它却是最大的真实，是大量真实生活的反映和提升，表达了广大人民群众的追求和希望，代表了多数人的理想和价值判断。这也正是民间传说力量和经久不衰的所在。

传说牛郎只有一头老牛，一张犁，几亩薄地，他每天天不亮就下地耕地，回家后还要自己做饭、洗衣、喂牛，日子过得十分辛苦。但牛郎是一个勤劳善良的后生，乐于帮助别人，村里人都喜欢他。天上的织女被牛郎的忠厚、善良、勤劳所感动，就变成美丽姑娘下凡来到牛郎家，两人逐渐产生感情，并结为夫妻。不几年，他们生了一双儿女，一家人生活过得十分开心。后来，王母娘娘知道了这件事，十分震怒，派天兵天将硬把织女带回天宫。牛郎紧紧搂着两个年幼的孩子，悲愤交加，一筹莫展。这时他家的老黄牛突然开口说话："别难过，你把我杀了，把我的皮披上，再找两个箩筐装着两个孩子，就可以上天宫去找织女了。"牛郎当然不愿意杀掉和自己相依为命多年的伙伴，但拗不过老黄牛，又没有其他办法，只好忍痛照老黄牛说的话去做了。牛郎披着牛皮，担着一双儿女，紧紧追赶织女，累了也不肯歇息，跌倒了再爬起来，眼看就要追上织女，王母娘娘情急之下拔出头上的金簪一划，在他们中间划出了一道宽宽的银河。从此，牛郎和织女只能站在银河的两岸，遥遥相望。而到了每年农历的七月初七，会有成千上万的喜鹊自动飞来，在银河上架起一座长长的鹊桥，让牛郎织女一家人再次团聚。现在，每年的农历七月初七，也成了中国人的情人节。秦少游的一首《鹊桥仙》，对牛郎织女的故事描写得最为生动和感人："纤云弄巧，飞星传恨，银汉迢迢暗度。金风玉露一相逢，便胜却人间无数。柔情似水，佳期如梦，忍顾鹊桥归路。两情若是久长时，又岂在朝朝暮暮。"

孟姜女为丈夫的死而哭倒了长城，这是他们的爱情感动了天地；白蛇所化变的白素贞和许仙执着相爱，这说明爱情是可以超越一切的。关于这两个故事，在此就不详述了。下面着重讲一下梁山伯与祝英台的故事。

在讲述这个故事之前，有一件事情还要先声明一下。现在中国很多地方都在争梁祝故事发生地，据说有七八家之多，仅梁山伯、祝英台墓就发现四五处。这里不是学术研究，只按照最流行的说法来表述。从前有个姓祝的士族，人称祝员外，他有个女儿祝英台，不仅美丽大方，而且非常聪明好学。但古时候女子不能进学堂读书，尽管祝英台多次向父母央求要到省城杭州读书，一直不得应允。有一天，祝英台女扮男装，扮成占卜者到祝员外家，并对祝员外说"按卦而断，还是让令爱出门为好"，攀谈良久，父母竟没有认出是自己女儿。这时，祝英台就说，女儿女扮男装去读书，没有谁能够辨认出来，请二老尽管放心。祝员外夫妇只好答应了女儿外出读书的请求。于是，祝英台女扮男装，带着书童，挑着书籍和日用，直奔杭州城。当主仆二人行走到一个叫草桥的地方，恰遇也是前去杭州求学的书生梁山伯。梁山伯风度翩翩，敦厚仁爱，两人一见如故，遂焚香为盟，结拜为异姓兄弟。在杭州万松书院求学期间，梁山伯与祝英台同窗读书，同床就寝，一锅吃饭，朝夕相处，耳鬓厮磨。梁山伯对祝英台像小弟弟一样，百般呵护，疼爱有加；祝英台对梁山伯视为兄长，言听计从，紧随紧靠，只是多了一份女儿的情怀和细心。随着岁月的流逝，两人情感日益深厚。转眼已经三载，学业即将结束，祝英台因家中有事，需先走一步。梁祝依依不舍，山伯送一程又一程，一直送了十八里路，才挥泪揖别。在这十八里相送中，祝英台借景言意，多次暗示自己是女儿身，并希望结为夫妻，无奈山伯忠厚纯朴，心无杂念，一直未解其故，错失佳机。祝英台没有办法，只得谎称家中有个九妹，品貌与己酷似，愿替山伯做媒，实际上是自托终身。梁山伯送别英台回到书院后，师母点破玄机，并将英台的信物转交给梁山伯。梁山伯恍然大悟后，欣喜若狂，多年的兄弟之情顿时转化为男女恋情。时过不久，梁山伯做简单准备，即兴冲冲去祝家庄拜访祝英台，以进一步确认秦晋之好。待山伯到祝家求婚时，祝员外却说女儿已经许配太守之子马文才，不日即完大婚。这无异于晴天霹雳。英台父母还算开明，允许山伯和英台在闺阁相会，以作最后之别。梁祝相见，痛不欲生，并相互立下誓言：生不能同衾，死也要同穴！梁山伯回去后，忧郁成疾，不久身亡。英台闻讯，誓以身相殉。当英台被迫出嫁时，她提出一个条件，在婚车经过梁山伯墓时，她要亲往祭奠。是日，迎亲的队伍走近梁山伯墓时，祝英台脱去大红婚衣，身着早穿戴好的白练孝衣，备好香纸供品，郑重祭奠她的恋人梁山伯。在山伯墓前，祝英台泪如雨下，哀恸震天，突然风雨雷电大作，坟墓爆裂，英台即翩然跃入坟中，墓复合拢，风停雨霁，彩虹高悬。一会儿，梁祝化为两只蝴蝶，在天空翩跹起舞，自由自在，四周都是清流花香，人们望之无不感到凄美和同情。

在西方，也有很多关于爱情的故事和传说，我们这里着重介绍一下《罗密欧与朱丽叶》和《少年维特之烦恼》中的爱情故事。《罗密欧与朱丽叶》是戏剧泰斗莎士比亚的著名作品。据说维洛那城里有两家很有名望的豪门望族：凯普莱特和蒙太古。两个家族一直存在很深的仇恨和宿怨，甚至连两家的仆人在街上相遇时也会拔剑相斗。一次偶然的机会，蒙太古的儿子罗密欧在舞会上结识了少女朱丽叶。罗密欧和朱丽叶一见钟情，相互倾慕。后来他们才知道了自己的身份，原来朱丽叶正是凯普莱特的女儿，但他们两个还是不顾一切地相爱了。舞会之后，罗密欧时刻难忘朱丽叶，于是他悄悄跳过凯普莱特的花园围墙，看到姿态曼妙的朱丽叶正在窗口自言自语，只听到她说："罗密欧啊，罗密欧！为什么你偏偏是罗密欧呢？否认你的父亲，抛弃你的姓名吧，也许你不愿意这样做，那么只要你宣誓做我的爱人，我也不愿再姓凯普莱特了……"躲在一边的罗密欧听到这番话，十分感动，再也控制不住自己，应声说："那么我就听你的话，你只要叫我爱人，我就有了一个新的名字；从今以后，永远不再叫罗密欧了。"朱丽叶听到花园里有人应答，吓了一跳。她既为罗密欧的冒险而担心，也为刚才无意中的表白被人偷听而脸红。两人倾诉了各自的心声，互相表达了真挚的爱情。临别时朱丽叶告诉罗密欧，如果真心爱她，准备娶她，那么明天她会派一个人去找他，约定婚礼的时间地点，她会把自己的一切都交给他，哪怕跟随他到海角天涯。按照约定，两位恋人来到修道院，劳伦斯神父为了成全这对有情人，也为了使这两个仇家能释嫌和好，就秘密地给他们主持了婚礼。

就在罗密欧和朱丽叶相亲相爱之际，一场意外的事情发生了。在一场恶斗中，罗密欧为自卫而杀死了朱丽叶的堂兄提伯尔特。这场恶斗很快惊动了全城市民及维洛那亲王。亲王了解了事情经过后，当众宣布把罗密欧驱逐出境，并声明以后如若再看到他，就立刻处死。朱丽叶闻讯，她先是憎恨罗密欧杀死了自己的堂兄，后来爱情又战胜了仇恨。她想如果罗密欧不杀死堂兄，那么堂兄就将杀死罗密欧。现在罗密欧还活着，自己应该高兴才是。接着她又为罗密欧的放逐而痛哭流泪。她叫奶奶去给罗密欧送去一个指环，并叫他来作最后的诀别。罗密欧这时正躲在神父劳伦斯的修道院，他听从了神父的劝告，从奶奶手中接过指环，决定去见朱丽叶。当晚，罗密欧和朱丽叶度过了一个难忘的新婚之夜。罗密欧离开不久，朱丽叶的父母就决定把朱丽叶嫁给有钱有势的巴里斯伯爵，并安排近日举办婚礼。朱丽叶无论如何反抗求情，都不能改变父母的主意。绝望之际，她来到神父那儿求救，表示如无办法就一死了之。神父交给朱丽叶一瓶药，让她在婚礼的前天晚上服下，这样人的脉搏就会停止跳动，身上僵硬冰冷，看起来就跟死了一样。这样第二天的婚礼就将无法进行。但经过一天一夜后，人就会自动苏醒过来。到那时罗密欧将会得到通知赶往墓地将你带走。朱丽叶依计而行。但是，阴阳差错，神父没有如期把真实的信息送给罗密欧，罗密欧却提前从他的仆人鲍尔萨泽那里获悉了朱丽叶抗婚自杀的噩耗。罗密欧悲痛欲绝，买了毒药，到墓地看了朱丽叶最后一眼，即服毒自尽。神父知道信没有及时送到，匆忙赶到朱丽叶的墓地，但还是晚了一步，罗密欧已经死了。朱丽叶醒来后，发现罗密欧已死，不顾神父的劝说，吻了罗密欧那还残留着毒液的嘴唇后，用他的匕首自刺而死。亲王、蒙太古和凯普莱特的家人以及维洛那的市民发现这起离奇的惨案后，审问了神父以及鲍尔萨泽，才真相大白。两家人都很悲伤、懊悔，分别为他们铸了一座金像，把他们永远葬在一起。从此，两家释嫌和好。

  关于少年维特和绿蒂的爱情故事，这既是一部影响深远的伟大文学作品，也是作者歌德青少年生活的真实写照。在这里，我不想再重复一遍少年维特和绿蒂的恋爱过程，也不想转述少年维特是如何为殉情而开枪自杀的。我只想从《少年维特之烦恼》一书中，摘录些片段，以反映爱情的美妙和力量，反映爱情的神圣和纯洁，反映爱情对人生的影响和意义。"我认识了一位最值得爱慕的人，要我依照前后顺序一一向你叙述，实难办到。我愉快，我幸福，因此，当不成合格的纪实作家。一位天使！——算了吧！我只是力不从心，无法告诉你，她是如何完美以及为什么她是完美的；一句话，我的整颗心已经被她俘虏了。她是那么理智却又那么单纯，那么坚强却又那么善良，那么切实地生活和操劳着，心灵却又那么平静……我对她的任何议论，全是些令人厌恶的废话，抽象空洞，连她本人的一个特征也表达不出来。"

"当我的手指无意之中接触到她的手指时,当我们的脚在桌子底下相碰时,啊,我周身的血液顿时沸腾了!我像碰了火,连忙缩回来,但是,一股神秘的力量又让我伸过去。——我的全部感官的感受都使我眩晕!——呵!她清白无辜,她心无杂念,她感觉不到这些小小的亲热举动把我折磨得有多苦!谈话时,她甚至把手搭在我的手上,为便于交谈,她把身子挪得离我更近,她嘴里那天神的气息传到我的嘴唇上,这时我相信自己要倒下了,像被闪电击中似的。"

"威廉,无爱的世界在我的心中会是怎样的世界呀!没有光的幻灯会是什么东西呀!然而,你刚把小灯放进去,白壁上便映出五彩缤纷的图像,尽管只是稍纵即逝的影子;但只要我们能像孩子似的为这种奇妙的现象所迷醉,它也足以造就咱们的幸福啊!今天有个约会,非出席不可,我便不能去见绿蒂。怎么办呢?我派我的男仆去她那儿,这样一来,我身边毕竟有一个今天在她身边待过的人。我等他,多么心焦,见他回来了,我又多么高兴!如果我不害羞,我一定会捧住他的脸吻他的。我听人讲,有一种博洛尼亚之石,白天把它放到太阳底下,它便吸收阳光,到了夜间,它就自己发出光来,尽管时间不长。现在,我的男仆在我眼里,就像这种石头。她的眼睛曾停留在他的面庞、脸颊、纽扣和外套领子上,我的这种感觉使这一切在我的心目中变得如此神圣,如此珍贵!此时此刻,即使有人出一千塔勒来交换,我也不会把这个小伙子给放走的。面对着他,我是多么愉快呀!神不会让你笑我的。"

"我就要见到她了!清晨,我一觉醒来,就这样喊着,抬头朝美丽的太阳看去,兴高采烈。'我就要见到她了!'这一整天,我再无别的愿望,一切的一切都交织在这个前景里。"

我们以上介绍的古今中外的爱情故事，这都是一些典型的案例，且她们最终还都带有悲壮色彩。实际上，就我们人类的普遍现实生活而言，爱情则是迷人的、美妙的、愉悦的、幸福的、使人难以忘怀的，对人生和生命具有重大、深刻影响的。据一些社会学家称，每个人一生都会发生爱情，且多数人还不止一次，即使到了老年仍然有爱情。爱情和婚姻既可有关系，也可没有关系。有情人终成眷属，从一见钟情到白头偕老，这固然好，这固然是人生的大造化。但即使没有婚姻的爱情，只是曾经相爱过，都是人生美好的体验和巨大的精神财富。这正如周国平先生在他的一篇文章里所说："爱情不论短暂或长久，都是美好的。甚至陌生异性之间毫无结果的好感，定睛的一瞥，朦胧的激动，莫名的惆怅，也是美好的。因为，能够感受这一切的那颗心毕竟是年轻的。生活中若没有邂逅及对邂逅的期待，未免太乏味了。人生魅力的前提之一是，新的爱情的可能性始终向你敞开着，哪怕你并不去实现它们。如果爱情的天空注定不再有新的云朵飘过，异性世界对你不再有任何新的诱惑，人生岂不太乏味了。"

我们上面论述了性、男女两性、审美和爱情，依照逻辑关系，现在我们来谈谈婚姻、家庭和亲情。我们大家都知道，男女两性关系实际上包含着三个主要因素，一个是性，二个是爱情，三个是婚姻。性追求的是快乐，爱情追求的是理想，婚姻讲究的是现实，它又是一种有法律意义的制度。同时，在婚姻内也包括性的欢乐和爱情，但其实现的程度却是千差万别。我们这里所说的婚姻，主要是指一夫一妻制的这种婚姻形态。据历史学家和人类学家考证，人类社会在早期都经历过群婚制和对偶婚制。这正如恩格斯所说："群婚制是与蒙昧时代相适应的，对偶婚制与野蛮时代相应的，以通奸和卖淫为补充的一夫一妻制是与文明时代相适应的。"但是，是什么力量促使着我们人类的婚姻和家庭在不断变化呢？是什么因素决定了我们人类最终走向一夫一妻制的婚姻呢？罗素这样论述："在表明某个社会所具有的特征的时候，不论这个社会是古代的或现代的，总要求助于两个极其重要而又相互关联的要素：一个是经济的制度，另一个是家庭的制度。现代有两派极有影响力的思想，一派认为万事皆起源于经济，另一派则主张万事均发源于家庭或性。前一派以马克思为代表，后一派以弗洛伊德为代表。我本人不附和任何一派，因为经济与性二者间的彼此关联，从因果关系来考察，似乎并不能表明一方明显优于另一方。……事实上，此二者不能被明显地分开。经济之于获取食物，是有根本的关联的，但在人类社会中，仅为获取食物这种个人利益才需要食物的情况，是罕见的；他是为了家庭生活才需要食物。因此，当家庭制度发生变化时，经济的动因也会随之变化。"我同意这样的观点，即人类婚姻、家庭和生活方式的演变，不只是经济和性的作用，它是综合因素的驱动，还有科技、文化、心理和风俗等多种条件的影响，甚至还受宇宙和人类自身发展趋势的引领。

我这里要着重表白的是，以一夫一妻制为主（这其间还有少量的一夫多妻和一妻多夫现象）的婚姻形态和稳定的家庭，既是人类文明发展到一定程度的标志和结果，更是人类文明得以存在和发展的最重要载体。毫无疑问，没有一夫一妻制和稳定的家庭，就没有人类的繁荣和发展，就没有人类的一切科学和文化成果，就没有我们今天的文明和幸福生活。如果说人类有很多有益的发明创造，那么一夫一妻制婚姻形态的认定、选择和巩固，则是人类最伟大的发明和创造，是一切其他发明创造的摇篮和前提。我们应该再一次为人类能选择一夫一妻制而振臂欢呼，而大唱赞歌，因为我们每个人毕竟都是一夫一妻制婚姻的受益者。

说到一夫一妻制的好处，我想它至少有以下几点：1. 只有一夫一妻制，才能使人类更好地繁衍，才能一代又一代生生不息。2. 只有一夫一妻制，才能组成稳定的家庭，成为整个社会的最基本细胞。3. 只有一夫一妻制及其组成的家庭，才能成为整个社会最基本的经济单位和消费主体，从而推动整个社会的不断发展。4. 只有一夫一妻制及其组成的家庭，才能更好地担当起抚养和教育下一代的任务，传承有关技艺和道德，使人类文明得以薪火相传。5. 一夫一妻制的家庭和在其基础上形成的家族，在五千多年的人类历史长河中，曾经对社会起到巨大的推动和稳定作用，家国一体，国即是家，家庭的荣誉和社会的责任高度统一，成为大多数家庭成员的共识，为家庭负责和为国家负责并行不悖，这种情形在东西方都是一样的。6. 在一夫一妻制家庭内形成的亲情，包括父子之情、母子之情、兄弟姐妹之情、祖孙之情，是整个社会的道德基础，也是热爱一切众生的感情源头。中国古代儒家倡导的"修身齐家治国平天下"，其根据也就在这里。7. 一夫一妻制的家庭和在其基础上形成的家族，有时还承担着宗教和信仰的作用。有些家族曾经传衍几百年，甚至上千年，这在中西方历史上都是很普遍的现象。这些家族内部形成的理念和行为规范，他们对列祖列宗的敬畏之情，对子孙后代的珍爱之心，影响教化着每一个家族成员。这就是在有些国家和民族中，虽然没有像样的宗教和信仰，但她的大部分民众仍然能生活得很有品位的根本原因。他们想到家族的荣誉，他们想到家族的训诫，他们想到不能辱没先人，他们想到要对得起后人，这既使他们人生有了理想和追求，生活有了终极的价值和意义，又促使他们向善避恶，不敢做有损于家族荣誉的任何事情。

说到婚姻的神圣，说到家庭的重要，我想抄录一段我在女儿婚礼上的致辞：

中国古代圣贤说：有天地然后有万物，有万物然后有男女。有男女，然后有夫妇；有夫妇，然后有父子；有父子，然后有君臣；有君臣，然后有上下；有上下，然后礼仪有所错。夫妇之道，不可以不久也，故受之以恒。这就是说，我们的家庭和社会是从夫妻之道演化和发展的，结婚是人生大事，婚礼是非常神圣的。我非常赞赏中国古代把婚礼称作拜天地，它的寓意和主题是：人从呱呱落地到成家立业要感谢上苍，拜谢皇天后土，感谢父母，感谢家庭，感谢亲朋好友，感谢所有帮助过你的人。今天这个典礼，实际上对他们两个人也是一个道德教育，他们将会油然产生感恩之心。一个人只要有了感恩之心就会有幸福感，责任感、也就有了进取心！

应当指出，在我们传统家庭中所形成的亲情，是人类最珍贵、最自然、最深厚的感情，是人类最宝贵的精神财富，是人类最共同的价值取向，也是人类所有道德品质的摇篮和源泉。中国古代的儒家，正是清楚地看到了这一点，才把人伦和亲情，加以发扬光大，推广到整个社会；才把孝慈和忠义紧密相连，使爱国和爱家成为一致，从而成功地实现了两千多年的国家主流意识形态的建构和发展。我们当然知道，一夫一妻制的婚姻形态，并不都是以爱情为基础和前提的，特别是在封建社会时代。但是，即使在那些一点也没有爱情为基础的婚姻中，因为夫妻之间长期相濡以沫，风雨同舟，共同生儿育女，一起承担家庭的事务和责任，也逐渐产生了好感和亲情。在这些婚姻中，我们不仅见到他们大都相敬如宾，相互体恤和关爱，有些甚至不惜以生命相互救助。至于父子之情、母子之情、兄弟姐妹之情、祖孙之情，更是出自天然，无比地深厚和浓重。我从小生活在偏僻的农村，经常见到这样的现象，有些哥哥姐姐，为了照顾年幼的弟弟和妹妹，往往心甘情愿地放弃上学的机会。也有这样的情况，因家庭经济条件限制，兄弟姐妹不能都去读书，留在家里做农活的也毫无怨言，尽管他们都知道失去读书机会对人生意味着什么。每当我想起这些事情，都被这种亲情感动得潸然泪下。

说到亲情，我再向读者讲一下我的切身感受。2012年4月27日，我女儿寒寒生了个宝宝，我有了一个盼望已久的外孙女，我不仅当即挥毫写了"是孙非外"四个字，又给她起了个乳名叫大唐，后来又经过商议起了学名叫杜尚易。大唐来到我们家，爸爸妈妈、爷爷奶奶、姥姥姥爷，都无比高兴和欣慰，对大唐关爱备至，全家沉浸在亲情和欢乐之中。在亲朋好友给大唐庆祝百日之际，我写了首小诗《大唐百日抒怀》，现抄录在此，与读者共同分享这人人都有的充满亲情的文字：

中华逢盛世，我家生大唐。
祥云曾入梦，麒麟卧户旁。
子孙无穷尽，大旗有人抗。
亲朋来致贺，阖府乐未央。
都知亲情重，此际开眼光。

爸妈不必说，隔代情显彰。
人言掌上珠，掌珠怎比况。
六人三个家，一切为大唐。
室室为尔扫，床床适尔躺。
冷暖皆切肤，饥饱挂肝肠。
唐儿呼与吸，大人费端详。
哺乳不足食，奶粉越远洋。
万千忧与乐，万千希与望。
万千祝与祷，集中孩身上。
大唐尿布多，联袂十里长。
大唐有宝车，停泊阳台上。
大唐衣服鲜，出入有大氅。
大唐有脾气，招惹得不偿。
唐儿发育好，体健神亦爽。
三日能扭头，十日脚腿壮。
一月能搭话，两月语成行。
三月能移物，百日笑声朗。
纸笔记点滴，摄像录模样。
老牛舐犊深，雄鸡护雏忙。
先儒重人伦，天性得发扬。
炎黄五千载，慈孝成纲常。
只要亲情在，日月永辉光。
只要亲情在，清泉永荡漾。
只要亲情在，大爱有基壤。
只要亲情在，人类保安康。

三

　　我在《天不变道亦不变》一书中曾经发出这样的感慨："或许是冥冥之中的天意，或许是人类社会发展的规律就应该是如此。人类把真善美作为共同的价值取向，人类不遗余力地追求真善美，人类缜密地思索着，坚强地奋斗着，辛勤地劳作着，希望生活更加美好，社会更加和谐。这当然没有错。但是人类始料不及的是，人类在追求真善美的征途上，却不是一帆风顺的。出现了那么多失足和歧路，时时陷入迷惘和彷徨的境地；人类的劳动成果被严重异化，很多追求的结果都是事与愿违；每一次前进和胜利，当还未来得及庆贺之时，新的魔障和灾难即已降临。人类似乎成了与太阳赛跑的夸父，又像向山顶推巨石的西西弗斯——人类真的检点自己的足迹时，已很难辨认哪些是前进了，哪些是后退了，哪些又是在原地打转转。"不幸的是，我们人类在对待性、对待两性关系、对待婚姻与家庭、对待爱情这些问题上，在几千年对这些问题的认识和实践上，也有类似对真善美的追求，出现了很多偏差和失足，演绎了数不清的人间悲剧，时至今日，这些问题不仅没有得到很好的解决，且有愈演愈烈之势。若不再理清思路，拨乱反正，人类仅性和婚姻家庭之困惑，亦足以成灭顶之灾，此绝不是危言耸听！

　　我们先来看人类对性这一问题所采取的不正确态度，和性这一问题目前所发展到的严重程度。正像我上面所说，性是大自然的最神秘现象，性是造物者给人类的最宝贵馈赠，性既是人类得以繁衍和发展的必需手段，她又是人类一切快乐的最重要的源泉。但是，性又是那样的桀骜不驯，她像波涛汹涌的大海，她像云蒸霞蔚的彩虹，她的冲动来自渊底不可遏制，她的魅力犹如神灵不可方喻，人类在她面前始终不能清醒和理智，人类在她面前始终都有些不知所措和恐惧。正是性的这些特征，使人类在几千年的历史上曾经对她采取过两种极端的态度，当然也是不正确的态度：禁欲和纵欲。几乎中西方的古代哲人都认为：饮食男女，人之大欲，不可废焉。但对待吃饭上，没有哪个学派和群体提出过要禁止或者放开吃。唯独对于性有禁欲和纵欲的说教。这说明，饮食和性虽然都是人类最基本的生理需求，但性比饮食要复杂和丰富得多，性和文化、精神、宗教、信仰、道德等有着更为深刻的联系。

人类自从在伊甸园里吃下第一个禁果之后，有了智慧，有了羞耻心，就要不可回避地面对性。弗洛伊德认为，人类的文明史就是性被压抑的历史，人的本能包括性与文明是对立的。马尔库塞则认为，人类的历史经历了性自由到压抑性文明（匮乏期）再到非压抑性文明（富足期）的过程。还有的学者把人类的历史分为界限清楚的三个大的阶段：古代的性自由奔放期，中世纪的性压抑期，现代的性解放期。对于上面这些说法究竟是不是确凿的结论，我不想作过多的评论。我只是想强调的是，人类历史发展中确实存在过禁欲和纵欲这两种现象，而这两种说教和实践都是错误的，都是对人类的发展和幸福有害的。我判断人类的思想和行为是否正确有两个基本标准：一看是否顺其自然，符合天性；二看是否把握住度，没有走极端。禁欲和纵欲显然违背了这两个标准，因此我认为它对人类发展和幸福是有害的。

所谓禁欲，就是把人类的性交活动甚至生殖器官，都作为丑陋的、肮脏的、恶心的和有罪恶的，从而禁止人们的一切性交活动和从性爱中得到的快乐。禁欲思想和行为产生的原因，我考察不外乎以下四个方面：一是原始社会人类的性禁忌。人类由野蛮向文明的过渡，必须经过对群婚和滥交限制的过程，特别是对有血缘关系的性交活动的限制。这当然是必要的和正当的，也是人类摆脱野蛮和蒙昧的最重要举措。但这种性禁忌的思想和潜意识，即使到了文明社会，它仍然在起作用，并有被夸大的可能。二是人类进入文明社会之后，为了确保父系血统和一夫一妻制家庭的稳定，必须进一步限制人类的性自由。这些举措也是必需的，即限制性自由是为获取文明不得不付出的代价。（其实还有很多个体的自由，都需要为人类的文明而限制，不独性自由。）这也为禁欲主义提供了思想基础和社会的接受度。三是宗教和信仰，这是禁欲的主要成因。很多宗教都认为人是有罪的和有业障的，人是需要救赎和修行的，而性欲是最影响人的救赎和修行的，最影响人类接近神明和达到超脱的。所以，宗教大都提倡禁欲，通过禁欲来维护宗教团体和僧侣的神圣，通过禁欲来实现他们宗旨。还有些政治集团，在某个时期为达到一定的政治目的，也会在团体内提倡禁欲主义。宗教和政治集团的禁欲主义和行为，是会影响到整个社会的。四是对纵欲和性自由的反动。我不认为人类历史中，哪个阶段是纵欲和性自由的，哪个阶段是禁欲和节欲的。实际情况是纵欲和禁欲交叉进行，变奏而鸣，每个时代（当然是指文明社会）都有纵欲和禁欲的现象。有时禁欲主义的提出和盛行，正是针对纵欲和滥交而来的。反之亦然。

我们现在来看一下有关禁欲的思想和极端表现。阿奎那提出"性快乐是罪恶"；圣奥古斯丁认为"性交是令人恶心的行为"；阿诺伯斯称之为"肮脏和可耻的行为"；安布罗斯称之为"玷污的行为"。按照基督教教义，夫妻之间的性交活动也是有限的：每周的星期四不能性交，以纪念基督被捕的日子；星期五纪念基督受难；星期六纪念圣母玛利亚；星期日纪念基督复活；星期一纪念基督升天。只有星期二和星期三可以性交，但是遇上斋戒期和其他宗教节日还要另说。在禁欲主义盛行的时候，人们不仅把性交看为罪恶，甚至把自己的生殖器官乃至整个身体，都看成是肮脏和不洁的，对自己的裸体讳莫如深。据说一个叫圣阿伯拉罕的教徒，坚持50多年不洗脸、不洗脚。一个有名的贞女西尔维亚，活到60多岁，仍然执意拒绝洗涤身上除手指以外的任何部位，尽管她的不良生活习惯已使她患上多种疾病。圣欧丰诺西斯加一个有130多位女尼的修道院，这些女尼是从不洗浴的，且一提及洗浴，个个战栗不已。在中国历史上，除针对特定的僧尼道徒之外，并不向整个社会泛泛地提倡禁欲主义，且对性也没有罪恶感。那么，到了近代的中国，特别是"文化大革命"时期，为什么形成了"谈性色变"的局面。原因是在中国传统文化中，对性有一种耻辱感，性是不能登大雅之堂的个人隐私，性必须受到最大限度的压抑和制约，越是道德高尚的人，越是有远大志向的人，就应该对性的需求越少。特别中国文化将性和女人的贞洁联系起来之后，性就益发变成了洪水猛兽，变成了人人喊打的过街老鼠，变成了主流意识形态打压和贬损的对象。什么"万恶淫为首"，什么"红颜祸水"，什么"伐性之斧"，什么"饿死事小，失节事大"。据说有的贞洁女子被陌生男人摸了一把，摸到的部位都要自残割掉。就是在比较开明的春秋战国时代，我们的孟轲老夫子，还要与人辩论这样一个可笑的问题：如果嫂子溺水，小叔子是否可以援手相救。最后辩论的结果还好，作为特殊情况，可以打破性和男女的界限，打破男女授受不亲的戒律，从人道主义出发，可以救嫂子一把。

有一点需要说明的是，无论是西方的禁欲主义，还是中国的谈性色变，它们都有一个绕不过去的障碍：性无论如何令人厌恶和卑微，但它是不能被广泛禁止的，因为人类只有通过性交才能得到繁衍和发展，否则人类就要消灭。所以再严厉的禁欲主义者和道德家，也都承认为了生殖而必需的婚配和性交。只是在禁欲主义者看来，为了生殖进行婚配和性交是可以的，但必须把性交的快乐降到最低限度。如有些宗教家认为夫妻为快乐而性交就是犯了道德罪，一个男人如果爱妻子过于热烈就是一个通奸者。性交的体位只能是男上女下传教士式的，性交的时间也要尽量缩短。夫妻仅仅为了繁衍后代而性交，绝不可以为了肉体快乐而做这件事，那样做是有罪的，是违反教义的。传统意义上的禁欲主义在当今社会已经没有多少市场，它也不是人类在性生活方面需要面临的主要敌人，也构不成对现代人幸福生活的心腹之患。但是，新的和变了形的禁欲主义，即独身主义和对性生活的冷漠，也包括人类性能力的下降，应该说有愈演愈烈之势，成了人类幸福生活新的隐患和障碍，也十分有必要防范和提高警觉。当然，形成新禁欲主义的原因是多方面和复杂的，既有传统文化价值观念的影响，更有现实生活压力和生态环境恶化的作用。

所谓性放纵和性自由，是指对性生活和性交没有任何禁忌和限制，可以抛弃人类几千年形成的道德和文明素养，漠视对性的一切神秘和羞耻，人类可以像动物一样随心所欲地进行交媾和发泄。其实，说动物对性没有限制也不完全对，它们要受到天气、地理环境、生存状态，特别是发情期的限制。人类则通过自身的进化和经济科技的发展，超越了这些限制，完全有条件实现真正意义上的性自由。应当强调指出的是，性自由和泛滥是我们当下人类面临的重大生存威胁之一，是有可能毁掉人类一切文明成果的决堤之口。

说到纵欲和性自由，虽然在古代和近代也有人提倡和实践过，但由于受经济文化和技术等因素的限制，它不具有广泛的社会意义，最多只能是少数人的思想和生活方式。如中国古代的皇帝，他拥有成百上千的嫔妃，其性生活可以说是奢侈和自由的。但这并不具有普遍意义，而且即使如此，也是以牺牲他人基本性生活权利为代价的，很多太监去势后不能过正常人的生活，很多男子因婚龄妇女减少而不能及时婚配。真正意义上的性自由和性泛滥，并构成严重社会问题的，应该说是近一个世纪的事。为什么近一个世纪性自由能够在全球范围内得到发展呢？我想主要有以下几点原因：第一，经济的发展，人们生活水平的提高，即所谓"饱暖思淫欲"，纵欲有了物质基础。第二，交通和通讯的发达，人们接触更加便利，当然也为男女和有情人的约会提供了方便。第三，信仰的缺失，特别是"上帝死了"以后，很多人不再追求生命的根本意义，更加注重身体的快乐和享受。第四，妇女解放运动的开展，妇女更加开放和独立，对性更加主动和奔放，把贞操视为迂腐和不公。第五，避孕药具的发明，使婚外的性交不再有后顾之忧。

近一个世纪风靡全球的性自由和性泛滥，有一系列的观念、口号和表现，也相应衍生出很多有关性交的新形态、新形式、新内容和载体。在性自由者看来，做爱就应该像吃饭喝水一样自然而必需，性交就应该像握手一样简便而随意。可以和陌生人性交，做爱不需要知道对方的名和姓，一夜情大行其道。性的贪求和渴望是不能以对外的掠有而满足的，它正像以海水止渴一样，愈饮愈渴，正所谓"爱河饮尽犹饥渴"。纵欲和性自由很容易使人对正常的性交方式厌倦，因此很多人另辟蹊径，对性生活花样不断翻新，愈演愈奇，愈走愈远，诸如同性恋、双性恋、虐恋等，甚嚣尘上，扑朔迷离，性的天然和美好几被摧折。

同性恋，英文写作 homosexuality，homo 这一词根的本意是希腊文"同样"之意，即相同性别的人在一起过性生活。说实在的，笔者对同性恋现象总是百思不得其解，一直认为同性恋是违反天性和自然的，它不仅与人类的所有文化相冲突，它更重要的是与宇宙万物之理背道而驰。我们本着宽容和设身处地的思想，考虑到同性恋者确有其特殊经历、特殊生理、特殊心理等诸多因素，可以表示理解和同情，且他们对社会和他人亦不构成严重威胁，对其并无需口诛笔伐，人人喊打。

现在要辨明的问题是，我们可以宽容和理解同性恋，但是我们是否需要鼓励和提倡同性恋的行为。我认为答案是否定的。有些社会学家指出，人类中有同性恋倾向的人占总人数的 15% 以上，人的一生中有过一两次同性恋体验的占总人口的 10% 以上，但真正成为绝对同性恋者男的约 2%、女的约 1%。这正是问题的关键。其实，人性中有很多倾向性的东西，很重要的是看后天的如何规范和引导。就同性恋而言，我们只要善于防范和引导，就可以使 80% 以上的有同性恋倾向的人最终不成为绝对的同性恋者，而是过正常人的性生活。有些学者说："同性恋是一个变态，但不是病态"；也有的专家说："同性恋既不是犯罪和邪恶，也不是心理疾病，而是一种属于少数人所有的生活方式。"对于这些理解，我们可以认为有一定道理。但我更愿相信多数专家学者这样的判断:"可怜的同性恋者,他们已经向自然宣战;而现在,自然正在施以可怕的报复。"对同性恋现象另一个不容置疑的指责是,如果大多数人都过同性恋的生活,都把性快乐和生殖功能分开,人类的繁衍和发展就会出现问题。

"虐恋"这个词英文为 sadomasochism,有时又简写为sm,据说"虐恋"这一译法是我国老一辈社会学家潘光旦先生提出的,这一中文译法还真有点入木三分,文采斐然。在此需要说明的是,下面有关西方虐恋的材料,很多都是参考了李银河研究员的文章。关于虐恋的定义,有的学者这样表述:它是一种将快感与痛感联系在一起的性活动,或者说是一种通过痛感而获得快感的性活动。所谓痛感,当然包括肉体的痛苦和精神的痛苦。如果对他人施加痛苦可以导致自身的性唤起,那就属于施虐倾向者;如果接受痛苦可以导致自身的性唤起,那就属于受虐倾向者。虐恋活动中最常见的两种形式是鞭打和捆绑,因此也有人将虐恋活动概括为 D&B(displine and bondage)。按照福柯的观点,虐恋就是"极限体验",虐恋就是开发性器官以外的性功能和性快感。虐恋者有时称虐恋活动是共同探索身体的承受极限。虐恋是性的剧场,在那里双方自愿的伴侣从事着极端的活动,全都在人类忍耐力的极限,以期获得宣泄与快乐的强烈感觉。虐恋者兴致勃勃地投入"受虐考验"以证实自己忍受不适、疼痛或羞辱的能力。在考验中,痛感与快感成正比增长。

在有关性自由和性解放的思考实践中,还有一种所谓酷儿理论(queer theory),恐怕是最前卫和雷人的了,当然这种思想和现象如果被发扬光大,其危害也必然是最为剧烈的。"酷儿"是音译,原来是西方主流文化对同性恋者的贬义称呼,有"怪异"之意,后来被性的激进派借用来概括他们的理论，其中不无反讽之意。酷儿理论的第一个重要内容是向异性恋和同性恋的两分结构挑战，向社会的"常态"挑战。在这里异性恋的"自然性"受到了质疑，它提出了使性欲摆脱性别身份认同的可能性。酷儿理论的第二个重要内容是向男性和女性的两分结构挑战，向一切严格的分类挑战。有些酷儿理论者把两分的思维方式称作"两分监狱"，认为它是压抑人性自由选择的囹圄。酷儿理论第三个重要内容是向传统的同性恋文化提出挑战，提出了一种全新的性文化。酷儿理论提出了一种表达性欲的新方式，它将彻底粉碎性别身份和性身份，既包括异性恋身份，也包括同性恋身份。酷儿理论的第四个重要内容是具有重大的策略性和诱惑力，它的出现造成了使所有边缘群体能够联合起来采取共同行动的趋势。酷儿理论建立了一种广泛的政治同盟，包括双性恋者、易性者、女同性恋者和男同性恋者，以及一切拒绝占统治地位的生理性别、社会性别和性体制的人。它号召所有具有边缘性倾向的人，与一夫一妻制的家庭价值相对立，与异性恋霸权相对立。许多酷儿的活跃分子不再将自己定义为女同性恋者、男同性恋者、双性恋者，甚至不说自己是异性恋者，而简简单单地把自己称为酷儿。酷儿的活动很难，在传统的性结构领域里加以定位，它是一些更具流动性、协商性、争议性、创造性的性生活方式。酷儿理论是一种具有强大革命性、颠覆性的理论，它的最终目标是创造新的人际关系格局，创造人类新的生活方式，它的做法是向所有的传统价值挑战。这正如一位酷儿理论家所说："我认为，传统的家庭价值不会延续到21世纪，随着人的寿命增加，我不相信人能保持50年一夫一妻制婚姻生活。我想我们会找到某种既不是一夫一妻制也不是通奸活动的生活方式。"酷儿理论最终要达到的境界是：性的表达可以跟着感觉走，同性恋和异性恋的分类要归于消亡；男性和女性的分类也将变得模糊不清；传统的家庭和生活方式将不复存在。至此，图穷匕见，酷儿理论全面变为现实之日，将是天塌地陷和人类彻底消亡之时，这其中因果不言自明。亲爱的读者诸君，你们说呢？

笔者一直有这样一个判断，性既和生相联系又和死相联系，这就是我们常说的性命，纵欲和性自由不仅会对社会和家庭造成危害，确实也会导致个体生命的毁亡。同时，性无论如何重要，它总是节制和含蓄的，它什么时候都不能赤裸裸，都不能肆无忌惮，都要保持神奇和羞涩，不信您看：人类经过几十万年的进化，人体从头到脚都顺着美的方向发展，唯独性器官本身例外，它仍然保持其兽性的形象！

我们现在分析两性关系的现状和存在的问题。两性关系即男人和女人的关系，这是一个大课题，自从有了人类就存在着两性关系。每个时代，每个国家，每个民族，都面临着如何处理好两性关系，以尽量保持社会的和谐和人类的健康发展。据有的专家学者分析，关于两性关系的理论和立场无非有以下五种情况：1. 男女相异——男尊女卑，男权力，父权力；2. 男女相同——男女平等，自由主义，女性主义；3. 男女相异——男女平等，社会主义女性主义；4. 男女相异——女尊男卑，文化女性主义和激进女性主义；5. 男女混合——男女界限不清因此不分高低，后现代女性主义。纵观人类的发展，大致情况好像是：人类早期曾经存在过母亲氏族社会，或者说是母权制时代，这时虽然妇女掌管着生产和政务权力，在社会和家庭中发挥着更重要的作用，但基本上是男女平等的，并没有明显的女人压迫男人的现象。人类进入文明社会以后，不管是奴隶社会、封建社会，还是资本主义社会，男女实际上都是不平等的，女人成为第二性、二等公民，在教育、就业、选举和继承权等诸多方面，都受到限制，甚至歧视，不能享受和男人同样的待遇，在社会和家庭中，有时还要受到男人的剥削和压迫。特别是在中世纪和封建社会，男女不平等，妇女受到剥削和压迫的现象，尤为突出和严重。例如中国古代女性的缠足现象，就充分说明了封建社会男女的不平等，说明了封建社会的国家主流意识是男性为中心的文化。让女子缠足，一开始也许是出于美观的要求，实际上客观上极大地限制了女性的行走、外出、劳动和参与社会活动，更加强了对男人的依附和依赖。缠足始作俑者的真实想法我们已不可确知，但有一点可以肯定，缠足是男人们的需要，受伤害的是女性。还有在西方比较流行的贞操带，都是对妇女的摧残。大家更知道，在整个封建社会，男人可以三妻四妾，却要求妇女从一而终，甚至在一些国家寡妇也不允许再嫁。

　　我们要想实现真正意义上的男女平等，要想使男女永远处在和谐共生之中，要想使人类社会持续健康发展，我们就必须从根本上认清男女的实质和男女关系的实质，任何偏颇和错误的思维都必须彻底清算。两千多年的封建社会，之所以造成普遍的严重的男女不平等，虽然有经济、战争和科技等方面的原因，但思想、文化和对男女本质的认识却是最根本的因素。在中世纪，由于受经济和科技的限制，适合女性就业的机会并不多，再加上以男人为主体的战争在整个社会政治生活中占有重要位置，即使是教育、农业服务和艺术等适合女性的行业，也过多地被男人所占替，因此女性的劳动和活动范围越来越小，逐渐退缩到私人领域，以养儿育女和其他家务劳动为主。这当然是女性地位低下、不能实现男女平等的重要原因。可是，这些还不足以使女性在人格上受到轻视、在社会上沦为第二公民，最终使女性成为第二性的是我们人类的错误认识和思想文化。连人类的思想导师柏拉图和亚里士多德都轻视女性，认为男人天生高贵，女人天生低贱，女人是男性有缺陷的、发展不完备的形态；连《圣经》中都这样认为：上帝用从男人身上取出的肋骨造了女人，女人又犯了偷吃智慧之果的原罪，所以女人应当多多增加怀胎分娩和生儿育女的痛苦，必须主动恋慕丈夫，自觉接受丈夫的管制；连东方的圣人孔子也说："唯小人与女子难养也。"古罗马法中竟有这样的条文："女人由于心性轻浮，即使长大成人也要有人监护。"中国封建社会一些重要典章制度上，都要赫然写上："君为臣纲，父为子纲，夫为妻纲。"这样的认识，这样的思想文化，怎能会有男女平等呢？怎能最大限度地实现人类的幸福呢？

　　我前面已经说过，宇宙的伟大不在于它演化出人类，而在于它演化出男人和女人。男人和女人的关系，男人和女人的特性，是最根本地象征着宇宙间万事万物的关系和特性。有人或许会用流行的哲学说男人和女人是一个矛盾统一体，是一个事物的两个方面，我以为这样说还不够。男人和女人是一个不可分割的整体，如阴和阳，如天和地，如白昼和黑夜，如车之两轮，如鸟之两翼，她们同体而生、相互依存，谁也离不开谁，没有了这一半，也就没有另一半。男女只有差异，没有高低之分；男女只存在相互补充，不存在彼此排斥；男女可以相互慰藉，不存在必要的怨仇。因此，我们有充分的理由说，男女是应该完全平等的。这正如，天在上，地在下，可以说天高地厚，但不能说哪个更重要；火炎上，水就下，可以说水火既济，但不能说哪个更宝贵……。如果说真有天赋人权的话，我在此愿意再补充一点，叫作上天赋予男人与女人平等的权利。

我是一个女性崇拜者，从知事以来一直对女性充满爱慕、敬仰和感恩。我写这部《人类的智慧和生活》一书时，起初就有这样一个想法，这呕心沥血之作是写给全人类看的，但更重要的是写给女性同胞看的，因为女性只要掌握了正确的思想和判断，就可以引领人类走向美好的明天。就我个人的观点而言，女性不仅和男性同等重要，女性不仅丝毫不次于男性，男女两性应是完全平等的，甚至从某种意义上来看，女性更为重要，女性更为伟大。我赞同歌德的话："永恒之女性，引领我们向前。"不是吗？我们每个人都是在母亲的怀抱里长大，是母亲引领我们迈出人生第一步。我们对这个世界的辨认和了解，我们对人生意义和真善美的知晓，都留下母亲的声音和指向。成家立业之后，又是在妻子的照料和帮助下，实现我们人生的一个又一个梦想，享受家庭生活的无限乐趣。我也赞赏这样的看法：文明已经把我们同自然隔离开来，幸亏我们还有女人，女人是我们与自然之间的最后纽带。不是吗？随着工业、科技和商业的发展，物化和人为的东西越来越多，人类生存的空间越来越小，人类离大自然越来越远，而人类离开自然最终是要消亡的。女人天生是大自然的女儿，她们不那么好高骛远，相对于男人离经济和政治稍远点，身上保留着更多的人性的某些原始品质，诸如爱美、感性、直觉、善良、慈悲、合群和平静。她们的这些品质仍然和大自然息息相通，并相互交流而磅礴，继续为人类的生存和发展提供正能量。我甚至对于人类要靠女性来拯救的说法，也并不反对。人类发展到今天这个可怕状况，最终要靠人类自己救自己，包括男人和女人共同想办法。我们这里说的人类要靠女人拯救，恐怕主要是指人类的发展要多听女人的规劝，让女人有更多的发言权，男人要多接受女性的感染和熏陶，男人要像女人那样踏实和平静。男人不要有那么多的野心和欲望，要把名利和权势看得淡一点，打起战争来不要那么凶狠，挣起钱来不要那么疯狂，搞起奇技淫巧来不要那么执着，这里面是非难分、得失参半，最重要的是安稳的心灵和宁静的生活。要说到对女性的歌颂和赞美，那应该首推中国古代最伟大的思想家和哲学家老子，他是从宇宙构成和大道运行上来肯定女性优于男性的，肯定女性的基础性地位和价值的。老子说："牝常以静胜牡""柔弱胜刚强"。老子还说："谷神不死，是谓玄牝。玄牝之门，是谓天地根。"这就是说母阴是世界的主体和根源，她吐生万物，化育万物，成长万物，她理应受到人类的尊崇和爱戴！

　　针对几千年的男女不平等的事实，近百年兴起的女性主义、女权运动和妇女解放运动，无论如何说，都具有重大的历史意义，都是促进了社会的进步和人类的和谐发展。我们提倡男女平等，我们鼓励女性的全面解放，我们支持女性社会地位不断提高、在各方面都享有同男性一样的权利，我们希望男女之间永远相亲相爱、互敬互惠，这是天经地义的。但是，在妇女解放的进程中，在女权主义的思想和行为里，却逐渐暴露出其误区和歧途，已经和将要成为影响人类社会和谐发展的新障碍。那就是，在追求男女平等时，忽视甚至不承认男女有天然差异，幻想时时处处男女都一样才是男女平等；在追求男女平等时，把男性视为打击对象和敌对势力，鼓吹两性之间存在着永恒的斗争，不是东风压倒西风，就是西风压倒东风，忘记了男女从本质上是同体共生和相互依存的天然关系。男女有别，这是天然的，也是客观事实。比如男人身高力大，肩可挑一百斤，女人身巧力薄，只能挑八十斤；男人胃口大，一顿可吃一斤饭，女人则一餐半斤即已饱矣。这也是男女平等，这也是从实际出发，如若要求男女都要肩挑百斤，每餐都是一斤，则看是平等，实则不公。再如，怀孕分娩的痛苦只能由女性承担，男人爱莫能助；保家卫国疆场上流血牺牲，也多由男子汉担当，女性只能慰藉和救护。这些都不能说不公和不平等。这正如中国一位作家所说："说到现代社会中男人和女人所承受的压力，我的想法是，凡事来自自然分工的压力，例如男人奋斗，女人生育，都是不可避免的，也是好承受的。女权主义企图打破自然分工，要女人建立功名，否则讥为思想保守，要男人操心家务，否则斥为性别歧视，不仅没有减少原来的压力，反而增了新的压力。"和这位作家先生稍有不同的是，笔者并不反对女人建功立业，也不反对她们到社会上闯荡，也赞赏男人多做些家务。问题的关键是，就全社会的各种分工和行业来说，我们一定要设身处地地搞清楚，究竟哪些更适合男人干，哪些更适合女人干。如果解决好了，则于事业于从业之人都有好处。反之，人事两伤，害莫大焉。正是从这个意义上说，女性多从事一些服务性和家务劳动，并无碍于男女平等。关键是整个社会如何看待她们的劳动，如何尊重和肯定她们的劳动。我们知道，激进的女权主义者是坚决反对女性从事家务劳动的，她们希望社会各行各业的从业人员性别比例是一比一。让女性从事一些艰苦和技能要求高的工作，看似男女平等，看似尊重女性，实际上最终给社会和女性本身带来的都是伤害。

在女性主义者看来，要彻底实现男女平等，只在教育、就业、报酬、选举权和被选举权、继承权和人格权等方面男女平等还不行，还必须在性生活方面实现男女平等。当然，女人和男人有着同样的欲望，尊重和保护女性的性权利，让女性和男性有着同样的性快乐，这是完全正确的。但是，一些激进的女权主义者，在追求男女性生活平等方面走过了头。在这里真用得上革命导师的一句名言：真理多迈一步就是谬误。一些激进的女权主义者认为：异性性交本身就是对女性的奴役、贬低、玷污和压迫。如果人类的目标是普遍的平等和平，那么结束性将是一个基本的完全符合逻辑的步骤。结束男女性交，当然可以实现男女的彻底平等，但那是在死神面前的平等。激进的女权主义者还认为：异性恋就是使男性优越的社会得以形成的体制，因此它必须被废除。这些人要求女性同女性建立联系，坚决排斥女性与男性建立联系，鼓励和向往女同性恋生活。"女性主义是理论，女同性恋是实践"这一口号风靡一时。在激进的女权主义者中，还有一个更大胆的设想，为了提倡女权，为了摆脱男性的奴役，人类可以实行无性繁殖，甚至可以废掉和消灭男性，只留女性一花独放，图个清静自在。无须辩解，这些思想和行为都是反人类和反自然的，也是根本行不通的。

我前面说过，我判别万事万物的是非曲直有两个根本标准，一看是否顺其自然，二看是否超过度。我这里，再说一个判别是非曲直的标准，那就是是否承认差异，不强求相同。宇宙说到底是万物毕同毕异，但差异是生命，是生机，是过程，彻底的同则是事物的终点和消亡。男女两性之间，最大的价值和意义就在于他们的差异，就在于他们的互补。而我们的现实生活中，很多人不明此理，以为女人应该像男人，男人应该像女人，并把这当作时尚和潮流。殊不知，真的这样发展下去，将会逐渐消失男女之本能，男女的互补性将会越来越小，男女之间的吸引力也会与日俱减，甚至会影响性生活和生育。男女两性特点彻底扯平之日，将是人类消亡之时。

我们现在看一下，我们的婚姻和家庭面临着的严重问题。我前面对一夫一妻制婚姻和以这种婚姻为基础的家庭，进行了热情地讴歌和赞赏，指出她的历史功绩和重大意义。当然，我们现行的婚姻和家庭，也不能说是十全十美的，也不能说是达到了每个人多元化的要求。但这正像我们现行的经济和政治制度一样，虽然不是尽善尽美的，却是唯一必须选择的。也只有我们这样的一夫一妻制婚姻和家庭，才能适应已有的经济和社会制度，才能维护社会的和谐稳定，才能更好地生儿育女，才能保持人类社会的可持续健康发展。不要说目前，就是今后的至少几百年内，我们还看不出会出现什么新的婚姻和家庭形态，来有效地取代我们现行的婚姻和家庭制度。就是我们这样已经存在了几千年的婚姻和家庭，多少次改朝换代、多少回疾风暴雨，都无奈其何，现在却受到了剧烈冲击和严峻挑战。这种冲击和挑战，主要有以下因素和表现：第一，对信仰和人生终极意义的缺失，对社会和家庭不再有强烈的责任感，只最大化的追求个人的享乐和独立。不愿组成家庭，或虽勉强组成家庭，也对家庭缺少必要的热情和爱心。特别是独身主义者越来越多，婚龄愈来愈大，实际上对家庭和抚育后代造成了坏的影响。第二，离婚率越来越高，家庭的质量和稳定性越来越低，使很多人对结婚和家庭望而生畏。离婚是个人的事，也是个人的自由，但轻率的离婚，它影响的是社会，影响的是家庭，上影响父母，下影响儿女。第三，丁克家庭和单亲家庭增多，直接影响传宗接代和儿童的成长教育。传统婚姻和家庭，一个很神圣和重要的功能，是确保人类的正常繁衍，确保子孙后代的健康成长和教育。而现在越来越多的丁克家庭和单亲家庭，使我们对子孙后代的健康成长充满担忧。第四，性的开放和对性生活的不严肃，婚外恋和婚外情的增多，卖淫嫖娼的增多，影响了婚姻的神圣性，对传统家庭直接构成打击和威胁。第五，同性恋、双性恋和虐恋等不自然的性行为，也受到认可和鼓励，且有不断蔓延之趋势，也成为对婚姻和家庭的重要威胁。第六，艾滋病等性病的传播，亦对婚姻和家庭、对成人和儿童的健康，造成恶劣的影响。第七，市场经济竞争的加剧，就业和生活压力的增长，特别是城市住房的紧张，都给人们成家立业带来了新的困难，对传统婚姻和家庭造成了不利的影响。总之，我们美好的婚姻和家庭，我们人类赖以生存和发展的基本组织形式，在多种力量的打击下，已处在风雨飘摇之中。我们人类必须警醒，必须奋起，竭力保护我们的婚姻和家庭，竭力保护我们生命的摇篮和人生航行的港湾。

我们现在再来分析一下人类爱情目前所面临的困境和麻烦。我们前面谈到过，爱情是神奇和美妙的，她是人类生命和生活中最深刻和美好的体验，她也是人类一切热情和友爱的基础和源泉。几千年来，人类如果没有爱情的滋润，绝不会是这样的健康和艳丽。万物皆有性，唯人有情。用革命导师的一句话来概括，就是爱情是两性关系的最高形式。我再形容一下，爱情是人类两性关系皇冠上的明珠。如果说性能给人类带来快乐，婚姻和家庭给人带来温暖，那么爱情则能给人类带来崇高和永恒。我们非常庆幸，我们这一代人还都有过对爱情的追求和体验，多少知道点爱情的滋味。那么，我们的下一代，也可以说是现在的年轻人，不要说他们对爱情不屑一顾，就是他们真的想追求爱情，爱情恐怕也已经在这个世界上无影无踪。化用歌德的一句话，也可以这么说，在这个世界上爱情即将消失的时候，好在我们的年龄已经不小啦。可是，设身处地地想，我们的儿女怎么办？我们的孙子孙女怎么办？她们能没有爱情吗？我们人类能再退回到动物的境界吗？不能！是什么力量剥夺了人间的爱情？是什么魔法使爱情成为奢侈品？答曰：现实的物质利益。说来也奇巧，人世间凡是最珍贵的东西，都是不当吃、不当喝的。爱情虽然极其美好和珍贵，但亦不当吃不当喝。而当下的人们，看重的是物质，看重的是金钱，看重的是房子和车子，看重的是虚荣。现在和年轻人说爱情，他们会听不懂，也会讥笑你迂腐。日本等国家兴起的援助活动，不少地区都存在的给陌生人代孕，"宁在宝马车里哭，不在自行车上笑"，一个年老的大款选妻子，应征的女大学生竟有上百人，凡此种种怪现象，都是对人生尊严的亵渎，都是对爱情的亵渎。当我们的人类连爱情也不相信的时候，当爱情也在人世间寻找不到的时候，我想我们人类失去的将不仅仅是爱情，很多真善美的其他东西也会随之失掉，人生的意义和价值就会大打折扣，人生的美好和崇高将会黯然失色。所以，我们人类必须找回爱情，必须珍惜爱情，必须培育爱情，必须始终和爱情结伴而行，直到地老天荒！

性是什么？我们应该如何来对待性？大自然和人世间为什么会有美？男女两性之间关系的实质是什么？应该如何理解和把握好两性关系？婚姻和家庭为什么如此重要？我们应该怎样去维护？爱情为什么那么美好和珍贵？我们丢掉什么都不能丢掉她。这些问题，都是人类永恒的问题，又都是每个时代都要面临的问题，而这些重大问题在当下都成了问题，都出现了大大的麻烦。我们必须有清醒的认识，我们必须有正确的把握，我们必须给出解决好这些问题的良好方案。为了便于大家对这些问题的探讨，也为了能进一步统一我们对这些问题的看法，我将我对这些问题的基本看法，简明扼要地概括为以下几点：

1. "性"是宇宙间比"力"更基本的存在和更深刻的冲动，人类能以性的方式生存和繁衍，是大自然最宝贵的馈赠，我们应该心存感恩和敬畏。如果说宇宙只有演化出人类才有了自身的价值和觉醒，同样，人类只有以性的方式存在，生命才有意义，繁衍才有可能。因此，我们无论如何评价性的重要和作用，都是不过分的；我们无论如何赞美和欣赏性，都是应该的；无论如何关爱和保护好性的魅力，都是值得的。

2. 性是十分重要和美好的，同时性又是具有盲目冲动和巨大魔力的，人类当然不能禁止性，但性自由和性泛滥也是错误的，它同样可以使人类遭受灭顶之灾。我们不能讳言，性虽然是重要和美好，但它终究是所有动物的共同特征，为了实现和发展人类的文明，性必须受到限制和约束，以保证人和动物的区别，以保证人的理性和情感的健康发展，以保证人类社会的和谐和有序。笔者一直坚持这样的观点，性一边和生命相连，没有性就没有生命和生活；性一边又和死相连，泛滥的和毫无节制的性，不仅可冲垮我们的婚姻和家庭，不仅可以洗劫我们人类几千年的所有文明，也可以使每个个体生命因衰竭而萎谢。

3. 万物有性，唯人有性亦有情，爱情是人类所有情感中最激烈、最美好的感受，她也是人类其他美好感情的土壤和源泉。两性之间产生的相互欣赏和相互倾慕的情感，还是人类发现和体验大自然和工艺之美的生理基础，没有异性之美，其他审美必将荡然无存。经过几千年的培育和浇灌，人类的爱情之树已经根深叶茂、繁花似锦、硕果累累，人类已受到她的无限恩泽和滋润。而今，爱情之树大有凋敝之势，我们人类无论如何要呵护之，宝而勿失。说句到家的话，你得到的其他东西再多，如果失去美好的爱情，都将是得不偿失。

4. 男女两性之间的关系，是天然的关系，是同体共生的关系，是相互依存和相互补充的关系，从本质上说是平等的关系，不存在高下优劣之分，更不是斗争的关系。男女之间的关系，是人类社会最基本的最重要的关系，家庭和社会其他关系，都是由男女关系演化发展来的。把握处理好男女关系，至关重要。之所以有人类，之所以有人类文明，就是因为有男女关系这个前提和基础。人类的任何进步和福祉，将由男人和女人一起分享；人类的任何愚昧和灾祸，也将由男女共同担当。男人和女人是一荣俱荣、一损俱损的利益共同体。我们应该最大限度地实现男女平等，男女之间都应该相互理解和尊重。这种理解和尊重，是对丈夫和妻子的尊重，也是对父母的理解和尊重，也是对兄弟姐妹的理解和尊重，也是对人性的尊重，只有实现男女平等，才能实现全人类的真正幸福和自由，才能有全社会的文明和进步。

5. 我们承认和希望男女平等，但更要承认和正视男女之间的差异和不同，正是男女的差距和不同，才有了男女的相互依存和互补。半个多世纪来，有一种错误的思潮，这种思潮不理解男女平等的真谛，以为男女平等就是一切方面男女都一样，不承认男女之间的天然差异。这种思潮落脚到现实生活中，就是要求男人做什么工作，女人也要做什么工作；男人不能做的事，女人也不应该去做，包括家务劳动，甚至也包括性生活和生育。这种思潮已经给社会特别是给女性带来了极大的伤害，比如迫使妇女成为经济工具，参与各行各业的激烈竞争，儿童抚养和家庭生活被严重的边缘化。还有，社会和时尚鼓励女性男人化，女人以开放、火爆和无所顾忌为美，女人应有的柔弱、温和、贤淑和举止得当不被欣赏；相反，男人的性格和举止则向女性看齐。总而言之，这都是整个社会失去自信和方向的表现。毫无疑问，男女差异完全摆平之日，即男人不像男人，女人不像女人，就是人类彻底灭亡之时。我们对此不可不察，应务必遏制之，使男女关系永远延续阴阳平衡、阴阳互补的和谐状态之中。

6. 一夫一妻制婚姻和以这种婚姻为基础组成的家庭，是我们人类进入文明社会的唯一的选择，她过去是将来也应该是我们人类的最基本生活组成形式和载体，我们人类应务必珍视之，保护之。我前面说到一夫一妻制婚姻和家庭有七大功能和好处，并指出我们人人都是这种婚姻制度的受益者。一夫一妻制的婚姻和家庭，或许说不能是尽善尽美，但却是人类文明发展的唯一选择。就婚姻和家庭问题，人类历史上曾有过很多乌托邦思想和实验，但事实证明都是行不通的。唯有一夫一妻制婚姻和家庭，能保证我们人类文明的传承和发展，能保证我们人类社会的和谐和稳定，能保证我们每个人少有所育，壮有所用，老有所养。当前，我们这种美好和理想的婚姻家庭制度，已受到前所未有的冲击和挑战，传统的婚姻和家庭已处在风雨飘摇之中。我们要务必察之，来培育和呵护我们的婚姻和家庭，来捍卫和保护我们的婚姻和家庭，从而保护我们人类的幸福健康生活，保护我们的妇女和儿童，保护我们子孙后代的利益和福祉。

7. 人类健康的性生活，美好神圣的爱情，温暖幸福的婚姻和家庭，目前受到的冲击和威胁主要来自于三个方面，即人生信仰的缺失、物质和金钱的诱惑、性的无度和泛滥。没有信仰和精神追求，对人生意义没有正确的理解，人生就会消极和颓废，就会只顾眼前的利益，就会只追求一己的享受，就会只听感官的召唤，对社会就没有担当，对家庭和后代就没有责任感，甚至也不相信还有美好的爱情。金钱和物质能动摇人的信仰，能扭曲人的灵魂，能改变人的生活航向，它有时能破坏婚姻，能打散家庭，甚至战胜美好的爱情。不正确的性观念，不健康的性生活方式，性自由和性泛滥，以及与此有关的同性恋、虐恋和艾滋病的传播，都是我们婚姻家庭的大敌，也是我们人类追求美好爱情的大敌。还有我们现实生活中越来越严重的独身主义的盛行，离婚率的不断提高，丁克家庭的普遍存在，单亲家庭的日益增加，都对我们的婚姻和家庭构成威胁，都对我们的子女抚养教育造成危害。

8. 维护我们的婚姻家庭，保护我们的爱情，需要宗教和信仰，需要政府的力量，需要全社会的舆论引导，更寄希望于伟大女性的神奇作用。政府和整个社会舆论，一定调整到有利于我们的婚姻和家庭，一定有利于我们过健康幸福的生活，一定有利于儿童的成长和教育，一定有利于人类追求崇高的人生和爱情。为什么说在这方面，更寄希望于伟大的女性，更要发挥好伟大女性的巨大力量呢！因为我坚信歌德的话：伟大的女性，引领我们向前。女性更加珍重爱情，她们更加重视婚姻和家庭，她们更加喜爱和关照儿童，只有全人类伟大的女性行动起来，我们神圣的婚姻和家庭才会越来越美满，我们美妙的爱情才会更加绚丽多彩，我们的子孙后代才会茁壮成长。

第三章

岁月如歌一万年

我们上文说到，开天辟地之后，大自然又衍生出人类，而且人类又是以男人和女人的形式出现。那么，人类的生存和活动的实质是什么？概而言之，人类的发展历史，就是人类的生活史。人类的一切活动和创造，都是围绕着自身的生活而展开，人类创造的一切成果，包括物质的和精神的，诸如政治、经济、科技、文化和宗教，又都或好或坏地影响着人类的生活。生活是什么：生活是隆重加冕的国王，生活是盛装待嫁的新娘；生活是披甲执锐的战士，生活是莘莘学子的书声琅琅；生活是农夫的锄头和汗水，生活是织女手中的梭线穿忙；生活是智者脑中的奇思妙想，生活是能工巧匠构建的富丽堂皇；生活是衣食住行，生活是柴米油酱；生活是快乐的成长，生活是不知不觉的衰亡；生活是得意时的对酒歌唱，生活是失意时的抑郁哀伤；生活也有仁爱的布施，生活也有神圣使命的担当……汤因比曾说："人类生活在一条思想的河流中，不断地回忆着过去，又怀着希望或恐惧的心情展望着未来。"时至21世纪的今日，当人类再展望未来之时，恐惧和忧虑已是大大超过希望和企盼，我们对人类已经走过的历史，就不仅是要回忆和翻检，而是要认真地理性地梳理和总结，以从中找出得失，为今后的人类生活提供指针和借鉴。

一

"人猿相揖别。只几个石头磨过，小儿时节。"这是毛泽东著名诗篇《贺新郎·读史》中的几句话。我们描述和探讨人类的生活历史，似应当从人与猿等动物中分离出来开始。据学术界报告，人和猿的最终揖别是一个十分漫长的过程，大致经历了300万年到400万年。这中间有南方古猿、直立人、早期智人和晚期智人，又分为旧石器时代、中石器时代和新石器时代，两性关系也由群婚、血族群婚逐渐向对偶婚过渡。各位亲爱的读者，我们人类是多么的不容易，仅从动物界脱颖而出就花费了数百万年光阴；虽说是"只几个石头磨过"，这一代又一代与顽石如切如磋相伴而行的生活，不知有多少眼泪和汗水流过；人类的所谓"小儿时节"，实在是浪漫和悠长，这一如我们每个人都经历过的孩童时代一样，是人一生中最神秘、最清纯、最美好的时光。这近400万年的光阴和历史我们就不去管它了，虽然这期间会有很多故事、会有很多创造，甚至我们今天的人类的一切行为，还都和这400万年有很大关系，我下面要描述的是距今7万年到1万年前的这段历史。其实，这6万多年可以代表人类的史前文明，既是人猿相揖别的最终结果，也是人类童年的集中体现和缩影。人类进化到距今7万年左右，我们称这时候的人为晚期智人或新智人，这时候的人已经和我们今天的现代人没有什么区别：他们不仅能够直立、有丰富的语言、会思维、会利用和取火，而且能制造复杂的石器、骨器和角器等工具，还能缝制衣服和制作精美的艺术品和饰品。最能说明问题的是，新智人的脑容量已经达到1400毫升，我甚至相信，我们现代经常犯傻和有抑郁症的同胞，其脑容量都不一定达到1400毫升。我这里再说两句题外话，那就是人类起源于何地？他是如何由动物进化为人类的？有些学者说人类起源于非洲，也有学者说起源于中东，近几年还有说人类起源于中国的。我的看法是，相同的环境下会发生相同的事件，人类不应当起源于某一个地区，他会在世界若干个地区同时诞生。人由动物进化而来的原因，我也不赞同完全归结为劳动，劳动可能在人类的进化中起到了一些作用，但决定人类进化发展的还应当有更深刻的原因和更神秘的力量，只是我们现在还不清楚而已。

从距今7万年至1万年之间，即从认知革命到农业革命之间，这6万年可以说是人类的金色童年，也可以称为人类的原始共产主义时代。研究人类的原始社会，就像研究一个人的童年，意义特别重大。俗话说：三岁看大，七岁看老。每个人终身的身体、性情、品格、习惯、走向，似乎都能从童年中窥探出一二，人类社会也是如此。美国人类学家斯坦利·戴蒙德说得好："到哪里去寻找没有从激情与劳动中异化出来的人类生存呢？答案就是：原始人。通过与过去的和现存的原始人的交流，并且还有同我们自身的原始能力的交流，我们才可以创造出一种形象或景观，一种生活观。这种生活观过去曾经引导全人类，现在只引导一小部分人类了，它比我们自己的生活观更加丰富。这一任务可以分解为三个方面：像原始人那样去理解原始世界；用原始人的观点反思我们自己的世界；把这两种世界联系起来思考我们未曾洞悉的人的本质。"

距今7万年到1万年前的这段时间,因为还没有农业和畜牧业,人类的主要的生活方式是采集和狩猎,因此有很多教科书称这个时期的人类为采集者。在人类将要登上历史舞台时,造化已经给人类做了充分的准备:那场面分明表示,大自然取之不尽、用之不竭,人类需要的应有尽有。人类——这一天之骄子,根本无需您辛苦和劳动,你完全可以饭来张口,衣来伸手。那时天特别蓝,云特别白,阳光灿烂,空气清新,风雨如沐,水皆甘甜,满山遍野花果飘香,奇禽异兽,成群结队,绿树成荫自不待言,蛙声蝉鸣汇成交响……,整个世界就是一个大的伊甸园。那时的植物和动物其种类比今天多得多,据说仅可供人采集食用的植物就有上千种,可狩猎的动物就有数百种。那时全世界的人口不足800万,分布在数亿平方公里的广袤大地上。可以说人以稀为贵,走到哪里哪里都欢迎。采集者可以说是,哪里水草丰盛就到哪里去,哪里瓜果熟了哪里就是他的家,吃了一方走一方,一方更比一方强。

现有的人类学资料表明,当时采集者大都20—50人为一个天然采集单位。在食物资源比较丰富的地区,也有超过200人的生活在一起。生活在一起的人应该大都有血缘关系,我们可以称他们这样一个大家庭为公社,当然也可以称他们为部落。公社与公社之间,部落与部落之间,没有任何隶属关系,也没有任何经济关系。但他们之间会有交往,甚至也会互赠礼品,是否会几个公社在一起共同庆祝什么节日或开展歌咏比赛,我们还说不准确。但那个时候的先民,相互之间绝对不会发展战争,因为他们既不需要争夺资源,也不需要争夺领地,更没有王冠可争夺。因此,那时不仅人和自然是和谐的，人和人之间也是和谐的。

据说公社内部是有分工的，男人负责狩猎，提供肉食，女人负责采集食物，提供谷物水果，当然还要煮饭照看孩子。但我想这种分工并不是绝对的，有时也可以男女一起去采集，比如面临果实大成熟的季节。他们大致每三天打一次猎，每天采集2—4个小时，就男女老少都丰衣足食。看我们今天可怜的同胞，每天至少要上8个小时的班，不是忍受辐射呆坐在电脑旁，就是行走在轰轰鸣响的车间。最让我们羡慕的，还是狩猎和采集这种原始人的日常劳动。这哪里是劳动，在我们现代人的眼里，打猎和采集，成了难得一试的奢侈享受。我生也晚，未能赶上先民的这种快乐生活，但我也有幸做过一些业余的狩猎和采集。我7—9岁时，为吃上饱饭跟随父母闯关东，在黑龙江一带到处投奔老乡，居无定所地流浪，这几年我曾跟着大人多次到山里去套野兔、狍子，也抓到过野鸡。在我鲁西南老家生活时，每到夏天，我都经常去距家不远的一条河里去摸鱼。每次摸鱼，我都是带着大弟弟一起去，弟弟总是端着个盆子坐在岸上，我抓到一条鱼就放在盆子里，盆子里的鱼满了我们就回家。母亲对鱼会只做简单处理，主要是清除内脏，就放点盐在清水里煮，味道十分鲜美。抓鱼和吃鱼带来的快乐，只有我和弟弟知道。我也当过采集者，我不仅摘过枣、摘过梨，还爬到过很高大的树上采过桑葚，嘴唇几天都是紫的，因那时农村的小孩很少漱口和刷牙。青少年时代的点滴狩猎和采集，成了我一生最美好的记忆。

不用担心我们远古祖先的衣食住行，他们生活得很好、很舒适，更是环保和健康。采集者已经会用兽皮缝制衣服，当然更会用植物的叶子编织衣物。他们吃得就更好，每天可以从上百种植物、几十种动物中选取食品，水果和矿泉水随处都有，且都是免费供应，所以采集者根本不缺乏营养。相比之下，我们后来人类的饭食反而很单调，终其一生就知道吃面包、牛排、米饭、馒头、面条，充其量再有点蔬菜和沙拉。当时虽然没有高楼大厦（生活在这里面并不舒服），但连鸟兽都会做窝，我们的先民也一定会构木为巢，以待风雨。说到交通，那时人们还没有驯服牛马，也没有造出车辆，赶路主要靠步行，搬运东西主要靠肩挑人抬。但是，那时我们的先民已经会制造船只，如皮划艇、树皮艇，当然最常见的还是浮筏和独木舟。人类那时和水打交道最多，因为每个部落都要逐水而居，还要经常到河里、湖里去捕捞、去游泳，所以对水性最熟悉，最先得舟楫之利，也是情理中事。智人经常迁徙，那他们就会带着不多的行李，男女老少分乘若干个浮筏，前呼后应，顺流而下，一直漂到新的宿营地。那当是十分壮观和惬意的。有了浮筏和独木舟，也不排除一些男女青年高兴时，结伴进行漂流运动，只是他们一定要记住回来的航路。这里需要特意交代一句的是，那时人类虽然没有驯服其他任何动物，但狗已经是人类多年的老朋友了。在部落里，在狩猎和采集的路上，甚至在浮筏上，只要有人的地方，都能够看到狗的身影。智人因为营养丰富，劳动量不大而运动量不小，又从早到晚在阳光下生活，所以他们的身体都十分健美，既没有高血压、糖尿病、冠心病，也没有炎症和肿瘤，最多是感冒和发烧，因此，有很多采集者都能活到60岁以上。如果他们的身体是健康的，那他们的心理更健康、更阳光，他们没有嫉妒和贪婪，没有攀比和不满，也没有忧伤和恐惧，而是怡然自乐、善待他人和充满生活的激情。

　　这个时期的两性关系和爱情，应该是人类历史上到目前为止最清纯、最健康的时期。晚期智人时期，人类经过上百万年的进化和发展，两性关系已经和动物越来越远，不再是乱婚和群婚，而是由普那路亚婚逐步向对偶婚过渡。普那路亚即亲密的伙伴之意，所谓普那路亚婚，就是几个甚至十几个男人与另外几个甚至十几个女人为婚姻对象。在这特定的婚姻关系中，一个男人实际可拥有若干个妻子，一个妻子实际上也拥有若干个丈夫。这些普那路亚多数已没有血缘关系，且年龄相差都不会太大。所谓对偶婚，就是在众多的普那路亚中有一个或两个特别要好的情人，他们的关系相对固定，两性关系可维持多年。这时人类已经有了羞耻心，两性关系也蒙上了神秘感，也有很多禁忌，诸如近亲不能通婚，但却没有后来人类的那么多教条和虚伪，更没有男尊女卑和贞操观。所以，我们先民这时的婚姻生活，就显得特别自然和健康，特别神圣和美妙。她既不受陈规陋习的影响，也不为任何现实利害所羁绊；既不受任何舆论所左右，也不为任何权威所干涉。她们完全是两情相悦，完全是相互欣赏，完全是心甘情愿。上文说过，这个时期人类的劳动强度不大，每天平均也就是工作2—3个小时，男女青年一定有更多的时间谈情说爱，老年人也有更多的闲暇一起回忆曾经浪漫的岁月。我想，那时不管谁和谁相亲相爱，定没有白眼和流言蜚语，迎来的都是祝福的目光，迎来的都是喝彩的掌声。我还设想，那时在生有火塘集体居住的大屋周围，一定还有星星点点很多简陋的小棚帐，那是男女青年自己搭建的，是她们缠绵的避风港。公社的长老对此当睁一只眼闭一只眼，因为他们年轻时也曾是这样。每到夜晚，皓月高挂，繁星闪烁，那时古老的天空还没有牛郎织女，而大地上却有无数牛郎织女成对成双……

说这个时期是石器时代，人类生产、生活的标志主要是能制造和利用石器。其实，这个时期人类制造和使用最多的应该是木器，因为木质较石质软，便于砍削和构造成各种器械。人类这时发明的绳子，对人类的生产和生活也影响巨大，只是我们今天的人类学家常常忽视它。绳子不仅像中国古书上所说的"作结绳而为网罟，以佃以渔"，绳子还是我们先民的软件系统：它可以帮助人类丈量和计算，也可以帮助人类储存信息"结绳记事"。原始公社的先民既然衣食无忧，他们休闲的时间又多，所以这时的精神和文化生活也异常丰富多彩。他们制作各式各样的装饰品，如穿孔贝壳、琥珀、象牙珠串、手镯、骨管、钻孔鱼眼骨等等。这时人们相信万物有灵，不仅动物有灵，植物有灵，就是石头和河流也有灵，因此图腾崇拜比较盛行，其实质就是用一些有灵的标志震慑另一些有灵的生命体。人类这时已知道自己也是有灵魂的，并不厌其烦地想象死亡之后的事，所以宗教和祭祀也在生活中占有重要位置，先民们经常都要参与和举行各式各样的宗教仪式。在这里，我要特别强调一下当时歌舞在生活中所占的地位。可以这么说，我们这时的先民是每天都在载歌载舞中度过的。男女老少都擅长歌舞，男女老少都必须参加歌舞：狩猎和采集丰收了要歌舞、部落诞生了新生儿要歌舞、每逢节庆要歌舞、男欢女爱要歌舞、围着篝火欢聚要歌舞、部落和部落之间交流要歌舞、各种各样的宗教和祭祀活动更要歌舞……。关于先民们的舞，我还有独特的理解。我在《天不变道亦不变》一书中曾论断："笔者不仅坚信汉字'声同义通'，而且认为汉字同音字之间有着极为深刻和丰富的多种联系。对于同音字之间的联系不能只从语言和文字学的角度去探讨，而且应当放在社会学、人类学和历史学更加宏大的背景下去考察。有些同音之间的联系，还应当提高到哲学和宗教的高度来认识。"发"wu"音的几个字"巫""舞""悟"和我的老家鲁西南把雌雄相交称为"捂对"的"捂"，就是因为共同反映先民以舞蹈而悦神这样一个过程，才有相同的声韵。人和神交流的媒介称为"巫"，远古娱神的主要方式是男女集体跳"舞"，很多资料已经表明，当时男女在狂舞到高潮时，总是以集体性交来向神致敬，最后当然是神能领悟人的美意，并把吉祥降到人间。我还想，不独娱神中的这些环节和动作都与"wu"音有关，恐怕当时主祭者、领舞者，抑或每位舞蹈者，口里也可能多半都发出"呜——呜——"的声音。当然，男女青年在神灵面前集体做爱，这在我们远古先民的眼里，是非常庄严和圣洁的，丝毫没有龌龊和放荡的意思。

我们用这样轻松的笔调描绘石器时代人类的美好生活，并不是不知道远古先民们生活中也有艰辛和危难：突如其来的洪水不仅可能淹没他们简陋的窝棚，甚至也会把在低洼中停留的部落成员冲卷而去；早晨结伴外出狩猎，也可能再没有回到部落，那必然是在与凶猛野兽搏斗中倒下了；部落迁徙时，对一些跟不上队伍的老弱残疾，也可能抛弃不顾……但是，不管怎么说，那时先民的幸福指数并不一定很低。人类自从诞生到现在，都要面临和处理三大问题：人与自然的关系、人与人的关系、人自我身与心的关系，稍一比较，就知道先民比我们处理得更好。特别是人类最向往的平等和自由，恐怕也只有在原始公社时期真正实现过。中国当今一位伟人指出，要记住乡愁！那么人类的乡愁，就应该从原始公社时代记起。

在距今约 1 万年前，人类经过悠闲漫长的童年时代，终于以农业革命为标志而进入了所谓的人类文明时代，故有时也称人类的童年为史前时期或蒙昧时期。我这里需要告诉每位亲爱的读者的是，正是人类有上百万年的童年时期，原始先民们才积累了丰富的智慧和经验，他们虽然没有文字，但凭着言传身教代代相传：他们创造了美丽的神话和传说，他们的宗教感情日渐浓厚，他们越来越认识到人的庄严；他们有丰富的天文、历法知识，他们熟知各种动物和植物的习性；他们了解山丘湖河，他们洞悉金木水火土；他们察阴阳变化，他们听八面来风；他们知哪里藏宝，他们晓何处潜龙；他们心智健全，能放亦能收；他们体健身捷，能守亦能攻……正是有人类童年这种厚积薄发，才使人类进入文明时代在很短的时间内，就一发不可收拾，创造了一个又一个辉煌，出现了一批又一批圣贤。

二

从距今1万年到距今300年之间，这大约1万年的时间里，我们可以统称为人类的农业文明时代。这样划分，在某些专业人士看来也可能有点不妥，但男耕女织确是这1万年人类主要的生活方式。对这一万年，学术界虽然还有更详细的划分：如分为原始公社、奴隶社会、封建社会；如分为狩猎时代、农耕时代；如分为远古、上古、中古和下古。这一切都无关宏旨。我要强调的是，这1万年，或说是人类的农业文明时代，它的生产、生活方式是基本相同的，人类的生活理念和情趣也大致是相通的，人和自然是和谐的，人和自身也是相适应的。这一时期是人类的重要和最宝贵的时期，也是人之最为人的时期，说是人类的黄金时期相信读者也会赞同。总结梳理好这一万年人类生活的轨迹和经验，抚今追昔，鉴往知来，就会找出我们人类之后的生活方向。那么，我们人类这1万年是如何生活的呢？这1万年人类的生活有哪些特点呢？我想从以下八个方面来概括人类这一万年的生活。

1. 破天荒地发明了文字，知识和信息得以传承，勤劳的先民创造了诸多文明。

农业革命最明显的特征是产生了定居这种新的生活方式。定居的生活方式不仅使人们拥有更为丰富的生活资料，而且人们之间的联系和交往也更为紧密。正是在这种生活方式的背景下，人类发明了文字。文字的发明可是人类有史以来最重要的发明，它不仅超过轮子、犁、蒸汽机、发电机和核裂变反应堆的制造，就是我们当今计算机和互联网的应用，也没有文字的发明对人类影响之巨。教科书上经常讲人和动物的分野是什么？有的说是语言，有的说是直立行走，有的说是会使用工具，有的说是有意识等等。我看，人和动物最根本的区别，就是人类发明了文字。正是文字，才使人类的知识和信息得以传承，才使人类的物质文明和精神文明不断发展，才使人类和动物渐行渐远，才使人类最终走到辉煌21世纪的今天。当然，文字也给人类带来了大麻烦，使人类走向了一条不归之路，这是后话。

人类历史上大约产生过几百种文字，但大家都公认的最古老的文字却只有四种，即公元前3500年古埃及的圣书字、公元前3200年的苏美尔人的楔形文字、公元前3000多年的玛雅文字和公元前1400年的中国甲骨文。这四种文字都属于形符文字，即以形和音两个元素表意。这四种最古老的文字，只有中国的甲骨文得以流传，其余均已成为死文字。当然，苏美尔人的楔形文字和古埃及的圣书字，可以视为后来拼音文字的先声。

世界各个民族都认为文字的出现乃非常神圣、神奇之事，非同一般的小技小能、小发明、小创造。西方认为文字从无到有源于神授天启，中国则不仅有文字起源于结绳记事和八卦符号之说，而且有仓颉造字使"天雨粟，鬼夜哭"的记载。仓颉造字天为什么下小米，鬼怪为什么又要在夜里哀号，有人是这样解释的："文字使造化不能藏其秘，故天雨粟；文字使鬼怪不能遁其形，故鬼夜哭"。当然对"天雨粟，鬼夜哭"还有的很多种解释。但不管怎么说，这个传说都是在表达文字具有非常神奇的力量。文字的出现为什么惊天地而泣鬼神呢？如果过去我们的先民还不好理解的话，我们当今的人只要看一看在文字推动下而发展起来的所谓种种高科技，诸如核裂变和转基因，以及它们将要给人类带来的麻烦，就不难理解"天雨粟"和"鬼夜哭"了。那么，神奇的文字究竟是如何起源和创造出来的呢？我认为人类的文字起源大致应该是这样的：① 人类最早创造出的几种古老的文字，是在当时的世界几个不同的地方先后独立完成的。那时由于交通的隔绝，不同文字的产生不存在相互借鉴和促进，完全是自生自长。② 创造和发明文字的动机，当然主要是人类生活和发展的需要，但也要靠人类的智力和社会组织达到一定水平才会来做。民间各种契约需要文字，协调大型水利工程需要文字来传递信息，社会组织发布公告和命令更需要文字。这些需要都直接催生了文字的产生。③ 文字的产生不是少数圣贤的闭门造车，它每个文字的形成必然是在民间广泛长期流传。但它也不是约定俗成，文字的最后认可和使用，必然由社会组织来厘定和发布。④ 文字的产生和形成是一个十分漫长的过程，它比我们想象的要长得多。即以中国的文字甲骨文为例，我们现在只知道它是距今3000多年前的文字。但实际上，像甲骨文这样如此成熟和成体系的文字，没有上千年的孕育和发展是达不到的，只是我们今天已无从知其形成的脉络。其他如楔形文字等，也应该是这样。⑤文字形成之前都有一个前文字时期，前文字大都是一些简单的符号。中国人认为八卦（乾☰、坤☷、震☳、巽☴、坎☵、离☲、兑☱、艮☶）是汉字的前身，汉字是在八卦的基础上发展起来的；西方学者认为计数的陶筹是楔形文字的前身，楔形文字是在陶筹的基础上发展起来的。前文字时期更长，大都在几千年以上。

人类发明了文字，真如插上了翅膀，迅速飞得又高又远。文字之所以有这么神奇的力量，就在于它有无限的传承之力。所谓传承，就横向来说，它可以加强当代人的信息交流，传达彼此的意志，协调大众的统一行动；就纵向来说，它可以使经验和知识一代一代地承继，使有关信息永不泯灭，使人类的知识得到不断完善和积累。今天，我们已无从想象先民掌握文字后的激动的心情，但我们可想而知先民掌握文字后的匆忙身影：掌握了文字有很多事情要做，掌握了文字有很多事情可以做。几千年口口相传的神话需要整理，几十代人约定俗成的规矩需要颁布；那神圣庙宇的修建究竟有哪些技术参数，那著名水利工程的完成有哪几个环节特别重要，这些都需要用文字来记述；即使是那些早已有了名字的名山大川，也需要用文字来重新命名和公布一下，这个就正式定名为阿尔卑斯山，那个就是安第斯山；这个就正式定名为尼罗河，那个就是黄河；就是已经跟随我们人类几万年的阿狗、阿鼠、阿猫、阿猪，当正式落到文字上，也要再端详斟酌一番，看字音是否和我们平日叫得一样响亮，看字形是否和它的尊荣相仿。相传大禹把古老的中华大地划分为九州，这就是冀州、青州、豫州、扬州、徐州、梁州、雍州、兖州、荆州。禹定九州也必定是在有了文字之后，尽管那时的文字可能没有后来的甲骨文那样优美。

在文字神奇力量的推动下，人类又经过数百年的开拓和积累，到公元前 2500 年左右，在当时的世界范围内产生了诸多影响深远的文明，如美索不达米亚文明、埃及文明、爱琴文明、印度文明、中国文明，实际上还远远不止这些文明。这些最古老的文明，大都在底格里斯河、幼发拉底河、尼罗河、印度河和黄河岸边产生，因为农业是整个社会发展的基础，而水利又是农业的命脉。那么，我们之所以称之为文明，它应当有哪些特征和标志呢？学术界认为有中心城市，由制度确立的国家的政治权力，纳贡或税收，有通用的语言和文字，社会分为阶级或等级，巨大的建筑物，各种专门的艺术和科学等等。我认为，鲜明的生活方式和宗教，更是文明的重要标志。

不同的文明是如何起源的呢？有的说不同的文明起源于不同的种族，有的说不同的文明和不同的地理环境有关。汤因比认为文明不起源于单因，而是起源于多因；文明的起因不是一个统一的整体，而是一种关系。因此，汤因比提出了文明起源的挑战和应战假说。其实，文明起源的原因没有这么复杂和深奥，她不过是我们先民在前进道路上留下的足迹，她不过是先民为生活而做出的辛苦拼搏，她不过是先民为发展而做出的大胆探索，她只和男耕女织有关，她只和生儿育女相联，她的交响是锅碗瓢盆，她的元素是柴米油盐。还有一种比较流行的观点，认为世界很多古老的文明后来都衰落和消失了。实际上文明是不会消失的，她作为基因已经转移到新的文明之中。另据学术界报告，在从公元前500年到公元1500年的2000多年里，中东、印度、欧洲和中国四大文明中心大致是平衡的，即她们之间虽有交流和互鉴，但没有任何一个文明生活中心在世界上占有绝对优势。我这里要强调的是，文明之间不怕相互借鉴和促进，不怕差异和相斥，就怕消融和趋同，就怕模仿和随从。世界只有万紫千红，人类才能永葆勃勃生机。当世界民族和民族之间、文明和文明之间，不再有差异和特色，到处都是整齐划一，70亿人都是一个腔调，几百个民族都穿一样的服饰，所谓的文明即不复存在，人类的生活将迈入衰落和不堪。

2. 各种技术不断发展，但却比较缓慢和和稳妥，人类的生活很惬意于这种状态。

在距今1万年到距今300年，这近1万年的时间里，人类的科学和技术一直都在发展，改造自然、利用自然的能力也随之提高。但是，这一时期的科学和技术，相对于日后来说有三个显著的特点：一是科学技术都是围绕着人类的最基本生活需要展开的，具体说主要是围绕着农业生产和农业丰收展开的，一切成果都有利于男耕女织和居家过日子；二是科学技术相对发展比较缓慢，传播得更慢，对人们生活的影响都是在润物细无声中悄然进行，人们没有被时代列车抛甩的感觉。相反，人类非常适应这种慢节奏的变化和生活，人们有充足的安全感和稳定感。三是科学技术的负面效应还不明显，这时的科学技术对大自然的破坏还很小，对人际关系的危害也不明显，科学技术应用从总体上对人类生活是有益的。因此，这时期的每一次科学发明和技术创新，都是受到人们的普遍拥戴和赞美，而不是像日后那样常常受到人们的质疑和抱怨。人类这一时期究竟有哪些具体的科学技术成果呢？对人类的生活带来哪些影响呢？我只能说这一时期的科学技术成果很多很多，不能尽述，只能举几个例子以窥全豹。

（1）数学。数学是人类文明活动的核心之一，数学是最古老的科学，数学在过去1万年里取得的成就最为辉煌，人类整个文明的发展都是建立在对数学的研究之上的。数学既是少数天才把玩倾注心血的所在，更是每个人自愿或被迫参与的智力游戏。我小时候在农村，经常看到那些目不识丁的叔叔、爷爷，不仅加减乘除脱口而出，使我们这些中小学生自愧不如，而且他们甚至会用算盘打出凤凰双展翅。据说古希腊柏拉图学园的门口上刻着"不懂几何者不得入内"；古罗马时代设置了七门基础课，即文科七艺：文法、修辞、逻辑、几何、算术、天文及音乐，数学占很大比重；孔子教学生是以人文知识为主的，但数学也在其中，即礼、乐、射、御、书、数等"六艺"。我们现代的人当然更有体会，不管你一生最终从事什么工作，中小学时不把数学学好，就甭想接受高等教育，从而失去了进身之阶，不知有多少人为不擅长数学而烦恼。数学为什么那样重要，数学为什么那样具有永恒的魅力，数学为什么使每个人都绕不开、躲不过。我想主要有这样几个原因：一是人类的生活一刻也离不开数学，从计量到分配，从制造到工程，从契约到偿贷，都要用数学来表达；二是数学研究能满足人类好奇心和思辨的偏好，数学和哲学，甚至宗教都最为相近，她有无限性、她有神秘性，她可以使你任意想象，她不受时间空间的限制，她有永远想不完的问题，仅数是无限的就够你纠结的，仅 π 的小数点后面的值，就够你忙活一辈子的；三是数学的研究和爱好人人都可参与，它方便易行，不需要材料，不需要实验室，不需要资金，不需要别人帮忙，只要有一颗健全的大脑就行。关于这个时期数学取得的具体成就，因下文还要谈到，此处即不再赘述。

（2）天文历法。天文和历法密不可分，在古代也可以说就是一回事，即观象授时：天象是制定历法的依据和基础，天象只有转化为历法才能给人类生活以指导和帮助。所谓天象，无非是日、月、星辰的相互关系和运行规律；所谓历法，无非是对年、月、日、时、季节的描述和总结。在农业文明这近万年的时间里，天文和历法受到空前重视，当然也取得了空前的成就。我认为，农业文明时代天文历法的发展，有以下一些特点：第一，天文和历法是人们天天要用的知识，人人懂天文，个个知历法。中国古代有位学者顾炎武说："三代（夏商周）以上人人知天文"。岂止中国，全世界各地区的先民都懂得天文和历法，否则他们将无法生产和生活。古时没有天气预报，先民只能依据天象和历法推测旱涝；没有钟表和其他计时器，先民只能依据日、月、星辰来判断时间。我小时候在农村时，父母也还经常根据日、月、星辰的位置，来督促我睡觉，来提醒我起床。这种人人重视、人人参与的局面，极大地促进了天文历法的发展。第二，天文和历法是人类最古老的科学，在几千年前就取得了辉煌成就，建立起完备的体系。据考古资料报告，人类在8000多年前，就开始观察天象、记录天象。实际上人类观察天象的时间比我们想象的还要早得多，人类只有能够仰望星空，才真正能和其他动物区别开来。西方观察星象的结果，先是把天空分为30个星座，后来逐渐调整固定位12星座，即白羊座、金牛座、双子座、巨蟹座、狮子座、处女座、天秤座、天蝎座、人马座、山羊座、水瓶座、双鱼座；中国观察星象的结果，是把天空分为三垣、四象和二十八宿，所谓三垣是北极周围的三个区域，即紫微垣、太微垣和天市垣，所谓四象是把天空的星群想象成四种动物，即东方青龙、西方白虎、南方朱雀、北方玄武，二十八宿是：角、亢、氐、房、心、尾、箕、井、鬼、柳、星、张、翼、轸、奎、娄、胃、昴、毕、觜、参、斗、牛、女、虚、危、室、壁，它们分属于四象之中。人类在3000多年前就对哈雷彗星有所认识，后来它每次出现几乎都有记载。对天象观察透了，历法就好办。在距今3000年左右，人类就建立了阳历、阴历和阴阳合历等历法体系。先民们不仅把每年推定为365天，一年分为12个月，大月30天，小月29天，还把一年分为春夏秋冬四季，精确地算出春分、夏至、秋分和冬至的具体日期。先民们更聪明的是，他们会用设置闰月的办法，来协调星体运行和实际历法的矛盾。第三，天文历法不仅具有实用性，它还具有神圣性和神秘性，天文历法还一直和占星术纠缠在一起。

世界上很多古老的民族都把天文和历法视为神圣之事，中国古代掌管历法的称为钦天监，历法都由皇帝亲自审定颁布，所以历法也称黄历，它具有法律的效能。乾隆皇帝有一首《十月朔日颁时宪书》的诗，很能反映出历法的神圣性和尊严，其诗曰："九瀛咸奉朔，四海正同文。礼特遵先制，时惟授大君。令颁悬度地，泽被鹭鸶群"。所谓占星术，就是根据日月星辰的变化，来判断和预测灾异、国势和个人吉凶。古人甚至还相信，世间的每个人都有对应他的星辰，星辰的变化也预示着这个人的命运走向。占星术是世界很多地区和民族共有的现象，十分普遍，古巴比伦、古希腊、古埃及，都有自己的占星术体系。即使现代的西方文明人，也有很多人相信占星术。中国有自己的占星术体系，称之为紫微斗数。据说唐朝的术士李淳风，在武则天还是少女的时候，就通过占星术预测出她要篡位谋政。第四，天文历法已经成为一种重要的文化现象，为人类的生活增添了诸多情趣，并散发着永久的魅力。没有哪一种科学，能像天文历法那样潜入到人类生活的各个方面。我们常把闲聊说成是谈天说地，那谈天，当然是谈天文；那说地，当然主要是和历法节气有关的话题。我们人类要庆祝的很多节日，也都和天文历法有关。所以，我们的先民天天自觉不自觉地和天文历法打交道。西方的十二星座，现在还是全世界少男少女谈论的话题，你是天蝎座，报复心太强；他是射手座，太好冒险；我是狮子座，天生高贵……中国的十二生肖，则每一个人都要认领一个，你属牛，他属羊，我属马，今年是我的本命年，老妈给我扎了个红腰带……中国人没有不知道二十四节气的，越不识字背得越熟："春雨惊春清谷天，夏满芒夏暑相连；秋处露秋寒霜降，冬雪雪冬小大寒"。

今天，我们已经不再举头望明月了，而是低头看手机，即使你有兴致欣赏天空，那魅力奥妙的星辰也正被灯光和尘埃遮蔽。呜呼，我们比先民得到了一些新的刺激，但却也失去了更多的情趣。

（3）铁器的使用。铁是大自然对人类最美好的馈赠，铁是整个农业文明的脊梁，没有铁的冶炼和广泛使用，人类将永远生活在狭小而草昧之中。铁究竟是什么时候使用的，具体年代谁也说不清楚。一般认为，人类首先使用的是陨铁，即从陨石中提炼的。据学术界报告，赫梯人是最早掌握冶铁技术的，距今4000年左右。但据文献和考古证明，人类在距今 2000 年左右，铁器才得到广泛应用，对人类的生产和生活产生重大影响。当然，在使用铁器之前，每个地区和民族大都有段时间使用青铜，只是青铜对人类的影响无法和铁器相比。冶铁有很强的技术性，要经过不断的淬火和锻打，才能提出杂质，炼出好的钢铁，即百炼成钢。但这些冶炼过程，都需要一定的炉温，而炉温除取决于燃料，更取决于鼓风设备。所以，冶炼水平不断提高的过程，也是鼓风设备不断提高的过程。中国东周时期的《管子》一书，对铁器的广泛应用作了如下描述："今铁官之数曰：一女必有一鍼、一刀，若其事立；耕者必有一耒、一耜、一铫，若其事立；行服连轺辇者，必有一斤、一锯、一锥、一凿，若其事立"。又说："一农之事，必有一耜、一铫、一镰、一耨、一椎、一铚，然后成为农。一车必有一斤、一锯、一釭、一钻、一凿、一鉥、一轲，然后成为车。一女必有一刀、一锥、一箴、一鉥，然后成为女"。你看，铁器已经成为人们生产和生活的必需品。当然，还有一个重要的生活用品管子没有列出，那就是煮饭用的铁锅，古人叫釜。农民长辈教训后辈最经常用的一句话就是，"你现在知道锅是铁铸的了吧！"《管子》中所描绘的这种情景，到距今 50 多年前的农村，还基本上是如此。我小时候，也曾经体验过得到一把新镰刀、新铁铲（割草用的）的喜悦。

人类掌握了铁器，真的很快变成了披甲执锐的勇士，有了铁器可以无坚不摧，它可以披荆斩棘，拓荒耕种；它可以开山劈岭，修路架桥；它可以射飞鸟于九天，也可以杀鱼鳖于深渊；它可以建高楼台榭，也可以制牛缰马镫……人类对铁的依赖和赞美，人们和铁的密切关系，已经到了无以复加的地步。铁不仅影响了人们的生产生活的方方面面，也深入到人类的思想和文化之中。我粗略统计，在汉语中和铁字有关的成语就达 200 个之多，诸如手无寸铁、斩钉截铁、铁板一块、铁面无私、铁案如山、铮铮铁骨、趁热打铁、铜墙铁壁、踏破铁鞋等等。至于"铁哥们""恨铁不成钢"等熟语、俗语就更多。我常常这样瞎想，人类如果到掌握铁器为止，不再捣鼓蒸汽机及蒸汽机以后的事，人类也是完全可以生活得很惬意的，既可以利用点大自然，亦无需像今天这样忧心忡忡，一天到晚害怕和担心大自然的报复。如果真是那样的话，人类的幸福和安稳将是铁打的江山。只是人类停不住求索的脚步。

（4）犁、耧和轮子。犁的发明也具有划时代的意义，只有使用犁耕才能快速破土、翻土、松土和碎土，才能实现大面积的耕种。所以有些学者说，犁是蒸汽机、内燃机、发电机和核裂变反应堆的先驱。犁的发展应该是先有木制犁，然后才有铁制犁铧，先由人耕，后有牛拉犁。据说在 5000 年前，美索不达米亚和埃及等地区就开始犁耕。实际上，古世界各沿河而居的古老农业区，大都会自发地相继使用犁耕。中国也是较早使用犁耕的地区，至少在商代就已经开始了。但铁制犁铧和牛耕则要晚一点，有史籍记载应该在春秋以后。我这里要说的是，中国先民汉代制造的长辕犁和唐代制造的曲辕犁，已经非常机巧和好用。这种犁既便于牛的挽引，又好把握犁的方向，还可以随时调节犁铧入土的深浅。唐代的曲辕犁由底、铧、壁、箭、舵、辕、评和梢等几十个部件组成，据有人研究，到人民公社时期，农村的耕犁还是由这十几个部件组成，一个不多，一个也不少。每当我想起像旧式步犁一样的中国古代科技的缓慢进步和改良，我就发自内心地为先民庆幸和欣慰：他们祖祖孙孙都生活在安逸和稳定之中，绝不会因科学技术的突飞猛进而晕头转向，也不为急剧的生活方式变化而目瞪口呆。

耧的发明和使用同样重要，犁是用来耕地的，耧是用来播种的。没有耧车，只能点种，那样极既慢、不均匀，还浪费种子。世界史中耧车的使用情况已不太清楚，中国西汉人赵过发明的三脚耧车，史有详载。赵过在前人基础上改造的三脚耧车基本上是这样的：下面三个脚实际上就是三个小铁铧，是开沟用的；每两脚之间的距离，就是一垅的宽度；耧斗分上下两格，上大下小，上格用来放种子，下格有调节门，用于匀播种子。耧车既可以由牛拉，也可以用人拉。我在农村生活时没有拉过犁，但却和大人一起拉过耧。拉一个三脚耧车需要五六个人，特别有劲的壮劳力两三个人也能拉得动。

轮子的发明和使用据说和火一样重要。这里说的轮子，是广义上的，不单指车轮，还包括陶轮，也包括纺轮等等。轮子的重要性自不待言，没有轮子就没有车辆，没有轮子就没有制造，没有轮子就没有纺织。就是在今天，地上跑的，天上飞的，人们日常使用的，也都离不开轮子。轮子是谁发明的？轮子是如何发明的？轮子最先是何时使用的？恐怕这些问题永远不会有确凿的答案。有人说轮子从6000年前就开始使用，有人说先有陶轮然后才有车轮，有人说轮子的发明是受圆木滚物的启示，恐怕这都只是一家之言。轮子发明恐怕既有偶然动意，也有逐渐改进，还有先验的东西。人类很多发明和发现都是莫名其妙，但它都和人们的生活需要有关，都和人的大脑结构有关。车轮和纺轮等我们在此就不详述了，这里只再说一下陶轮。大家知道，陶器和瓷器在人类生活中占有重要地位，我们今天也离不开它。但是，陶器和瓷器的制作都离不开陶轮。我曾有幸和陶轮打了半年多交道，故说起陶轮倍感亲切。我上初中一年级时，因家贫辍学到河南宁陵县去干窑活，具体工种是提拎子（这三个字是否这样写我也不知道），所以多少年后大家说起话来，还都说长允小时候提过拎子。陶制瓦坯需要四个人干，一个是师傅掌握着陶轮，一个是外场负责收拾、划开、整理、上架瓦坯；一个是壮工负责和泥、盘泥；一个小工就是提拎子，即负责把旋好的瓦坯，从地下的陶轮上提到室外的晾晒场上。我当时负责提拎子，一天要走一千多个来回。我当时不仅天天看陶轮陶瓦，还有一个远大志向要向师傅那样会用陶轮旋瓦，所以一有闲暇时，特别是不上班的阴雨天，我就自己用陶轮学制瓦，久而久之已掌握了使用陶轮的主要技巧。当然，事实是我后来一直没有在陶瓦上有所造就。而这段打工的一个重要副产品，使我非常熟悉地能够背诵《宋诗一百首》，因为在宁陵打工期间我身边只有这一本书。人类天生爱制陶，人类天生爱和泥巴打交道，就是现在都市里的时尚青年男女们，也都爱光顾陶吧和泥吧。我经常这样猜想，人类的一切生活都是陶冶出来的，整个宇宙和各种星体也都是像轮子一样做旋转运动，一切生命和事件也都在旋转中生灭和演变。正所谓："阴阳造化，如钧之造器也""大钧无私力，万物自森著"。

（5）水利和水利工程。人类一刻也离不开水，水对人类如阳光、空气一样重要。中国古代哲学家老子就说"上善若水"，还认为水性最接近他崇尚的人间大道。但是，水也有两面性，洪水可以冲垮一切，暴雨可以成灾，江河决堤可以淹没村舍，海啸可以吞噬生命。所以，如何探讨水性、管好水、用好水，特别是变害为利，过去、现在和将来都是人类的永恒课题。中国古汉语把人类的这一些行为，统称为"水利"，"水利"一词实在高明无比。英语和汉语"水利"一词相对应的，是"water conservancy"，大意是对水资源的保护和管理，也差强人意。古代埃及、巴比伦、印度等传统的大河流域文明都有水利工程，公元前4000年，人类就会修建河坝拦水、蓄水。尼罗河流域早在公元前4000年就利用水位变化的规律发展洪水漫灌。公元前2300年前后在法尤姆盆地建造了美利斯水库，通过优素福水渠引来了尼罗河的水，调蓄后用于灌溉。中东从公元前8世纪，就发明了坎儿井，引地下水灌溉。人类挖修运河的历史也很久远，公元6世纪，萨珊波斯王朝就开挖了纳赫鲁万运河。中国更是一个治水、用水的文明古国，从大禹治水代代相传，每个朝代都有辉煌建树。中国历来有英雄治水、圣人造物之说，把治水和在水利工程方面有贡献的人视为英雄。公元前300年，李冰父子在四川修建的都江堰，巧妙地利用天然的地形加以改造，把岷江分为内外两江，既消除了水患，又提供了沿岸300万亩土地的灌溉，直到今天仍然发挥着重大的作用。后人为李冰父子修建了"二王庙"。隋朝挖修的京杭大运河，全长四五千里，沟通了海河、黄河、淮河、长江和钱塘江五大水系，是中国南北交通的大动脉，是唐宋元明清经济发展的最重支撑。人类还很早就会利用水力，据说水磨在公元3世纪就被安装在罗马附近的台伯河上，为罗马城的市民磨小麦。我这里还要强调一点，人类的造船业在古代也取得了很大成就，造船业可以被看作是对水利用的副产品。

（6）深耕细作。在农业文明时代农业是整个社会发展的基础，耕地又是整个农业的载体。这时人类对耕地的依赖和眷恋，超出了其他任何时代人和生产资料之间的关系。人们醉心于五谷丰登，人们能嗅出泥土的芳香。关于农业技术特别是深耕细作，完全可以用当下一句很有名的话来形容，就叫作"大众创业、万众创新"。我的意思是，在古代农业技术的发展，主要不是靠国家专业技术团队，而是靠广大农民的自发实践、自主创新不断提高的。实际上，农民一直把他们的耕地当作园林来摆玩，一直把他们的庄稼当成自己的艺术作品来看待，一直把他们耕作技术当作技艺来展示。所以，农民对深耕细作及其各种农艺改良乐此不疲，这种的神态和身影，我小时候在农村仍然能够看到。据说，西方古代很早就实行二圃制和三圃制；中国则在汉代就有代田法和区田法。虽然古代东西方在农牧结合上各有特点，但在深耕细作的主要环节上都是一致的，那就是：轮作休耕、深耕碎土、紧跟时令、勤锄保墒、积粪施肥、灌水溉田、拔除杂莠、及时收获等。

（7）四大发明。实际上，在农业文明时代世界各个地区、各个民族、各个国家，都有很多发明和创造，只是中国的"四大发明"更著称于世。中国的四大发明，都先后以不同的方式和路线传遍世界各地，对人类的生活产生了深远影响。这也正是李约瑟博士如此高度评价中国古代科学技术的原因。

（8）医药和百工竞技。健康从古至今都是人类所关注的问题。农业文明时代医药的发展各地虽然千差万别，但有两点都是共同的：一是都经历过巫医不分的阶段，或者说巫医共同承担着护理人们身心健康的任务。当然，巫术究竟能在多大程度上起到祛病健身的作用，人们的判断是不一致的；二是最早都是以天然的植物、矿物为药品，根据不同的病症，服用不同的植物或矿物，且都是原汁原味，很少有提取物。实际上，由于人类生存的需要，农业文明时代医药学取得了长足的发展。古希腊希波克拉底就提出有机体的生命取决于四种体液，即血、黏液、黄胆汁和黑胆汁；公元1世纪古罗马赛尔萨斯就用拉丁文写成《论医学》一书；盖伦的医学思想和解剖学，影响了西方医学1000多年；中亚医学家阿维森纳所著的《医典》，堪称医学的百科全书；哈维发现了血液循环，胡克发明了显微镜。要说古代的医学，最成体系的还是中医，它今天仍然发挥着重大作用，在现代化的医院里占有一席之地。《大中华赋》这样写道："岐黄传寿道，《黄帝内经》《伤寒杂病论》《本草纲目》，药散针砭除魔障；阴阳与虚实，望闻问切，扶正祛邪，温补清泄，中华医术可回春。"要之，人类农业文明时代的医药水平，虽然没有像现代医学这样设备豪华、器械精良，可以开颅破肚，可以接骨植皮，可以放疗化疗，但其副作用也小得多。

农业文明时代是手工业和工艺发展的黄金时期，各种手工业都在这一时期达到巅峰。人们围绕着物质生活和精神生活的需要，一代一代的研制，一代又一代的改良提高。很多技艺，都是父子相承、祖孙相继，甚至几百年薪火相传，最终成为闻名遐迩的品牌，家族以之为荣，消费者给以敬重。举凡建筑、雕塑、车辆、兵器、染织、漆器、锡器、陶瓷、乐器、酿造、皮革，无一不是百工竞技，各展风采，成为人类生活的一道亮丽风景线。

3.探索生命的意义，追求理想和信仰，人生充满神圣和庄严。

我是谁？我从哪里来？我到哪里去？生命的最终目的是什么？生活的意义是什么？这些根本问题都是人类要面对的，都是人类要时时刻刻给予关注并回答的问题。这些问题没个说法，人类就无法生活，说信仰和粮食、空气一样重要，一点都不过分。这里需要说明的是，信仰并不等同于宗教，信仰比宗教宽泛丰富得多。人类自从与动物区别而进入文明社会之后，就一刻也没停过为建立起信仰而忙活，这忙活的程度和花费的力气不低于物质生产。我经常沉思，人类为什么执着地探索生命的意义呢？人类为什么非要有个什么信仰才能生活呢？我的结论是，尽管有多种动机，但最重要的原因就是人类想通过信仰，来解决短暂人生和永恒宇宙的这一突出矛盾。宇宙的空间是无限的，宇宙的时间更是无限的，人生只占一席之地，人生最长不过百年。如果说浪花在大海中还能找到位置，人生在宇宙中都找不到坐标。面对无穷无尽的时间和空间，昙花一现的人生究竟有什么价值呢？人生的终极意义到底是什么呢？人是渺小的，人生是短暂的，人不能同天并老，个体生命不具有永恒意义。那么，人的生命不是永恒的，宇宙中有没有永恒的东西，有没有不消失的东西，有没有具备终极意义的东西？有！人类找到了精神，人类找到了不朽的灵魂，人类找到了上帝，人类创立了宗教，人类找到了伟大的社会理想，人类找到了善和爱，人类还认为自己的列祖列宗和后来的子子孙孙，连在一起也是永恒的……。我的生命虽然是短暂和微不足道的，但上述这些都是永恒和神圣的，个体生命只要和这些永恒的东西粘贴在一起，人的生命就有了永恒的价值，人的生活就具备了终极意义，人生就是值得一过的。于是就有了理想信仰。信仰会光顾每一个人，每一个都会寻找信仰。人类9000多年的农业文明时代，是探索信仰、确定信仰、丰富完善信仰，并执着追求信仰、坚定奉行信仰的黄金时代。探索信仰和奉行信仰是人类农业文明时代的精神特征，也是整个人类社会得以和谐、健康和快乐生活的思想基础。

实际上，距今八九千年前人类就有了初步的信仰。我们只要看一下那各种原始古老的仪式和祭祀，只要看一下那琳琅满目的殉葬品，只要看一下那千奇百怪的图腾，我们就明了古老先民亦有精神寄托，亦有超出个体生命之外的追求。据说有一个只有上百人的古老部落，他们靠一根木棍来作为他们的精神寄托，他们认为这根神木棍能指引他们、能庇护他们，他们每次迁徙，都有人在前高举带着这根神木，凭此跋涉千山万水、战胜重重困厄，一代又一代传承不息。可能是因为沐风栉雨和时间长久，有一天部落的这根木棍突然断裂了，整个部落的成员陷入精神崩溃，从此这个部落再没有走出宿营地，最终坐吃山空后而转死于沟壑。据现有史料看，人类在距今三四千年的时候，已经产生了各种比较系统的信仰。到了距今两千多年的时候，人类创造了基督教、佛教、儒学、道教和稍晚一点的伊斯兰教，实际上各式各样的宗教达到几万种之多。宗教的产生，标志着人类在信仰方面更趋成熟，尽管宗教仍然只是信仰的一部分。人类在建立信仰和宗教的过程中，笔者认为是人人参与、人人贡献了才智和情感，但一些杰出的思想家比常人贡献要大些，如泰勒斯、苏格拉底、柏拉图、伏羲、孔子、老子、耶稣、释迦牟尼、穆罕默德和奥古斯丁等，当然还有很多大哲我们不能一一枚举。那么，人类经过几千年的努力，探索和建立起来的信仰，其实质和主要内容是什么呢？我看主要有以下6个方面：

（1）宇宙间存在着精神和神灵，这些精神和神灵是永恒的，它们不仅有超自然的能力，而且与人性是相通的。宇宙和人一样，也是有精神的，这虽然是个简单的类比，却十分深刻和切实。人类正是以此为根据，创造出了很多神灵，诸如奥林匹斯山上的宙斯等男女众神，古埃及信奉的阿吞神等。就是后来世界上出现的几大宗教，虽然成因更为复杂，仪式更为庄严，但是人类信奉的所有神灵和偶像，都是神性和人性的统一。不管我们是叫他上帝，还是叫他天，还是叫他真主，还是叫他佛，这些神灵都是和人类同在同行的。他们不仅通晓人性，而且还要介于人类的生活，干预人类的生活，引领人类的生活。当然，也只有这样，人类创造的神灵和宗教才有意义，才有现实的价值。

（2）个人是渺小的，人生是短暂的，但只要有了信仰，就与那诸多无限的精神和神灵联系在一起，生命就有了终极意义，生活就充满了神圣和庄严。个人的生命是渺小和短暂的，但只要紧紧和伟大永恒的精神和神灵结合在一起，短暂的个体生命就成为无限长生中的一个链条，就成了花开花落、流水不断，个体生命不再是孤云野鹤，不再是昙花一现，不再是去而不返。有了信仰，人生就有了强大的归属感和家园感。再者，我不是万能的，但神灵和上帝却是万能的；我是有缺陷的，但神灵和上帝却是完美的；我生活中会有很多挫折和不幸，但来世和明天必将更加美好……所以，有了信仰，人生就充满了意义，人生就充满了希望，人生就充满了勇气，人生就充满了激情。农业文明时代人类的信仰，是那样纯真和自然，是那样自觉和自愿，是那样高尚和无瑕，是那样专注和执着，是那样美妙和神圣！

（3）信仰就是要和所信仰的对象在思想上高度契合，而所有的神灵和宗教几乎都以善和爱作为宗旨，因此善和爱就成为人类通向无限和彼岸的舟楫。短暂的生命如何纳入无限，个人生活如何与神灵和宗教相联，这里面有一个实现信仰的途径问题。而光明大道就摆在眼前，因为任何神灵和宗教，都是扬善惩恶的，都是充满爱意的，都是以是否行善积德来检验他的信徒的，因此只要紧紧抓住善和爱这个牛鼻子就能实现自己的信仰，度过庄严、幸福而有意义的一生。同时，在有宗教信仰的背景下，人们相互之间充满友善和爱意还有另外一个原因，那就是我们信仰相同，我们都是某个神灵和偶像的子民，我们之间就有袍泽之谊，即所谓"四海之内皆兄弟"，那我们相互关爱，甚至彼此牺牲都是题中应有之义。我不敢说整个农业文明时代人类就是一片爱的海洋，但各个时代、各个地区、各个民族、各个阶层都以大善大爱相号召，每个人也都唯恐坠入不善不义之境则是不争的事实。

（4）农业文明时代人类不仅把各种神灵和上帝作为精神寄托，同时也崇拜自己的列祖列宗，认为祖宗的神灵能够佑护子孙，自己的言行也要对祖宗负责，这一现象在中国的传统文化中尤为鲜明。我们的先民创造了那么多神灵，他们当然会想到与自己血脉相连的列祖列宗升天后，也必然是更为关注他的子孙后代，所以对祖宗的崇拜是自然而然的事。实际上，世界各个国家和民族，都有对祖宗崇拜的文化传统，只不过像中国古代这么突出的并不多。有的学者说中国缺少宗教，有的学者说儒学就是宗教，这两种说法都不准确。正确的答案是：儒学虽不是宗教，但它有宗教的功能，他能解决人生的信仰和终极关怀问题。而儒学神道设教的主要内容，则是"敬天法祖""慎终追远"和"祖宗崇拜"，后来形成源远流长、波澜壮阔的孝文化。每个人都有祖宗，每个人都要敬重祖宗，每个人都要祭祀祖宗，更重要的是每个人的言行要对宗祖负责。如果想当一个孝子贤孙和受社会尊重的人，他就要继承祖宗的优良家风，完成祖宗的未竟事业，在先辈的基础上做出更辉煌的业绩，为祖宗增光添彩，而不是相反。在中国的历史上，经常会看到这样的画面：无论是贵为天子，还是王公大臣，无论是士农工商，还是三教九流，如果有人取得重要成就，那必然要到祖庙或祖坟去告慰列祖列宗，让他们分享胜利的喜悦；如果把事情搞砸了，有负于祖宗的殷切期望，便要到祖庙或祖坟上哭诉，那当是捶胸顿足，追悔莫及，对祖明誓，以俟来日云云。读者你看，对一个传统正派的中国人来说，仅一个祖宗崇拜的信仰就够受用终生了，就有规矩在颈、担当在肩了，人生就不敢造次和胡来了，须知哪一个不怕骂八辈祖宗。中国的祖宗崇拜和孝道文化，还有一层含义就是要对在世的父母也要崇拜和尊敬，甚至要把父母当成神灵来供奉，即所谓"父母一重天"。有一个在中国民间流传很广的故事，我小时候也曾经听自己的爷爷讲过："古时候有一个小伙子很想修炼得道，并希望能有一天见到真佛。根据高人的指点，佛的模样是反穿衣、倒穿鞋。小伙子外出寻佛三年，跑遍千山万水，备尝艰辛，也始终没见到真佛，无奈怏怏而归。小伙子的母亲三年来无日不在思念外出的儿子，眼睛都哭瞎了，这天突然听说儿子回来了，慌得衣服都穿反了、鞋也穿倒了，急忙出门去迎接儿子。儿子见到母亲这般模样，一下子跪倒在地，悲欣交集，大喊我终于找到真佛了。"看，孝敬和崇拜父母已经进入人生信仰的范畴了。

（5）农业文明时代人们一直认为在很久很久以前，人类历史上曾经出现过一个黄金时期，那是人类的理想生活，很多人把在现实中复兴这种理想社会作为人生的信仰，并付诸行动以实现这种梦想。不管是西方、还是东方，人们都一直认为人类曾经出想过黄金时代，那时的社会是人人平等、相亲相爱、财产公有、福利共享、没有私心、没有暴力。从柏拉图的《理想国》，到莫尔德《乌托邦》；从老子的"小国寡民"，到儒家的"大同"社会，这些思想家都在谋划恢复和重建人类的理想社会。不仅如此，更有很多政治家、军事家、社会活动家和宗教领袖，把实现这种美好的理想付诸行动。有思想家的宣传，有政治家的带领，很多普通士农工商也都把实现理想社会而作为人生的信仰，并积极参与有关活动。因此可以说，农业文明时代人类的理想和信仰，实际上是既崇高而又丰富多彩。

（6）农业文明时代几乎每个人都有信仰，而且他们对自己的信仰坚定执着，在美好信仰引领下的生活，既神圣而庄严，又淡定而欢娱。在距今1万年到距今300年间，人类整个社会都充满浓郁的信仰。这信仰者既可以是学富五车的知识精英，也有目不识丁的文盲；既可以是王侯将相，也有普通的匹夫匹妇；既可以是头童齿豁的老者，也有血气方刚的青壮；既可以是通都大邑，也有穷乡僻壤。人们的信仰千差万别，但有一点都是相同的，那就是超越个体生命和个人私利的，都是自认为值得终生向往和追求的。那时节人们对自己的信仰大都十分坚定和执着，基本上是终生不渝，也不为外力的干扰所动，当然，那时科技、金钱、物质和私欲的魔力，远不可以同今日相比。有了信仰，既可以像苏格拉底那样慷慨赴死，也可以像苏武那样从容守节一十九年。当然，这只是极端的例子，就绝大多数芸芸众生来说，信仰则是引领他们顺利走完人生之路的北斗七星，是保证他们拨乱反正、乘风破浪的定海神针，是慰藉他们孤寂浮躁心灵的良药秘剂，是他们真正能够超越自我、远离低俗的天梯，也是他们能够感到人生庄严和快乐的思想基础。我们古代的先民之所以生活的从容和淡定,生命显得厚重和逸远,既和当时的生产生活方式有关,也和人人有一个美妙的信仰密切相连。

4.稳定的家庭和至高无上的邦国,还创造了许多政治、经济组织和形态,生活的内容丰厚而深沉。

我们常说人是经济动物,有时也说人是政治动物,但如果我们说人是合群的动物,则更全面和正确了。人类从本质上是合群的,是希望融入社会的。人类社会的生存和发展,也要求人类必须合群,必须发挥全社会的集体力量。唯有社会的力量,人类才能战胜各种艰难险阻,才能发展经济和创造文化,才能把人类社会不断推向新的文明。任何英雄豪杰,如果离开社会这个大舞台,将无用武之地;任何聪明的天才如果失去他人的帮助,也只能茹毛饮血。因此,从某种意义上来说,人类的文明史,也可以说是人类合群和如何合群的历史。人类离不开群体,人类必须合群,但合群就要有形式,合群就要有合群的机制和理念。笔者认为,在人一生诸多合群的形式中,最重要的莫过于家庭和国家。因为任何一个人都是某一个家庭的成员,而每一个人又都是某一个国家的公民。实际上,人终其一生都离不开家庭的呵护,人生的价值和理想又都是在报效国家中得以实现。

关于家庭在人类社会中的重大作用和地位,我们在前面的文字里已经从七个方面作了概括和论述。有些内容就不在此赘述。我这里只想强调和补充的是,家庭在农业文明时代占有更加重要的地位,发挥着更大的作用。第一,家庭在农业文明时代达到黄金时期,国家和社会都更加看重家庭,家庭的作用发挥得淋漓尽致。这时的家庭特别稳定和坚固,家庭也承担着更多的功能和作用。这时的家庭不仅是每个家庭成员的栖居、成长之地，也是国家税收和兵马的来源。中国古代花木兰的故事，就是讲的花木兰家有服兵役的义务，但父亲体弱多病，弟弟年幼，花木兰毅然男扮女装应征入伍。甚至在国家遇到危难时，很多有影响的家族竟能联手实现复兴大业，正所谓："楚虽三户能亡秦。"第二，家庭在农业文明时代既是人类最最基本的生活组织，也是社会最基本的生产经营单位。农业文明主要是自然经济，自然经济主要是解决吃饭穿衣问题。一个家庭内有男有女，男耕女织，吃穿之事家庭之中完全可以搞定。中国有一首古诗就生动地反映了这种情况："昼出耘田夜绩麻，村庄儿女各当家。童孙未解供耕织，也傍桑阴学种瓜。"第三，农业文明时代人类更加注重家庭建设，注重家庭的道义和文化传承，极力维护家庭的荣誉和品牌，对社会风尚起到了巨大的示范和引领作用。习近平主席提出要注重家庭，注重家教，注重家风，这是十分有远见卓识的。农业文明时代人类在家庭建设方面，有足多值得我们效仿和借鉴的地方。我们的先民像爱护眼睛一样珍惜家庭荣誉，甘愿钱财吃亏，也不让良心受损；我们的先民像对待传家宝一样的传承道义和文化，他们自编教材，父教子，兄授弟，代代相传；我们的先民对子孙严律苛求，几乎家家都有家训和家法，最著名的是朱柏庐治家格言，从"黎明即起，洒扫庭除，要内外整洁"到"读书志在圣贤，为官心存君国"，都嘱咐和要求到了。有了良好的家教和家风，当然社会上就有更多的忠臣孝子和节义之士。人们对于优秀的家庭和良好的家风，总是投以钦羡和敬慕的目光。即便是到我小时候在农村时，有谁找媳妇嫁姑娘，媒人嘴边上常说的几句话就是："放心，老门旧家，这孩子错不了。"在农业文明时代，人类对于邦国的依赖和热爱，是和对待自己的家庭一样的。国家究竟是怎样起源和创立的，有的说是社会发展到一定水平的产物，有的说是阶级对立不可调和的产物，有的说是神的旨意，这些观点恐怕总有一些人会赞成，也还有一些人会持不同见解。但如果我们说当今世界上的国家，大都是由当初的城邦、邦国、方国、诸侯国，进而发展成统一的帝国，而后又有分有合而来的，则恐怕没有多少人会反对。不仅如此，我还要根据自己的研究谈这样一点看法，我们人类最炽热、最美好的爱国主义情怀，有很多内容都是在邦国和农业文明时代形成的。因为那时国家离家庭更近，离每个公民也更近，国家的一举一动都直接影响到他的公民。我们下面要讨论的是，人类为什么会对父母之邦和祖国有这么深厚的情感与热爱。我想主要因为以下几点：① 每个公民都以自己的国家和民族为自豪，他们的历史有很多神圣和美丽的传说，他们有很多值得骄傲的民族英雄。② "祖国"就是祖祖辈辈居住的地方，这里遍布先人的足迹，这里弥漫着亲人的气息，每个人都对这片特殊的土地情有独钟。当然他们也喜欢大地上的一草一木，适应并欣赏这里的风俗习惯。③ 家庭虽然是温暖的摇篮，但祖国才是真正遮风挡雨的大厦。没有祖国，就是弃儿，人们的财产、安全、福祉和尊严就没有保障。因此，每个人不仅热爱祖国，赞美祖国，需要时也会为祖国奉献一切和生命。④ 以祖国为背景，靠祖国这个大舞台，在参与国家建设中，在抵御外敌的入侵中，一个普通的公民才能施展自己的才华，发挥自己的作用，实现人生的价值和理想。因此，学好本领报效祖国，成为人类历史上持续几千年的一条主线。我们现在重温两则普通公民的爱国主义的小故事，以作为千千万万个爱国事例的代表。一则是中国的故事：公元前627年，郑国商人弦高去洛阳经商，经过滑国，半路遇到袭击郑国的秦军。于是弦高冒充郑国的外交使者，以四张皮革和12头牛犒劳秦军，暗示对方郑国已预知秦军来袭。同时，他又急忙派人回郑国禀告。秦帅以为郑国已有准备，遂主动退军，从而使郑国免遭战争之祸。事后郑穆公想奖赏弦高，他坚辞不受，说这是一个国人应尽之责。另一则故事是比利时的。比利时首都布鲁塞尔市中心竖有一尊作撒尿状的小男孩铜像，此是驰名世界的"布鲁塞尔第一公民"雕像。据说在一次比利时和西班牙的战争中，战败的西班牙军队在逃离布鲁塞尔市之际，点燃了通往市政厅地下火药库的导火索，企图将该市夷为平地。当时一个名叫于廉的小男孩发现正在燃烧的导火索，他急中生智，立即撒泡尿将导火索浇灭，使该市幸免于难，而小于廉则中弹牺牲。人民为纪念这位小英雄建造了这尊铜像。

在农业文明时代，人类有了家庭和国家，每个人在成长、生产、生活和发展中都有了依靠和背景。同时，人类又创造了很多政治、经济组织，进一步丰富了生产、生活的内容和形式。我们在此来讨论这个问题，主要不是向读者介绍人类在过去究竟创造了哪些政治、经济组织，它们的内容和作用又都是什么？旨在提醒大家，人类在过去历史中创造的政治和经济组织，有些是自然而然的，有些则是没有逻辑根据的；有些是理性的，有些则是盲目的；有些是必然的，有些则是偶然的；有些是简洁有用的，有些则是繁复多余的；有些是有益的，有些则是有害的。根据经济基础决定上层建筑的理论，我下面就先说一下这个时期人类创造的经济组织和经济形态吧。例如：亚细亚生产方式、城邦、公社、井田制、租庸调制、封建庄园、马尔克、寺院经济、商会、行会、汉萨同盟、条顿骑士团、佃农、契约、代理人、公司、股份等等。我们现在只选择货币这一创造发明来谈谈，因为货币今天仍然在起作用，而且每位读者对金钱都不陌生。马克思说得好：货币是从商品中分离出来固定充当一般等价物的特殊商品。世界上本来没有货币，货币的发明也不是人类有此偏好，完全是因为现实生活需要逼迫出来的。据说人类最初是物物交换，即"抱布贸丝"，用我的布换你的丝，用我的苹果换你的大米，用我的猪换你的羊，等等。但情况一复杂就不方便了，如张三谷子吃不了，但想喝啤酒；李四猪养得多，但缺少一张双人床；王五树木很多，想给孩子换身新衣裳；马六的啤酒和家具都很多，只是缺少木料……这样一来自己需要的东西不知道找谁去兑换，再者以什么比价进行兑换也不清楚。人类这时就动了脑子，何不确定一个物品，所有的东西都可以和它兑换，用它也可以换取各种需要的东西。这个创意太大了，后来货币形态和职能的所有演变，包括我们今天的电子商务，其技术含量亦不过如此。据说当时很多地区和民族大都选贝壳作中介物，中国也不例外，你看汉字中凡是和财富有关的字，几乎都带有"贝"字。那么多地方都不约而同地以贝代钱，我想可能是因为贝既美观，又适宜携带，还便于计数。我只是有一点不明白，当时中国经济最发达的黄河流域，其实是不产贝壳的，不知这么多的贝是从哪里搞来的？实际上，当时充当中介物的，除贝之外，还有谷物、盐、农具、牛、布匹、龟甲等等。货币再发展，人类就用金、银、铜、铁等金属来铸币了，金属货币就大大便于兑换和储存了，金属货币在农业文明时代一直起主导作用。金属货币之后是纸币，据说中国北宋时期出现的"交子"，是世界上最早的纸币。纸币的威力和优势更大，它更便于制造和流通。有这样一个有趣的故事可以说明纸币的优点。1685年时,法国派驻加拿大的知事穆尔(De Meulle),因本国汇款未能按时到达,当地又缺乏通货,而军队需求甚急,无法应付。在这种情况下,最善之策莫过于发行纸币,但这时加拿大还没有纸张和印刷机。聪明的穆尔灵机一动,想出妙策,下令收集军队中所有的纸牌,然后于背面书明所值款额,穆尔亲自签名而生效。这样不仅应对军费的急需,而且在当地成为一种经久耐用不易伪造的纸币。后来法国政府虽多次颁令废止此纸币,但历届加拿大知事对纸币都赞赏有加,因此这种奇怪的纸币得以大行其道40余年。货币在制造和流通中,经常会出现一些问题,如劣币驱逐良币、个人私自制币、货币短缺、币种杂乱等等,政府经常采取措施和组织专家讨论。1695年,英国进行的一次有关货币改革的大讨论最为著名,连大哲学家约翰·洛克和大科学家艾萨克·牛顿也都参与其中,提出建议的各种小册子一时充斥大街小巷。鉴于当时英国货币问题的严重性,牛顿则临危受命,先是做铸币局的厂长,后又做铸币局的董事长。

我一直以为货币的发明仅次于文字的发明,如果说文字可以积累和传承知识,那么货币则可以积累和传承财富,而人类社会的发展既靠知识,也靠财富。但是,金钱自从来到这个世界上,在展示它无限生机和活力的同时,在人们对它由衷热爱和狂热追求之际,它也一直受到诟病和质疑。思想家尖锐地揭露金钱的肮脏本质,艺术家淋漓尽致地描绘守财奴的贪婪,很多清贫之士宁愿视金钱为粪土,因此几千年来在国计民生中发挥着不可替代作用的金钱却一直弥漫着铜臭之气。中国古代一位叫鲁褒的作家还专门写了一篇《钱神论》的文赋,称金钱为孔方兄,对金钱的魔力进行无情讽刺和揶揄,说"钱之所在,危可使安,死可使活。钱之所去，贵可使贱，生可使杀。是故忿诤辩讼，非钱不胜；孤弱幽滞，非钱不拔；怨仇嫌恨，非钱不解。……天有所短，钱有所长。"无论如何，我是同意亚当·斯密的观点的，他认为在人类所从事的一切职业和活动中，包括战争、政治、宗教、疯狂式娱乐、无偿虐待等等，制币业给社会带来的危害是最小的。我现在再从如何有利于人类愉快生活的角度，来阐释金钱的一项极大好处。据有些心理学家说，人这种动物最怕寂寞和无聊，无聊比痛苦还难过。但金钱的发明从很大程度上医治了人类的无聊病症。试想挣到钱时会激动不已，想挣钱时则冲动不已，花钱时又潇洒不已，哪会有寂寞和无聊？我们现在堪忧的是发展到今天的各种金融衍生品，倒有可能会给人们的生活带来新的风险和无聊。

人类创造的政治组织相对于经济组织来说，可能其随意性更大，其人为的因素更多，当然每一种创新和建构也都是利害参半了。这正如有的学者所说，人类就好比一个失眠的人，因为右侧睡不着，故翻向左侧，几分钟后，复转向右侧。不久前冒着锋镝去打倒的东西，人们又会不惜牺牲生命去争取。当然，虽然是不断折腾，人类还总是有收获的。这正如黑格尔所阐释的那样："人类社会的历史，是由那些相反的制度递嬗胜利造成的。随后，犹疑不决的智慧所认为的矛盾原本，毕竟借综合之力而获得妥协，而融成有机的社会。"在农业文明时代，人类也确实创造了不少政治组织和政治形态，如禅让制、元老院、宗法制、分封制、君主制、君主立宪制、农民大会、郡县制、行省制、采邑制、察举制、保甲制等等。人类创造这么多政治形态，当然有多种目的和功效，但人类几千年来在政治制度方面的探索，恐怕有一个永恒的主题那就是如何解决集权与民主的问题。我们现在就来分析一下农业文明时代的集权与民主。我们先看一下西方世界民主发展的历程。人们一般认为西方自古以来就是崇尚和追求民主的,其实并不尽然。西方世界在过去2000多年的时间里,其主流思想是排斥民主的,并不把民主当成好东西。伟大的思想家和教育家苏格拉底就是在城邦通过民主投票的情况下,认定有"腐蚀青年思想"罪而被判处死刑的。所以苏格拉底的学生柏拉图对此非常气愤,强烈指责民主制是"暴民政治"。"民主"这个词来自希腊文,它的本义就是"人民的统治",即由全体人民(而不是他们选出的代表)平等地、无差别地参与决策管理。当时雅典城邦的民主制度就基本符合这个要求。雅典的政治体制主要是三个机构:一是公民大会。公民大会不是由平民选举出来的代表组成的,而是全体平民都能参加的大会,一般要达到6000人(当时雅典公民约4万人,不包括4万左右外邦人和35万左右的奴隶),才是法定最低人数;公民大会可以对雅典事务的方方面面进行讨论和表决,包括战争、条约、外交、财政、法律、流放等等,公民大会每年至少召开40次。二是公民大会的常设机构——五百人议事会。任何公民都有有权经五百人议事会向公民大会提出建议与议案。议事会几乎每天都要召开会议,一年至少有260天都在开会。三是作为司法机构的民众法庭。当时没有专业法官和律师,如果有人被指控犯了法,就由200多位公民组成的民众法庭进行审判,根据票数多少断案。此外还有执行议事会,由每个部落议事成员轮流当值一年的十分之一,一般任期为35天。执行议事会则以抽签方式每天选出一位主席,这位执行主席就成了这一天雅典的最高首脑。轮流执政是古典民主的一种重要形式。雅典城邦还创立了陶片流放法:在一年一次的非常公民大会上，公民把自己心目中认为将危害国家的人的名字写在陶片上，谁的名字得票最多，就会受到放逐出城邦10年的处分。欧洲进入中世纪后，有的学者说就进入了黑暗时代，昔日的民主也被专制所取代。但是，争取民主的力量一直在涌动，特别是随着文艺复兴的冲荡，民主和自由又渐成主流之势。英国是现代议会制的发源地，据说931年英王召开的贤人会议，可称为现代议会的滥觞；而1265年孟福尔在伦敦召开的议会，参加会议的代表，除教俗大封建主外，每郡派骑士代表2人，每城派市民代表2人，则可算得是全世界国会的开端。中国也和欧洲一样，在国家即将形成初期，也有几百年的民主政治时期，也就是后人一直怀念的尧舜禹等先圣开创的大同世界。你看，尧舜禹他们的王位都是前后禅让的。再说，尧舜禹他们虽然贵为领袖，但他们是公仆，而不是主人。就拿大禹来说，他这官当的确实蛮辛苦。史书上说他"劳身焦思，居外十三年，过家门不敢入。薄衣食，致孝于鬼神。卑宫室，致费于沟淢。陆行乘车，水行乘船，泥行乘橇，山行乘樏。左准绳，右规矩，载四时，以开九州，通九道，陂九泽，度九山。"说那时是民主政治，还因为有些大事都征求各方面意见，动不动就咨"四岳"，四岳可能是各路的头头脑脑。甚至尧舜禹时代的流放刑罚也和古希腊十分相似，如流放共工于幽州，流放驩兜于崇山，流放三苗于三危，流放鲧于羽山。我们现在再来分析一个问题，即流行的观点都认为中国自秦汉以后，历唐宋至明清，一直都是专制的王朝，在政治上根本无民主可言，与西方形成鲜明的对比。其实也不尽然。且不说整个中国2000多年的封建社会，都有一套完备的政治制度、行政制度、决策制度和考核监督制度，对百官进行约束以防范其滥用权力，以保证公平和多数人的利益，即便是至高无上、具有绝对权威的皇权，也有诸多的限制和规矩。就拿封驳制度来说吧，对皇权就是一个很大的制约。所谓"封"，就是把皇帝的敕令原封退回，不下发执行；所谓"驳"，就是指斥皇帝敕令中存在的错讹，并要求进行修正。经常会有这样的现象，有时看来一个并不太重要的决策，比如提拔一个不太大的官吏，或造修一座建筑，都可能会遭到门下省等有关部门封驳数次而最终使圣旨搁浅。此外，中国封建王朝了解民意、顺应民情的其他举措还不少，如纳谏，如巡视和微服私访，如采风，如谏鼓谤木。当时的国家公民也是关心国家大事和了解朝廷情况的，如陈胜只是个普通农民，他在耕地时竟发出"燕雀安知鸿鹄之志哉"的感慨，也有"王侯将相宁有种乎"的见识，他甚至还知道"天下苦秦久矣。二世少子也，不当立，当立者乃公子扶苏。"项羽还是一个20多岁小伙子的时候，当地看到秦始皇巡游时的威仪，心生羡慕，说"彼可取而代之"，后来果然推翻秦朝成为西楚霸王。我们上面说了那么多有关民主的话题，但民主这个东西究竟是好还是不好呢？是不是越民主越好呢？我们看大思想家卢梭怎么评价民主，他说假设一个国家有1万公民，按主权在民的思想，每个公民可以享受到主权的万分之一；如果是10万公民的国家，每个公民只能享受到主权的十万分之一。以此类推，国家越大，人口越多，每个公民享受的主权就越少，民主效果就越差。卢梭对绝对的民主是很悲观的，他还说真正的民主制（即直接民主制）从来就没有过，而且永远不会有。

由于农业文明时代科技和经济都发展缓慢，人类的生活节奏也慢，生活方式有时在几百年里都没有太大的变化，因此形成了许多独具特色的社会群体和职业，他们世代相传，日趋规模和成熟，其独特的行为和生活方式形成一道道亮丽的风景线，对人类生活起到巨大的影响和感染作用。当然，这样的群体和职业很多，我们这里只谈一下西方的"骑士"和中国的"士"。欧洲的骑士制度流行于8到17世纪，它经历了产生、发展和衰亡的过程，长达900余年。但也有学者认为，西欧的骑士制度主要盛行于公元11到14世纪。骑士和骑士制度，当然和军事、战争及征兵制度有关。所谓骑士，说到底就是身披铠甲、手持长矛、足跨骏马的武士，但是骑士制度、骑士精神、骑士文化，就具有丰富的文化内涵和社会意义。当骑士几乎是当时每个青少年人的梦想，但要当上一名骑士却并非易事。首先要有一定的经济条件，中世纪的骑兵是重装备，一切费用都由骑士自己负责。每个骑士都要有三到四匹可以轮换的马，此外还要有扈从和扈从的装备。就单个骑士的军事装备，就需要20头公牛的价格。其次还要有身份认定，想当骑士一般其父亲或父辈曾经有过骑士。如果这些条件都具备了，那就要从很小的年龄起，大约七八岁，送给贵族或骑士当侍童，接受骑士精神和骑士教育，包括礼节、仪表、谈吐、态度等等。如果表现还不错，大约到十四五岁时，可以由侍童转为侍从，进一步学习军事、武艺和礼仪，并负责服务贵族或骑士的衣食住行。经过十多年的培养和训练，如果合格又没有明显的劣迹，到20岁左右，经过一定的晋封仪式，就可以正式成为一名骑士。骑士晋封仪式有繁有简，但应该说都十分隆重和神圣。仪式一般都要经过斋戒、洗浴、忏悔、宣誓、穿戴铠甲、装踢马刺等一系列活动，然后接受骑士象征的剑，封主一边陈述骑士的基本准则，一边将佩剑放在受封者的颈上或肩头轻轻拍打几下。骑士在晋封仪式上的宣誓十分重要，因为作为一名骑士终生都要践行誓约。当时宣誓的具体内容可能不会千篇一律，但一般都认为主要包括以下八个方面的内容，即"我发誓善待弱者，我发誓勇敢地对抗强暴，我发誓和一切错误行为进行斗争，我发誓保护手无寸铁的人，我发誓帮助任何向我求助的人，我发誓不伤害任何妇人，我发誓帮助我的兄弟骑士，我发誓真诚地对待我的朋友，我发誓将对所爱至死不渝"。至于数百年形成的骑士精神，也有各式各样的总结和概括，但公认和普遍流行的骑士精神主要有：谦卑、荣誉、牺牲、英勇、怜悯、诚实、信仰、公正。作为骑士待人接物要彬彬有礼，要谦虚谨慎，敬重他人。即使对待平民和弱者，也应该礼让有加。勇敢和无畏更是骑士的基本素质，怯懦和畏葸就不配骑士的荣耀头衔。无论是战场上，还是面对各种邪恶，骑士都是勇往直前，奋不顾身，敢于亮剑。在战场上，如果失利，骑士只有战死或者被俘，绝没有逃跑这一说，他们视逃兵为奇耻大辱。骑士虽然作战勇敢，但他们非常敬重敌人和对手，他们会不时地向敌人行军礼，他们对待俘虏像对待贵宾一样关照。忠诚同样是骑士的最重要品格。做骑士必须忠心赤胆，一诺千金，敬终如始，矢志不渝。所谓忠诚，就是要忠于神灵，忠于领主，忠于职守，忠于友谊，忠于爱情。作为骑士，无论遇到什么情况，都不能背信弃义。荣誉对骑士高于一切，骑士大都坚守"荣誉即吾命"的信条，为荣誉不惜牺牲生命。我们经常从文学作品上看骑士格斗的场面，那大多是为荣誉而斗。

　　骑士还有一个共同的品格和特点，那就是对妇女的由衷敬重和爱护，对爱情渴望和忠贞。骑士大都把心仪的贵妇人当成理想中的情人，并终生倾慕和追求，把自己一生所取得的成就和荣誉，都献给和归功于他们心仪的贵妇人。在骑士的眼里，他们热爱的贵妇人其形象都是美丽、高贵和神圣的，她们不仅美丽而且地位高贵，她们出身名门或为贵族之妻，集中了世上一切最美好的东西。有的骑士，甚至把自己心目中的贵妇人和圣母玛利亚相提并论。有的学者认为在骑士和贵妇人情爱中之所以掺有一些恋母情结，可能和骑士在城堡做侍童或侍从时，其教育和日常生活大都由领主主妇负责有关，骑士在青少年时代对贵妇人即养成倾慕和敬重之情。骑士在追求和取悦贵妇人的漫长过程中，也是自身素质和能力不断提高的过程。骑士愿为贵妇人四处拼杀，取得的荣誉献给自己的情人；骑士为取得贵妇人的欣赏，注重学习和行为，把自己从里到外都塑造成彬彬有礼的君子。在追求爱情的艰辛历程中骑士的人格经过磨难变得更为高尚，最终将接近或达到贵妇人的高贵和完美。因贵妇人大都是有夫之妇，至于爱情的结局是否圆满已变得无关紧要。这正如一首流传久远的骑士恋歌中所说；"很久以前我被仙女迷住——我从没有见过她，但仍然崇拜如狂。献上这遥远的爱，她却不放在心上，不顾我之所想，而且除我之外还有其他崇拜者，三个或四个，可我仍然爱她坚定不移。"如果说西方妇女地位何以会提高，西方绅士风度的何以形成，那首先归功于骑士制度。要之，骑士阶层在中世纪具有移风易俗的作用，这也是骑士文化最可宝贵之处。

中国古代的士，也是一个特殊阶层，他比西方的骑士持续的时间还要长，从始至终有2000多年，其社会作用和影响也更大。究竟什么是"士"呢？并不太好定义。它大致上就是中国古代有知识、有文化、有见解、有修养而又有一定社会身份的知识分子。古书上对士有这样一些解释：士者，事也。士无专事，凡民事皆士事。通古今，辩然不，谓之士。学以居位谓之士，以才智用者谓之士。孔子是中国最早的大名士，也是第一个赋予士神圣责任和光荣使命的权威人士，孔子对士的论述很多，其中最著称的是："士志于道，士不可以不弘毅，任重而道远。仁以为己任，不亦重乎？死而后已，不亦远乎？"、"志士仁人，无求生以害仁，有杀身以成仁"。这样，作为一个士，不管你的职业、爱好和生活方式如何千差万别，但都有守道、行道、卫道和弘道的历史责任。纵观中国历史，不仅孔子、孟子、墨子、荀子是士，先秦诸子大都可称为士，苏秦和张仪也是士；叔孙通、贾谊、董仲舒、东方朔、郑玄是士，陶渊明和"竹林七贤"也都是士；李白、杜甫、白居易是士，司马光、邵雍和唐宋八大家也都是士；王阳明、顾炎武、傅山是士；严复、康有为、梁启超、杨度也都是士；中国历史上最后的士，可能要算马一浮、梁漱溟和张伯驹之流了。当然，这些名士只是士的代表人物，而一般的士人在每个时期都有千千万万。

　　春秋战国是士活动的黄金时代，也是士文化形成的奠基时代。这时礼崩乐坏，天下混乱，诸侯争战，互相兼并。士作为一个有知识、有智慧和有一技之长的阶层，是各诸侯国、各政治集团激烈争夺的对象。当时的共识是"得士者强，失士者亡"，各诸侯国无不卑身厚币以招徕贤士，能否纳士成为人们衡量各诸侯国国王水平和气度的重要标尺。一时求贤纳士的动人故事此起彼伏，如燕昭王将一般的士人郭隗筑宫而师之，结果引来了乐毅、邹衍等名士；据说秦王攻打韩国，主要是为了得到名士韩非。当时士的能量非常大，"一怒而诸侯惧，安之而天下息"。再加上当时"邦无定交，士无定主"，人才完全可以自由流动，所以士人非常牛，他们可以朝秦暮楚，可以今燕明魏，全凭自己高兴不高兴，开

第三章 岁月如歌一万年

心不开心。在这方面苏秦和张仪颇有代表性，据说苏秦和张仪都是高士鬼谷子的学生。苏秦虽然出身贫寒，但一心想谋卿相之位。他来到秦国提出要帮助秦国吞并诸侯、称霸天下，被秦惠王拒绝。苏秦穷困潦倒回到家里，受到家人的不满和轻视：妻不下纴、嫂不为炊、父母不与其言。但苏秦越挫越勇，发奋学习，史载读书欲睡，引锥自刺其股，血流至踵。苏秦自以为学成，于是游说六国联合抗秦，并一度挂六国相印，显赫一时，富贵至极。张仪当初在楚国游说时，楚相怀疑他偷了玉璧，不仅被打得体无完肤，而且当众受到侮辱。妻子抱怨地说，你如果不是读书游说，哪能受到这样的屈辱？张仪却很坦然，只是问夫人，你看我的舌头还在吗？妻子回答说舌头还好。张仪说那就请放心，有舌头就足够了。后张仪游说成功，被秦王任命为国相和将军，他帮助秦国分散瓦解六国同盟，并最终灭掉楚齐等东方六国。

士不仅是文化的创造者和传承者，更是道义的坚守者和弘扬者。如果用"铁肩担道义，妙手著文章"这句话来形容士，是再贴切不过了。孟子说：无恒产而有恒心者，惟士能为。所谓"恒心"，就是守道之心。道心就是天地良心，就是忠君爱民，就是公平正义，就是传统礼法。坚守道义，就要有独立意识，就要有批判精神，而不能人云亦云，亦步亦趋。坚守道义，更要有牺牲精神，更要有重名节轻生死的气概。齐国的大臣崔杼弑杀齐庄公，齐太史乃秉笔直书："崔杼弑其君。"崔杼杀了齐太史。太史的两个弟弟也都如实记载，都被崔杼杀害。崔杼告诉太史的第三个弟弟说："你三个哥哥都死了，你难道不怕死吗？你还是按我的要求把庄公之死写成暴病而死吧！"太史弟正色回答："据实直书，是史官的职责，失职求生，还不如死。"崔杼再没有办法，只好让他如实记载。太史弟弟走出门，正遇到南史氏抱简而来，南史氏以为太史的这位弟弟也被杀，是来继续秉笔直书的。齐太史和他的三位弟弟，还有那位南史氏，都是作为一个士人在生死关头为坚守道义而采取的断然行为。文天祥是宰相，也是状元，他更是学者和士人。在南宋小朝廷已经覆灭之际，面对着不可一世的元军，文天祥仍率领残部英勇抵抗。兵败被俘虏，忽必烈对文天祥十分敬佩，并许诺只要归顺可以出任宰相。文天祥不为威逼利诱所动，英勇就义。他的妻子收尸时在衣服里发现绝笔，写着："孔曰成仁，孟曰取义。惟其义尽，所以仁至。读圣贤书，所学何事？而今而后，庶几无愧！"文天祥正是以一个士的道义担当，实现了他"人生自古谁无死，留取丹心照汗青"的誓言。士的另一个特点是注意修身，看重名誉，以自己的言行来引领社会风尚。管宁和华歆是好朋友，有一天他俩在园中锄草，看见地上有一块金子，管宁仍旧操动着锄头，像什么也没看见一样。华歆则高兴地捡起金子，当看到管宁严肃的表情又扔掉了。又一次，他俩坐在同一张席子上读书，有个穿着华贵礼服的人坐着有围棚的车从门前经过，管宁还像原来一样专心致志地读书，华歆却放下书出门观看。管宁就割开席子和华歆分开来坐，说："从今以后你不再是我的朋友了。"士人特别是名士，他们的一言一行、一举一动，甚至饮食服饰和喜好，都会对社会带来影响，都会成为众人效法模仿的对象。很多自己不是士的人，也常常以士来自况、以士来自许。比如我们经常会听到有人说："士可杀不可辱""士为知己者死""士别三日，刮目相看"。但说这话的，也可能是贩夫走卒，也可能是农夫，也可能是商人和工匠，可见士对人们的思想和行为影响之大。

在士人的生活中，还有一个重要的现象和特点，那就是如何面对和处理仕与隐的关系问题。应该说在中国古代作为一个有知识、有教养、有抱负又有气节的士来说，几乎每个人一生都会存在如何面对仕与隐的选择。作为一名士，当仕则仕，当隐则隐，这是有充足理论依据的。孔夫子一直强调："用之则行 舍之则藏。"《周易》上也说："天地闭，贤人隐。"孟子也说："达则兼济天下，穷则独善其身。"如果情势所迫，必须要归隐，那到哪里落脚呢？古贤说得好"仁者乐山，智者乐水"，那作为即仁且智的士人，其归隐的最好去处就是茂林青山和秀水之间了。陶渊明是归隐最成功也是影响力最大的，因为他写了著名的《归去来兮辞》。作为士在仕途为何会时时想到归隐呢？一是凡士都有抱负、有见解，当在仕途的抱负不能实现，见解不为人知时，就感觉从政没有意思，不如归隐；二是有时看不惯官场的腐败和尔虞我诈，不堪官场的繁文缛节和事务剧杂，想归隐图清闲；三是士都有知识、有文化、有专长，不当官还可以写字、画画、著书和开馆授徒，反正有吃饭的门路，辞官归隐也饿不死。实际上，真正辞官不做全身的归隐井泉的是少数，大多数是身在官场，心在山野。大家还美其名曰"大隐隐于市，小隐隐于野"。但据白居易分析，大隐和小隐都不好，最好是中隐，他赋诗曰："大隐住朝市，小隐如丘樊。丘樊太冷落，朝市太嚣喧。不如作中隐，隐在留司官。似出复似处，非忙亦非闲。不劳心与力，又免饥与寒。终岁无公事，随月有俸钱"。形形色色的隐和隐士，也在几千年的中国历史上形成一道亮丽的风景线，影响着大众的视野和情趣。"居庙堂之高则忧其民，处江湖之远则忧其君"；"看破红尘望归隐，归隐从未断红尘；超脱世人愿得道，得道未曾辞世人"。不管仕与隐，还是半仕半隐,始终不变的是家国情怀,始终看重的是气节和操守,始终承担的是道义。这就是真正的士!

5. 教育的巨大作用和影响,追求知识带来的兴趣和荣誉,提高了人类的素养和生活品位。

教育在人类生存和生活中的巨大作用不可替代。可以说,有了人类,就有了教育,人类今天的生存和发展也仍然离不开教育。离开教育,人和动物没有什么两样。教育不仅是人类发展的助推器,更是人类生存的阳光雨露和前进的灯塔。生活由传递而更新,教育的作用就在于传递,传递经验,传递知识,传递道理,传递信息……。这正如杜威所说:"一切教育都是通过个人参与人类和社会意识而进行的。这个过程几乎都是在出生时就在无意识中开始了。它不断地发展个人能力,熏染他的意识,形成他的习惯,锻炼他的思想,并激发他的感情和情绪。由于这种不知不觉的教育,个人便渐渐分享人类曾经积累下来的智慧和道德财富。他就成为一个固有文化资本的继承者。"教育应该有狭义和广义之分,广义的教育,人人都是教育者,人人又都是受教育者。我们这里所说的教育是狭义上的,即主要由学校和教师进行的"传道、授业、解惑"的活动。

教育的起源几乎和文字的起源一样古老,人类历史上几个文明古国,都有由专业人员主导的学校教育,如古代埃及、巴比伦、亚述和印度。但是,这时的学校主要是宫廷学校、祭司学校、神庙学校和文士、古儒学校,教师大都由祭祀和僧侣兼任,教学内容和教学方法也相对简单。古希腊时代,教育亦蔚成大观。那时的著名思想家、哲学家和学者,几乎都是教育家,都终生从事教书育人工作。如苏格拉底、柏拉图、亚里士多德、芝诺和伊壁鸠鲁等,他们还创办了阿加德米学园、吕克昂哲学学校、斯多葛派学校、伊壁鸠鲁派学园等教育机构，其中柏拉图创办的学园被称为雅典学园，一直延续了700多年之久。古希腊的教育内容主要以"三艺"（文法、修辞和哲学）和"四法"（算数、几何、天文、音乐）为主，后又不断增加数学、物理学、医学和地理学等知识。这时的教育十分重视德、智、体、美的全面协调发展，尤其对赛跑、跳跃、角力、掷铁饼、投标枪等体育教学内容更为重视，学校还有为每四年一届在奥林匹斯山麓举行的奥林匹克运动大会培养推荐体育健儿的任务。古希腊教育中最值得称道的是高明的教学方法，他们不向学生填鸭式的灌输知识，而是用启发式、诘问式、讨论式的方法让学生在轻松快乐中自然地接受知识、明确真理。如苏格拉底认为一切知识均从疑难中产生，愈求进步疑难愈多，疑难愈多，进步愈大。苏格拉底首先承认自己没有知识，而他又要教授别人知识。他是这样来解决这个矛盾的：这些知识并不是由他灌输给人的，而是人们原来已经具有的，人们已在心上怀了"胎"，不过自己还不知道，苏格拉底知只是充当一种"助产婆"的角色，把别人的知识之子引产出来。因此，苏格拉底的教育方式主要用诘问式。如苏格拉底问一位青年人，"人人都说要做一个有道德的人，但道德究竟至什么呢？"那青年人回答说："忠诚老实，不欺骗别人。"苏格拉底接着问："但为什么和敌人作战时，我军将领却千方百计地去欺骗敌人呢？""欺骗敌人是符合道德的，但欺骗自己人就不道德了。"苏格拉底立刻反驳道："当我军被敌军包围时，为了鼓舞士气，将领就欺骗士兵说，我们的援军已经到了，向前冲啊！结果突围成功。如果按照刚才所说的那样，这种欺骗也是不道德的吗？"那青年人说："那是战争中出于无奈才这样做的,日常生活中这样做就是不道德的。"苏格拉底又问:"假如您的儿子生病了,又不肯吃药,你欺骗他说,这不是药,而是一种很好吃的东西,吃了它以后你可以像鸟一样自由飞翔。这也是不道德的吗?"青年人只好承认"这种欺骗也是符合道德的。"苏格拉底接着问:"不骗人是道德的,骗人也可以说是道德的。那就是说,道德不能用骗人不骗人来说明。究竟用什么来说明和界定道德呢?还是请您告诉我吧!"那青年人想了想回答说:"不知道道德就不能做到道德,知道了道德才能做到道德。"这个回答符合苏格拉底所倡导的"知德合一"的观念。

欧洲进入中世纪后,现代意义上的大学陆续成立,如1137年成立的意大利萨拉尔诺大学、1150年成立的法国巴黎大学、1168年成立的英国牛津大学和1209年成立的剑桥大学、1212年成立的西班牙帕任西大学、1290年成立的葡萄牙里斯本大学。在此需要特别一提的是,中古时期的阿拉伯世界也是非常重视教育的。伊斯兰教在鼓励个人对知识追求的同时,还要求积极传授知识。《古兰经》中说:"不传授知识而学习知识是违反神的恶魔。"穆罕默德本人也倡导学习文化。624年的德尔之战,古来氏人大败,穆罕默德命令有文化的俘虏教授麦地那儿童文化,并以此作为赎买自由的条件。当时的清真寺,几乎都承担着学校的功能。1065年创建的巴格达大学,存在了300年之久,是一所以教授法学为主的著名大学。阿拉伯人为了提高教育文化水平,还开展了轰轰烈烈的"百年翻译运动",将当时世界上绝大部分经典名著翻译成阿拉伯文。

中国是一个文化大国,更是一个教育大国。中国人对教育的重视,中国几千年的尊师重教,甚至是敬纸惜字,都达到了信仰和痴迷的程度。国再穷也要办教育，家再穷也要让孩子读书，这绝不是口头禅，而是千千万万中国人的共识和行动。"万般皆下品，唯有读书高"，这确是中国古人的价值取向。"一日为师，终身为父"、"天地君亲师"，这确实体现了对教育和师长的敬重。一部中国历史，很多都是刻苦读书、励志成才的典范。如《三字经》上说："头悬梁，锥刺股，如囊萤，如映雪，如负薪，如挂角。"连皇帝都赋诗劝学："富家不用买良田，书中自有千钟粟；安居不用架高堂，书中自有黄金屋；出入莫恨无人随，书中车马多如簇。娶妻莫恨无良媒，书中自有颜如玉。"还有什么"三更灯火五更鸡，正是男儿读书时"、"少年易老学难成，一寸光阴不可轻"等比比皆是。中国到商周时期，已经有了从中央到地方的完备教育体系。最基层的学校叫塾，只负责二十五家子弟的学习；第二个等级叫庠，负责五百家子弟的学习；第三个等级叫序，设在遂或州这一组织内；第四个等级叫学，设在天子或诸侯所居的国都内，是国家级的最高学府。国家级大学规模比较大，内分五学：中间的叫辟雍，又叫太学。在南的叫成均，在北的叫上庠，在东的叫东序，在西的叫西雍。五学以辟雍为首，所以大学统称辟雍。

孔子在中国之所以被称为圣人，成为人人景仰的偶像，成为"百代文人祖，历代帝王师"，甚至成为中华民族历史文化的代表和符号，主要因为孔子是旷古未有的杰出教育家，主要因为他在教育上对中华民族所做的开创性巨大贡献。孔子第一个在中国成功的兴办私学，他有教无类，谁都可以读书；他因材施教，循循善诱；他学而不厌，诲人不倦；他克己内省，为师为范；他关爱学生，同戚同乐；他实事求是，教学相长；他培养君子，全面发展。孔子亲自编写修订教材，删《诗》《书》，订《礼》《乐》，赞《周易》，作《春秋》。《诗》《书》《礼仪》《周易》《春秋》，后来成为两千多年读书人的标准教材。孔子还以"六艺"教学生，即礼、乐、射、御、书、数。孔子有弟子三千，贤者七十二。正所谓"天下文章莫大乎是，一代贤者皆从之游"。孔子不只是待在教室里教学生，而是带领学生积极参与当时的社会实践，他曾率众弟子周游列国十四年，到处宣传自己的思想和政治主张，同时也向各诸侯推介自己的学生。孔子虽然忧国忧民，道法修养极高，一切按周礼行事，但他却是一个非常快乐和优雅的人。他不仅自己快乐，也把传授知识和学生接受教育变成愉悦的体验。有一次，子路、曾皙、冉有和公西华围坐在孔子身旁。孔子说："不要因为我比你们年长几岁，就太拘谨。你们平日常说，别人不了解你们。假如有人起用你们，你们都想干点什么呢？"子路抢先发言："一个千乘之国，夹在几个大国之间，外有军队威胁，内有饥馑逼迫。如果让我治理，只需三年时间，便可以使人民勇健，且明白是非曲直。"孔子笑了笑说，冉求，你呢？冉求回答说："一个方圆六七里或五六十里的地方，若让我来治理，三年时间，便可以使人民丰衣足食，不过在礼乐方面还有待于更高明的人去教化。"孔子接着又问公西华。公西华说道："我并非真能胜任，不过很愿意一试。比如宗庙方面的事务，比如组织诸侯会面，戴着礼帽、穿着礼服迎接宾客，我可以做个小司仪。"孔子最后问道曾点。只听曾点所鼓的瑟声音渐渐稀疏，最后铿的一生，停了，他便放下瑟，站起身来说，我和他们三位师兄的志向不太一样。孔子说没什么妨碍，不过各言其志罢了。曾点说：我的志向是晚春时节，穿上春天的服装，和五六个大人，携带着六七个小孩子，在沂河里戏水，在高台处迎风而舞，最后唱着歌回家。孔子感叹道："我赞同曾点的志向。"读者们您看，孔子的教学是多么的轻松而愉快，老师不仅可以和同学平等的谈论问题，其中的一位同学还可以悠然弹奏喜欢的乐器。明代的王阳明在一首诗里也对此大加赞美："铿然舍瑟春风里，点也虽狂得我情。"

原来有一种比较流行的观点，认为中国古代的高等教育不发达，正规意义上的大学出现较晚，其实大谬不然。创建于2300多年前的"稷下学宫"，就是一个典型的集讲学、著述、育才活动为一体并兼有咨议功能的高等学府。稷下学宫兴盛了150多年，它的师资力量、学术水平、办学条件和生员之众，它的地位和影响，都完全可以和希腊时期的雅典学园相媲美。齐国为了办好稷下学宫，广揽天下英才，"高门大屋尊宠之"，对稷下学者称先生，"皆赐列第为上大夫"，稷下先生来去自由，学术也自由，"不治而议论"。儒家的孟轲、荀况，道家的彭荣、宋钘、尹久、接子、季真、环渊，法家的慎到、田骈，名家的田巴、兒说，阴阳家邹衍、邵奭，杂家淳于髡、王斗、徐劫、鲁仲连等，都曾到稷下学宫去讲学。据说当时稷下学者有上千名，被齐国授予大夫的就有70多位，学员更是数以万计，仅孟子一人带领的生徒就有数百人。德高望重的荀况曾三次被聘为祭酒，全面主持稷下学宫的学术和教育工作。中国古代还有一种重要的教育机构，那就是书院。书院自唐代兴起，历经宋至明，一直到清代。书院主要由私人创办，也有私办公助的。因主办书院的大多数都是当时著名的学者、教育家，所以书院的学术水平和教学质量都是很高的。书院的教学主要通过学术研究、讲座、辩论、师友讲习、自学等方式，完成预期的培养人才目的。中国古代很多著名学者，如程颐、程颢、朱熹、张栻、陆九渊、吕祖谦、王阳明、王艮、惠栋、钱大昕、王鸣盛等都曾经主持过书院，或应邀到时书院讲课。中国古代的书院数以千计，但最著名的有四大书院，即：应天书院、岳麓书院、嵩阳书院和白鹿洞书院。朱熹对中国的书院文化做出过独特的贡献，他不仅恢复修建了白鹿洞书院，而且他亲自为白鹿洞书院制订的学规章程，不仅对当时和以后的书院教育，而且对于官方正规教育都产生了巨大影响。

中国古代实行的1300多年的科举制度，堪称是人类社会文明发展史上的奇迹。科举制度不仅是教育考试制度，更是官吏的选拔制度。科举制度不仅影响着教育和读书，不仅影响着官吏培养选拔和吏治，也影响着整个封建王朝的政治、经济、文化和价值取向。中华文明之所以绵延数千年而不衰，很大程度上得益于科举之功。中国幅员辽阔，人口众多，地区差别大，民族多，在这样的国家如何能实现公正公平公开的选拔各级官吏，这不光是在古代，就是在今天，都是一件不易做到的事。科举制度做到了。科举制度最大的正义性和魅力，就是它通过考试向全国公开选拔官吏。只要你书读得好，就有出头之日，就可以做官，就可以赢得荣誉。书读得不好，有钱有势，富贵出身，都不好使。即使侥幸花大钱捐个小官，因为不是科班正途，也多为世人所轻蔑。中国从隋唐毅然决然实行科举制度，那是因为痛感以往所有的人才举荐制度，诸如世卿世禄、军功封赏、察举征辟、九品中正等等，都存在着极大的缺陷，一是不公平，二是选才范围有限。据有人统计，科举制度为国家培养选拔了十万多名进士，一百多万名举人，秀才就更多不可数。这么多经过层层选拔的优秀人才，作为历代官员的基本队伍，对中国古代的国家治理、经济文化的发展，无疑起到巨大的提升和推动作用。更为重要的是，科举制度普及了"以文取仕"的全民共识，尊师重教成为全社会的自觉。这样，学堂里的琅琅读书声，就成为最动听的乐章；深夜书房里不灭的熠熠灯火，就成为最充满希望的星光。只要刻苦读书，再贫寒都可畅抒理想；只要满腹经纶，布衣可以笑傲将相！"朝为田舍郎，暮登天子堂"，就是当时社会的真实写照。读书和做文章是要辛苦点，但学习本身也有乐趣，更何况："十年寒窗无人问，一举成名天下知"。读书取得功名，在古代还不只是个人的事，而且会给家庭和亲戚朋友都带来荣耀。唐朝诗人孟郊46岁才中进士，登科后仍然抑制不住内心的喜悦，写下了著名的诗篇："昔日龌龊不足夸，今朝放荡思无涯。春风得意马蹄疾，一日看尽长安花"。中国的科举制度，还吸收了周边很多国家的读书人前来应试，诸如朝鲜、越南、日本、阿拉伯等国，史载朝鲜历史上在中国科举及第者有名可考的就有53人。就是在中国已经废止了科举制度三年之后还有人仰慕中国的科第名物，当时担任京师大学堂教习的日本人服部宇之吉，奏请清政府恩赐自己进士荣誉最终如愿以偿。当然，以上这些国家也大都参照中国的科举制度，建立起了本国教育考试和人才选拔制度。中国的科举考试对西方也产生了积极的影响，这正如160多年前曾在中国居留过的一位外国学者所说：中国考试制度将和火药与印刷术一样，使欧洲国家发生另一次变化。英国、法国等国家的文官制度和考试制度，无疑参照了中国的科举制度。孙中山先生也曾说过这样的话："现在各国的考试制度差不多都是学习英国的。穷流溯源，英国的考试制度原来还是从我们中国学过去的"。

6.农业文明为城市的兴起和繁荣提供了条件，城市的发展极大地丰富了人类发展的内容和空间，城乡和谐变奏永远是人类的福祉。

城市和乡村是人类两种最基本的居住和生活方式。城市和乡村的起源几乎一样古老，散则为乡村，聚则为城市，她们同体共生，就像一对孪生姐妹。离开城市谈乡村，或者离开乡村谈城市，都是没有意义的。探讨城市或者乡村的历史，实际就是探讨城乡如何同体共同、相辅相成、和谐发展的历史。据考古学报告，距今6000多年前，就有小型城市出现。城市的发展当然有一个漫长的过程，人口过百万的大都市的出现，那只是近一千多年的事情。且不论城市是起源于宗教和政治，还是起源于经济和军事，也不论城市规模是大还是小。城市相对于乡村，它都具备下列功能和特点：人口密集、物资密集、信息密集，有很强的商品和信息流通传播功能，有很强的文化贮存创造和传承功能。

城市的兴起需要有剩余的粮食和劳动力，因此世界上最早的城市几乎都起源于大河流域：如幼发拉底河畔的乌尔城、尼布尔城、巴比伦城，尼罗河畔的乌鲁古城、底比斯城、太阳城，底格里斯河畔的阿淑尔城、尼尼微城等。以上这些城市大都在距今4000年以上，其中乌尔城据说已有6000年的进化史，号称人类诞生的第一个城市。和其他古老的城市一样，乌尔城也充满了浓厚的宗教气息。在一首苏美尔诗歌中，有一个故事说风神恩利尔爱上了年轻的女神宁利尔，并与之结合，因此引起众神的愤怒而被放逐，后来他们生下了月神南纳。恩里尔和宁利尔的塔庙建在乌尔城中心，塔庙屹立在25米高的三层台阶之上，他们将月神南纳也供奉在号称通天塔的塔庙里。乌尔城的房舍使用软化晒干而成的砖块建成的，而每个房舍都没有窗户，取而代之的是让阳光照入的天井。整个乌尔城由一道8米高的城墙环绕着，以通天塔为中心，东西长690米，南北达1030米，市内还保留着大量耕地。城市繁荣时居民达到了3.5万人，但乌尔城周边却居住着约20万农民。据说先知亚伯拉罕出生并居住在乌尔城，当时城市位于一块翠绿的农田中，且有河流横贯全城，风景十分优美。

古希腊城邦在人类城市发展史上占有重要地位，它也是人类当时城市存在的主要形态。在大约从公元前8世纪到公元前四世纪，在位于今天的欧洲南部、地中海东北部，先后兴起以雅典为代表的上百个城邦。希腊城邦的建筑大都随坡就势，拥有自然堡垒的形式，周围有村庄环绕。希腊城市的胚盘都是在乡村环境中充分孕育成熟的，带有浓厚的乡村气味，就是在后来的整个城邦发展中始终未同附近乡村失去联系，在城市的发展中，村庄的尺度一直在占着优势。有些学者认为，希腊城邦的市政厅和行政大会，就是由古老的长老会谈演变而来；城邦里的新剧场和舞台，也是有圆形的打谷场演变而来的……。进入城市后，居民们把许多有益的乡村消遣方式和健身活动都舍弃了。所以，首创于公元前776年并一直连续举办了将近1000年的奥林匹克运动会，就是为了恢复这些农村特点，使之成为城市日常生活的一部分，即从农耕、放牧和山林狩猎的古老母胎中发展而形成的合于传统风格的健身之道。希腊城邦规模一般都比较小，面积最大者几千平方公里，最小者仅几十平方公里，人口最多的就是几万人，一般的在5000人左右，也有不足千人的小城邦。当时人们很重视控制城市的规模，认为只有小巧而内涵丰富的社区才能保证居民过上轻松美好的生活。人们对城市的规模还提出了形象化的标准：站在城楼高处能对城市的全貌一览无余；演讲者大声说话能使全城居民都听到；钟鼓声可响彻全城；步行可很快到达城内的各个角落。实际上很多年后，各大城市还都建有钟鼓楼，恐怕就是这种遗风。亚里士多德有句名言："人们来到城市是为了生活，人们居住在城市是为了生活得更好。"古希腊这些城邦虽然规模不太大，但公共服务设施却很周全：有便利的交通、有商贸区、有供排水系统、有宗教宗祀场所、有集合广场、有休闲公园、有大剧院、有浴池、有艺术馆、有图书馆。因此，古希腊城市居民的生活还是很舒适的。那时的文化生活更是令人向往，雅典市民把参加艺术活动同在议会中拥有6000名法庭中任职看得同等重要。据史载每年春节都要举行悲剧作家的比赛，他要求每年要出至少12部新的剧作，需要有180名合唱队员和舞蹈队员；而每年的喜剧比赛也要求每年要至少出16部新的剧作，这要有144名合唱队员和舞蹈队员。在不到一个世纪的时间里，雅典写成并且演出了2000部高水平的剧作，创作并演出了6000首新的乐曲。希腊城邦优越的生活环境和浓厚的民主开放气氛，创造了光辉灿烂的古希腊文明，对欧洲和全人类都产生了不可估量的影响。

古罗马城号称"永恒之城"，在人类城市发展史上占有独特的地位，影响西方城市建设两千多年。俗话说罗马不是一天建成的，事实确是如此。罗马城从公元前753年开始奠基兴建，经过近千年的建设才达到它的鼎盛时期。据说罗马城最繁荣时居民超过百万，是当时世界上最大的城市。罗马古城包括帕拉蒂诺、卡波托利、埃斯奎利诺等七个山丘，史称七丘之城。南北长约6200米，东西宽约3500米，城墙跨河依山，曲折起伏，活像一只蹲伏的雄狮。罗马城得名于传说中的建城者罗慕洛。罗马建城初期城内还保留大量农作物，以备战争和饥荒之用。古罗马城的特点是他建筑的风格和规模。无论是广场还是斗技场；无论是万神庙还是大剧场；无论是拱廊还是街道；无论是供排水，还是公共浴池，所有的建筑都气势恢宏，令人震撼。城内还有28个图书馆，4个斗剑学校。城内的公共浴场11处，再加上一些小型的浴室，可同时容纳62800人洗澡。在浴池中，主顾们寻欢作乐甚至通宵达旦，甚至还有诸多色情活动，流连数日者常常有之。古罗马城以筑路和建造供、排水管道见长，其石砌的排水大沟，尺度宽敞，质量坚固，历经2500年仍完好如初。古罗马城建筑风格中极独具特色的拱券、穹顶、厚壁、束柱、内凹等艺术处理，对后来的欧洲建筑更是产生了示范效应。

中国在筑城建市方面，不仅历史悠久，而且很有自己的特色和文化内涵。《大中华赋》中说"吾族善营造，西周即讲明堂，左盘青龙，右踞白虎，藏风得水宜人居；构琼楼玉宇，建亭榭台阁，雕梁画栋，钩心斗角，庭院深深深几许"。中国史书上也记载着"鲧置城郭"，鲧是夏朝以前的人物。距今3000多年以前商朝创建的城市，那就更多了，也更见规模了。如郑州商城，距今3500多年，城的东墙约1700米，南城墙约1700米，周长近7000米，城址范围约25平方公里。中国古人建城有一定的讲究和法则，如《周礼》记载："匠人营国，方九里，旁三门。国中九经九纬，经涂九轨，左祖右社，面朝后市。"后来在实际建城中虽有损益，但也都把它作为蓝本。到了春秋战国时期，丰都大邑已经很多，如《史记》上这样描述临淄城："东毂击，人肩摩，连衽成帷，举袂成幕，挥汗成雨，家殷人足，志高气扬。"临淄城当时已达到40多万人口，它不仅是陶瓷的故乡，还是现代足球的发源地。

说到中国的城市，最具代表性的当属古城长安，即今天的西安市。有位城市学家说，一些著名城市是比很多王朝还要长久和有影响力的。中国的长安，正是这样一座古老而散发着无穷魅力的城市。从西周建丰、镐二京开始，历经秦、汉、隋、唐，先后有13个王朝在这里建都。关于为何很多王朝都以长安为首都，《资治通鉴》里有一段精彩的论述："关中左殽、函，右陇、蜀，沃野千里；南有巴蜀之饶，北有胡苑之利，阻三面而守，独以一面东制诸侯；诸侯安定，河、渭漕挽天下，西给京师；诸侯有变，顺流而下，足以委输；此所谓金城千里，天府之国也。"长安古城在唐朝时达到鼎盛，这时市区常住人口多达180多万，流动人口也有50多万，外国的商人、艺人、使者、留学生等不下数万人。当时来长安与唐朝通好和贸易的国家和地区，多达上百个。唐朝的科技文化、典章制度、饮食风尚，从长安传播至世界各地。唐长安城周长达35.56公里，面积约87.27平方公里。长安古城规模宏伟，布局严谨，结构对称，排列整齐。外城四面各有三个城门，贯通十二座城门的六条大街是主城的交通干道。而纵贯南北的朱雀大街则是一条标准的中轴线，把长安城分成了东西对称的两部分，东部是万年县，西部是长安县，东西两部各有一个商业区，这就是著名的东市和西市。到东西两市购买商品称为买东西，这也是汉语"东西"一词的出处。城内南北11条大街，东西14条大街，把整个城市划分成了整整齐齐的110坊，其形状酷似一个围棋盘。这正如白居易在诗中所说，"百千岁似围棋局，十二街如种菜畦"。当时不同的坊，还有不同的功能区分，如教坊，居住的人主要是从事音乐和歌舞的。古代文学作品中有很多赞叹长安都市的繁荣生活，如卢照邻在《长安古意》诗中说："长安大道连狭斜，青年白马七香车。玉辇纵横过主第，金鞭络绎向侯家。龙衔宝盖承朝日，凤吐流苏带晚霞。白痴游丝争饶树，一群娇鸟共啼花。游蜂戏蝶千门侧，碧树银台万种色。……挟弹飞鹰杜陵北，探丸借客渭桥西。俱邀侠客芙蓉剑，共宿娼家桃李蹊。娼家日暮紫罗裙，清歌一啭口氛氲。北堂夜夜人如月，南陌朝朝骑似云。南陌北堂连北里，五剧三条控三市。"当时的长安不仅生活富足，吃喝玩乐应有尽有，而且思想明朗轻松，无陈规之滞碍，就是妙龄女子，都可以穿着奇装异服，戴着眼罩，骑着高头大马在大街上闲逛。

著名城市学家刘易斯·芒福德对城市的作用评价极高，他认为城市是改造人类、提高人类的场所。城市的功能就是化力为形，化权能为文化，化朽物为活灵灵的艺术形象，化生物繁衍为社会创新。人类凭借着城市发展这一阶梯步步提高自己，丰富自己，甚至达到了超越神灵的境地。芒福德甚至认为，人类创造城市可以和发明语言文字相提并论。他坚持人类进化的本质是文化进化，而人类文化进化的重要表征，一是语言文字，再就是城市了。城市同语言文字一样能突出表现人类文化的积累和进化。他进一步论述道：人类文明的每一轮更新换代，都密切联系着城市作为文化孵化器和载体的周期性兴衰历史，一代代文明必然有其自己的城市。整个人类的弃旧图新，离不开城市的根本反思和进步。事实的确如此，城市不仅为人类提供全新的、方便的文明的美好生活，而且承担着人类文化的积累、传承和创造，文化和科学技术只有在城市才能得到孵化、成长和扩散。城市正是人才成长的摇篮：如果没有雅典城，也就不会有苏格拉底、柏拉图和亚里士多德；同样，如果没有长安城，也就不会有李白、杜甫和白居易。

城市的本质是集中,而集中则具有厚度和辉煌。一个伟大的城市,他不仅给所有在此居住过的人提供爱抚、温暖和服务,而且光芒四射,穿越时空,给很多从未去过的人以景想,给很多已造访过的人以留恋。中国古代士人把游历丰都大邑,作为人生的一个必需阅历,把它看的同读书一样重要。认为只有游历过丰都大邑,才能激励志向,开阔胸襟,增广见闻。我对此深表同感,八九岁时随父母闯关东,第一次来到大城市沈阳和哈尔滨,这两座城市在我后来的成长中都起到了影响和助推。伟大城市对游历者的影响,特别是对年轻人,近代作家海明威有个说法最为到位。他豪迈而一往情深地宣布:"巴黎是一个节日"!(Paris eft fete!)海明威曾经不止一次地说过:"一个人只要年轻时在巴黎生活过,尔后无论身处何地,巴黎总历历在目。因为巴黎是个永恒的节日"。他还说:"在巴黎,永远不会有一个终了。凡是在那里生活过的人都有此感,尽管彼此的体会不尽相同。我们总要再回到巴黎,不论每次以何种身份。巴黎发生何种变迁,顺利或困厄,我们都会再来。巴黎永远值得人们光顾,给每个人以报偿。"不独巴黎,世界上很多城市,对不同游历过她的人来说,都具备这种特质,都会使人魂牵梦绕。

城市的兴起和发展是以农业和乡村为基础的。城里的劳动力,城里的工程建设,城市里日常需要的粮、棉、菜、果和各种手工制品,几乎都要靠广阔的乡村来供应,而城市里创造出来的高端物质和文化产品,很大部分也都要销售到农村,乡村是城市的天然市场。以上这些,还不足以说明城市对乡村的依赖,城市和乡村的相辅相成。更为要害的是,举凡城市的一切特质,都有待于乡村和农民的大量存在而确定。城市里的转瞬即逝和日新月异,是相对于乡村的亘古如斯和风光依旧；城市里的喧嚣和拥挤，是相对于乡村的宽松和宁静；城市里的竞争和尔虞我诈，是相对于乡村的淳朴和相安无事；城市里的灯红酒绿和纸醉金迷，是相对于乡村里的花果飘香和粗茶淡饭；城市里的朝秦暮楚和呼朋引类，是相对于乡村了的邻里相守和六世含饴；城市里的别出心裁和变乱旧章，是相对于乡村里的千年传承和墨守成规……。城市和乡村是一个事物的两极，去掉一极，另一极则不复存在。没有乡村，城市就成了只有演员而没有观众的戏台；没有乡村，城市就成了只有月亮而没有星辰的天空；没有乡村，城市就成了只有独木而没有万紫千红的旷野。所以，城市之所以繁花如锦，是因为远处还有村舍里袅袅升起的炊烟；乡村之所以古朴可爱，是因为如诗如画的都市浪漫常在梦中。这也正是很多人，在一生中一会在城市居住，一会又愿意到乡下休闲的原因。

在农业文明时代，总的来说城市和乡村的发展是和谐的，是同体共生和相辅相成的，这主要表现在城市发展自身的弊端如人口过多、交通堵塞和环境污染还没有显现，再就是城市的发展还没有形成对乡村原生态的破坏和掠夺。而工业革命后的这两三百年，情况就令人担忧了，这个我们后面再说。我一直认为人类要实现城乡的和谐发展，想只见其利而不见其害的话，城市和乡村的人口比例，最好控制在三比七。

7. 对美好生活的追求最终都反映在衣食住行上，衣食住行既是人类的生活方式也是人类各种活动的目的，衣食住行满足了人类的物质生活需要，也承载了人类很多精神取向。

恩格斯说："正像达尔文发现有机界的发展规律一样，马克思发现了人类历史的发展规律，即历来为繁茂芜杂的意识形态所掩盖的一个简单事实：人们首先必须吃、喝、住、穿；所以，直接的物质的生活资料的生产，从而一个民族或一个时代的一定的经济发展阶段，便构成基础，人们的国家制度、法的观点、艺术的以至宗教观念，就是从这个基础上发展起来的，因而，也必须由这个基础来解释，而不是像过去那样做得相反"。马克思的结论无疑是正确的。然而，即使没有伟大的思想家的揭示和提醒，每个人也都深知衣食住行的重要性。没有衣食住行人类就无法生存和发展，衣食住行既是生活方式，又是生活的全部内容。人类为衣食住行竭尽了所有智慧和力量，衣食住行给人类带来了满足和幸福，衣食住行不仅积淀贮存了丰富的技术和文化，而且形成了一道道亮丽的风景线。

（1）饮食。学术界对饮食有很多定义，如"饮食文化是一个涉及自然科学、社会科学及哲学的普泛的概念，是指食物原料开发利用、食品制作和饮食消费过程中的技术、科学、艺术，以及以饮食为基础的习俗、传统、思想和哲学。"再如"食物是许多经济活动的焦点所在，与人的健康、安全和社会保障紧密地结合在一起。食物是社会生产和组织的一面反光镜，人类历史上基本的生产和组织方式皆因食物而起。"其实，饮食的哲学没有这么复杂：因为人人都要吃饭，天天都要吃饭，几乎人人都要采购食材和做饭，人人都会对饮食说出一番自己的体验和爱好。正因为饮食是一场人人参与的群众运动，群策群力，所以饮食文化就显得无比绚丽多彩、丰亨豫大。据说人类在几千年的发展中，饮食和烹饪形成了最具代表性的三大流派和两大类型：三大流派是以中国烹饪为中心的东方烹饪，以法国烹饪为中心的西方烹饪，以土耳其为中心的清真烹饪；两大类型即建立在农业基础上的农业烹饪，如东方烹饪；建立在畜牧业基础上的牧业烹饪，如西方和清真烹饪。恐怕这只是粗略而言，其实饮食烹饪的爱好和习惯是千差万别的，不要说一个地区和一个地区的口味不同，就是一家人亦咸淡不一。这正是饮食烹饪给人类带来的快乐和魅力。

　　西餐具有历史悠久、享受人口众多和简洁明快、营养丰富、规范化强等突出特点，在人类生活中占有重要地位，对人类的生活和文化产生了巨大而深远的影响。如果没有我们的先民发明的西餐，数以亿计的欧美和地中海沿岸居民将何以为生，东方的居民特别是我们的儿童，又如何能享受到异域独具魅力的美食。西餐实际上在古希腊已经具备了雏形，如苏格拉底向听众描述一个社会应当遵循的饮食规范：应揉捏并烘焙小麦和大麦作为主食，用新鲜树叶将美味的蛋糕和长面包呈上餐桌；他们应头戴花环，一边饮酒一边向诸神祈祷。可享用盐、橄榄油、奶酪和不同蔬菜烹制的家常菜。至于甜点，可以吃无花果、豌豆和豆子制成品。苏格拉底没谈到吃烤肉，他不提倡过多的吃肉主要从社会分配的角度考虑的。实际上当时吃烤肉和鱼已经十分普遍。你看，有面包、有蛋糕、有奶酪、有蔬菜、有烤肉，也有美酒和甜食，后来所谓西餐的主要元素基本都有了。虽然所有的西餐主要都由面包、黄油、鱼子酱、各种汤、烤肉、海鲜、蔬菜、沙拉、葡萄酒和甜食等组成，但也形成了诸多具有鲜明特色的流派。如法式菜肴、英式菜肴、意式菜肴和俄式菜肴和德式菜肴等，也都同中有异，各有诱人之处。经过几千年的洗练和约成，稍微正式一点的西餐宴会，其菜单和程序基本是这样的：宴会前先摆上面包和黄油。头盘，西餐的第一道菜是头盘，也称开胃菜。开胃菜一般有冷头盘和热头盘之分，常见的品种有鱼子酱、鹅肝酱、奶油鸡酥盒、焗蜗牛等。汤,品种有牛尾清汤、各式奶油、海鲜汤、罗宋汤等。副菜,鱼类菜肴一般作为第三道菜,也称为副菜。品种包括各淡、海水鱼类,贝类。主菜,肉、禽类菜肴是西餐的第四道菜,也称为主菜。其中最有代表性的是牛肉和牛排,当然鸡、鸭、鹅也都入席。蔬菜,蔬菜类菜肴除各种鲜生菜拌沙拉外,也有一些是熟的,如花椰菜、煮蕨菜、炸土豆条等。甜食,也可以算作第三道菜,包括布丁、煎饼、冰淇淋、奶酪、水果等。最后有时还会有咖啡和茶。当然,葡萄酒和其他饮料也是不可缺少的。除此以外,西餐宴会特别讲究环境、餐具、礼仪、服务和规范,有时还会伴以音乐以助兴。西方饮食文化中的自助餐也很有意思,它既可以满足食客的随心所欲,又便于参与者的广泛交流。整个农业文明时代欧洲普通居民的饮食,虽然没有像上述宴会那样精致和丰盛,但他们的饮食习惯和内容也基本体现了所有的西餐的元素。如再穷的人也要烘焙面包吃,只是他的面要黑一些,多是黑麦、小麦与稞麦面粉混合而成的;他们也要吃烤肉,食材就是自己养殖的牛、羊和鸡鸭鹅兔;每个家庭都会酿酒,当然是比较劣质的麦芽酒和野葡萄酒;奶酪、黄油和沙拉等奶制品,每家每户都可以做,卷心菜、洋葱、鹰嘴豆芽蔬更是自己生产。所以,普通民众的生活虽然相对朴素点,但在饮食中仍然可以得到很多快乐和满足。在此,我们还想特别提示一下面包,据说面包的做法有上百种。面包实在是人类最伟大的发明,他不仅哺育了西方世界,也影响了全人类。

中国是文明古国,也是"烹饪王国",说"吃在中国"并不过分。孙中山先生说:"我中国近代文明进化,事事皆落人之后,唯饮食一道之进步,至今尚为各国所不及。中国烹调法之精良，以为世界人类之导师也可。"孙先生所说是事实，中国的饮食文化的确博大精深。中国的饮食文化其大略可归纳为以下几点：第一，饮食是天下第一要务，吃饱喝足是神圣之事。应该说中国古代的思想禁忌也很多，唯独对吃饭没有异议，"民以食为天"是朝庙和普通百姓的共识。所以在很长的历史时期，中国人见面打招呼的用语就是"您吃了吗？"中国古代把政治和江山称为社稷，社稷就是五谷，因此吃饭就是最大的政治，所以《尚书》中说饮食是"八政"之先。我想，对饮食的高度重视和百无禁忌，这正是中国饮食文化发达的最主要原因吧。

第二，味是中国菜的核心和灵魂，调和五味是烹饪的关键和目标。追求味道和滋味，是中国菜区别于其他菜的本质。从宫廷菜到普通席宴，从饭馆的料理到家常便饭，对饭菜的唯一评判标准就是味道好不好。不管什么菜，都可以用味道不错、味道好极了来赞赏；当然，也可以用味道不好、没滋拉味来否定。味道好不好，很关键的就是看"五味"调和不调和，五味就是指酸、甜、苦、辛和咸五种味道。据说商代伊尹很会调和五味，是一个著名的厨师，并从厨艺中进而悟出了很多治理国家的道理，最终成为宰相，辅佐商汤成就了一番宏伟事业。因此，在中国的京剧舞台上，扮演宰相、丞相、首辅的人物出台亮相时，第一句台词往往是"调和鼎鼐"。中国菜对味的追求，美食讲究五味调和，实际上是中华民族生存智慧和最高哲学范畴"合和"思想在烹饪艺术中的体现。

第三，食材取用广泛，烹饪技艺高超而繁复。在中国，一是物产丰富，二是食材取用禁忌少，绝大部分动物和植物都可入食，甚至禽畜的头脚、内脏和血液，蔬菜的根、茎、叶、花，都可以用来烹制精美的佳肴。据有人统计，中国有六万多种传统菜点。中国除追求味美之外，还讲究"色""香""形""器"。中国菜烹饪的方式，有煮、烧、炒、煎、烤、蒸、炖、糟、爆、扒、熘、炸、滑、煸、焖、摊、煨等三十种之多。中国菜的刀法也有200种之多，可把食材切成块、段、条、丝、片、丁、粒、茸、末、泥等各种形状。据古书记载，尼姑梵正用各种食物仿造20处自然景观，十分逼真；有人用鱼片腌制发酵做成牡丹花，不能辨出真伪。

第四，因地制宜，百花齐放，逐渐创造形成众多菜系。中国幅员辽阔，自然环境南、北、东、西差异大，且居住着五十六个民族，因此生活和饮食习惯也各不相同，烹饪文化呈争奇斗艳之势。西方有谚：告诉我你吃什么，我就知道你是哪里人。在中国，如果说出你喜欢吃什么，就不仅知道你是哪里人，还知道你的性格脾气。中国饮食习惯有"南甜、北咸、东辣、西酸"之说，也有"贵州人不怕辣，湖南人辣不怕，四川人怕不辣"的调侃。中国菜的品种和类别当然数不胜数，但最著名的、最具代表性的，据说是以下八大菜系：鲁菜，由济南派、胶东派和孔府派组成，其代表菜肴主要有通天海参、九转大肠、朝天锅、爆炒腰花、八仙过海闹罗汉等；川菜，由重庆、成都和乐山等地方菜组成，其代表菜肴主要有宫保鸡丁、灯影牛肉、夫妻肺片、毛肚火锅、清蒸江团等；粤菜，由广州菜、潮州菜和东江菜组成，其代表菜肴主要有烤乳猪、香糟鲈鱼球、醉蟹、烧鹰鹅、酥鲫鱼等；苏菜，由淮阳、苏锡和徐海地方风味菜组成，其代表菜肴主要有煮干丝、盐水鸭、金陵扇贝、松鼠鳜鱼、霸王别姬等；闽菜，由福州、厦门和泉州地方菜发展而成，其代表菜肴主要有淡糟妙香螺片、醉糟鸡、沙菜焖鸡块、东壁龙珠、爆炒地猴等；浙菜，由杭州、宁波、绍兴、温州地方派组成，其代表菜肴主要有西湖醋鱼、龙井虾仁、油焖春笋、西湖蔬菜汤、新风鳗鲞等；湘菜，由湘江流域、洞庭湖区和湘西山区地方风味组成，其代表菜肴主要有东安子鸡、红煨鱼翅、发丝牛百叶、百鸟朝凤、三层套鸡等；徽菜，由皖南、沿江和沿淮地方风味组成，其代表菜肴主要有火腿甲鱼、红烧果子狸、符离集烧鸡、徽州毛豆腐等。

第五，伦理和礼仪的重要载体，社会交往和联络感情的第一平台。中国是礼仪之邦，这礼仪绝大部分都和饮食、共食、宴请、食物馈赠有关。《礼记》中说："夫礼之初，始诸饮食"，它在"经国家、定社稷、序人民、利后嗣"等方面发挥着不可替代的作用。中国古代不管国和家最重要的事情都是祭祀，那么整个祭祀活动都是通过献食来完成的。中国古代最重要的基层政权是乡，乡的本意是共食者，乡者饗也。就是在为国家培养和选拔人才方面，很重要的一个渠道也是通过飨燕养老、招贤养、颁赐酒食、簪花传胪等与饮食有关的活动来实现的。至于饮食中礼节和通过饮食来培养人的伦理道德，其形式和内容就更多了。如《养正类编》中说："凡进馈于长，先将几案拂拭，然后双手捧食器，置于其上，器具必干洁，肴蔬必序列。视尊长所嗜好而频食者，移近其前，尊长命之息，则退立于傍。食毕，则进而撤之。如命之侍食，则揖而就席，食必视尊长所向。未食，不敢先食；将毕，则先毕之"。中国又是个人情社会，虽然说"革命不是请客吃饭"，但中国人就喜欢请客吃饭，希望通过请客吃饭解决问题，希望通过请客吃饭联络感情。维系家人和亲情要一起吃饭，加深朋友之间的感情要吃饭，同事和伙计更要一起吃。有了好事要一起吃饭庆祝，有了不顺心之事要一起吃饭安慰。

第六，药食同源，食疗养生是中国饮食文化的一大特色。中国从西周开始，饮食和医疗就是一个机构来负责，如《周礼》中说："食医，掌和王之六食六饮。"在中国民间一直就有药疗不如食疗的说法，即认为很多病是可以通过调整饮食来治愈的。一部《本草纲目》，记载了近两千种植物、动物和矿物，这些是药材，但也绝大部分同时是食材。中医的汤头歌，很多都可以拿来当菜谱用，如"四君子汤中和义，参术茯苓甘草比"。人参、白术、茯苓和甘草哪个不能吃，何况这个药方的药引子还可以用大枣，煮好后简直就是美食。当然，所有的食材几乎都是药材，很多菜谱也都是药方。

说到中国的饮食和烹饪，那最蔚为大观和神奇的，不是宫廷的御膳，不是官府的盛宴，也不是富家餐桌上的山珍海味，而是千千万万个普通农民家的厨房和炊烟。中国古代普通家庭受条件限制，没有充足丰富的食材，没有过多的大鱼和大肉，但他们就地取材，粗菜细作，烹炸煎炒，腌腊熏酱，把饭菜做得十分可口，使大人孩子一日三餐都吃得津津有味。要问农家菜有多少花样，那像天上的星星一样繁复灿烂，县与县不同，乡与乡不同，村与村有差异，就是户与户之间，也各有各的爱好和拿手菜。中国人长大以后最爱说，我最喜欢母亲做的什么菜，我最喜欢吃母亲包的水饺，这种舌尖上的记忆，这种家家户户都对饮食有所研究和创造的生活方式，正是中国饮食文化之所以博大精深的活水源头。随着中华民族的伟大复兴，色香味形俱佳的中国饮食和烹饪，必将为全世界更多的朋友提供口福和快乐。

（2）服饰。人类从在伊甸园知道用那片树叶遮羞以来，就开始了对服饰的研究开发和利用。衣饰不仅有遮蔽身体、温暖身体、防护身体等物理功能，它有时还有区分身份、表达信仰等社会功能。当然，服饰更有审美的功能，服饰更是美的使者。我们每个人都曾有过因自己可体而美观的衣服而自豪过，也都曾对别人的美服赞羡不已。衣服是为自己而穿，更是穿给别人看的。正是这千百万人五颜六色的服饰，才组织成人类一代又一代欢欣和美丽的风景。古希腊男女服装差异不大且都单纯朴素，就是用一块未经裁剪缝合的矩形面料，通过在人体上进行披挂、缠绕和别饰针、束带等基本方式，从而塑造出具有悬垂波浪褶饰的宽松式袍服，表现出生动、随意、自然和富于变化的视觉效果。古罗马服装基本沿袭了古希腊的风格，其最有代表性的服装是托加。据说托加这种服装呈半圆形，直边长 4.5 米，最宽处约有 1.8 米，是世界上最大的袍服。托加只有罗马公民才有资格穿着。女装的代表是斯托拉，留出领和袖口在两侧和肩上缝合，袖长及肘，衣长及踝，一般腰部系带子，形成自然而优美的衣褶。罗马妇女喜欢把衣料染成红、紫、黄、蓝等颜色，出门还要戴上面纱。古希腊和古罗马的服饰风格对后世影响极大。中世纪服饰虽然受到禁欲主义的影响，但在继承古希腊、古罗马服饰文化的基础上，又吸纳了拜占庭艺术和东方艺术，并一度创造了罗马式服饰和哥特式服饰，特别是下衣开始以着裤子为主流，因此，服饰文化在中世纪仍有一些发展和提高。文艺复兴是人类历史上一次思想大解放，反映在服装上便是人们已经不能满足服装对人体的顺从，而是要按照审美标准用服装去表现人、去塑造人。文艺复兴时期男女装流行制作繁琐、绕项而立的拉夫领，且男女服装都使用填充物。如女性穿着的裙子，裙内就普遍使用宽大的裙撑。裙撑用鲸须、藤条或金属丝制成，一圈一圈由上而下，由小到大的排列，造型有吊钟形、椭圆形和环型，起到缩腰身、扩大下摆的作用，更加凸显女性的曲线美和腰肢的纤巧。这一时期，西方在服装制作方面对人类最大的贡献，是发明并推广了立体裁剪服装的技法。进入近代以后，西方对人类服装最大的贡献，就是经过几百年的探索和流变，现代意义上的西装逐渐定型。大约到19世纪末，男装除上衣和裤子已固定外，现代型的衬衣和领带也开始出现。另一个重要的贡献，就是开辟了女装时装的新天地，服装不再是像过去千年一色，而是几十年，后来发展到几年，甚至时间更短，就会变换出新款式。

中国素有"衣冠王国"之称，唐诗中的"万国衣冠拜冕旒"就是对中国衣冠之盛的真实写照。中国的服饰不仅关系民生，亦关系国运兴衰，改朝换代必易服饰。孔子的"微管仲，吾其披发左衽矣"的名言，就充分说明了服饰的严重性。东周时期的赵国的赵武灵王，就是因为冲破重重阻力改变服装，在全国推行"胡服骑射"，才使赵国由一个弱国跻身于战国七强的。那服饰当然更是千家万户老百姓的事，"慈母手中线，游子身上衣。临行密密缝，意恐迟迟归"之所以千古传唱，正是因为亲情和衣服的温暖能给人们带来最美的体验和记忆。中国古代服饰总而言之有以下主要特点：

第一，上衣下裳，深衣和冕冠等礼服，在周代就已经形成。《周易》中说："黄帝、尧、舜，垂衣裳而天下治，盖取诸《乾》《坤》。"中国古代衣服的最基本形式是上衣下裳。那么，穿上上衣下裳为什么就能使天下太平呢？因为上衣下裳的制作是取法于天地，体现了上尊下卑。垂衣裳就是表明尊卑贵贱，界定人伦和行为规范，这些事情做好了，人各行其道，安分守己，当然就会国泰民安。古人特别重视礼，据说礼大的分类就有吉礼、凶礼、军礼、宾礼和嘉礼等五种。那么礼的体现和实践，很重要的方面就是要靠服饰，要靠礼服。冕服是中国古代服饰中最重要的礼服，是帝王及卿相在举行祭祀等重大活动时穿戴的服饰。冕服由冕冠、上衣下裳、腰间束带、前系蔽膝与赤舄鞋等组成。所谓冕冠是在冠的顶部覆盖一块木板，这块木板呈长方形称为"綖"，綖板前后两端有线串的玉珠，一串玉珠称为一旒，帝王规格最高前后可以各有十二旒。根据典礼的轻重和着服者身份各有差等，也有五旒、三旒的。冕服多为玄衣（黑色）和纁裳（浅红色），衣裳上布满刺绣和彩绘。帝王的冕服上可以绘有十二个图案，称为十二章，分别是：日、月、星辰、山、龙、华虫、宗彝、藻、火、粉米、黼和黻。每一章纹都有象征意义，如山象征着江山社稷如泰山，龙象征着君王随机应变、深不可测。春秋战国时代出现的"深衣"，说到底就是把上衣和下裳合并连属在一起的服装。深衣上下分裁，腰部缝为一体，下身宽广，身着舒适方便，官吏和庶人都可以穿着。中国几千年的服饰虽代有变化，但商周时期形成的上衣下裳制、冕服制、深衣制，却一直起着基础性、框架性的主导作用。

　　第二，服饰稳重有变，男冠和女饰争奇斗艳。中国古代服饰包括官服和民服，其基本款式、面料、颜色和装饰，都由国家颁发和限定，制作衣服和穿着衣服不能逾制，否则不仅违礼亦犯法。但服装仍在不断的发展变化之中，一是按朝换代必易服饰；二是各地区、各阶层、各民族在服装上互相融合和借鉴；三是后宫、富商和民间在服饰创新上都功力十足。比如隋唐时期男子的一种常服，官民皆可穿着，圆领、右衽、官袖、领、袖襟、边等都绣有花纹，衣长至膝下，比秦汉时期都有很大改进。再如盛唐时期流行的一种女装，袒领短襦，衣身短窄，均为窄袖，薄透亮丽，开放大胆，"粉胸半掩疑暗雪""胸前如雪脸如花"等诗句就是对这种服装的描述。中国古代男子特别重视冠戴，光冠的款式就有冠、巾、帻、纶巾、高屋帽、横头、乌纱帽、瓜皮帽数十种。女子的头饰更是繁花似锦，光发式就有飞天髻、百花髻、流苏髻、半翻髻、盘桓髻、双环髻、椎髻、螺髻、牡丹头、荷花头、双飞燕等等，发饰更是不胜枚举，如笄、簪、钗、环、步摇、凤冠、华盛、发钿、扁方、梳篦等等。中国古代就是普通人家的女子，也都是"头上倭堕髻，耳中明月珠。缃绮为下裙，紫绮为上襦"这样的美艳打扮。

第三，服装上层出不穷的图案设计绘制，体现了中国文化的博大和祥和。有的学者指出，中国对世界服装文化最大的贡献是图案设制，这话有一定道理。上面我们已经说过十二章纹，实际上各级官服上都有纹绣，文官服装上绣禽，一品绣仙鹤、二品绣锦鸡、三品绣孔雀、四品绣云雁、五品绣白鹇、六品绣鹭鸶、七品绣溪鸥、八品绣鹌鹑、九品绣练雀；武官服装上绣兽。民间服装上的纹绣更是丰富多彩，有以神话传说为题材的，有以戏曲故事为题材的，有以人物、动物、植物为题材的，有以吉祥祝福为内容的。如麒麟送子肚兜、卧冰求鲤纹样云肩、八仙祝寿、并蒂莲、多子多福、百年好合等等。我们小时还穿过带有图案的童衣，头上还戴着夸张的老虎帽子，跑起路来还有铃声叮当。

第四，家家养蚕、沤麻、种棉，户户纺纱织布，为中国古代的衣冠之盛提供了基础。中国盛产丝、棉、麻，且织造印染业发达，仅面料就布、纱、绫、罗、绮、锦、绢缎、葛、缂丝数十种之多。不要说官府和商业的织造能力，就是每个普通的家庭，都能织出天章，绣出云锦。我常想，只有深入了解中国古代的服装，才能真正了解中国文化；只有穿戴一下中国的服装，才能体会到做人的舒适和温暖。

（3）居住。中国古书上说："上古穴居而野处，后世圣人易之以宫室，上栋下宇，以待风雨。"是啊，据说人类不管哪个民族最初都是住在岩石洞穴里，当然也有构木为巢住在大树上的。但也只有等到人类建筑起上栋下宇的房屋，人类有了永久性的居住场所，人类才开始正式迈入文明社会。因为只有有了固定的房屋，人类才能组成家庭，有了家庭才有整个社会的发展和文明传承。所以，那一座座上栋下宇的普通房屋，就不仅仅为千万个家庭提供以待风雨的庇护，她还是整个人类社会赖以发展的摇篮和依托。因此，房屋的重要性丝毫不次于饮食和服装。住房建设当然要受时代经济基础和技术的影响，不同的地区和精神文化，在住宅建设上也会有所反映。但是，在整个农业文明时代，人类的住房都是同大于异，即大都是以土石木草为材料，朴实敦厚的单层或双层建筑，比较环保，适宜居住。这正是汉语"休"字的造字之旨，人依土木可以很好休养生息。古埃及时期，人类已经会用土坯和芦苇建造房屋，当时的房屋虽然又矮又小，室内采光也不算好，但亦足以给人提供一个温暖的家。古希腊的列柱围廊式住宅具有一定的代表性。这种庭院一般是单层建筑结构，偶尔有一些较大的住宅是两层的，列柱围廊通常位于住宅的南部，以使主要的房间得到隐私隔离。房子是用泥巴、砖和石头建成的，地板是用土或卵石夯实和打磨而成的。这种住宅大都有两个庭院，每个庭院均配有相应的房间。住宅的前面部分叫作"男宾室",后面部分叫作"妇女儿童室"。在古代欧洲还普遍流传着这样一种农舍,即住房、储藏室、牲口棚和粮仓挨在一起,都在一个屋檐下,但相互间室内不连通。由于粮仓和牲口棚的轴心线与房子和储藏间的轴心线成直角,故而这样的农舍多呈L形,再接以相邻房子,即组成院子的三个侧面;其余的地方围着木栅栏,并在靠近住房和拱形门廊的地方开有一扇大门。

在正式介绍中国古代民居情况之前,有几个有关中国民居的特殊文化现象先介绍几句。一是卜居和风水。中国人无论是村落的选址还是个人房屋的营造,都要通过相地、观察和卜筮等形成来确定村址和房址,这就叫卜居。所谓风水,就是房屋选在什么地方建,什么时间建,如何处理自己房屋和山、水、路、树的关系,如何使自己的住宅藏风得水、对称和谐、通风透光。应该说,中国古代的风水除去其有些故弄玄虚的地方,绝大部分元素都是符合情理的。二是注重邻里,千金买邻。孟子之所以成为亚圣,就是因为孟母当年"择邻处"。因此,中国古人选居不仅要求山清水秀,更要求与贤人君子为邻。三是门第和家族个人的荣辱相连。这里说的门第,既有观念上的,也有房门建筑实物上的。一个人取得了成绩或做了对社会有贡献的事,大家都会称赞他光耀门楣。一个人做出了业绩,就真的可以把自家的房门建高建大,有时政府还要在门前竖起旗斗,以示旌表。因此,中国古代的门就是一个家族文化的象征。

中国民居建筑经过几千年的演变,逐渐定型于几个大的类别,如合院式民居、水乡民居、窑洞民居、干栏式民居、毡帐式民居、福建土楼等。其中合院民居流布最广,是中国的典型民居建筑,北京四合院、皖南民居、晋中合院都属于合院民居，就是其他几种类别的民居建筑中也都有合院式的元素。北京四合院是合院式民居的典型代表，其中三进四合院是其标准形式。三进四合院以中院为主，中院不仅位置居中，而且面积最大。其前部的院落为倒座院，其后部的院落为后罩房院。整个四个院呈中轴对称的格局，并且都坐北向南。其中在中心主院的两边还各建有厢房一座，中心院落四面的各个房屋和垂花门之间皆以抄手游廊相连。所以，即使雨天也能绕中心院落照常行走。很多学者都指出，中国民居主要形式的合院或建筑，充分体现了中国传统文化中的中和思想和尊卑有序的伦理。皖南民居虽然也属于合院式建筑，但它又有很多不同北方的特点。皖南民居建筑的一个重要特征是以天井为中心展开布局，住宅依据天井地位的前后和进身的大小可分为多种类型，如呈倒凹形，即三合院；口字形，即四合院；H字形，从前后各看成一个三合院；日字形，即两个四合院。皖南民居最大的艺术就是三雕，即木雕、石雕和砖雕，给人留下最深刻美好印象的是它那形状各异、富有灵性的马头墙。福建等地的土楼，也堪称中国古代民居中的奇葩。如承启楼，历经三代人才建成，外环楼高四层，每层用抗梁式木构镶嵌泥砖分割成72个开间；第一第二层外墙不开窗，只在内墙开一小窗，从天井采光；一层是灶房，二层是粮仓，三、四层是卧室；各层都有一条内向挑出的环形通道，并有四道楼梯，对称分布于楼内四个方向。承启楼最鼎盛时同时居住过800人，大楼在200多年间曾有40人考中进士、举人和贡生。

（4）行走。这里说行走而不说交通，笔者认为以行走概括中国古代的交通更贴切些。在农业文明时代，虽然各种交通工具陆续出现，但人类最基本的交通方式仍然是靠双腿走路。就是时至今日，交通工具和设施已经如此发达，人类仍然离不开双腿，人类利用最多的、时时处处都要利用的交通工具，仍然是自己的双脚和双腿。我们说双腿的便利和重要，还主要不是指这些：迈开双腿走路能使人类保持健康和活力；迈开双腿到达各地，能使我们欣赏到大自然的一切美丽；迈开双腿走亲访友，虽风尘仆仆却情浓意真。像我们今天，虽然说坐着飞机到过很多地方，实际上等于哪里也没去，因为把旅行中最宝贵的东西——路程都给省略掉了，真正的风情都在路上。或有人说，古人靠双腿走路太慢太笨，其实一点也不慢，也不笨，李白和徐霞客凭借自己的双腿，游览考察了大半个中国，还写出那么多精美的作品。这正如李白豪迈的歌唱：万里寻仙不辞远，一生好向名山游。

说到古代交通工具的发展，全世界都差不多，那就是服牛、乘马、造车、荡舟。马的确是人类最好的交通工具，而且还飒爽英姿。因此，在很长的历史时期内名马曾成为人们喜爱和追逐的对象。造车也是各地区、各个民族共有的现象，据考古报告，在瑞士苏黎世附近发现了三辆5000多年前的实心木轮车。中国传说"黄帝造车，故号轩辕氏"，就是从比较可靠的奚仲造车，也已经有4000多年了。车的种类当然很多，也有很豪华的。牵引车的，主要是靠畜力，如马、牛、驴、象等，也有人力的。乘车可能很舒适，但一般速度不会太快。舟楫之利更是人类普遍利用的，因为水的资源和风的资源是到处都有和无限的。且不说郑和下西洋，也不说哥伦布发现新大陆，就是那漂泊在江湖的千千万万个一叶之舟，都曾经给我们人类带来多少便利和浪漫。谈到人类的交通发展史，还有必要说一下中国古代的轿子。类似轿子的这种交通工具，世界其他地方可能也有，但中国的轿子最成体系、最见规模，它不仅成为一种重要的交通工具，也代表着某种礼仪、等级和文化。轿子有两人抬、四人抬、八人抬，最多还有32人抬的绿泥大轿。据说张居正回老家省亲就坐过这样的轿子，轿子不仅有卧室、客厅，甚至还有厨房。中国古代新娘子出嫁，再穷也是要用花轿迎娶的。在我小时候，还经常听到有些妇女在和婆家人吵架时，挂嘴边上的话就是"我是你们用八抬大轿过抬来的，你们不能这样对待我"。当然这有夸大之嫌，多数是两人或四人抬过来的。

8. 各种各样的节日和庆典为人类带来了欢聚和高潮，节日使人们的生活有了企盼和节奏，节日使人们充满了喜悦、亲情、友善和认同。

人类有很多发明和创造，对生活都产生了影响。但我认为人类发明和约定俗成地各种节日，对人类的生活影响最深最巨。宇宙的本质其动向是呈冲动和律动的，大自然亦是有变奏和交替的。人类有了节日和庆典，生活也就有了节奏和高潮，节日之于生活，犹似天空之有彩霞，犹似江河之有浪花，犹似山岳之有起伏……。我们不敢想象没有节日的生活，那将会平淡无味，那将会漫无所归；那将会失去企盼，那将会失去天真；那将不再有兴高采烈，那将不再有高歌沉醉……

我们已经数不清在农业文明时代人类究竟创造约定了多少个节日，如果全世界的所有大小节日都要过，那恐怕每天过十个节日也过不完。每个地区、每个民族、每个国家，都有很多自己的节日。就是一个不大的地区、不多的人口，也都有自己独特的风俗习惯和庆典。人类有些节日，最初属于某个地区和民族，渐渐成为全国性的节日，甚至有些节日最后还变成了全人类共同的节日。世界比较著名的节日，如西方的新年、主显节、情人节、狂欢节、复活节、万圣节、感恩节、平安夜、圣诞节；加拿大的枫糖节，荷兰的风车节；日本的成人节、男孩节；印度的霍利节；中国的春节、元宵节、清明节、端午节、七夕节、中秋节、重阳节、那达慕大会、泼水节、藏历新年等。人类的节日大都起源于神话传说、宗教故事、重大事件、英雄人物，但更多的和大自然的季节交替、时令变化有关。节的本质，就是要把一年365天，划分出几个段落，创造出几个高潮，使平淡的生活不断有起伏。

那么，节日究竟能给我们人类的生活带来哪些具体的影响呢？笔者认为，至少有以下几个方面：第一，节日能使人们大团聚、大庆祝和大兴奋。节日是团聚的时刻，节日是集会的理由，节日的特质是庆祝。节日不仅使亲人团聚、朋友相会，互不相识的人也会因节日的活动走在一起，互致善意、互致祝福。在圣诞节和春节这样的重要节日里，很多亲人都要从千里之外、克服重重困难，来和亲人团聚，因为"每逢佳节倍思亲"。那长长的狂欢节游行队伍，那各种表演和仪式，人们虽彼此不相识，但都因节日走在一起，欢聚在一起。节日是使每一个人兴奋和激越，中国古代一位学者赵翼，在85岁的除夕之夜，还激昂地高歌："老夫冒寒披衣起，要听雄鸡第一声。"

第二，节日能使人们大联络、大沟通和大抒情。节日不仅是家人、亲人和亲戚朋友联络沟通的日子，也是人与天地自然、神灵沟通的最好机会，更是祭祀、怀念已去亲友和列祖列宗的神圣时刻。节日期间，人们表达对天地的敬畏之意，表达对大自然的感恩之情，更是对亲情友情的一次集中大爆发、大展示、大流露。在古代青少年男女平时很少有机会接触，但很多节日却为青少年男女提供了见面和谈情说爱的机会。这正如中国古代一首歌颂元宵节的诗中所说：但愿暂成人缱绻，不妨常任月朦胧。赏灯那得工夫醉，未必明年此会同。所以，各种节日期间洋溢的都是亲情、友情祝福和美意，散发的都是无比充沛的正能量。

第三，节日能使人们大提升、大圣洁和大认同。在节日期间，不管是轻松、欢快的娱乐，还是各种肃穆庄严的典礼仪式，都能使人的思想灵魂得到净化和升华。这正如一位著名作家所说："圣诞节最能唤起深深的、发自内心的联想。它具有一种庄重、神圣的情感的基调，与我们的欢乐之心融为一体，精神上也升华到圣洁、崇高的快乐境界。"中国的春节亦是如此，从腊八、祭灶到贴春联、门神，从感恩天地到祭拜列祖列宗，从守岁到大拜年，从噼噼啪啪的鞭炮声到五光十色的烟火，无不使人置身于神圣之境。过节还加深人们对文化的认同，对人生的认同，对生命的认同，对生活的认同：不管是穷人还是富人，不管达官贵人还是普通百姓，不管是知识精英还是文盲白丁，他们都要过节，他们过得节都一样。这其中滋味令人有一种庄严感和平等感，有一种对生活和生命的珍重感。

第四，节日使人们享受美食美酒和休闲。节日给人最深最普遍的印象，节日之所以成为人们的企盼，一个很重要的方面就是节日要穿新衣、吃好饭、喝酒行乐和得以休闲。节日期间，不要说富裕的家庭，就是比较贫穷的人家，即使平时粗茶淡饭，过节也要美美地吃上几餐。节日也是人们展示服装的机会，特别是妇女和姑娘，无论如何也要打扮得花枝招展。饮酒是人类生活的重要部分，给人类带来轻松和快乐，酒在人类生活中占据重要位置。饮酒更是节日不可缺少的，即使平日滴酒不沾的人，节日聚餐也要喝上几杯，好喝酒的人过节则必一醉方休。过节期间，无论是干什么的，无论是从事多重要的工作的，都要暂时放下手中的活计，轻轻松松、快快乐乐地过节日。所以，在繁忙中能够得以抽身休闲，也是节日的魅力所在。节日还有除旧迎新，站在新起点、加油充电的功能，这正如王安石的诗中所说："爆竹声中一岁除，春风送暖入屠苏。千门万户曈曈日，总把新桃换旧符。"

第五，节日是成人的庆典，更是孩子的乐园。孩子们最期盼过节，孩子们过节最快乐，孩子们节日里得到的实惠最多。他们既不用为准备节日而操劳，也不用参加那些过于庄严肃穆的有关礼仪，只是穿新衣、吃好饭，尽情地玩乐。特别是对孩子们平时不允许的一些过分要求，过节时往往会网开一面，家长尽量给以满足。所以，孩子们在节日里更加得意忘形。据说孩子们中间流行着在万圣节前夕"不给就闹"的游戏。太阳快落山时，孩子们即穿着准备好的服装，戴着面具，背着"不给就闹"的口袋，成群结队地来到邻居的门口，高声喊叫"不给就闹"。这时主人一般都会开门接待，将早就准备好的糖果和小礼品，放到孩子们的口袋里。然后孩子们再到另一家门口喊闹。如果真有哪家不愿接待，不给礼物，孩子们就会回以不雅的报复。说孩子们过节最实惠，如中国的春节，流行长辈给孩子们压岁钱，一个春节下来，每个孩子都能挣到不少压岁钱，几乎够来年一个春天的零用钱。行文至此，使我油然忆起小时候过春节的情景。每年一入腊月，几乎每一个晚上，我都要和大弟弟商量年下事，就是兴奋地盘算着如何过春节。要说商量年下事，其实也没有多少大事可商议的，无非就是爆竹和烟花怎么买，怎么晾晒，什么时候放什么鞭炮，再就是除夕夜如何守岁，一个通宵都怎么玩。春节过后，一个正月，我们都是跟着大人接待客人、走亲访友，吃好的、喝好的，有时候还推牌九。就这样，在当时还不太富庶的情况下，一个普通的春节，兄弟两人就兴奋、快乐两个多月。我想，问我们每一个成人，你小时候最美好的印象是什么，那回答一定是过节。在此笔者想顺便提及一下，在古代那聚族而居的淳朴农村，其婚丧嫁娶也都具有节日的意义和功能。就是在今天的农村，红（喜事）白（丧事）之事仍然是一个家族乃至一个村庄的节典。

三

从18世纪中叶到今天这200多年时间，人类进入了工业文明时代。这200多年时间，人类可是不得了，世界发生了翻天覆地的变化。历史的巨轮不知比过去以增快多少倍的速度滚滚向前。乘坐在这列快速疾驰的列车上，人类时而欢呼雀跃，时而头晕目眩，时而焦躁不安，时而充满期待，时而绝望悲观……。据学术界讲，这近300年的工业文明时代，还可以划分为三次工业革命。第一次工业革命，它的时间大致是从18世纪中叶到19世纪中叶，其标志是1769年瓦特改良的蒸汽机正式投入生产和使用。以煤炭为主要燃料的蒸汽机代替了上万年来一直使用的人力和畜力，人类生产能力得到质的飞跃。第二次工业革命，它的时间大致是19世纪末期到20世纪中后期，其标志是电力的广泛应用和内燃机的发明。这时虽然仍然以石化燃料为能源，但电力系统将自然界的可利用能源通过机械能装置全都转化为电力，再经过输变电配送到千家万户和企业。人类更像获得魔杖，在征服和改造自然方面显得无所不能。第三次工业革命，它的时间大致是20世纪中后期直到现在，其标志是原子能、电子计算机、空间技术和生物工程的发明和应用，涉及信息技术、新能源技术、新材料技术和数字化、网络化。笔者揣测，到拙著与广大读者见面之时，恐怕第四次工业革命都会不期而至。今天还仅仅是刚露端倪的3D打印、婴儿定制、记忆提取和什么读心术，这些让人听了就毛骨悚然的工程技术，就可能会真的大行其道。通观这近300年的所谓工业革命史，实际上就是科学技术革命创新的历史。科技革命和创新是工业革命的灵魂，工业革命是科技革命创新的躯体，科学技术这个魂只有附在工业化这个庞大身躯上，才能作祟和影响人类的生活。

　　工业革命确实是人类历史上的突变和最重大的历史事件，它对人类生产和生活方式的影响、对人类未来命运的影响，怎么估量都不过分。人是行走动物，但工业革命为人类插上了腾飞的翅膀，人类从此可以一日千里。工业革命近300年中人类创造的财富，比过去人类历史上创造的财富总和不知要多多少倍。仅20世纪100年的时间，全球经济总规模（国民生产总值）就从1万亿美元增到30多万亿美元。一个个工厂喷云吐雾，一座座大楼拔地而起；沉睡千年的煤炭石油被挖出，奔腾不驯的江海湖河被拦截填平；隆隆的机器声震耳欲聋，耀眼的灯光使黑夜变成白昼；铁路公路纵横千里，火车、汽车穿梭不停。人类的生活也确实丰富和便利多了：千里之地可朝发夕至，万里之遥可瞬间联通；电影电视足以悦目，空调冰箱可使你四季如春；有了病不仅有药可治，即使缺胳膊少腿亦可补齐；哑巴可以开口说话，盲人可以目光如炬……。

工业化是紧紧和资本扭在一起的。工业化虽然法力无边，飞速地改造着自然和人类的生活。但工业化发轫伊始，便一直受到诟病和诅咒。工业化和资本扭在一起的所谓市场经济，自始至终贯穿的基本是弱肉强食的"丛林法则"。特别是在原始积累时期，血拼式的竞争、野蛮无序的增长、掠夺式的资源开采、对工人和雇员惨无人道的压榨，无不令叹愕和发指。很多工人每天都要劳作16—18个小时，6—12岁的童工，每天也要劳作14—16个小时，不少的工人到40岁就基本上丧失了劳动能力，平均寿命也大大减少。因此，说工业化的道路是一条"劣迹斑斑"和"血迹斑斑"之路，绝不是危言耸听。这正如一位伟大的思想家所说："资本来到世间，从头到脚，每个毛孔都滴着血和肮脏的东西。"据说现代经济学之父亚当·斯密一生主要写了两部书，一部是《道德情操论》，另一部是《国富论》，前者以自传的同情为主题，阐发人类行为所追求的终极价值；后者以自制的理性为逻辑起点，论证在市场经济情况下应遵循现实规律。这两部巨著虽相互矛盾、旨趣迥异，但相反相成，各有妙用，只有不偏废才能使人类过上既富足又和谐的生活。可惜的是，在200多年的人类生活实践中，大家大都按《国富论》的规则去办，而一厢情愿的《道德情操论》则被束之高阁，少有问津。

如果工业革命早期和工业累积时期所带来的社会弊端，随着社会的发展亦可以逐步解决的话。那么，近百年来的工业革命给自然和人类带来的创伤，却是更为深刻和持久，而且是更难以消弭和补救。举起大端则有：人口膨胀，公元1700年全球人口不超过7亿人，现在是70亿人；贫富差距拉大，生活在国际贫穷线以下的20%的人口，集体所得只占全球产值的0.3%；环境危机，从臭氧层的破坏到环境污染，从温室效应到气候变暖，从水资源污染到土壤退化；能源危机和枯竭，据专家预测，煤炭、石油、天然气的储采比分别是210年、30年和50年；物种减少和灭绝，核武器和生化武器对人类的威胁；克隆、基因等技术对人类伦理道德的挑战。我们如何评价一个社会和时代，这个社会和时代是否稳定和和谐，有一个重要的标准，那就是看对从古至今都存在的三大矛盾（或说三大关系）处理解决的如何。这三大矛盾就是：人与自然的矛盾、人与人之间的矛盾、人自己与自身的矛盾。纵览工业革命这二百多年来，我们不敢说这三大矛盾有所缓解，更不敢说这三个关系都处理好了，而事实是这三大矛盾更为突出了，这三大关系更为紧张了。

　　人类生活的如何，每个人过得是否幸福，这更是判别一个文明和时代的根本标准。公正地说，工业文明确实使人类大大提高了生存能力和发展空间，积累了巨大的财富，生产了很多日用商品，为人类的衣食住行提供了更好的条件。但是，我们今天的人类与农业文明时代相比是否生活得更幸福和更快乐了，是否生活得更舒适和自由了，人生是否更具有终极价值了，生命是否更具有尊严了，是否更具有做人的优越感和安全感了……我们的确很难给出肯定的回答。至少，人类的生活质量和幸福指数，与工业文明巨大的物质积累、技术发展是不成正比例的。

　　第五，工业文明的发展给人类生活带来便利的同时，都是以牺牲原本天然美好的东西为代价，都是以失去人类原有的稳定生活方式和快乐情感为代价，有时甚至是得不偿失。当今的人类，企业和工厂是普遍了，人类需要的各种物质商品是丰富了，但蓝天白云已经难见了，绿水青山也已经换颜了。火车、汽车、飞机的出现，交通出行时方便了，但每年全球死于交通事故的不少于几十万，而且原本徒步观光游览自然风景的雅致也无影无踪了。手机、网络等现代联络方式是快捷了，但企盼亲人、有情人相见和家书抵万金的美好感觉都不复存在了……。我们真到了一个所谓既是最好的时代，又是一个最坏的时代，这样一个吊诡的历史时期。

我们人类从原始社会开始，经过农业文明时代，一直走到今天的工业文明时代，人类如今又到了十字路口，过去的岁月给我们哪些教益和启示呢？笔者认为有以下几点值得汲取：

1. 我们人类度过的所有岁月都是快乐的，人类的生活是幸福的。当然，作这些判断时，我们并非不知道原始社会的蒙昧和简陋，并非不知道农业文明一直伴随着瘟疫、饥馑和战争，更知道工业文明给自然和人类带来的伤害。但是，我们人类从整体上说是一路高歌，如江河一样奔腾向前，始终有幸福和快乐相伴，始终有对未来更美好理想的追求和企盼。幸福和美好的生活，既是大自然的恩赐，也是我们全体人类用智慧和勤劳换来的。

2. 我们人类的生活还在继续，在未来的岁月有诸多不确定因素，甚至我们还会误入歧途。但不管到什么情况下，不管碰到什么困惑和厄难，只要还记住我们人类曾经走过的路，只要记住曾经有过的乡愁，特别是农业文明时代的风采和韵味，只要记住我们人类曾经有过的伊甸园，那我们人类仍然有救，那我们人类仍会拨乱反正，回归正途。这就是我们常说的，只要记得家在哪里，出发再远也能回来。所以，一定要牢记我们过去一万多年走过的岁月，在那些岁月里我们人类究竟是如何幸福快乐生活的，这样什么时候人类都不会被彻底异化。

3.我们人类要保障过上幸福美好的生活,要使生命有意义,要使人生有尊严,那就要始终保持对大自然的敬畏和神往,始终充满着执着而圣洁的宗教情愫,始终充满对人生终极价值的探寻和认同,始终坚持对实现崇高理想和大同世界的追求和努力。

4.纯洁无邪的爱情,美满的婚姻,稳定牢固的家庭,融融的天伦之乐,永远是我们人类幸福快乐的基石和源泉。没有稳定的婚姻和家庭,不仅我们每个人的生活没有靠山和着落,整个社会也会一片混乱。道德风尚和普遍的爱,当然也是我们过上快乐幸福生活所必需的。

5.城市的兴起和发展是以农业和乡村为基础的。城市和乡村是一个事物的两极,去掉一极,另一极则不复存在或没有意义。在农业文明时代,总的来说城市和乡村的发展是和谐的,是同体共生和相辅相成的。工业革命以来,城乡的美妙平衡被打破,其主要表现是城市的过快增长,人口拥挤、环境恶化和对农村的掠夺。人类今后要想实现城乡的和谐关系,必须控制好城市和乡村所占的比例。

6.我们的祖先为了使生活更加快乐、更充实、更庄严,创造了很多节日、仪礼和庆典,为生命和生活不断注入健康的内容和元素。我们对此一方面要保持和继承,同时要依据自然的节奏和时代生活的需要,不断创造新的、可以持久的生活方式和生活元素。读书和获取知识本是件幸福快乐的事,但现代的教育出了很大的问题,不仅读书学习的快乐感正荡然无存,获取的知识也支离破碎,对提高人的而整体素养更显欠缺。对此必须脱胎换骨,使获取知识回归提高素养和快乐的本位。

7.我们的一切科学技术，我们对政治制度和经济模式的设计，我们的一切说教和物质、文化创造，都要紧紧围绕和服务于人类的幸福生活，服务于人类的衣食住行，人类的幸福生活是我们一切活动的出发点和落脚点，人是万物的尺度。为了生活得更好，社会应该有所变革和发展，科技需要提高，财富也需要积累，但却不宜过快过多。人类并不需要日新月异的生活，人类在飞速行驶的历史列车上只能感到眩晕和恐慌，并不会带来幸福的欣慰。

8.人类的历史自始至终都面临着三大矛盾，都要处理好三大关系，三大关系的和谐共生是人类的福祉，三大关系的紧张和恶化将给人类带来痛苦和灾难。我们人类应该始终敬畏自然、感恩自然、顺应自然，尽量少改造自然，更不要征服自然，人与人，国家与国家则应上善若水、和睦相处、为而不害、利而不争；对待自己则应乐天知命、尽其所能、清净自守、知足常乐。值得警觉的是，随着工业化的不断发展，这三大矛盾有日渐突出之势。

9.知识的积累固然重要，但知识只有用智慧来统领才能造福于人类。现在的问题是，人类获取的知识、信息和技术越来越多，但有关如何使人类生存的更健康、更快乐、更安全的智慧却越来越少。我们今后要想生活得更好，应着重在提升人类的智慧上下功夫。

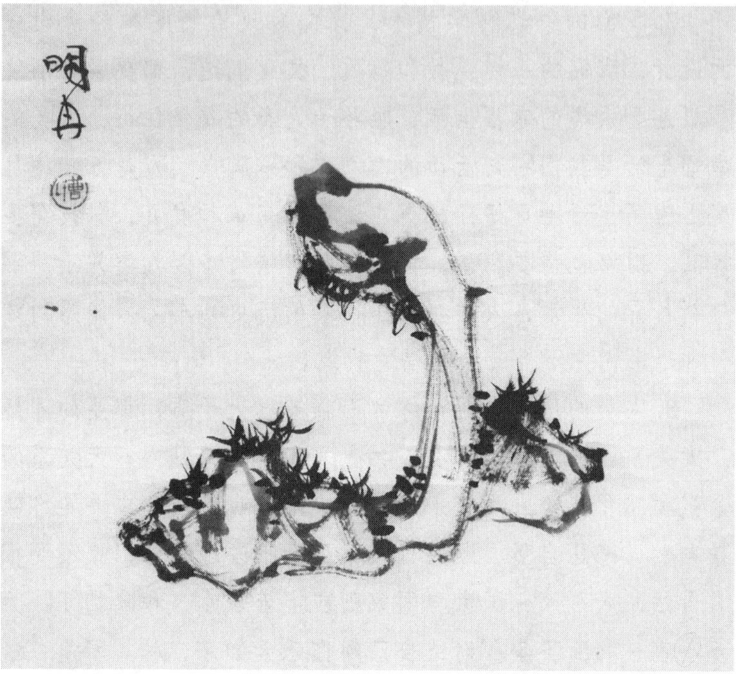

第四章

千智百慧起先天

客观世界为什么能够是被认识和理解的，人类为什么能够认识和掌握某些客观世界的规律，人类是通过什么方式和途径获取知识的；迄今为止，数千年来人类已经掌握了多少主要知识，人类在哲学、数学和自然科学方面，已经取得了哪些知识和成就；人类已经获取的知识是否是唯一和正确的，人类的理解力和已经掌握的知识，是否有值得怀疑和动摇的地方；人类认识客观世界和获取各种知识，是否有限制范围，从认识论的视角来看，主体和客体究竟会是一个什么关系；知识和科学技术无止境的获取和发展，能对人类的生存安全和健康快乐的生活一直起保障作用吗？人类的知识和人类的智慧是什么关系，越来越多的知识是否需要更加高明的人类智慧，去引领、去平抑、去消融……上述问题，在我们人类文明已经发展到如此繁盛的今天，在知识和科学技术正负两方面的作用都在不断彰显之际，在人类对自己的前途既充满憧憬又满怀焦虑的关键时刻，就变得尤为重大而紧迫。厘清和回答这些问题，不仅具有理论和学术价值，更具有实践意义。它关系到人类的前途和命运，更关系到我们子孙后代的福祉！

一

爱因斯坦曾引用康德的话说："世界的永恒秘密是它的可理解性。"他自己也感叹：世界可理解这一事实是个奇迹！很多思想家和科学家，也包括我们每一个普通的人，都会感到惊异，我们人类凭什么能够认识和理解这个浩瀚无际、神秘莫测的宇宙；我们人类凭什么能够今天发现一个定理，明天又探索出一条规律，且又放之四海而皆准。神奇归神奇，但又其自有原因。

1.先天和先验，是人类认识理解世界的基础和前提。

中国古代历史实际上是不太注重形而上思维的，即使谈大道也喜欢单刀直入，切近人事和生活。但即便是这样，在就人类是如何认识和理解世界这个问题上，也还是有一些见解的。如中国最著名的经典《周易》中就说："夫大人者，与天地合其德，与日月合其明，与四时合其序，与鬼神合其吉凶。先天而天弗违，后天而奉天时，天且弗违，而况于人乎！"据说根据这些思想还创造了"先天八卦"学说，用来指导人们的思想和行动。这里的所谓"先天"和"先天八卦"，就是通过人们内心的醒悟和理论上的推演而得到的知识，当然也大都是先于经验的。老子是世界公认的中国古代最具特色的哲学家，他认为人的心境和态度对理解和认识客观世界有莫大关系，更认为获取知识主要不是靠经验。他说："致虚极，守静笃。万物并作，吾以观其复。"意思是只有用极虚广和极清静的心态，冷眼观察万事万物，才能正确认识万事万物的本质和循环往复的变化规律。他又说："不出户，知天下；不窥牖，见天道。其出弥远，其知弥少。是以圣人不行而知，不见而明，不为而成。"儒家思想的重要创始人孟子认为人生来就有"四端"，而"四端"是每个人后天获取知识、品德的初机和源头："恻隐之心，仁之端也；羞恶之心，义之端也；辞让之心，礼之端也；是非之心，智之端也。人之有是四端也，犹其有四体也。"他还说："人之所不学而能者，其良能也；所不虑而知者，其良知也。……万物皆备于我矣，反身而诚，乐莫大焉。"宋代的理学家认为通过"格物"可以"致知"，当然这种"格物"也是以人心和"天理"为本的。如二程说："格犹穷也，物犹理也，犹曰穷其理而已矣。""在天为命，在义为理，在人为性，主于身为心，其实一也。"又说："学者不必远求，近取诸身，只明人理，敬而已矣。"朱熹则说："格物，是物物上穷其理。致知，是吾心无所不知。格物是零细说，致知是全体说。……穷得一分之理，即我之知亦知得一分。于物之理穷得愈多，则我之知愈广，其实只是一理，才明彼，既晓此。"中国古代这种重视先天和先验的思想传统，到了所谓的"陆王心学"里，被推到了极致。陆九渊认为"宇宙便是吾心，吾心便是宇宙"、"宇宙内事乃己分内事，己分内事乃宇宙内事"，断言天理、人理、物理只在吾心之中，人同此心，心同此理。王阳明更主张"心外无物"、"心外无理"，"凡知觉处便是心"，"位天地，育万物，未有出于吾心之外者"。他最著名的四句话是："无善无恶心之体，有善有恶意之动，知善知恶是良知，为善去恶是格物。"

与中国和东方相比，西方世界特别是古希腊和后来的欧洲，这里的知识界更善于形而上学的沉思和辨析，特别是对思维和存在的关系问题和人类是如何认识世界的问题，牛角尖钻得更深。就是时至今日，西方哲学仍然有诸如唯意志主义、实证主义、新康德主义、直觉主义、分析哲学、现象学、存在主义、解释学、实用主义、结构主义和解构主义等数不清的众多流派，而其中的任何哲学流派，都可以在大学和研究机构开设若干个博士点，当然也会有更多的教授以此谋生。调侃归调侃，经过两千多年的探索和思辨，就关于人类是如何认识和理解世界的这一课题，他们为后人贡献了汗牛充栋的典籍，说出了很多言之成理、持之有故的金玉良言，这已如沧海之水不可尽酌，如恒河之沙不可枚举。需要指出的是，在这浩繁的认识论思想史中，有一条主线却是贯穿始终的，那就是：有很多思想家、哲学家都认为人类之所以能够认识和理解世界，是由某种先验的和先天的东西在起作用，甚至有时是起着主导作用。我们还发现，越是一些有影响、成就大的思想家、哲学家，越坚持或者赞同这一观点。西方哲学的鼻祖柏拉图，就认为人的主要知识和理性都源于先天，他提出了著名的"回忆说"，即认为人类学习知识的过程就是回忆的过程，就是发掘和显现人们头脑中固有的东西。柏拉图的"回忆说"是建立在这样一个悖论的基础之上的：一个人既不会寻找他所知道的东西，因为他既然已经知道它，就无须再探寻；他也不会寻找他所不知道的东西，因为他连他要寻找什么东西都不清楚。但回忆却是对已有知识的再分析、再认识，从而有新的收获和提升。"由此可见，所有的研究，所有的学习都不过只是回忆而已"（《曼诺篇》）。其实柏拉图有关"洞穴"的奇妙比喻，也旨在阐明人的经验并不可靠，是受到种种限制和影响，要想获取真正的知识还应当主要靠理性思维。洞穴比喻的内容大致是这样的：设想在一个洞穴中有一批囚徒，他们被锁链束缚，不能转头，只能看到面前洞壁上的影子。在他们后上方有一堆火，有一条横贯洞穴的小道，沿小道筑有一堵矮墙，如同木偶戏的屏风。人们扛着各种器具走过墙后的小道，而火光则把透出墙的器具投影到囚徒面前的洞壁上。囚徒自然地认为影子是唯一的真实事物。如果他们当中有一个囚徒侥幸获释，转过头来看到了火光与物体，他最初会感到困惑；他的眼睛会感到不适应，他甚至会认为影子比它们的原物更真实。柏拉图继续描述道：如果有人进一步拉住这个侥幸的囚徒走出洞穴，到阳光下的世界，他会更加炫目，甚至会愤怒；起初他只能看到事物在水中的倒影，然后才能看到阳光中的事物，最后甚至能够看清楚太阳自身。当这个侥幸的囚徒了解了事物的真相后，有一种获得自由和真知的感觉，但当他再回到洞穴来说服他那可怜的同伴，并企图带他们走出洞穴享受光明和真知时，那些同伴却不为之所动。

奥古斯丁虽然是教父和神学家，但他同时也是伟大的思想家和哲学家。他对人类的认识和知识的获得也进行了深入思考，他甚至在比笛卡尔早一千多年前，就提出了"人可以怀疑一切，唯独不能怀疑自己思维的确定性"这样闪烁着人类理性光辉的命题。奥古斯丁也认为人们获取知识离不开心灵和先天，他在《论真宗教》中说："不要到外部去寻找，转入你自身。真理就居住在人的内心。"笛卡尔是伟大的哲学家和科学家，他怀着深深的疑虑来探索人类知识的可靠性，他发誓要给人类的真理和知识寻找一个牢不可破的基石，最终提出了"我思故我在"的睿智命题，即"因为我思考，所以我存在"，这一现象是不容置疑的，并以此为第一真理建立起自己的哲学体系和知识体系。笛卡尔的思想影响深远，说是近代哲学的起点也不过分，至今仍有很多人拿笛卡尔来说事。笛卡尔虽然认为人类的观念和知识来源于三个方面，一是天赋的，二是外面来的，三是自己创造出来的，但他更看重人类的天赋观念和理性在获取知识中的作用。笛卡尔认为，很多观念和知识既不是来自外部对象，也不是来自我们的意志的规定，而完全是来自我们内部的思想能力。当然，笛卡尔也认识到，人类的很多天赋观念是作为潜在形式和可能性存在的，有时要在感觉经验"机缘"的作用下，这种潜在的观念和潜能才能转变为现实。斯宾诺莎也是一位举足轻重的思想家，他认为内部的精神的进程在每一个阶段都与外部的物质进程相呼应，观念的秩序和关系就是事物的秩序和关系，思维的实体和广延的实体是同一的，只不过时而从这个方面来理解它，时而又从另一方面去理解它。他在《伦理学》中说："心灵的绝对德性就是理解。……我们的心灵可以尽量完全地反应自然，因此心灵可以客观的包含自然的本质、性质和联系。"洛克号称经验主义哲学家，他哲学体系的建立是从批判天赋观念开始的。但是，洛克也不反对人类获取知识离不开先天和反省，他认为心灵活动是人类取得知识的重要来源，他在《人类理解论》中说："感觉使我们相信有凝固的、广延的实体，反省是我们相信有能思想的实体。"莱布尼茨堪称旷世奇才，他不仅是一位大哲学家，他在数学、物理和法学等诸多领域都有很高的造诣和成就。他创造性地提出"单子论"，并认为组成宇宙万物的"单子"（不可再分割的东西，其没有长度）是既具有物质属性而又具有精神属性，他还认为宇宙间有一种"先定的和谐"。他认为人和动物的区别，就在于动物只能够凭借经验来行动，而人类能够推理和判断。他不认为人的心灵就是空无一物的白板，他认为人的心灵是有花纹的大理石，而这些花纹决定着这些大理石日后会雕塑成什么形象。

康德是古典哲学的创始人和人类思想的集大成者，有人说要研究哲学，首先要翻过康德这座山，可200多年来有几人真正超越过这座山。康德的思想还是一个巨大的蓄水湖，过去几千年的各哲学流派都汇聚于此，而这个湖水又流布四方，灌溉着人类智慧之树和后来的百家之学。康德最著名和最有代表性的著作是《纯粹理性批判》。这里所谓的"纯粹理性"，就是指人类独立于感官、感觉和经验之外的能力，它是人类精神所固有的性质和结构；这里的所谓"批判"，不是攻击、贬斥和批评，而是分析、评议和论证。康德以当时人类所能达到的自然科学水平为背景，对过去和当时所有思想家的哲学成果进行批判和吸收，对人类认识能力和机理进行翻江倒海式的清查，以确立人类"纯粹理性"的地位和价值，以明确人类获取知识的来源、方式和范围。康德认为人类之所以能认识和理解客观世界，就是因为人类有纯粹的理性和先验的知性，他说："经验不是认识的不二法门，经验告诉我们什么却不告诉我们为什么。所以它不能为我们带来任何真正的普遍真理，它只能激起我们殷切希望求得真理的理性，而不能使我们满足普遍真理具有内在的必然性，是独立于经验之外的——有他们自身的明晰性和确定性"。康德把自己的认识论称为"先验哲学"，"先验"就是意味着在经验之先，不是从经验中得来的，而是对经验又有效的可能条件，它不是从外面来到我们心里的知识，而是主体本来就具有的认识能力。康德还举例说，像时间和空间概念，甚至还包括数量和范畴等，都是人类先天就具备的，也都是人类认识世界和获取知识的最基本条件，康德还提出"先天综合判断"，还把先验的理性区分为"先验的感性""先验的分析"

和"先验的逻辑"。当然,康德也完全明白,人类所有的这些先天的理性,只是人类认识世界和获取知识的框架、统觉和图式,它并不能代替后天的实践、经验和学习。

德国学者费希特把探讨人类是如何获取知识的作为自己的光荣使命,因此他对有关认识论的问题发表了一些很有见解的意见。费希特认为,作为全部意识、全部经验根据的自我是绝对第一性的,自我不是个别的经验意识,而是先于一切经验的纯粹自我意识。它不是被它物所规定的意识,而是自行设定、自行产生、自行发展的自发行动。一切知识都是有条件的,自我作为全部知识的基础,它必须是绝对无条件的,是完全确定无疑的。黑格尔既是一代哲学巨匠,更是无与伦比的辩证法大师。黑格尔哲学中最重要的概念是"绝对精神"和"绝对理念",绝对精神不仅是宇宙的本源,也是普遍的原则规定和绝对真理。因此,黑格尔也认为先验和"绝对理念"在获取知识中占有重要地位,他在《小逻辑》中说:"我们从理念开始,现在又返回到理念的概念了。这种返回到开始,同时即是一种进展。我们所借的开始的存在,抽象的存在,而我们现在达到了作为存在的理念。但是这种存在的理念就是自然。"马克思和恩格斯不仅是伟大的无产阶级革命家,他们同时也是卓越的思想家和哲学家。他们虽然是彻底的唯物主义者,在认识论上更强调后天的学习和社会实践活动,但他们也承认人类先天理性在获取知识中的重要作用。如恩格斯在《自然辩证法》中说:"因此,自然科学便走进了理论领域,在这里经验的方法就不中用了,在这里只有理论思维才能有所帮助。但理论思维仅仅是一种天赋的能力。这种能力必须加以发展和锻炼,而为了进行这种锻炼,除了学习以往的哲学,直到现在还没有别的手段。"他又说:"我们的主观思维和客观世界服从于同样的规律,因而两者在自己的结果中不能互相矛盾,而必须彼此一致,这个事实绝对地统治着我们整个的理论思维。它是我们的理论思维的不自觉的和无条件的前提。"

通过上文对历代哲学家思想的梳理,我们可以确凿无疑地判断:我们所处的宇宙之所以是能够理解的,我们人类之所以能够认识和探索大自然的规律,我们人类之所以能够不断获得知识和真理,是因为我们人类有某种先天和先验的潜能,是因为我们人类有认识和理解真理的先天框架和形式,人类这种天赋观念正是我们认识世界和获取知识的条件和前提。话说到这里,现在一个更为深刻和重大的需要我们回答的问题是:人类何以会有这种先天的意识和潜能,人类这种天赋的观念为什么会和客观世界相契合,人类先验的意识为什么会成为认识世界和获取知识的框架和形式。应该说,我们过往的所有先贤,或者没有提及这个话题,或者虽然提及而语焉不详。人类发展到今天,完全正确地回答好这一问题,已经不仅仅是一个有关认识论的问题,也不仅仅是一个哲学上的理论问题,它关系到如何认定人类理性的本质,它关系到如何重新确定大自然的神圣和尊严,它关系到如何从更深、更高层次上认识人和大自然的和谐与统一,它关系到我们人类今后的行为和前途。

笔者关注和思考这个问题已经三十多年,我能回答读者诸君的主要是以下三点:第一,人是大自然的一部分,人始终是大自然的一部分,人在各个方面都是大自然的一部分。说人是大自然之子,人是大自然的一部分,这话好理解也没人反对。但如果说人和山川河流、植物、动物一样,始终是大自然的一部分,从本质上讲并没有什么优越的地方,则会受到人们的疑问和异议。人类不是有意识的吗？可是，谁能够说大自然没有灵性呢！人类的意识应该是大自然本身的觉醒。我们生活在一个允许人类生存的宇宙里，是和我们人类生活在一个可以被理解的宇宙是互为条件的。我们在说教上习惯分为主体和客体，习惯把人类和大自然作为对立的两极来看待，实际上人和大自然是不可分割的，她们始终是一个整体。我们认识和理解大自然，从某种意义上说就是认识和理解我们人类自己。我们认识大自然，也就是在认识我们自己的母亲，那自然凭直觉就能闻到乳香；我们认识大自然，就好比一个有灵性的雕塑来回望大匠，那当然能看到他手上的泥巴和木屑……我们常说，人是万物的尺度，这话是对的。但这尺子却不是我们人类自己制作的，它的长短和刻度都来源于大自然。所以说，我们人类在认识和理解大自然中，具有某些先天和先验的东西，就是再自然也不过的事情。第二，在大自然的亿万年演化中，在人类千万年的进化中，大自然已经将自己的秘密和规定性浸润和镶嵌在人的意识之中。人和大自然经过上千万年的演化和互动，人和大自然之间，早已经成为全息、同态、同构、同频、同规和共振的统一体。在这样一种情景下，大自然的普遍规定性也必然是人类精神的普遍规定性，大自然的秘密和规定性也必然以多种形式，浸润镶嵌在人的心灵之中，因此，人类在探索和认识大自然的规律性时，就必然的获得某种先天和先验性，就会表现出高度的契合和一致。第三，人类上百万年对大自然的感知和探索，积累和沉淀了丰富的知识和情感，这对于人类的历史来说是积累，而对于每一个具体的人来说则是遗传。人类知识的传承载体和手段很多，如实物和工程，如文字和书籍，如语言和艺术，但生物性遗传也是一种重要的手段。当然，人类的遗传不可能遗传具体的知识，如牛顿定律和相对论，所遗传的只是认识世界的潜在能力，只是人的意识和大自然的高度契合性。这样，在认识和理解大自然时，每一个人都具备一种先天和先验的认识和理解世界的图式和能力。大自然的规律也深深隐藏在其现象背后，人类的先天潜能经过后天的学习和实践得以发挥，大自然内部的奥秘也因为人类的探索而显现；一个是潜能得以发挥，一个是奥秘得以显现，这就是人类探索宇宙和获取知识的主要机理和过程。

2. 内省和感觉，是人类认识理解世界的两大主要途径。

现代科学揭示：人脑约有1000亿个神经细胞和胶纸细胞等，其中大脑神经元约200亿个，大脑皮层神经元约140亿个。大脑新皮层占70%，前额叶新皮层占90%。人脑神经元形状和体积差别很大，没有任何两个神经元在形状上是完全相同的。这种细胞形态的特异性来自突触及树触、微丝的空间构造、形态数目、信息介质膜受体、膜电位频率编码与振幅模式，其双向对接互动的成千上万个细胞元突触前性质及其迥异的分子突触回路等复杂特异性。这种分子水平的微观特异性是个体从事特征化精细记忆、联想、想象、推理和概念生成、抽象思维的终极物质基础。通过脑科学的研究人们还发现：基于前额叶与海马的交互式回路，海马以储存近期记忆为主，对条件刺激和非条件刺激建立时间反应模式并形成节律性慢电Q波（一种LTP模式，可持续数月时间）。前额叶在海马形成条件化反应记忆方面，发挥着不可替代的高级调节作用，远期记忆和长期记忆则转入新皮层。科学的探索虽然使我们对诸如记忆、回忆、联想、意识、情感、感觉、反射等，有了初步的了解，但我们人类是如何认识世界和获取各种知识的，仍然没有明晰的答案，恐怕这也不能仅仅靠脑科学的研究就能够解决的。

通过考察梳理以往的思想家、哲学家的观点，我们会发现，大家在以下思想上逐步达成共识：即我们人类之所以能认识和理解世界，主要依靠的是内省和感觉这两条途径。所谓内省，也就是人的理性，是人类认识和理解世界的潜能，它带有先天和先验性；所谓感觉，它是外部世界作用于人的感官，人们引起的刺激、感受和反应，它主要是经验性的。据说在康德之前，欧洲的哲学界主要存在着两种有代表性的理论，一是由洛克、休谟等人发展起来的经验主义；另一种是由笛卡尔等人发展起来的理性主义。经验主义者认为，人类对世界的认识和知识来源于人的经验，而理性主义者则认为，人类的知识来源于人自身的理性。笛卡尔的哲学是从怀疑论开始的，他认为人的感觉和经验是相对的、变动不居的，也是靠不住的，靠感觉和经验不可能获得普遍和确实性的知识。他认为人类获取知识主要靠心灵产生的天赋观念，主要靠理性的思考，"既不来自外部对象，也不来自我们的意志规定，而完全来自我们内部的思考能力"。洛克则更看重感觉和经验在获取知识中的作用，他在《人类理解论》中说："不过他所能看到的，仍限于他所看到的那样，并不能有所更改。"现象为黄的东西，他不能任意看作是黑的，烫烧他的东西，他不能说那是冷的……在深冬里，他只要向外一观，则他所看到的不能不是一片苍白。说到我们的理解亦是一样，在知识方面我们所有的自由，只限于运用感官来思考此种物象，或收回官能不思考彼种物象，只限于观察它们时，可以或详或略。但是我们只要一应用它们，则我们的意志便没有能力来决定人心所知道的事物。能决定知识的，只有那些明白被我们所看到的各种物象。因此，我们的感官只要运用于外界的物象上，则人心不能不接受它们所呈现的那些观念，便不能不知晓那些外界事物的存在。同样，人的思想只要一运用于有定的观念，则它便不能不有几分看到它们的契合或相违。这就是所谓知识。"

康德经过深入的思考和折中各家学说，他认为人类之所以能获取知识，是理性和感性共同作用的结果，内省和感觉缺一不可，它们是相互独立的两种功能，是人类获取知识的两大根源。康德还用表格来反映感性和知性的不同范围：

感性	来自对象；被动接受；杂乱无章；特殊内容；主观的；经验的
知性	来自主体；主动创造；综合统一；普遍形式；客观的；先验的

康德说："我们知识发自心灵的基本源泉，第一个是接受表象的能力（印象的承受性），第二个是通过这些表象以认识对象的能力（概念的主动性）。通过前者，对象被给予了我们。通过后者，对象在与表象的关联中被思维。因此，直观和概念构成我们一切知识的要素。有直观而无概念，或有概念而无与之相适应的直观，都不能产生知识。"又说："倘若将心灵的承受性，即当心灵被刺激而接受表象的力量，叫作感性，那么，心灵从自身产生表象的力量，认识的主动性，就应该叫作知性。我们的本性便是这样构成的，即我们的直观永远是感性的，也就是说，它仅仅是被我们对象所刺激的方式。另一方面，使我们能思维感性直观的对象的，是知性。感性与知性谁也不比谁优越。这两种能力不能互换其功能。感性不能思维，知性不能直观，只有通过它们的联

合，才能发生知识。"罗素也认为，人类获取知识主要有内省和感觉两大途径，他在《人类的知识》中说："一般可说的知识分为两类：第一类是关于事实的知识，第二类是关于事实之间的一般关联的知识。与此紧密相关的还有另一种区分：有一种叫"反映"知识，还有一种能够发挥控制能力的知识。……就其不属于推理的知识而论，我们对于事实的知识有两个来源，即感觉和内省。"

中国宋代哲学家张载，有着与康德类似的看法，他也认为人们获取知识要靠"内外之合"。张载在《正蒙》中说："有识有知，物交之客感尔……人谓己有知，由耳目有受也。人之有受，由内外之合也"。他又在《语录》中说："感亦需待有物，有物则有感，无物则何所感？……闻见不足以尽物，然又需要它。耳目不得，则是木石。要它，便合得内外之道，若不闻不见，又何验？"又说："人本无心，固物为心。"后来的王阳明还用"山花"作比喻，来说明人的知识有赖于理性和感性的共同作用，他说："你未看此花时，此花与汝同归于寂；你来看此花时，则此花颜色一时明白起来，便知此花不在你的心外。"笔者经过多年深思，亦认为人类获取知识主要有理性和感性这两大途径，余稍异于康德老先生的是，感性和理性既是相互独立和对峙的，但更是相互依存和相互作用的。没有感性的理性，就是无源之水，终将干涸和停滞；没有理性的感性，就是无航之船，只能顺水漂流而不知所归。

在我们考察人类理解认识世界和获取知识时，人们便不难发现，这其中因果律起着最重要的、独特的、不可替代的作用。也就是说，我们这个世界之所以是可以被理解和认识的，人类之所以能通过学习和探索就会不断获取知识，是因为宇宙和万事万物都遵循因果律。所谓因果律，是指宇宙间万事万物都是有原因的，没有没有原因的事物和现象，一些事物的存在是以另一些事物的存在为原因的，另一些事物的存在则是以另一些事物的存在为结果的。一般来说，都是原因在前而结果在后，即先有原因，而后有结果。因果律是宇宙间存在的最普遍的规律，它既存在于客观世界，也存在于人的意识之中，它和时间空间一样构成人类思维的最基本先天形式。正是基于万事万物都是有原因的，才促使我们人类去探索、去学习。有一些事物我们暂时还不知晓它产生的原因，但我们也认定它一定是有某种原因的。即使是目不识丁的人，也知道"种瓜得瓜，种豆得豆""只有好好学习，才能天天向上""善有善报、恶有恶报"。就是认为"四大皆空"的佛教，也承认"万法皆空，因果不空"。没有因果律，整个世界就没有了稳定性和连续性，我们人类就不仅不能够获取各种知识，甚至也不知道如何行动，如何安排自己的学习、工作和生活。当然，大多数哲学家和科学家都是承认和肯定因果律的，如康德就曾斩钉截铁地强调，必须要有一个必然的规则或秩序，使人们的知觉次序不是主观任意的感知，不是表象的现象游戏。人们的主观感念必须服从于、来源于事物的客观次序，也就是必然因果关系。主观感知中时间次序是以对象间的客观因果关系为前提的，倘若不是如此，那么时间次序本身就不存在或是没有任何意义。我们之所以能够认识客观对象，使经验的科学知识成为可能，也就是发现其中的因果联系，这是由于我们的知性将时间次序输入感知中的结果，也就是先验知性的因果范畴，经由时间次序的框架，作用感知材料的结果。

　　也有例外，以持怀疑而名世的休谟，对因果律就有异议，他认为宇宙间并不存在因果律，我们的经验和理性也不能证明有因果律的存在。一件事和一种现象，虽是随着另一个事件和另一种现象相继出现，这并不能证明它们有因果关系，并不能证明它们之间有内在联系，只是人类的习惯意识而已。休谟在《人类理解研究》中说："我们只能发现出各种事情相继出现，可是我们并不能了解原因所借以进行的任何能力，和原因同其假设的结果间的任何联系。……一切事情似乎都是完全松懈而分离的。一件事情虽然跟着另一件事情而来，可是我们永远看不到它们中间有任何纽带。它们似乎是'会合'在一块的，却不是'联系'在一块的。"我们看了休谟的高论，不仅不会怀疑因果律，而且会对因果律更加持肯定和敬重态度。休谟有关因果律的论说很多，他对因果律内涵的阐发，还有助于我们对因果律内容认识的深化。休谟概括了因果律的以下八个方面的要素：第一，原因和结果必须是在空间和时间上互相接近的。第二，原因必须是先于结果。第三，原因和结果之间必经有一种恒常的结合。第四，同样原因永远产生同样结果，同样结果也永远只能发生于同样的原因。第五，当若干不同的对象产生了同样的结果时，那一定是借着我们所发现的它们的某种共同性质。第六，两个相似对象的结果中的差异，必然是由它们互相差异的那一点而来。第七，当任何对象随着它的原因的增减而增减时，那个对象就应该被认为是一个复合的结果，是由原因中几个不同部分所发生的几个不同结果联合而生。第八，如果一个对象完整地存在了任何一个时期，而却没有产生任何结果，那么它便不是那个结果的唯一原因，而还需要被其他可以推进它的影响和作用的某种原则所协助。请看，一个否认宇宙间有因果关系的思想家对因果律的剖析和论述是何等的精辟和深刻!

3.归纳和推理,是人类认识理解世界的重要手段。

人类在认识理解世界和获取知识的过程中,为了提高自身思维的正确性和获取知识的有效性,逐渐形成了一门有关人类应该如何正确思维的学问,这门学问就是逻辑学。传统意义上的逻辑学或者说形式逻辑,实际上是由亚里士多德在几乎没有前人的基础上所创立的。亚里士多德的有关逻辑思想大都体现在他的《工具论》一书里,他建立的逻辑体系包括"概念→判断→推理和论证"等思维的基本规律。两千多年前,亚里士多德已经对逻辑学的最基本规律"矛盾律"和"排中律"进行了详细阐述。他认为这两个规律既是存在的根本规律,也是思维的根本规律。从本体论上说,事物只能如此存在,或者是或者不是,不可能既是又不是;从逻辑学上说,人们必经如此思维,一个思维或陈述或者是真的或者是假的,我们或者肯定它或者否定它;该思想或陈述不可能既真又假,我们也不可能同时肯定它又否定它。并且,这两个规律作为存在的规律和思维的规律是统一的,统一的基础就是事物存在的状况,事物只能如是存在,思想要正确地表述和反映事物的存在状况,它也必须如此思维。

亚里士多德逻辑思想中最光辉、影响最深的是他的有关"三段论"学说。所谓"三段论"指的是一种由三个命题组成的推理系统,其中第三个命题(结论)的正确源于前两个命题(大前提和小前提)的成立。亚里士多德当时列举了四个不同类型的三段论式:

① 任何人都是一种两足动物(大前提)
　　柏拉图是人(小前提)
　　所以,柏拉图是一种两足动物(结论)

② 没有一个人是永生的（大前提）

希腊人是人（小前提）

所以，没有一个希腊人是永生的（结论）

③ 动物都能够自发地运动（大前提）

有些动物是人（小前提）

所以，人是能够自发运动的（结论）

④ 没有一个哲学家是不爱智慧的（大前提）

有些人是哲学家（小前提）

所以，有些人是爱智慧的（结论）

有些读者看了三段论推理可能会有疑问，我从来没有学习和领教过三段论，但我几乎天天都在进行准确无误的类似推理和判断。是这样的，不学三段论照常可以进行推理，因为"三段论"建立在人类的直觉和经验的基础上，它是不证自明的道理。但是，学习逻辑学仍然有用，因为三段论主要不是帮助你认识真理，而是防止你走进谬误。

归纳法是我们人类认识和理解世界的一把重要钥匙，我们每个人几乎经常都要用到它，只是"百姓日用而不知"罢了。所谓归纳推理，就是根据一类事物的部分对象具有某种性质，推出这类事物的所有对象都具有这种性质的推理。归纳是从特殊到一般的过程，它属于合情推理，我们每个正常的人都有这种能力和倾向。弗兰西斯·培根在《新工具》中对归纳法进行了开创性的总结和阐发，使归纳推理具有了更大的指导作用。培根认为归纳法应该由三大步骤组成：第一步，收集材料。第二步，运用"三表法"来整理材料。第三步，进行真正的归纳。培根还用他的归纳法，对热的本质和性能进行了探索和研究。他首先列出关于热的28种一致的事例和现象，如：① 太阳的光线，尤其是夏天且在中午的。

②反射的聚拢的太阳光线，如在两山之间或墙壁上，最主要的是在取火镜和镜子之上。③带火的流星。④燃烧性的雷电。⑤火山口中喷射出来的火焰。⑥所有的火焰。⑦燃烧着的固体。⑧天然的温泉。⑨沸滚或加热了的液体。……⑬所有带绒毛的物质，诸如羊毛、兽毛和鸟的羽毛，都含有热。⑭一切物体，无论固体还是液体，无论稠浓还是稀薄（如空气自身所是），靠火近一些时都会发热。⑮由燧石与钢猛烈撞击而迸发的火花。……㉖浓醋和一切酸类，落入诸如眼睛、舌头等身体没有表皮的部位，或者落入身体上任何受伤脱皮的部分，就产生一种疼痛，这与热所导致的疼痛几乎无异。㉗甚至极度刺骨的寒冷也会产生一种灼烧感。如诗句有云"北风凛冽兮如烧灼"。㉘其他事例。培根有个比喻，他说获取知识就像打猎一样，一开始猎场要大，以后慢慢缩小包围圈，这样就可以捕到猎物。用这种归纳法，培根还真抓到了"热"——这个桀骜不驯、奔突不息的猎物。在当时实验条件还有限的情况下，培根得出了热的本质在于分子运动这一具有深刻科学内涵和天才预见的重要结论。培根说："现在，基于我们这个初步的收获，热性表或热的定义也就水到渠成了（也就是，热关联宇宙而非简单与人相关联），这可以用几个字表述如下：热是一种扩张的、受抑制的、在其抗争中作用于物体较小微粒的运动。但是对扩张应做如下修饰：在向一切方面扩张之时，它同时具有一种向上的倾向。并且，对在微粒中的抗争也应加以修饰：它不是散漫的，而是迅急和猛烈的。"

中国传统思维模式有异于西方，中国人更重视从整体和辩证的角度来看待世界，中国人善于直觉思维和类比，他们不仅认为天人合一，而且认为人身就是大自然的缩影。在两千多年前，中国人就提出了"阴"和"阳"的概念，并赋予其丰富的内涵，把天下万事万物都分为阴、阳两类，阴和阳不仅对立统一，更是相辅相成。中国后来又产生了"五行"思想，即认为世界是由金、木、水、火、土五种基本元素组成的，而且"五行"之间既相生，又相克：木生火，火生土，土生金，金生水，水生木；木克土，土克水，水克火，火克金，金克木。中国人还认为阴阳和五行还不足以描述和摹拟繁复的自然和人间万事，又"仰则观象于天，俯则观法于地，观鸟兽之文，与地之宜，近取诸身，远取诸物，于是始作八卦，以通神明之德，以类万物之情"。所谓"八卦"，就是指：乾（☰）、坤（☷）、震（☳）、巽（☴）、坎（☵）、离（☲）、艮（☶）、兑（☱），"八卦"不仅分别代表着所有的自然现象和人事，而且反映着它们互相影响和发展变化规律。中国古代正是在这种高明思想的指引下，创造了光辉灿烂的华夏文明，在思想、文化、文学、艺术、科技、医学等各个方面，都取得了举世瞩目的伟大成就。人类发展到今天，在知识既迅速爆长又日渐支离之际，中国传统思想中的这种整体观就更具有纠偏和引领作用。

　　还有一种比较流行的观点，即认为中国古代没有逻辑学，这个说法其实是错误的。没有三段论，不明确提出矛盾律和排中律，并不等于没有逻辑学。其实，中国古代的逻辑思想是相当丰富和深刻的。在春秋战国时期，公孙龙就提出了著名的"白马非马"论和"坚白"论，《墨经》中对诸如命题、判断和推理都有所论述。《墨经》中说："以名举实，以辞抒意，以说出故。"对有关周延性的问题这样说道："乘马不待周乘马然后为乘马也。有乘于马，因为乘马矣。逮至不乘马，待周不乘马，而后为不乘马。此一周而一不周也。"

《墨经》中对推理列举了四种常见的情况，即：辟（譬喻）、侔（直接推理）、援（引用对方的话作根据）、推（类比推理）。同时代的庄子、惠施还有他们的一帮辩友，还经常围绕着几十个好玩的命题互相诘难和辩论。这些命题，逻辑色彩和思辨性都很强，就是放到今天，也值得一辩。他们玩的这二十几个命题是：①卵有毛。②鸡三足。③郢有天下。④犬可以为羊。⑤马有卵。⑥丁子有尾。⑦火不热。⑧山出口。⑨轮不碾地。⑩目不见。⑪指不至，物不绝。⑫龟长于蛇。⑬矩不方，规不可以为圆。⑭凿不容枘。⑮飞鸟之影未尝动也。⑯镞矢之疾而有不行不止之时。⑰狗非犬。⑱黄马骊牛三。⑲白狗黑。⑳孤驹未尝有母。㉑一尺之捶，日取其半，万世不竭。

我们现在再来探讨这样一个问题，几千年来，从哲学和思想的视角来看，从对大自然和人事的整体上来把握，我们人类究竟摸索和总结出多少带有永恒规律性的东西。这个问题当然不好回答。我想，除了上文我们谈到的因果律和矛盾律、排中律之外，以下这些规律恐怕也都是很基本、很重要的：①相反相成。②对立统一。③正反合。④否定之否定。⑤量变到质变。⑥物极必反。⑦偶然和必然。⑧概率现象。如果有的读者要问，长允君，您如何描绘我们所处的大千世界呢？您对人类所获得的知识是如何评价的呢？不揣浅陋，我的回答很简单，只有7个字：毕同毕异；是，不是。

二

我们现在来看，人类在具有理性思维和掌握了逻辑推理判断之后，经过几千年的探索和积累，在理解和认识客观世界方面，究竟取得了哪些主要成就。我们一般称人类这方面取得的知识为自然科学。学术界对"自然科学"有很多定义，如：自然科学（natural science）研究无机自然界和包括人的生物属性在内的有机自然界的各门科学的总称。自然科学认识的对象是整个自然界，即自然界物质的各种类型状态、属性及运动形式。认识的意义在于揭示自然界发生的现象和过程的实质，进而把握这些现象和过程的规律性，以便控制它们，并预见新的现象和过程，为在社会实践中合理有目的地利用自然界的规律开辟各种可能的途径。人类在认识和理解世界时往往会深切地感到，大自然总是善于把自己的秘密隐藏起来，但有时大自然似乎又想告诉人类一些有限的秘密。人类正是在这种大自然具有的双重性质和状态之下，经过探索和研究，而逐步认识掌握一些自然规律的。我们习惯于把自然科学分为数学和物理学、化学、生物学、天文学和地理学等，当然，这只是有利于学术而人为地进行的归类和划分。实际上，大自然中的任何一种物质和运动，其实都是既体现着数量的关系，也反映着物理性质，最终也都会有化学的变化。在此，笔者就姑且按照约定成俗的学科分类，将人类在数学和物理学、化学和生物学等方面的成就简述一下。

1. 数学

学术界有时不把数学作为自然科学，其理由可能是认为数学知识不存在于大自然之中，主要是由人类的大脑和思维创造出来的。其实，这个观点也对也不对，大自然虽然不存在标准的圆和标准的三角形，也不存在一目了然的数学方程式，但大自然无处不呈现出各式各样的形体和曲线，万物之间到处是数量关系、比例关系甚至函数关系。所以，数学既存在于人类的大脑中，也蕴含在大自然的深处。人类把数学看得很神圣、很高贵，有人说数学是上帝的语言，自然之书是用数学语言写就的；有人说数字是人类生活的开始和主宰者，是一切事物的参与者，没有数字，一切都是混乱和黑暗的；有的说数学是科学的大门和钥匙，数学令人思维活跃，精神升华，它烛照我们的内心，消除人们与生俱来的蒙昧与无知；有的说任何一种学科，只有在成功地运用数学时，才算达到了真正完美的地步……。据说当年柏拉图在他的学园门口，曾竖有这样一个牌子：不懂几何者不得入内。

要说对于数和数学之推崇，再也没有企及古希腊的毕达哥拉斯了。毕达哥拉斯及其学派认为数是宇宙的本源，数是万物的本质，万物皆数，没有数，则任何事物都是无法想象和不可能的。毕达哥拉斯学派将数量上的矛盾关系列举出有限与无限、一与多、奇数与偶数、正方与长方、善与恶、明与暗、直与曲、左与右、阳与阴、动与静等十对对立的范畴，其中有限与无限、一与多的对立是最基本的对立，并声称世界上万事万物都可还原为这十对对立。毕达哥拉斯学派还赋予每个自然数以特有的象征和寓意，如"1"是万物之母和智慧，"2"是对立否定和意见，"3"是形体和形式，"4"是正义和生成，"5"是雌雄结合和婚姻，"6"是生命和灵魂，"7"是机会，"8"是和谐和友情，"9"是理性和强大。他们还以为"10"是最完满和美好的，因为"10"是由1+2+3+4而组成的。而"1、2、3、4"这四个数字是生成宇宙各维空间的生成元的个数：1是无维点，是其他维空间的生成元。两个点相连可以构成一维空间的直线，3个点两两相连构成二维空间的三角形，而四个点两两相连可以生成三维空间的四面体。其实，中国古代也存在着对数的崇拜和对数学的神秘化。不仅《道德经》中说："道生一，一生二，二生三，三生万物。"整个《周易》和后来的易学系统，在很多方面都是围绕着数和数之间的关系而展开论述的。如"易有太极，是生两仪，两仪生四象，四象生八卦。"如三才、五行、八卦、十天干、十二地支和二十八宿，都与数字有关系。影响深远的《河图》和《洛书》，更是各种神秘数字的相互联系和作用，如"一六共宗，二七同道，三八为朋，四九为友，五十同德。天一生水，地六成之；地二生火，天七成之；天三生木，地八成之；地四生金，天九成之；天五生土，地十成之。"万物有生数，当生之时方能生；万物有成数，能成之时方能成，万物生存皆有其数定。我们今天或许会认为毕达哥拉斯和中国古人这种对数的观念过于迂腐，并没有多少学理和事实根据，但我们的见解也未必完全高明和正确，距离大自然的真相很难说谁更接近，宇宙间未必不是由某些单简的数字关系来决定和左右的。

　　数学的发展历史是悠久和丰富多彩的。我们一般认为，人类数学的发展可以分为四个主要时期。第一个时期：数学的形成时期，从上万年以前就已经开始了。这时期人类手指脚趾并用，逐渐学会了简单的计算，并初步建立数学的一些概念。人类虽然已经认识了圆、方等简单的几何图形，但算术和几何还没有分开。第二个时期：初等数学时期，也称常量数学时期。这个时期大致从公元前5世纪开始，直到17世纪，大约持续了2000多年。这个时期形成的数学知识，成为我们现在中学生学习的主要内容，包括算术、几何、代数和三角。第三个时期：变量数学时期。恩格斯说："数学中的转折点是笛卡尔的变数，有了变数，运动进入了数学；有了变数，辩证法进入了数学。"变量数学产生于17世纪，大体上经历了两个决定性的重大步骤，第一步是解析几何的产生，第二步是微积分的产生。第四个时期：现代数学时期，大致从19世纪上半叶开始。现代数学以其原有的基础学科代数、几何、分析等发生深刻变化为特征，数学本身不仅向新领域和高层次拓展，其应用也渗透到自然科学和社会科学的各个方面。现代数学的主要发展趋势是：从单变量到多变量，从低维到高维；从线性到非线性；从局部到整体，从简单到复杂；从连续到间断，从稳定到分岔；从精确到模糊；计算机的使用对数学和生活产生越来越重大的影响。

数学科学中有很多定理，但没有哪一个像勾股定理那样声名显赫而人人皆知；数学科学中有很多典籍，但没有哪一部像《几何原本》那样影响深远而成为整个人类的教科书。我们先谈勾股定理。勾股定理可能它的用处太大了，所以大自然就基本上不加掩藏而轻易地呈送给人类。不然，为什么人类会在两千多年前、相互隔绝的不同文明区域几乎都发现了勾股定理：埃及人用这个原理去建造金字塔；古巴比伦用这个原理去建造神庙；希腊人发现这个定理后则高兴地杀100头牛聚餐来庆祝；中国先贤则用这个定理来测量太阳的高度。所谓勾股定理，其定义是直角三角的两条直角边的平方和等于斜边的平方。反之，若三角形的三条边 a、b、c 满足 $a^2+b^2=c^2$，则该三角形是直角三角形。勾股定理在中国也叫商高定理。据《周髀算经》中记载："周公问于商高曰：夫天不可阶而升，地不可得尺寸而度，请问数安从出？商高答曰：勾广三，股修四，经隅五。"后来他们根据这个定理和日影的比例关系，测出太阳距大地高80000里，当然这个数是很不准确的。勾股定理还有一个举世皆知的学名叫毕达哥拉斯定理，因为据说毕达哥拉斯是第一个证明勾股定理的人。勾股定理有各式各样的证明方法，据说人类已经累计有五百多种证明方法。如中国东汉赵爽用勾股圆方图证明勾股定理，就是一种非常简洁明了的方法，他说："勾股各自乘，并之，为弦实。开方除之，即弦。按弦图，又可以勾股相乘为朱实二，倍之为朱实四，以勾股之差自相乘为黄实，加差实，亦成弦实。"勾股定理不仅可以测天量地、化圆为方，用处多多，而且它还是一个会下金蛋的鹅，很多数学分支都和它密切相关：①勾股定理的证明是论证几何的发端；②勾股定理是历史上第一个把数与形联系起来的定理；③勾股定理导致了无理数的发现；④勾股定理是历史上第一个给出完全解答的不定方程，并引出了费马大定理；⑤几何即勾股，勾股定理是整个欧氏几何的基础定理。

　　行文至此，使我油然想起在中学课堂上的一个小故事，当数学老师问一位姓杨的同学，为什么 a^2 加 b^2 等于 c^2，我们这位师兄脱口而出：因为押韵合辙。这当然引起了哄堂大笑，之后这位同学并给起了个外号叫"押韵合辙"。不过，我今天思之，押韵合辙云云未必没有道理。勾股定理既是押的天地之韵，又是合的人类之辙；勾股定理既是人造，更是天设。

　　我们现在谈谈《几何原本》。《几何原本》是欧几里得总结借鉴以往几百年古希腊数学思想的成果，天才性、创造性地撰写的一部不朽的光辉文献。几千年来《几何原本》作为数学天地里的《圣经》，人人敬仰之，个个学习之；就是今天中小学生的教科书，仍然都是《几何原本》里的内容。欧几里得坚信物质、宇宙、空间和人的精神存在着一种超然于一切的形式联系，他坚信"点、线、面、角"为一切存在的始基，利用很少的自明定理、公设和定义，推演证明了400多个命题，建立了人类历史上第一座宏伟的演绎推理的大厦。《几何原本》共有13卷，书中有5个公设，5个定理和23个定义。《几何原本》的五大公设是：① 过两点能作且只能作一条直线；② 线段可以无限延长；③ 以任一点为中心可以用任意半径画圆；④ 所有直角都相等；⑤ 如果一条直线与另外两条直线相交，在一侧构成两个同侧内角之和小于两直角，那么这两条直线无限延长时，就在同侧内角和小于两直角的那一侧相交。最早将《几何原本》翻译介绍到中国的是明朝末年的徐光启，为中国文明的发展做出了重大贡献，他曾自豪地宣称："窃百年之后，必人人习之。"有人认为汉译"几何"一词，不如译为"宇宙基本元素的数量关系"更符合《几何原本》希腊文"εμκλειδη"的原意，这都是不根之谈，"几何"之译堪称神来之笔，尤契合中国固有之文化和心理认同。

两千多年来人类对《几何原本》一直奉若神明，学习它、应用它、崇拜它。但人们唯独对《几何原本》中的第五公设心存疑虑和异议，说这一公设看起来像一条命题，它的陈述性语言就占了一大半，它完全应该从公设中剔除出去，它最多算是一条定理。因此，历代都有很多数学家围绕这第五公设做文章，或者想用更为自明的命题来代替第五公设，或者想从其他的四个公设中推导出第五公设，但耗力无数，都以失败而告终。以至于有一位叫鲍耶·法尔卡什的数学家苦口婆心地告诫他的儿子："你千万不要碰第五公设问题，我知道这将带来什么后果。我曾经经历过这一无底的黑暗，它熄灭了我一生的所有的光明和乐趣。我恳求你放弃第五公设的研究，我想我已经为真理做出了牺牲。我已为除去几何学的瑕疵并使其更加纯净而奉献了我的一生，我已经做了大量的工作，我的成果远远超过他人，然而我仍没有达到令人满意的结果。我回头来看,深感不安,可怜自己也可怜所有的人。"当人们对《几何原本》第五公设百思不解、百证不明之际,有些人被迫也这样思考:可能不只是我们的逻辑和知识系统出了问题,或许本来我们生活的宇宙就有异于欧氏几何之处。大数学家高斯首先意识到了非欧几何思想,但他碍于自己的权威身份和一贯谨慎的性格,一直不肯公开发表自己有关非欧几何的见解,只是偶尔在私人书信里谈及,有时还鼓励同行能发表一些非欧几何的言论。罗巴切夫斯基是对非欧几何诞生做出重大贡献的学者,他在他的著作《新几何原本》中说:"大家知道,直至今天为止,几何学中的平行线理论还是不完全的。从欧几里得时代以来,两千年来的徒劳无益的努力,促使我们怀疑在概念本身之中并非包括那样的真实情况,它是大家想要证明的,也是可以像别的物理规律一样单用实验来检验的。最后,我肯定了我的推测的真实性,而且认为困难的问题可以完全解决了。"罗巴切夫斯基的平行公理代替了欧几里得平行公理,即在一个平面上,过已知直线外一点至少有两条直线与该直线不相交。由此可演绎出一系列全无矛盾的结论,并且可以得出三角形的内角和小于两直角。真正把非欧几何推向顶峰并使之体系完美的,是高斯的学生法国数学家黎曼。黎曼几何中的一条基本规定是:在同一平面内任何两条直线都有公共点(交点),黎曼几何不承认平行线的存在。直线可以无限延长,但总的长度是有限的。黎曼几何的模型是一个经过适当改进的球面。非欧几何为人类大大拓宽了空间视野,为后来的爱因斯坦的广义相对论提供了思想基础和数学支撑。话说到这里,我们会更加感激欧几里得和《几何原本》,在其历经两千多年而即将衰暮之际,却蝶化出活力无限的新生命,放射出耀眼的新光芒！

在两千多年的数学发展史上曾出现过三次数学危机。我们说清楚这三次数学危机，虽然不能替代整个数学发展史，但却可以看出人类整个数学文明发展的规律和特征。我们先来说无理数和第一次数学危机。所谓数学，当然就是指有关"数"的学问。故有人说"整数是全部数学的基础"，也有人说"上帝创造了自然数，其余都是人的工作"，还有人说"自然数为稳固的数学结构提供了基础，数学的一切研究从此开始。"一部数学发展史，也是不断深化对数认识的历史：先知道了自然数，又知道了零和负数，又区分了整数和分数，又知道了有理数和无理数，最后又掌握了实数和负数。当然，每一个新的数的形态的认识和掌握，都是颇费周折的，有时甚至是惊心动魄的。无理数的发现就闹出了很大的动静。据说毕达哥拉斯的学生希帕苏斯，有一次在根据他老师的勾股定理而研究正方形时，他突然发现正方面对角线的长不是整数与分数。而这严重不符合毕达哥拉斯学派的教条，毕派认为"万物皆数"无非是整数和分数，不存在任何例外的情况。有一次全体同学在爱琴海上泛舟集合时，希帕苏斯贸然说出了他的新发现。听到这个可怕的消息，老师和同学们个个都目瞪口呆，并当即决定禁止将此发现说出去，泄密者死。后来希帕苏斯掩抑不住发现真理的内心激动，还是把他的新发现透露出去了，他为此付出了生命的代价，被同学们抬着投入大海，葬身鱼腹。

人可以被淹没在大海里，但事实的真相不可能永久被雪藏。希帕苏斯关于等腰直角三角形的直角边与其斜边不可通约的新思想，很快传遍了古希腊大地。原有的数学大厦地动山摇，数不再是只有整数和整数之比，所谓第一次数学危机爆发，人类必须奋起应对这个危机。不可通约的这些数，叫个什么名字呢？人们心不甘情不愿地蔑称它为"无理数"。烦归烦，对"无理数"还要认真对待和研究。很快人们在认识了$\sqrt{2}$后，又证明了$\sqrt{3}$、$\sqrt{5}$、$\sqrt{6}$、$\sqrt{7}$、$\sqrt{8}$、$\sqrt{10}$、$\sqrt{11}$、$\sqrt{12}$、$\sqrt{13}$、$\sqrt{14}$、$\sqrt{15}$和$\sqrt{17}$也都是无理数。随着越来越多的无理数的发现，柏拉图学派的西艾泰德斯对几何代数中产生的无理数进行了分类，一类是在幂中可通约的无理数，另一类是在第二次幂中不可通约的无理数。有时危机就是转机，"无理数"也成了一只会下金蛋的鹅。第一次数学危机的爆发，从反面提醒人们有时直觉和经验是靠不住的，必须要更加重视推理演绎和证明。从此希腊人开始从"自明的"定理出发，经过演绎推理，最终建立起完整的几何学体系。特别是两千多年来人类一直没有停止对无理数的探索和追问，取得了很多意外的收获。如16世纪的英国数学家哈里奥特，他终生都在研究无理数，认为无理数是实实在在的数，不管能否用十进小数表示。欧拉证明了e和e^2是无理数。1886年施图尔在他的《一般算术教程》中得出一个有意义的结论：每一个无理数可以表达成不循环小数。这一结论反映了无理数的本质。康托尔在研究无理数时引进了一个新的数类——实数，实数包括有理数和无理数。实际上，无理数概念和体系的完善，一直到19世纪下半叶才最终由法国数学家戴德金完成。1872年，戴德金从连续性的要求出发，用有理数的"分割"来定义无理数，并把实数理论建立在严格的科学基础上，从而真正结束了无理数被认为"无理"的时代，也真正结束了持续两千多年的数学史上的第一次大危机。

我们现在说微积分和第二次数学危机。微积分的发明不仅是数学史上的大事，也是整个人类文明发展史上的重大事件，它兼有自然科学和人文科学的双重性质和内涵。对微积分的重大意义如何评价都不为过，这正如恩格斯所说："在一切理论成就中，未必再有什么像17世纪下半叶微积分的发现那样被看作人类精神的最高胜利了。如果在某个地方我们看到人类精神的纯粹的和唯一的功绩，那正是在这里。"微积分的产生看似因为近代工业发展和各种工程技术的需要，实际上主要是人类理性思维的成果；微积分虽然诞生在17世纪下半叶，但它的理论基础极限思想却已经有两千年之久。中国古代的"一尺之棰，日取其半，万世不竭"的说法，就是典型的极限思想。而魏晋时期的数学家刘徽，就不仅有明确的极限思想，还有用这种思想为指导的割圆术和求球体积的具体方法。刘徽在《九章算术注》中对其割圆术进行了解说，他从圆内接正六边形开始，依次得正十二边形，正二十四边形……割得越细，正边形的面积与圆的面积之差就越小，"割之弥细，所失弥少；割之又割以至于不可割，则与圆周合体而无所失矣。"刘徽用这种办法得到的圆周率，是3927/1250等于3.1416。刘徽对求球体积的设想是这样的：在正方体内作两个相互垂直的圆柱，并称两个圆柱的公共部分为"牟合方盖"，"牟合方盖"与其内切球球体体积之比为$4:\pi$。他还说："观立方之内，合盖之外，虽衰杀有渐，而多少不掩。判合总结，方圆相缠，浓纤诡互，不可等正。欲陋形措意，惧失正理。敢不阙疑，以俟能言者。"虽坚信自己的判断，又谦虚地留有余地。阿基米德对穷竭法的发展应用和他的杠杆平衡理论，就和后来的微积分思想更是一脉相承。阿基米德在《论球和柱体》中指出，如果圆柱的底等于球的大圆，圆柱的高等于球的直径，则球的表面积恰好等于圆柱的总面积的2/3，圆柱的体积恰好等于球的体积的3/2。而阿基米德在整个推导和积中，都处处体现着积分的思想。他的所谓在求体积中对杠杆原理的利用，实质上是含有由线组成平面图形，由平面组成立体的思想。这种借助"原子论"和极限思想，是从相反的角度来验证求积的方法。阿基米德的平衡法也可以具体描述如下：把球的直径放在 X 轴上，设 N 是它的北极，S 是它的南极，且原点与北极重合。绕 X 轴旋转矩形 NSBA 和三角形 NSC，得到一个圆柱体和一个圆锥体，圆的旋转得到球体。然后从这三个立体上切下与 N 的距离为 X，厚为 △X 的竖立的薄片，这些薄片的体积近似为球体、柱体和椎体。取出球体和锥体的薄片，把它们的质心吊在点 T，这两个薄片绕 N 合成力矩，圆锥割出的薄片处于原来位置时绕 N 的矩形的四倍。把所有这样割出的薄片绕 N 的力矩加在一起，由此求出球的体积。阿基米德非常钟情于自己有关圆柱和球形的高论，他希望死后在他的墓碑上能刻上一个内切于圆柱的球的图案。

所谓微积分，它是积分学和微分学的简称。积分学是要解决"求积问题"，包括求平面图形的面积和曲面包围的体积，当然还有静学中计算物体重心和液体压力；微分学则是要解决做曲线切线的问题，还有求函数的最大、最小值问题，这正如马克思所说："全部微分学本来产生于求任意一条曲线上任何一点的切线问题。"现在，举世公认微积分是由牛顿和莱布尼茨共同发现的，虽然这两位大哲之间还曾有过关于微积分发明的优先权之争。我们这里要特别指出的是，在牛顿和莱布尼茨之前，积分和微分的思想都已经发展比较成熟，很多科学家都走到了微积分发明的门槛，对微积分或是失之交臂，或是呼之未出。这些科学家主要是：开普勒、卡瓦列利、费马和巴罗。如卡瓦列利认为：线是由点构成的，就像链条由珠子穿成一样；面是直线构成的，就像布由线织成的一样；立体是由平面构成的，就像是书由每一页积累而成的一样。卡瓦列利把几何图形看成比它低一维的几何元素所构成的，不可分之是对原图度量的否定，在这个意义下可认为是"零"，但它又是构成原图的基本单元，在这个意义下它又是"非零"。这都是微积分的思想。费马在处理切线和函数的极大、极小值问题时，都是先取增量，而后让增量趋向于0，而这正是微积分的实质所在。巴罗是牛顿的老师，他曾经将崇高的剑桥大学卢卡斯讲座教授席位让贤给自己的学生牛顿。巴罗不仅提出了微分三角形的概念，他求切线的方法非常接近近现代微分学中所采用的方法，他甚至把作曲线的切线与曲线的求积联系起来。这就意味着，巴罗已经把微分学和积分学的两个基本问题以几何对比形式联系了起来，他离微积分的发明实际上连一步之遥也没有了。

牛顿对微积分的重大贡献。牛顿微积分的起源是运动学，牛顿在《流数简论》中借助运动学中描述的连续量及其变化率阐述他的流数理论。牛顿把曲线 $f(x,y)=0$ 看作沿X轴与Y轴运动的点的轨迹，动点的坐标X、Y是时间的函数，X表示动点的水平速度分量；Y表示垂直速度的分量。他把X与Y随时间变化的"流动速度"称作"流数"，实际上就是X和Y对t的导数。牛顿还提出已知X、Y之间的关系 $f(x,y)=0$，求流数X、Y之间的关系 $f(x,y)=0$，求流数X、Y之间的关系；反过来也一样，已知X与Y/X即切线斜率之间的关系，求X、Y之间的关系。牛顿的创造性在于，他首先确定所求面积对横坐标的变化率，再通过"反微分"求出面积。这种做法实质上就是将面积计算看作是求切线的逆过程，从而确定了这两种运算的互逆关系。牛顿把这种互逆关系作为一般规律和概念明确地表示出来，完成了微积分的最关键也是最后的一步。牛顿在《运用无穷多项方程的分析学》中，还给出了函数之和的积分等于各函数积分的和的法则，并给出了无穷级数进行积分的步骤，考虑到级数收敛和发散的区别。牛顿还提出已知一条曲线下的面积为 z，$z=ax^m$，m 为有理数。X 变化，得到无穷小量"0"，成为"瞬"，oy 是面积的"瞬"。牛顿把曲线下的面积看作无穷多个面积为无限小的面积之和，为了求某一个子区间的确定的面积既定积分，可先求出原函数，再将上下限分别代入原函数而取其差。牛顿建立起了比较系统的微积分思想体系，但他在描述和推导过程中，却存在着概念不清和自相矛盾的地方。

莱布尼茨微积分的重大贡献。莱布尼茨在得到正弦、余弦、反正切等函数的无穷级表达式后，并将它用于超越函数研究。他还阐述了有关微分三角形设想，并通过积分变换，得到平面曲线的面积公式。莱布尼茨给出求一条曲线绕 X 轴旋转一周所形成的旋转体表面积公式和曲线长度公式，使用了不定积分符号 $\int$，用 $\int y dx$ 表示面积，还得到分部积分公式 $\int v du = uv - v du$。1675—1676 年莱布尼茨得到微积分基本定理，一般表示为 $\int_a^b \frac{df}{dx} .dx = f(b) - f(a)$，而这一思想牛顿在其 1666 年的手稿中已有表述，所以被后人称为"牛顿—莱布尼茨公式"。1684 年莱布尼茨发表了论文《一种求极大极小和切线的新方法》，文中叙述了微分的基本理论，指出无限分割求和是微分的逆运算，广泛使用了 dx、dy 符号，还给出函数乘积的微分法则，以及求 d(x^n) 的法则等。此外，文章还给出微分法在求切线、求最大最小值和求拐点等方面的应用。1686年莱布尼茨的文章中首次出现印刷体的积分符号"∫",从此,他一直使用符号"∫"和dx、dy来表示积分和微分。大家知道,这些符号仍为我们今天所沿用。莱布尼茨在建立他的微积分体系时,也和牛顿一样,常常采用略去无穷小的方法,存在着概念不清的隐患。

微积分诞生之后,数学迎来了一次空前繁荣的时期,18世纪被称为数学史上的英雄时代:人们崇拜数学,人们赞美微积分,人们学习微积分,人类靠微积分开拓并征服了很多科学领域,把微积分广泛应用于天文学、力学、热学、计算、测量等各个领域,取得了累累硕果。但是,微积分思想体系本身固有的逻辑基础不牢的症结并没有随着这热闹的场面而消除,相反,随着时日的推移,其先天不足更加暴露无遗,固有的逻辑矛盾变得更加尖锐。其实,微积分思想体系中隐藏着不大不小的逻辑矛盾,连它的发明者牛顿和莱布尼茨心里也清楚,这两位大哲也都分别进行过解释和补救,只是都没有从根本上解决问题。当时,有不少学者曾对牛顿、莱布尼茨的微积分提出质疑和批评,如荷兰的物理学家纽汶蒂(B. Nieuwenty,1654—1718)就指责牛顿的流数术概念不清,说莱布尼茨的高阶微分缺乏根据等。但这问题还都不够严重。真正使微积遭遇打击和难堪,引爆第二次数学危机的,是英国哲学家、神学家、牧师伯克莱(George Berkeley,1685—1753)。1734年,伯克莱重磅抛出《分析学家:致一位不信神的数学家》,矛头主要指向牛顿也涉及莱布尼茨,在学术界和整个欧洲社会上,顿时掀起轩然大波。不管伯克莱出于什么动机,但他的小册子确是有理有据。伯克莱说:"流数方法是一把通用的钥匙,当代数学家们时借助于它来解开几何学的,最终也是大自然的奥秘。这一方法使数学家们能够在发现定理和解决问题方面大大超越古人。正因为如此，其发挥、应用便成为古今那些号称深刻的几何学家们主要的（如果不是唯一的）事业。然而这些方法究竟是否清楚，是否没有矛盾，并且可以加以证明；或者相反，只是一种含糊的、令人反感的和不可靠的方法？我将以最公正的方式来提出这样的质疑，以便让你们，让每一个正直的读者作出自己的判断。"伯克莱接着说："一种推导任意次幂的流数的方法如下：设量 X 均匀地流动，欲求 x^n 的流数，与 x 通过流动变为 x+0 的同时，幂 x^n 变成 $(x+0)^n$，也就是说，使用无穷级数的方法有 $x^n+nox^{n-1}+\frac{nn-n}{2}oox^{n-2}+\&c$，而增量 0 与 $nox^{n-1}+\frac{nn-n}{2}oox^{n-2}+\&c$ 之比为 $1:nx^{n-1}+\frac{nn-n}{2}xn^{n-2}+\&c$。现在假设增量消失，它的最终之比将是 $1:nx^{n-1}$。然而这种推理看起来是不合理和不能令人信服的。因为如果让增量消失，亦即让增量变为零，或者说没有任何增量，那么原来的关于增量存在的假设也就不能成立，而由这一假设引出的结果却借助于增量而得到的表达式必须保留，这种推理是站不住脚的。因为我们如果假设增量消失了，理所应当地就必须假设它们的比、他们的表达式以及由于假设其存而导出的一切东西都必须随之消失。"他还挖苦道："这些消逝的量是什么呢？它们既不是有限，也不是无限小，又不是零，难道我们不能称它们为消逝量的鬼魂吗？"这就是著名的和让人闹心的"伯克莱悖论"，此论一出舆论为之大哗，连文学家伏尔泰也跟着凑热闹，起哄道："微积分是计算与度量一个其存在性是不可思议的事物的艺术。"数学又一次陷入了深深的危机之中。

有了危机，就要勇敢应战危机。每一次危机也都是数学加快发展的时机，这次也不例外。微积分学说虽然有这样或者那样的毛病和漏洞，但绝大多数人都坚信它从整体上来说是正确和科学的，是有着极其重大的理论价值和应用价值的。所以，人们就从加固和完善的角度，进一步对微积分大厦做修缮之功。首先做修缮工作的是捷克数学家波尔查诺（B. Bolzano，1781—1848），他将严格的逻辑论证导入微积分中，在二项公式的证明中明确提出级数收敛的概念，对极限、变量等都有新的解释。他强调：$f'(x)$不是两个0的商，也不是两个消失的量之比，而是比例趋近的一个数。对微积分的主要概念重新进行论证，对走出第二次数学危机贡献最大，恐怕要算是法国数学家柯西（A. L. Canchy，1789—1857）了，他定义变量是：依次取许多互不相等的值的量；极限是：当一个变量逐次所取的值无限趋近一个定值，最终使变量的值和该值之差要多小就多小，这个定值就叫所有其他值的极限；无穷小量是：当一个变量的数值这样地无限减小，使之收敛到极限0，称这个变量为无穷小量；函数连续是：当变量的一个无穷小增量点产生函数自身的一个无穷小增量，则称函数$f(x)$在给定限之间对于x保持连续。如果函数在含x处的任何区间上不连续，就说函数在x处不连续。柯西还为导数进行重新定义，并把导数概念和莱布尼茨的微分统一起来。柯西还严格地概括了"微积分基本定理"，不用直观的面积概念而是用逻辑的思想证明了微分和积分的互逆关系。德国数学家威尔斯特拉斯（K. T. W. Weierestrass，1815—1897）在微积分大厦的修缮工程中，则扮演了收官的角色，他在柯西等人的基础上继续增砖添瓦，最终在历经百年努力之后，人们渡过了第二次数学危机，微积分大厦以更完美的姿态巍然屹立。

我们现在说集合论和第三次数学危机。集合是一个原始的概念，最初是从分析数学（主要是微积分）中产生的。集合后来成为全部数学的最基本概念之一，是整个数学大厦的基础，数学的各个分支几乎都和集合论有关系。集合论虽然是有众多数学家共同创造的，但学术界一般认为康托尔（Georg Cantor，1845—1918）是集合论的集大成者。康托尔有关集合论的思想主要包括以下几个方面：① 无穷是有差异的，无穷的大小也是可以比较的。康托儿从数学上严格证明了"无穷"也是有差别的。并非所有的集合都是相同的，而且无穷的大小也是可以比较的。无穷集合的整体可以与自身的部分构成一一对应，这就打破了统治数学界2000多年"整体大于部分"的教条。② 可数集合和不可数集合的发现。康托尔发现全体有理数集合是可数的，而实数是不可数的，他还设想在正整数和实数两个不同的无穷集合之外，是否还有更大的无穷。康托尔还考虑能否建立平面上的点和直线上的点之间一一对应，从直觉上来说，平面上的点明显要比线上的点多得多。但康托尔经过严格的论证后说："不仅平面和直线之间可以建立一一对应，而且一般的 n 维连续空间也可以建立一一对应。"这就等于是说，无论线段是一寸长、一尺长，还是和赤道一样长，上面的点数都是相同的，而且平面、立方体上所有的点数与线段所有的点数也是相等的。③ 超限数理论。康托尔引进了作为自然数字的独立和系统扩充的超穷数，给出了超限基数和超限序数的定义、符号和运算。他处理了数学史上最棘手的对象——无穷集合，揭开了笼罩在无穷上的神秘面纱。他指出：一个集合，它的元素按不确定的顺序排列，依此顺序，存在该集合的第一个元素，而且对每一个元素，都存在一个不确定的后继，这样的集合称为良序集。例如自然数集合 1，2，…，n+1…为一个良序集，1是其第一个元素；n+1是n的后继。康托尔用w表示自然数这个良序集的自然顺序；而把w写在紧跟自然数序列之后，且称w也是一个"数"，或称w为第一个"超穷序数"，它比所有自然数都大，是自然数序列永远达不到的极限。

康托尔的集合理论具有划时代的历史意义，它不仅使我们的数学学科建立在更加牢固的逻辑和公理系统之上，而且在代数、几何、分析、概率论、数理逻辑等学科都有广泛的应用，所以大数学家希尔伯特深情地说："康托尔的集合论为我们创立了数学上最广泛、最重要的一个部门，一个没有人能把我们赶出去的天堂。"庞加莱甚至在1900年巴黎召开的国际数学大会宣称："现在我们说，数学完全的严格性已经达到了。"

但是，好景不长，真理无止境。人们很快发现集合论存在着理论缺陷，纷纷提出各式各样的质疑和改造方案。其实康托尔自己也有所觉察，他预感集合论在逻辑上会出事的，他还告诉他的朋友以后不要再讲一切集合组成的集合。1902年，罗素把一个针对集合论的笑话理发师的故事，改造成了一个所谓"罗素悖论"，使集合论中固有的逻辑矛盾凸显出来，引发了第三次数学危机。理发师的故事是这样的："有一位很牛的乡村理发师，宣称他不会给村子里任何自己刮脸的人刮脸，但给所有不给自己刮脸的人刮脸。人们问：理发师先生，您自己刮脸吗？如果理发师回答自己刮脸，那么违背了他宣称的约定的前半部分；如果理发师回答不自己刮脸，那么按照约定的后半部分，他必须给自己刮脸。理发师陷入矛盾之中而不能自圆其说。罗素仿理发师的故事制造的悖论是：事实上有的集合，例如26个英语字母集合∞＝｜a, b, c, …, x, y, z ｜虽然有 $\infty \in \alpha$，但有的集合，例如集合 α 是以 10 个以上元素的集合为元素组成的集合，则｜1, 2, 3, 4, …, 10, 11｜，｜1, 2, 3, 4, …, 10, 11, 12｜，…｜1, 2, 3, 4, …, 10, 11, …, n, n+1｜…皆有 10 个以上的元素，这些集合皆 β 的元素，可见 β 的元素个数也超过 10 个，故写 $B \in \alpha$。可见康托尔意义下的集合，会发生集合不是自己的元素，又会发生集合是自己元素的现象。罗素构建了如下的集合 $B=\{A|A \notin A\}$，其中 A 与 B 是集合的代号。罗素问道：$B \in B$ 吗？怎么回答呢？若 $B \in B$，按 B 的定义，$B \notin B$，矛盾；若 $B \notin B$，按 B 的定义，$B \in B$，矛盾。其中矛盾不可避免。罗素的悖论在学术界引起了恐慌和麻烦。罗素将他的发现写信给数理逻辑学家弗雷格（G. Frege，1848—1925），弗雷格正好完成他的关于算术基础的皇皇巨著。据说弗雷格接信后十分纠结，在其著作的末尾处颓丧地写道："一个科学家遇到的最不愉快的事莫过于，当他工作完成时，基础却崩塌了。当拙著的印刷即将完成时，罗素先生的信就使我陷入了这样的境地。"

基础不牢就要加固，发现漏洞就要堵补。人们既要扎紧篱笆，又要把圈进羊群内的狼清理出。特别从 20 世纪到 50 年代左右，一大批数学家投入到加固数学基础建设，消除数学论证中的逻辑矛盾现象，最终走出集合悖论，使数学学科建立在更加牢固的基础之上。人们为此互相诘难，百家争鸣，提出各式各样的解决方案，并在数学家阵营分化出三个有代表性的派别：其一是以罗素（Russell）和怀特海（Whitehead）为代表的逻辑派，认为数学可以从逻辑推导出来，数学就是逻辑，主张把数学奠基在逻辑之上。逻辑主义者认为：数学概念都可以借助逻辑概念由定义给出；数学定理都可以由逻辑公理用逻辑规则推出；一切数学思维最终都是逻辑思维。其二是布劳威尔（Brouwer）为代表的直觉主义学派，认为数学家主要依靠直观和构造性的证明，主张数学的基础只能建立在构造性的程序之上。他们强调从"存在必须被构造"的原则出发，数学家应该建立在自然数理论基础之上。直觉主义认为数学独立于逻辑和语言，数学的基础在于一种经验的原理直觉，甚至数学学科不适合使用"排中律"，因为排中律等经典逻辑规律是从有穷集抽象出来的一般规律。其三是希尔伯特（Hilbert）为代表的形式主义学派，他们强调数学是研究推理或形式推理的，数学实际上就是一个形式系统，即一个符号形式的系统，数学就是一种纯粹的符号游戏。符号就是数学的本质，它们并不代表理想和客观的物理对象，对于这种符号游戏的唯一要求是从形式前提推导不出矛盾就可以了。时至今日，一个多世纪已经过去了，我们说集合论存在的矛盾和问题都已圆满地解决。但在对第三次数学危机的应战和补救中，在旷日持久的争辩和探讨中，无疑又一次极大地推进了数学的发展和繁荣！

　　数学是高智商活动，数学工作是聪明人干的活。人类数学文化的发展，主要是靠一些天才和精英推动着。我们现在就介绍三位有代表性的数学家，使读者在冷冰冰的数学公式之外感受一下人的体温。我们先说费马。皮埃尔·德·费马（Pierre de Fermat，1601—1665）法国人，他父亲是个皮货商，费马因其母亲和妻子都是穿袍贵族，自己也跻身于贵族行列。根据父亲的意愿和当时的择业时尚，费马学习法律并最终成为一个律师和公职人员。费马在担任议员和律师期间，虽然没有表现出出众的才能和政绩，但因他为人忠厚老实、公正无私，所以他仕途还算顺利，最后也当上了议会首席发言人,并兼任过天主教联盟主席等职。数学对费马来说只是业余爱好,他生前从未发表过一篇数学作品,他的著作都是死后其儿子根据文章、信件和读书笔记整理发表的。费马之所以被世人称为"业余数学家之王",是因为费马对数学的造诣和对数学的贡献,不逊色于有史以来任何一位卓越数学家。费马独立于笛卡尔发现了解析几何的基本原理,用代数的方法对古希腊关于轨迹的一些失传的证明作了补充,对圆锥曲线论进行了总结和整理,对曲线做了新的研究。费马是微积分理论的先驱,他创造了求切线、求极大值、求极小值和定积分方法,其思想直接影响牛顿和莱布尼茨,甚至拉格朗日、拉普拉斯等人都曾称"费马才是微积分的真正发明者"。费马还为概率论的创建做出了贡献,提出了概率论的基本原则——数学期望的概念,并以赌博为例进行了推导和分析。费马对数学贡献最大的是在数论方面,如他提出"全部大于 2 的素数可分为 $4n+1$ 和 $4n+3$ 两种形式";再如"没有一个形如 $4n+3$ 的素数,能表示为两个平方数之和";还如"边长为有理数的直角三角形的面积不可能是一个平方数。"费马还发现了一对充满故事和神秘色彩的亲和数,即 17296 和 18416。当然,使费马享誉千秋的是他的费马大定理。大约在 1637 年,费马在阅读丢番图(Diophantus)《算术》拉丁文译本时,曾在第 11 卷第 8 命题旁写道:"将一个立方数分成两个立方数之和,或一个四次幂分成两个四次幂之和,或者一般地将一个高于二次幂的幂分成两个同次幂之和,这是不可能的。关于此,我确信已经发现了一种美妙的证法,可惜这里空白的地方太小,写不下。"这段话用数学的语言表达就是:当整数 $n>2$ 时,关于 x、y、i 的方程 $x^n+y^n=i^n$ 没有正整数解。这就是所谓的费马大定理,也称费马最后的定理。费马大猜想面世后，一浪接一浪的求证、破解热潮持续了350多年，形成了一道色彩壮丽和扣人心弦的历史画卷。说求证破解费马大定理的历史，从某种程度上就是一部近现代数学发展史也不过分。在这三个多世纪的求证破解队伍里，有数以千计的职业数学家，有数以万计的数学业余爱好者，甚至连欧拉、柯西和高斯这样的数学天才，也加入到这个队伍里。费马大定理看似简单，但要想证明它却十分困难，以致200多年过去了仍未有突破性成果。故1908年沃尔夫斯凯尔悬赏10万马克，奖给在2007年之前能最终证明费马大定理的人。沃尔夫斯凯尔年轻时曾因情困一时想不开决意在午夜自杀，但在自杀前读到某位数学家证明费马大定理的错误时让他情不自禁地计算到天明，设定自杀的时间已过，他仍然沉浸在计算和证明之中，费马大定理让他重生并后来成为大富豪。沃尔夫斯凯尔的悬赏，确实极大地刺激了广大数学家和数学爱好者的求证积极性，从此每年都有数以千计的人宣称自己证明了费马大定理。当然这全部都是错误的。在求证期间，还出现了著名的英德尔猜想和古山—志村猜想，这些猜想本身都极具数学价值。费马大定理最终于1995年，由英国数学家安德鲁·怀尔斯（Andrew Wiles）证明。怀尔斯对费马大定理的成功证明震动全世界，被学术界誉为20世纪最辉煌的数学成就。费马大定理也是一只会下金蛋的鹅，在长期的对费马大定理求证过程中，不仅极大地促进了数论和代数、几何的发展，甚至很多新的数学分支都在这个过程中产生。行文至此，我不禁遐想，如果当年费马老先生所读的书的空白处再宽余些，他轻而易举地把奇妙的证明写上去，就没有了他身后这300多年为证明费马大定理的热闹和接力赛，整个数学史也会黯然失色。历史就是这样，有时偶然和细节往往左右着发展的方向。

我们现在说一下欧拉。莱昂哈德·欧拉（Leonhard Euler, 1707—1783）是瑞士人，他与阿基米德、牛顿和高斯并称为数学四杰。欧拉是最勤奋和高产的数学家，他的研究和探索遍布数学中微积分、数论、代数、分析等各个领域，甚至还有部分物理学、天文学和航海学的成果。《欧拉全集》共75卷，包括850多篇论文和30多本学术著作。有人以欧拉有关微积分的三部学术著作调侃说，18与19世纪的微积分学不是直接选用这三部著作（指欧拉的《无穷小分析引论》《微分学》《积分学》），就是用那些抄袭这部书的著作，或者是"抄袭这三部书的书"的书。在数学史上称18世纪为"欧拉时代"。我们翻开数学教科书，数不清的欧拉公式和定理，形成一道独此仅有的亮丽风景线：如欧拉九点共圆定理、欧拉示性数、欧拉变换、欧拉傅里叶公式、欧拉多角曲线、欧拉齐性函数、欧拉乘积、费马—欧拉定理等等，在这众多的欧拉公式中，以欧拉恒等式最为著名。欧拉恒等式也称为欧拉公式，即$e^{i\pi}+1=0$，被学术界称为整个数学中最卓越、最漂亮、最简洁的公式。这个公式确实让人着迷和遐想，它把数学里最重要的几个数字和符号联系在一起，使两个最著名的超越性质相伴而行，熔实数与虚数于一炉，简直就是一首绝妙的诗篇。欧拉还创立和首先使用了很多应用广泛的数学符号，如函数符号"f(x)"、圆周率"π"、自然对数的底数"e"、-1的平方根即虚数"i"、求和"Σ"等等。欧拉是一个非常淡定、执着和顽强的人，他曾是13个孩子的父亲，他的很多研究成果，都是在抱着小孩子听着大孩子的吵闹声中而完成的。据史料说，欧拉往往在答应去就餐，而到实际坐在餐桌吃饭的这一小段时间里，就可以写就一篇小论文。欧拉28岁时不幸右眼失明，在不到60岁时左眼也由衰退而最终失明。在欧拉双目失明的最后十几年生涯里，他仍凭着记忆和心算，坚持数学研究，又创作了400多篇论文。欧拉还是一个高风亮节、淡泊名利、乐于助人的好人，大家都称他为"善良的伟人"，他一生中与欧洲300多名学者保持通信，将自己的研究成果毫无保留地告诉他们，他对谁都有求必应。他对大学生拉格朗日的赏识和一再推荐，就成为一段佳话。拉普拉斯曾向世界呼吁："阅读欧拉吧，阅读欧拉吧，他是我们大家的老师！"

我们最后介绍一位中国的数学家李善兰。李善兰，原名李心兰，字竞芳，号秋纫，别号壬叔，出生于1811年，逝世于1882年，浙江海宁人。中国古代虽然也产生过一些数学家，如刘徽、祖冲之父子、僧一行、秦九韶、杨辉、李治和朱世杰等，但相对于当时其他领域里的文化精英来说，那真是不成比例，寥若晨星。因为中国古代官方在相当长的一个时期内，并不太重视数学，数学也不是士人的进身之阶，数学只属于方技小道。这种状况，到李善兰所处的时代并没有根本的改观，而且再加上兵荒马乱和民不聊生，所以在这种情况下能潜心数学实属难得。李善兰之不走科举仕途，并不是因为他国学基础不好，从他15岁时写的诗来看，他还是很有文学天赋的，其诗云："膝下依依十五秋，光阴瞬息去难留。嗟余马齿徒加长，爆竹惊心岁已周"，只是李善兰更醉心于数学，且认为数学等实用学科可以服务于国计民生。据说李善兰在九岁时，就迷恋上了《九章算术》，14岁时就读懂了《几何原本》。他运用勾股定理，测量其家附近东山的高度；他在新婚之夜，竟为了钻研数学和观察天象，而不入洞房。李善兰对数学事业的贡献，一是他众多独创性的研究成果，二是翻译编辑了很多西方数学书籍，三是培养造就了一批数学人才。李善兰的数学研究成果和专著很多，如《方圆阐幽》《弧矢启秘》《对数探源》《垛积类比》《四元解》《麟德求解》《椭圆正求解》《椭圆新术》《火器真诀》《对数尖锥变法解》《级数回术》《天算或问》等，其主要的成就是尖锥术、垛积术和素数论。他创立的"尖锥"概念，实际上是一种处理代数问题的几何模型；对"尖锥曲线"的描述，实际上相当于给出了直线、抛物线和立方抛物线等方程。他创造的"尖锥求积术"，相当于幂函数的定积分公式和逐项积分法则。他用"分离元数法"独立地得出了二项平方法的幂级数展开式；结合尖锥求积术，得到了 π 的无穷级数表达式。李善兰从研究中国传统的垛积问题入手，获得了一些相当于现代组合数学中的成果。著名的"李善兰恒等式"，从 20 世纪 30 年代已越来越受到国际学术界的重视。此外，李善兰还证明了"费马小定理"，且指出其逆定理不真。李善兰翻译的西方数学和自然科学的著作很多，有些是自己独立完成的，有些是和别人合作的，计有《谈天》《重学》《代数学》《代微积拾级》《奈端数理》（即牛顿的《自然哲学的数学原理》），他还请求曾国藩给予帮助，将自己翻译的《几何原本》后七卷，与徐光启已经译过的前六卷合在一起刊印，从此中国有了全译本的《几何原本》。李善兰对外籍中的概念和术语总是字斟句酌，以力求信美，如对"函数"一词的翻译，真可谓神来之笔，让人拍案叫绝！1868 年李善兰被荐任北京同文馆天文算学总教习，一直到他去世为止的十多年时间里，主要从事数学教育工作，他审订了《同文馆算学课艺》《同文馆珠算金踌针》等教材，培养了一大批数学人才，是中国近代数学教育的奠基人。他的同事美国人丁韪良（W. A. P. Marein）感慨地说："是皆李壬叔先生教授之力也。呜呼！合中西之各术，绍古圣之心传，使算学复兴于世者，非壬叔吾谁与归？"

近100多年数学又有长足的发展，如概率论、数理逻辑、数理统计、博弈论、分形几何和混沌论等，都得到了完善提高和应用。特别是半个多世纪以来的计算机的产生和发展，这个比数学妈妈长得还高还大的孩子，既促进和影响着数学的发展，又深深地影响和改变着人类的生活，且都是利害参半。我不知道今后会否发生第四次数学危机，如果有，那将是"吾恐季孙之忧，不在颛臾，而在萧墙之内也"，就不仅是数学的危机，而是需要全人类来共同面对！

2. 物理学

物理学，我们一般认为它是研究物质构成和物质运动的学科。实际上，人类对整个自然的认识不管哪门学科，也都是对物质性质及其运动的认识。这也正是物理一词其英语词根拉丁语 physic 有自然之意，而汉语物理则是研究天下万物之理。物理学是人类用力最勤、成果最多的学科，是对人类生活方式和命运影响最大的科学，当然这个影响正像力一样是正负作用都有。只是随着时代和科学的发展，物理学给人类带来的负面作用和忧虑，其比重越来越大。关于人类物理学的发展历史，教科书一般把它分为三个大的历史阶段：第一个时期古代时期，大致从公元前上千年到公元16世纪；第二时期是经典物理学时期，大致从16世纪到19世纪末；第三时期现代物理学时期，大致从19世纪末一直到现在。这里需要说明的是，有关时间、空间的问题，有关相对论和量子力学的问题，在前面第二章里已有一些论述，有些内容则不再重复，有些则需要在这一章作些补充性介绍。

物理学在中国古代是十分发达和繁荣的，其水平就当时的世界范围来说，在长达1000多年都处于领先水平。举凡涉及物理学内容的物质、运动、时空、力学、热学、电磁学、光学和声学，都有较系统的探讨和实际应用。中国古代的物理知识，除散见在浩如烟海的典籍里之外，特别集中地反映在以下著作之中：《周易》《管子》《墨经》《吕氏春秋》《考工记》《庄子》《论衡》《淮南子》《梦溪笔谈》《物理小识》和《天工开物》。《庄子·天下》篇的这样一段话："惠施多方……历物之意曰：至大无外，谓之大一；至小无内，谓之小一。无厚不可积也，其大千里。天与地卑，山与泽平。日方中方睨，物方生方死。大同而与小同异，此之谓小同异；万物毕同毕异，此之谓大同异。南方无穷而有穷，今日适越而昔来。连环可解也。我知天下之中央，燕之北、越之南是也。泛爱万物，天地一体也。"至少说明中国人在2000多年前，就认识到物质大小的极限性，物质大小和性质的相对性，物质运动和静止的对立统一性，物质有限和无限的统一性，我们居住的世界可能是圆形的。中国古人还认为任何物质都是由阴阳二气激荡润化而成，物质可分为金木水火土五种类型和元素，且这五大元素之间存在着相生和相克的辩证关系。中国古代对力有详细的观察和系统的认识，当然"力"的概念首先是从人的体力引申和概括出来的。《墨经》上说："力，形之所以奋也""力，重之谓下，举重奋也。"这些文字用今天的话表述，也可以说就是：作用在物体上的力，使物体由静止变为运动。《墨经》中也有对浮力的描述，如"形，沉形之衡也，则沉浅，非形之浅也。若易五之一。"意思是形体很大的物体，浮在水面上，其下沉入水的部分会浅一些，这就是平衡。重力和浮力要达到平衡也是有一种数量比例的，如市场上以五件东西换取一件东西。《墨经》上对杠杆平衡原理有着更深刻明确的论述："衡，加重于其一旁，必捶，权重相若也。相衡则本短标长。两加焉，重相若，则标必下，标得权也"。《考工记》中还有对力的惯性作用的认识："劝登马力，马力既竭，辀犹能一取焉"。意即当马车停止牵引时，车凭着惯性仍然能向前移动一段距离。中国对电磁知识的探索比较早，是指南针的故乡。2500年前《管子》中就有"上有慈石者，其下有铜金。"《吕氏春秋》等很多典籍中都有对电磁吸引现象的描述，如"慈石召铁，或引之也"。又说"石，铁之母也。以有慈石，故能引其子。石之不慈者，亦不能引也"。在公元11世纪初，中国人就明确认识到地磁偏角现象。对尖端放电现象也认识较早，据载三国和南北朝时期就有类似避雷针一类的设施。中国古代对声音产生和传播的研究，不仅极为重视和用力最勤，而且一直把声律和政治、经济、法律、教化、礼仪乃至医学，都密切地联系在一起，认为声乐的要害是和谐，整个社会也都应该向和谐的方向靠拢，并用声律来规范和校正一些国家制度和人的行为，这在世界文化史上是一个少有的现象。中国很早就把声和音区分开来，既发现了声音共振的现象，也找到了消除共振的方法。明朝朱载堉创立的十二平均律，其实质即把一个八度音分成12个音程相等的半音，顺次组成12个等程律，从而解决困扰千年的十二律的计算误差难题，这在全世界也属于首创之功。

一般认为中国人对科学研究不注重实验，其实在中国古代有很多非常巧妙的实验。如对于光学，在两千多年前《墨经》中就对小孔成像进行了分析和试验，并得出结论："景，光之人,照若射。下者之人也高,高者之人也下。足蔽下光,故成景于上;首蔽上光,故成景于下。在远近有端与于光,故景库内也"。元朝初年的赵友钦,以两层楼做实验设备,进行了堪称当时全世界最大型的光学实验。他实验的主要情况是"两楼下各穿圆阱于当中,径皆四尺余。右阱深四尺,左阱深八尺。置桌案于左阱内,案高四尺,如此则虽深八尺,只如右阱之浅。作两圆板,径广四尺,俱以蜡烛千余支密插于上,方置阱内而燃之,比其形于日月。更作两圆板,径广五尺,覆于阱口地上。板心各开方窍,所以方其窍者,表其窍小而景必圆也。左窍方广寸许,右窍方广寸半许,所以一宽一窄,表其宽者浓而窄者淡也。"中国古代物理学的最大特点是,往往是在还没有形成系统的物理学理论时,甚至有时连一点理论上的指导也阙如时,而凭着日常生活的观察和直觉,则制造出很多令人惊艳的机械和装备。如云梯、如弓弩、如飞鸢、如木牛流马等等,举不胜举。特别是中国古代一直有对机器人的设想和制造,如《列子》中就有对周穆王观看机器人精彩表演的记载:"穆王惊视之,趋步俯仰,信人也。巧夫锁其颐,则歌合律;捧其手,则舞应节。千变万化,唯意所适。……偃者大慑,立剖散倡者以示王,皆傅会革、木、胶、漆、白、黑、丹、青之所为。王谛料之,内则肝、胆、心、肺、肾、胃,外则筋骨、支节、皮毛、齿发,皆假物也,而无不毕具者。"其实中国古代的"四大发明",也大都是在这种情形下创造出来的。这也说明,凭着直觉和感悟,人类也是能做很多事情的。这正如我们走路、爬山和游泳,并不需要系统的力学理论来指引。

物理学在西方的古代,可以亚里士多德和阿基米德为代表，且这两个人的思想一直影响着2000多年后自然科学的发展。亚里士多德的物理学说主要集中在《物理学》一书中，这部书中谈到了物理学中的很多问题，尤其是对运动的现象探讨的更为系统和深刻。他认为"如果不了解运动，也就必然无法了解自然"。亚里士多德给运动下的定义是：运动是能运动事物作为能运动者的实现。他还认为，要研究运动不能就运动本身而研究运动，必须把运动和实体、性质、空间、时间、关系、量等因素放在一起来研究，应该说这是十分高明的。他不仅对运动进行了分类，对运动的过程进行了详细描述，对运动的原因进行了追问，甚至还提出"如果没有外力影响的话，每一种自然物体都趋向自己特有的空间。"亚里士多德还天才地对速度进行了定义，即速度等于物体运动量除以时间，并指出"快慢相同的运动就是匀整的，快慢不同的运动就是不匀整的"，凡此种种都是后来经典力学建立的思想基础。阿基米德（Archimedes，约公元前287—前212）在力学上的重要贡献，是严格地证明了杠杆定律，他的名言"给我一个支点，我可以撬动整个地球"，正是他对杠杆定律的自信和夸张解说。亚里士多德对浮力定律的发现，则伴随着一个家喻户晓的王冠真假鉴别的动人故事而产生。他当时直奔王宫边跑边喊的一句短语"尤里卡！尤里卡"，即"找到了"之意，现代最著名的发明博览会就以"尤里卡"来命名。阿基米德对物理学的最大贡献，恐怕还在于他把数学引入力学，使很多日常的知识上升为科学。

从中世纪开始到文艺复兴时期，这1000多年物理学虽然没有大的发展，但也仍然有人在探讨，也还有一些星星点点的成就。特别是列奥纳多·达·芬奇（1452—1519）他虽然是一位天才的艺术家，但对物理学却研究的十分系统。他既研究各种力，如力、重力和冲力，也研究各种运动，如简单运动和复杂运动；他既探讨波是振动形式的传播，也观察到光的折射和色散现象。达·芬奇还研究了螺旋、天平、斜面、轮轴、钟摆等存在的力学问题，甚至还异想天开地设计飞行器。

如果说人类数学发展史上存在着三次大的危机的话，那么，近300多年的物理学发展历程则有四次大的物理综合，当然这最后一次的物理大综合目前还在进行之中。这几次所谓物理大综合，虽然不能全面反映近300多年物理学发展的全貌，却揭示着物理学发展的规律和趋势。我们现在先说经典力学的建立和牛顿的第一次物理大综合。用牛顿自己的话说，"如果我比别人看得远些，那是因为我站在巨人们的肩上。"那么，我们现在要问，能为牛顿提供可以登高望远的巨人都是谁呢？这当然不可尽数，但我们认为最重要的有这样几位：哥白尼、伽利略、开普勒、惠更斯、笛卡尔、胡克和哈雷。我们现在撮其要者，来看一下以上这些巨人为牛顿最终建立起经典力学都做了哪些准备工作。哥白尼的日心说具有划时代的和革命性的意义，没有日心说，就不仅不会有开普勒对行星运动三定律的发现，伽利略、惠更斯和哈雷的研究工作也无从谈起，当然也不会有万有引力定律的发现。开普勒不仅被誉为"天空立法者"，他还猜测到重力的存在，对引力也有朦朦胧胧地感悟，他说："月球被地球牵引着，相反月球也吸引着地球上的海水。从太阳那里，有一只看不见的巨大的手，伸向行星，拉着行星跟太阳一起旋转。"伽利略有近代力学之父之称，他不仅做过著名的自由落体运动实验，对匀速运动、惯性运动、斜面运动和单摆运动等，都有独到的见解。特别是他对速度和加速度的研究，对作用力和反作用力的探索，都直接启迪了牛顿对运动三大定律的发现。笛卡尔提出的自然三定律也肯定对牛顿产生了影响，他说自然的第一定律：无论任何事物，只要它是单一的，不可分的，其本身总是停留在相同的状态，如果没有外部原因，它就绝不变化；自然的第二定律：如果仅就一切物质部分来考虑，那么它绝不具有做曲线运动的倾向，而只有继续做直线运动的倾向；自然的第三定律：当运动着的物体与另一物体相碰撞时，如果前者直线运动的力小于后者对它的阻力，前者就拐到另外的方向，继续保持自己的运动。当前者具有较大的力时，它就和另一物体一起运动，只是失去了自己传给另一物体的运动量。惠更斯对牛顿的最大影响，恐怕是他对向心力的研究和对向心加速度公式的推导。胡克的研究是离发现万有引力定律最近的人，他说：在天体运动中，太阳或中心天体是吸引力的原因，虽然不能假设它们是数学点，却可以想象为物理点，可按前面说的比例从同一中心开始，计算在一个很大距离上的吸引力。胡克甚至得出这样的结论：太阳对行星的引力与它们之间的距离平方成反比。这离万有引力定律的发现已经是要说多近就有多近了，遗憾的是，它仍然不是万有引力定律。牛顿不愧为天才的思想家和物理学家，他不仅充分吸取前人的思想成果，更是通过自己创造性的工作和长时间的思考，把人类对力的认识向前大大推进了一步，最终建立起经典力学体系，实现了物理学的第一次大综合。牛顿的主要贡献是发现而且清晰地定义了"运动三定律"，发现了万有引力而且用其解释了所有的从天上到地上的运动现象。在牛顿的一切光辉思想中，其"万有引力"则是最耀眼的，他几乎是神奇般地发现苹果落地和地球对月球的吸引都是同一种力，而且最终认为任何物体、任何物质之间都存在着这种力。这实在是人类理性的一次大展示，是人类认识的一次大飞跃。

我们现在来说热力学的建立和迈尔、焦耳、克劳修斯、汤姆逊等人对物理的第二次大综合。热的存在是自然界中一种很普遍的现象。但究竟什么是热，或者说热的实质是什么？人们对此长期争论不休。到了17世纪至19世纪中叶，欧洲人对热的认识主要有两种观点，即热动说和热质说，前者认为热是物质运动的结果，后者则认为热本身就是一种特殊的物质。这两种学说虽然都能解释热运动的现象，但也都有明显的缺陷和局限。特别是随着蒸汽机的发明和电能等新动能的出现，人类迫切需要对诸如热、功和能量等实质及其相互关系进行探讨和概括。正是在理论和社会实践双重的需要和驱动下，人类用了近200年的时间逐渐建立和完善了热力学，实现了物理学的一次新的综合和提升。所谓热力学，其内容主要由热力学三大定律组成。热力学第一定律即能量守恒定律：能量有各种不同形式，能够从一种形式转换为另一种形式，从一个物体传递给另一个物体，在转换和传递的过程中，各种形式能量的总量保持不变。热力学第二定律可以这样表达：热量可以自发地从温度高的物体传递到较冷的物体，但不可能自发地从温度低的物体传递到温度高的物体。热力学第三定律是：不可能通过有限的循环过程，使物体冷却到绝对零度。我们所说的物理大综合，是指用新的更少的定律或公式，能够来说明和解释更多的自然现象，并把以往看似没有联系或者是相互抵牾的观点，都统一在一个体系之内而可以使其和谐共存。热力学的建立当然也是这样一个过程。

我们现在来说电磁理论的建立和麦克斯韦对物理的第

三次大综合。对电和磁的研究是一个很古老的课题，但很长时间以来，包括从17世纪初到19世纪初这200多年，人们的普遍看法是：电和磁是两种截然不同的现象。诸如富兰克林、库仑和安培这些对电磁学研究做出重大贡献的科学家，也认为电和磁没有任何联系。第一个把电和磁联系起来的人应该是奥斯特（1777—1851），据说他对康德的关于各种自然力都可以相互转换的思想深信不疑。奥斯特是在一次偶然的实验中发现电和磁的相互作用的，他当时把电流对磁体的作用称为"电流碰撞"，并总结出两个特点：一是电流碰撞存在于截流导线的周围；二是电流碰撞沿着螺纹方向垂直于导线的螺纹线传播。学术界认为奥斯特的新发现是电磁学时代到来的标志。使麦克斯韦最终能够建立起统一的电磁学说，当然是很多科学家长期探索的结果，但其中影响和作用最大的应该是非法拉第莫属。法拉第（Michael Faraday，1791—1867）没有受过系统的正规教育，主要是靠自学成才，他的特长是既擅长假想又擅长做实验。他通过实验发现了电磁旋转现象和电磁感应现象，用力线概念描述电磁作用。法拉第的最大贡献是发现了电磁感应现象，即认为由磁可以向电转化。法拉第最卓越的思想是提出了电磁力线理论：法拉第认为磁力线、静电的力线、动电的力线都是物理力线，它们是通过媒介传递的近距作用力。力线的分布可以被物质所改变，力线可以独立于物体而存在。热力线、光线、重力线、电力线、磁力线都是空间力场，力或场是独立于物体的另一种物质形态，物体的运动都和场的作用有关。法拉第的工作为麦克斯韦建筑电磁理论大厦奠定了坚实的基础。麦克斯韦是一位可以和牛顿相提并论的学者，他的思想主要体现在其三篇重要论文和不朽的巨著《电磁通论》一书中。麦克斯韦不仅提出分子涡旋理论、位移电流和电磁扰动传播等重要概念，正确预言了电磁波的存在，而更重要的是他给出了具有重大历史意义的电磁场的普遍方程组。麦克斯韦方程包括了库仑定律、高斯定律、安培定律和法拉第电磁感应定律，确定了电荷、电流、电场、磁场之间的密切联系，统一描述了电磁运动的普遍规律。麦克斯韦还由此推导出电磁干扰传播的方程，证明了电磁扰动的横波性，证明了其传播连续与光速的一致性。麦克斯韦建立的电磁理论统一描述了各种电磁现象，实现了物理的又一次大综合。麦克斯韦的思想具有继往开来的重大意义，其思想直接影响了爱因斯坦。

我们现在来说相对论、量子力学的建立和一直在进行着的第四次物理大综合。据说1900年的元旦，在英国皇家学会举行的新年庆祝会上，著名物理学家开尔文（汤姆逊）勋爵作了展望新世纪的发言。他充满自信地说：物理学的大厦已经建成，未来的物理学家只需做些修修补补的工作就行了。但是，在这美丽而晴朗天空，却飘动着两朵乌云，第一朵乌云出现在光的波动理论上，第二朵乌云出现在关于能量均分的麦克斯韦—玻尔兹曼理论上。经过爱因斯坦、普朗克和玻尔等众多物理学家二三十年的努力，开尔文所说的这两朵乌云确实被驱散了，但相对论和量子力学的建立却给人类的天空带来了更多的乌云和迷茫。如果说相对论中的空间是弯曲的、时间可以压缩、可以穿越到过去阻止祖父的出生等等，虽然已经够我们常人理解的了，但好在相对论还是承认我们所身在的宇宙是确实可靠的，万事万物都是有前因后果的。那么，量子论和量子力学中的一些故事则更为诡异，我们不能既知道一个原子的位置而又同时知道它的速度，反之亦然；一个客观存在的物质有人观察和没人观察会呈现出不同的样态；甲和乙如果有量子纠缠关系，甲变化乙也会相应变化，反之亦然，而且这种变化是瞬间的，且和甲、乙相处的距离没有关系，哪怕一个是在天涯，另一个是在海角。我们当然是对相对论和量子力学大惑不解，甚至提出质疑。但是，众多的一个接着一个的科学实验和观察，都证明相对论和量子力学是正确的，不是胡说八道。特别是当人们对相对论和量子力学还似懂非懂时，就是很多物理学家也是如此，人类却根据这些新的理论和方程式，相继制造出核武器、激光、半导体、集成电路芯片、核磁共振仪、微波炉、量子计算机，听说量子通信也快捣鼓出来了。笔者在此需要强调的是，相对论和量子力学对科技、制造和人类物质生活的影响，远远没有对人类的思想和信仰影响之大。按照量子力学的说法，那我们人类将是生活在一个没有可靠基础和飘忽不定的世界里，我们的主观世界和客观世界也将无从根本区分，人类过去的一切信仰也都不再是神圣和终极的，人生的价值和意义也不知道该如何确定……。如果说相对论和量子力学过去只是在少数科学家圈子里转悠，那么今天他已变成普通百姓茶余饭后的谈资，我发现，他们在谈起这两个新奇（说新奇也已经100年了）的理论时，既津津乐道、充满期盼，又惊恐不安、咋舌无奈。

　　要再进行一次新的物理大综合，除了强力、弱力、电磁力和万有引力用一个框架都能包含，把经典力学、相对论和量子力学都能天衣无缝地协调在一起，特别是能用新的更高的理论解释清楚相对论的别扭和量子力学的不完备，这项伟大的工程从爱因斯坦就已经开始了。从爱因斯坦去世到今天的霍金已经过去一个甲子了，虽然数以千计的科学家一直在忙活，这期间也有很多这样或那样的新鲜提法，但物理大统一的理论却始终没有更好地建立起来。爱因斯坦虽然也是量子力学的主要创建人之一,但他对量子力学的某些思想一直嘲讽有加,就是后来他勉强接受了玻尔的一些观点,也始终认为量子学说在理论上至少是不完备的。爱因斯坦曾说:我用来考虑量子力学的时间,是相对论的一百倍。广义相对论建立后,爱因斯坦确实将其全部精力投入到统一场理论的研究之中。他希望能用一种新的理论,不仅能描述了引力和电磁现象,而且也能够弥补量子力学的不足,为合理描述微观世界提供一个可靠的基础。遗憾的是,伟大的爱因斯坦终究壮志未酬。现在最时髦和影响力最大的是"弦理论""超弦理论"和"M理论",霍金等人也看好这些理论。这些理论认为宇宙可以从虚无中诞生,组成自然界的基本单元不是电子、光子、中微子和夸克之类的点状粒子,而是很小很小的线状的弦,弦的不同振动频率和运动方式产生各种不同的基本粒子和物质,能量和物质是可以转化的。我们人类生活的宇宙是一个由多维时空编织的大网,好像是有10到11个维度吧,我们平时只能看到3个和感受到4个维度,其他6到7个额外维度则蜷缩成很小很小的存在,我们人类根本无法看到和感受到。更令人揪心的是,人类根本不是生活在一个具有实在性的物质之上,而是生活在一个像膜或者是投影过来的什么东西。这个所谓的万物之理能否将四种力都统一起来,能否把经典力学、相对论和量子力学都协调在一个框架体系之内,能否更好地解释宇宙大爆炸、黑洞和暗物质,我们不得而知。我们只知道,这个理论目前还漏洞百出,也没有任何实验能证明其正确性。笔者在此要提醒的是,既然量子论都已经确认客观物质世界有人观察和没人观察会呈现出不同的样态,还提出诸如人择原理等更加重视人在宇宙中的地位和作用，那我们这一次新的物理大综合，与以往每一次大综合不同的是，应该充分考虑人的因素，应该把人也综合进去。如果我们新物理学的方程式里，不把人也作为其中的一个参数和符号，那就很难能找到放之四海而皆准的万物之理，也就最终完不成这次物理大综合的历史任务。

3. 化学

毫无疑问，化学是研究物质变化的学问。据说化学一词，无论是英文（Chemistry），还是法文（Chimique）、德文（Chemie），都源于拉丁文 chemia，而这个拉丁文则含有神奇和迷惑的意思。那么，汉语的"化"这个字，就更有意趣，它既指每个具体的物质都可以变化，也指我们整个宇宙都处在大化流行之中。这样，我们就可以说，与其说化学是研究物质变化的，不如说包含我们人类自身在内的整个世界时时都处在变化之中。化学知识和我们的日常生活最为密切，化学科学成果对人类的生活影响最大，举凡衣食住无处不在，当然这影响既有好的也有坏的。说到人类化学科学发展的历史，教科书往往把它分为三个大的历史阶段，从化学的萌芽到17世纪中叶为古代化学时期；从17世纪中叶到19世纪末叶为近代化学时期；从19世纪末叶到现在为现代化学时期。

我们一般认为人类的化学知识是从掌握和利用火开始的，这种观点是对的。火不仅是人类能够利用的第一种巨大的自然力量，而且因为有火可以改变饮食，火的利用也是人类自身得以进化和改良的必需条件。至于说到化学科学，那是自始至终都是要和火打交道的。试想，燃烧、锻冶、煮沸、蒸馏、升华、蒸发等等，哪一项工艺能离开火？所以，有些民族就直接称化学为"火术"。在古代，化学除对自然能源煤、石油等利用之外，主要就是制陶和冶金。这正如《大中华赋》中所说："山山有宝藏，代代出大匠，烈火熔化金银铜铁锡；铸司母戊鼎，炼绕指精钢，世传吴王金戈越王剑。"当然，在中国又较早地发明了造纸和火药，"纸香传万国，文明之风吹新花"；"火药虽烈不为暴，只向天边生彩霞"。在人类古代化学史上，还有一个既奇妙而又普遍的现象，那就是在很多国家和民族，不管是古老的中国，还是古埃及和阿拉伯，也包括古希腊和后来的欧洲，都盛行过上千年的"炼丹术"或"炼金术"。"炼丹术"主要是在中国，企图从金属和矿物质里提炼出金丹，使人服后可长生不老，所以历代帝王都乐此不疲；其他地区则主要是"炼金术"，企图从普通金属和矿物质里提炼出"哲人石"，即点石成金，可以一夜暴富。"金丹"和"哲人石"虽然不可能最终求得，但延燃不熄上千年的炼化炉，却积累了很多化学知识，如加深了对汞、硫和铜、锡、铅等物质的认识，发现了置换反应等。

我们一般认为，在由古代化学向近代化学发展之际，还有一个以医药化学和冶金化学为标志的过渡时期。即人们面对"炼丹术"和"炼金术"人财两空的窘境时，把对化学的注意力主要转向医药化学和冶金化学。如中国对本草学的积极探讨，这里所说的"本草"，不仅是指植物，也包括动物和矿物质。到李时珍撰写的《本草纲目》，已经研究了植物1195种，动物340种，矿物357种，总计药物1892种。在西方，则一方面发展化学医学，尽量把各种自然的原料转化成对人体健康有益的药品；另一方面，则加大对非金属矿物如硫磺、矾类、砷、硼砂、盐类的开采和提取，也包括对金属矿物的加工、冶炼和铸造等。但不管怎么说，人类近代化学的奠基和起点，是从英国化学家波义耳（Robert Boyle，1627—1691）开始的。波义耳的名著《怀疑的化学家》，书的全名是《怀疑的化学家：或化学—物理的怀疑和悖论，涉及炼金家普遍推崇并为之辩护的而又为化学家通常认为实在的种种要素》，具有划时代的意义，波义耳不仅第一次对元素作了科学的定义。他说："我指的元素应当是某些不由任何其他物质构成的原始和简单的物质，或完全纯净的物质"，"是具有确定的、实在的、可察觉到的实物，它们应该是用一般化学方法不能再分为更简单的某些实物"。更重要的是波义耳为化学的发展提供了理论基础，明确呼吁化学本身就具有独立性，他说："化学到目前为止，还是认为只在制造医学和工业品方面具有价值。但是，我们所学的化学，绝不是医学或药学的婢女，也不应甘当工艺和冶金的仆奴，化学本身作为自然科学中的一个独立部分，是探索宇宙奥秘的一个方面。化学，必须是为真理而追求真理的化学。"因此，恩格斯才得出这样的结论："波义耳把化学确立为科学。"从波义耳确立化学为一门独立科学到今天这300多年时间，化学事业走过了一条艰辛而又辉煌的发展之路，它的成就和具体内容当然是不胜枚举的。但这期间化学科学的四次大的革命性飞跃，则是意义重大的。

我们先说拉瓦锡推翻燃素说和第一次化学飞跃性发展。物质燃烧是一种极为普遍的现象，研究化学就必然要对燃烧的实质做出解释。人们经过长期的探索，提出了一种"燃素说"，这种理论认为：可燃的要素是一种气体，它存在于一切可燃的物质之中，诸如木材、棉花、煤炭等，而这种能起到燃烧作用的气体就称为"燃素"。"燃素"在燃烧的过程中，就会从被燃烧的物质中飞离出去，同时发出火和光。物质失去燃素就变成了灰烬，如果灰烬获得燃素还会复活起来。燃素说猛一听也有道理，也能解释一些燃烧的现象，所以这种学说统治了化学界达100多年之久，当然也发挥了历史性的作用。但是，燃素说从根本上却是一种误解。随着化学事业的发展，随着众多化学实验结果的出现，特别是普里斯特利和舍勒对氧气的发现，燃素说越来越捉襟见肘，不能令人信服的解释很多化学现象。然而人们总是囿于成见，不敢越燃素说雷池一步。拉瓦锡（Antoine-Laurent de Lavoisier，1743—1794）是一位天才的学者和勇士，他在前人探讨的基础上，又经过自己多年的思索和实验，远见卓识地提出燃烧的氧化学说，即燃烧只是物质和空气中的氧进行化学反应的现象，物质只有在有氧存在的情况下才能燃烧，根本不存在什么"燃素"，所谓"燃素"是人们对燃烧现象不理解而假想出来的。拉瓦锡还通过实验证明：动物的呼吸和物质的燃烧一样，也是一种氧化作用。拉瓦锡还为元素进行新的定义和解说，并按照他自己的见解为33种元素列出表格。拉瓦锡的另一个重大贡献，是他将定性化学转变为定量分析，使化学真正走向了科学化轨道，因此，人们称拉瓦锡为近代化学之父。拉瓦锡的思想为人们的认识澄清了很多迷雾，为化学科学的大发展开辟了广阔新天地。

我们现在来说道尔顿等人提出原子、分子学说和化学第二次飞跃性发展。关于物质是由原子组成的思想在古希腊就已经有之。但是，到18世纪末和19世纪初随着科学的发展，特别是各种化学实验和各种化学定律的出现，不仅古老的原子思想不能说明问题，就是牛顿、波义耳和罗蒙诺索夫等人的原子观点也不足以解释所有的物质变化实质。正是在这种情况下，约翰·道尔顿（John Dalton，1766—1844）提出了新的原子论。道尔顿的原子思想集中反映在他的著作《化学哲学新体系》中，其要点是：① 化学元素由非常微小的、不可再分的物质粒子——原子组成。原子在所有化学变化中均保持自己的独特性质，原子既不能创造，又不能消灭。② 同一元素的所有原子的性质，特别是重量，完全相同。不同元素的原子性质及重量不同，原子的重量是元素的基本特征。③ 不同元素化合时，原子以简单整数比结合，形成化学过程的化合现象。化合物的原子称为复杂原子，它的质量等于其组合原子质量的和。道尔顿的新学说具有划时代意义，它在根本上统一解释了诸多化学基本定律和化学实验事实，深刻揭示了质量守恒定律、当量定律、定比定律和倍比定律的内在联系。所以，恩格斯给道尔顿以很高的评价："在化学中，特别是由道尔顿发现了原子量，现已达到的各种结果都具有了秩序和相对的可靠性，已经能够有系统地、差不多有计划地向还没有被征服的领域进攻，就像计划周密地围攻一个堡一样。"他甚至认为化学的新时代是随着原子论开启的，道尔顿才是真正意义上的近代化学之父。若干年后，阿佛伽德罗为了弥补道尔顿原子学说中存在的缺陷，也为了能够更好地解释盖·吕萨克等人在对气体研究中发现的新问题，敏锐地提出了有关分子的假说。阿佛伽德罗认为：元素最小的质点是原子，而一般气体是由几个原子组合成的分子。如氧气、氢气都由两个原子组成一个分子，化合物更是由不同个数的原子再组成分子的。在相同温度和相同压力的条件下，同体积的任何气体都应该含有相同数量的分子。至此，完整的、全新的原子、分子理论已经建立起来，它为后来的化学发展奠定了坚实的基础，且开辟了更为广阔的视野和空间。

我们现在来说门捷列夫创立元素周期律和化学第三次

飞跃性发展。道尔顿提出新的原子论之后，人类对元素的概念和实质有了更加明确的认识，也大大激起了人们探索新元素的热情。当时，每位化学家都以能探索到新元素而欢欣鼓舞、奔走相告，并很快传播到世界各地。因此从 18 世纪中叶到 19 世纪中叶，无机化学有了长足发展，化学家们对能接触到的物质都一一进行分析。到 1869 年，人类已经发现了 63 种化学元素。面对越来越多的新元素，人们不能不思考，宇宙间究竟有多少元素？元素和元素之间有没有联系和规律？发现新元素都是像中彩票一样凭运气吗？有没有什么依据指导人类再去发现新的元素？于是，一些化学家开始给元素分类和探讨元素之间的相互关系。先是德贝莱纳提出了"三元素组分类法"：化学性质相同的元素往往是三个组成一组，中间那个元素介于两个元素之间，它的原子量差不多等于前后两个元素原子量的平均值。再是 J. L. 迈尔提出了"六元素表"：这个表不仅已具有周期表的轮廓，而且还论及元素性质是它们原子量的函数，并给未发现的元素也留出了空格。只是六元素表所涉及的元素还不到当时已经发现的元素的一半，只有 29 种。英国化学家纽兰兹提出的"八音律"，就更有独到的见解和意趣：把已知的元素按原子量增加的顺序排列起来，无论从任何一个元素算起，每到第 8 个元素就和第 1 个元素的性质相似，就好像音阶一样，到最高音又开始重复。但当纽兰兹在一次化学大会发表他的"八音律"新思想时，却引起了哄堂大笑。甚至有些专家不无嘲讽地说，这么看来，如果将元素按字母排列也许会更加精彩。

　　门捷列夫（1834—1907）正是在前人研究的基础上，经过自己艰难大胆的探索，最终发现了元素周期律，绘制了第一张真正意义上的元素周期表。门捷列夫为了研究元素的分类和规律，把当时已知的63种元素的名称、化学式、原子量、化学性质乃至主要化合物，都分别抄写在像扑克牌一样的一张张纸片上，然后他反复把玩这些纸片，对着纸片朝思暮想，并按照它们的化学性进行各式各样的排列组合。最终门捷列夫把元素排成了纵横交错的行列，每一横行化学元素的性质都相近；每一纵行元素的性质都从金属变为非金属；整个元素系列呈现出周期性变化。他对自己的元素周期律十分自信，认为已经摸到了宇宙的脉搏，发现了自然界中最伟大的规律。事实确是如此。门捷列夫能够根据元素周期律，果敢地指出哪个元素的原子量测得不准，后经过仔细重新测量果如所言。如他根据锂和硼的原子量大小，毅然将前人测量的铍的原子量13.5而改写为9，后经过重新测定铍的原子量果然是9。门捷列夫还在元素周期表中，为应该有而尚未被发现的元素在适当的位置留下空格，而后来新发现的元素逐渐把这些空格填满。根据元素周期律，还能大致预测新发现元素的基本化学性质。门捷列夫预言的类铝、类硼和类硅，很幸运地都是在他生前被人发现出现的。而他所预言的其他12种未知元素，也都被后来的化学发展所证实。化学元素周期律的发现具有巨大的历史意义：把各种元素纳入一个完整的体系之中，化学研究进入了系统化阶段。对化学特别是无机化学，是一次重大的整合和提升，为日后的发展奠定了理论基础。化学元素周期律具有强大的逻辑力量和惊人的预见性，化学家可以根据周期表中的"空位"去寻找还没有被发现的元素，或者人工合成自然界没有的元素。

我们现在来说各种有机化合物的合成和第四次化学飞跃性发展。化学科学的最主要或者说最终的目的，就是不断合成一些新的对人类有益的物质。有机化学是整个化学科学中最重要的内容，有机化学又称碳化合物的化学，是研究有机化合物的组成、结构、性质和制作的理论和应用的科学。但是，自1828年德国化学家维勒首次人工合成尿素后，就打破了无机化合物与有机化合物之间不可逾越的障碍。近100多年来，随着化学科学本身和物理化学、生物化学等交叉学科的发展，有机化合物的合成一直保持着突飞猛进的势头。据有人统计，到目前为止，人类制造的有机化合物当在2500万种左右。在有机化学合成的历史上有些人和事是值得一提的：威尔斯塔特对叶绿素的定性和分析；开尔文对光合作用中碳循环原理的揭示；伍德沃德新化合理论的提出和对胆甾醇、皮质酮、马钱子碱、利血平、B12等物质的合成；中国科学家率先合成牛胰岛素；对巴基球 $C_{60}CJ$ 的发现和探索；伊夫·肖万关于催化剂担任中间人帮助"交换舞伴"的生动描述……。现代有机化合物的合成具有三个方面的特点：一是原料来源多样化；二是有机合成的范围在不断扩大，从简单的、小的、低级的有机分子向复杂的、大的、高级的有机分子发展；三是合成的方法、途径和技术日新月异。毫不夸张地说，现在合成化学已经发展到这样的地步，人类只要需要，大多数新物质都可以制造出来。

以上所述，当然不能全面反映化学发展的历史和取得的成就，如核化学的发展，人工核反应的实现，原子能的开发和利用；如分析化学的发展和应用，光谱分析、电化学分析和色谱分析；如高分子化学的发展，塑料、橡胶、人造纤维等化合物的合成；特别是近几十年纳米技术的研究和纳米材料的应用，更是成为热门，这些内容都没有展开论述。300多年来化学科学走过了辉煌的历史，时至21世纪其仍在快速发展之中。但是，就整体来说化学科学目前正遭遇前所未有的困难和挑战。这困难和挑战主要来自两个方面：第一个是随着物理化学、生物化学和生命科学等交叉学科的发展，化学科学的职能正在被其他学科所代替，化学科学的研究领域和阵地正在变得模糊不清，化学科学作为一门独立的学科有被肢解和消亡的危险。第二个是随着环境和人类生活的必需品被污染的严重，随着人类对前途命运的担忧和环境意识的增强，大家往往对化学产品侧目而视，对化学科学也满腹狐疑，甚至谈"化"色变，把化学和化工当作造成污染的罪魁祸首。笔者的见解是，化学科学要想继续保持生机和活力，要想继续成为一门对人类有益的学科，就必须坚定不移地走绿色化学之路。我这里所说的绿色化学，还不单是指减少化工厂的排放、严格检测和清除有害化学产品、有效处理废水、废气、废渣等等。而是整个化学科学和化工产业，从基本理论到实验和生产，都来一次彻底的大反思、大觉醒，使化学科学和化学工业，真正从根本上走一条绿色发展之路，只给人类帮忙，不给人类添堵。

4. 生物学

生物学是研究生物的分类、结构、功能、发生和发展的规律，以及生物与周围环境的关系的科学。一般认为，生物学源自博物学，经历实验生物学、分子生物学而进入系统生物学时期。所谓生物，它应该是动物、植物和微生物等的总称。据说现在地球上有生物200万—450万种，而已经灭绝的生物更多，估计有1500万种。因为生物学研究的范围包括人类自身在内，所以它作为一门科学也有有别于物理、数学、化学等科学的地方，那就是它的一些学说或新的发现，可能会更敏感地牵扯到人类的情感和习惯，甚至是伦理和宗教。如果说数学的发展有三次大的危机、物理学的发展有四次大的综合、化学的发展有四次革命性的飞跃，那么，生物学的三次大的发现和创造，都给人们带来了忧思和心惊肉跳。

生物学的发展从广义上来说，也可以追溯到很远的古代。如中国的《尔雅》，就堪称人类最早的博物志。中国2000多年前成书的《黄帝内经》，对生命、健康和防病治病，都有了比较系统的论述。1628年英国人哈维发表了《心血运动论》，揭示了动物血液循环的奥秘，也是有划时代意义的。在论说达尔文和进化论之前，还有以下几个人物或事件需要提及：林奈最重要的贡献是对生物的分类，他以生物能否运动将生物分为动物界和植物界，并将植物分为24纲、116目、1000多个属和10000多个种。纲、目、属、种的分类概念一直沿用至今。布丰的巨著《自然史》，已经具有了进化论的思想，认为人应当把自己列为动物一类，如果《圣经》不反对的话，我们可以去为人和猿找一个共同的祖先。拉马克不仅认为生物是进化的，他还试图用外部环境、"用进废退"和"获得性遗传"等来解释物种变化的原因。居维叶提出的"突变论"，影响是巨大和深远的，这个学说在某种意义上也确实能解释某些物种的消失和新物种的产生。居维叶还预言：在下一次突变后，石头将有生命，植物将会走动，动物将有理性，在猴子和大象中间我们将发现莱布尼茨与牛顿，而人将变成天使。想一下200多年后的今天的生物学发展和人工智能，居维叶当初超大胆的想象也不是完全不可能。19世纪中叶细胞学说的提出和完善，无论怎么说都是生物学历史上的大事件。细胞是植物和动物最基本的组成单位，细胞学说论证了整个生物界在结构上的统一性，以及在进化上的共同起源，对生物学的研究从根本上起到了推动和指导作用。

我们先说生物学历史上的第一次大震惊——达尔文的进化论和人是由猴子演变而来的。达尔文之所以能最终创立进化论学说，一是善于思考和观察，二是他善于吸收前人有关进化论的思想，也包括从马尔萨斯"人口论"中受到启示。特别是他利用跟随英国贝格尔号舰历时5年的环球航行的机会，考察记录了数以千计的动物和植物，为日后的著述做了充分准备。达尔文的思想集中反映在《物种起源》中，他进化论的学说主要包含以下内容：① 任何生物都是进化而来的，既不是突然被创造，也不是一成不变的。② 变异是生物普遍存在的现象，变异的基本原因是生存条件的改变。③ 相似的生物起源于一个共同的祖先，一切生物的最终起源都是单一的。④ 在自然界，生物物种是通过自然选择而产生的，即物竞天择，优胜劣汰。如果说进化论在100多年前已经让人很难接受了，那么由进化论得出的人是猴变的这一结论，就更遭受到人们的拒绝和反感。比如达尔文的老师赛治威克就对达尔文斥责道："读了你的书我不是感到愉快，而是痛苦，书中的一部分材料让我感到很可笑，另一部分又使我非常担忧。"还有的人咆哮道："人类是猴子的子孙？太卑贱了！仅仅是想到这件事，就不禁觉得恶心！"时至今天，进化论可能已为大多数人所接受，而人类是否是猿猴变的，恐怕还有不少人都心存怀疑。笔者在此不妨弱弱地问一下读者诸君，您在心灵深处真的完全接受人是由猴变的这样的学说吗？

我们现在来说生物学发展史上的第二次大震惊——从孟德尔的遗传定律到DNA双螺旋结构的发现。中国有句家喻户晓的戏文:"栽什么树苗结什么果,撒什么种子开什么花"。还有一个全世界都知道的事情,谁的孩子像谁的父母。这些道理和现象虽然人人皆知,也不乏有人在探寻其中的奥秘。但真正算得上研究并揭示其中奥秘的第一人,应该是奥地利学者孟德尔。孟德尔是一位修士,但他热衷于动物和植物的研究。他在修道院里种植了 5000 多株豌豆,进行了长达 8 年的豌豆杂交实验。经过长期的实验和思考,孟德尔得出了遗传学中的两条最基本定律:分离定律和独立分配定律。分离定律是指一对遗传因子在杂合状态下并不互相影响,而在配子形成中又按原样分配到配子中去。独立分配定律指两对或两对以上的基因在配子形成过程中的分配彼此独立。由于雌雄配子的随机组合,因而在子代中出现各种性状的各种组合,而且按一定的比例出现。孟德尔虽然揭示了遗传的很多奥秘,并被誉为现代遗传学之父,但是他的学说和见解,在很长的时间内备受冷落。直到他去世多年后的 1900 年,由多位科学家分别独立地证明了孟德尔定律的正确性,并认为孟氏定律可以推广到生物学的各个领域,大家才开始重视孟德尔的遗传思想,孟德尔之学才开始大白于天下,这在科学史上被称为"孟德尔的再发现"。进入 20 世纪之后,有孟德尔遗传学思想做基础,再加上物理、化学等学科的辅助和渗透,生物学取得了一系列突破性发展。人类不仅发现了血型、染色体,制造出维生素和抗生素,尤其是发现了 DNA 和他的双螺旋结构。现在我们大家已经知道,DNA 是实现遗传的最根本物质和功能,DNA 分子(脱氧核糖核酸)能够准确地复制自己,通过亲代 DNA 分子的复制生成子代 DNA 分子,而且这种复制是准确无误的,使得 DNA 所贮藏的遗传信息一代一代地传下去。发现了 DNA,不仅生命和遗传的奥秘一览无余，而且人们还会利用它做各种必要的司法鉴定。当然，人类在获得遗传科学知识的同时，对生命的神秘感和神圣感也荡然无存。

我们现在来说生物学发展史上第三次大震惊——从各种各样的基因工程到克隆羊多莉的诞生。随着DNA双螺旋结构的发现和遗传机制的逐步破解，特别是当人类搞清楚了遗传密码是由RNA转录表达之后，科学家已经不再满足于纸上谈兵的对遗传学的理论探索，而是要一显身手，企图在分子水平上去干预大自然生物遗传的进程和特性。他们的设计是将一种生物的DNA中的某个遗传密码片段连接到另外一种生物的DNA链上去，将DNA重组一下，就可以按照人的愿望，创造出新的遗传物质和生物类型。人类的这种异想天开的大胆行动，还真得都取得了实效。这就是所谓的"基因工程"。人们先在黄瓜上实施转基因，黄瓜又大又亮，成功了；又在大豆上搞，大豆又圆又香，成功了；还在小动物身上做实验，根据实施的法术不一，有的小动物抑郁了，有的欢快地又跳又唱，也成功了。据说利用"基因打靶"技术，修复人类有缺陷的基因，以用来防病治病，也收到了奇效。直到1996年7月5日，英国科学家伊恩·维尔穆特利用生物技术克隆出世界上第一只克隆羊多莉，人们面对生物技术开始有些傻眼了。因为凭借人类的逻辑思维和联想能力，以下结论是很容易得出的：既然能够克隆羊，那么日后随时都可以克隆出人。于是乎，人们面对着突飞发展的生物新技术，面对着21世纪将是生命科学的世纪的响亮口号，是担忧大于欣慰，悲观大于希望，真置于一种两难和进退维谷之境。尽管很多国家政府都明文规定：不准克隆人，不管是克隆希特勒，还是克隆梦露。尽管很多科学家和科学组织都一再重申：生物技术有禁区。但人们总是放心不下，而放心不下就对了！

如果下面这句话是对的：是时候探讨现代科学技术对于人类生存状况的重大影响了。那么，在这诸多的科学领域里，我们应该首先探讨生物科学和基因工程将要给人类生存带来的重大影响。《人类简史》中说："不论智人付出了多少努力，有了多少成就，还是没办法打破生物因素的限制。然而，就在21世纪的曙光乍现之时，情况已经有所改变：智人开始超越这些界限，自然选择的法则开始被打破，而由智慧设计法则取而代之。"事情正是这样，生物界包括人类在内数以亿年计的自然演化进程正在被打乱，各种千奇百怪的生物形态正在被人为地创造出来。如果生物技术、基因工程再加上人工智能的无限制发展，那我们人类就不仅是受到威胁和挑战的问题，而是我们人类本身的存在、标志和价值，都是一个悬而未决和有赖于重新界定的问题。但是，问题的严重性，我想大部分同胞仍然是迷而未察的。这正如弗朗西斯·福山在《我们的后人类未来：生物技术革命的后果》一书中所警告的那样："生物技术会让人类失去人性……但我们丝毫没有意识到我们失去了多么有价值的东西。也许，我们将站在人类与后人类历史这一巨大分水岭的另一边，但我们却没有意识到分水岭业已形成，因为我们再也看不见人性中最为根本的部分。"

三

经过数千年的学习、探讨和积累，我们人类确实掌握了很多知识和规律，这些知识既包括哲学、逻辑学、数学，也包括物理、化学、生物学等各门自然科学。然而，我们现在要探讨的问题是：我们以往所获取的知识都是唯一和正确吗？都是根基牢固而坚不可摧吗？都是自洽无碍而值得深信不疑的吗？答案是否定的。且不说我们按照量子力学的说法，我们所处的宇宙应该具有多种形态的可能性，因为这只是有待继续证明的假说。那么，我们完全可以说，我们人类既成的获取知识的方法、途径和成果，却是诸多可能性中的一种。换句话说，我们人类如果从一开始就采用另外一种思维模式、逻辑、假设、公理和取得知识的途径，那将完全有可能取得和我们今天大异其趣的另外一种知识系统和道理。正因为如此，我们的一些先贤和大哲，常常不由自主地对人类已经取得的知识表示怀疑和质问。苏格拉底就曾经惊呼：我唯一知道的，就是我什么也不知道。罗素一生都在研究人类是如何获取知识的，并不懈地为人类的知识寻找公认的信念和不容置疑的命题，但他在他的代表作《人类的知识》最后一页却得出如下令人悲观的结论："全部人类知识都是不确定的、不精确的和不全面的。"休谟是以怀疑论名世的哲学家，他认为人类获取知识主要靠感觉和经验，特别是因果联系在人类认识中起到至关重要的作用。但休谟却认为经验和因果律是靠不住的，因果律并不能从理性中被推导出或被证明，因果联系只是人心的一种习惯性倾向而已，并不具有绝对的客观性和确定性，因此我们人类的一些所谓知识和判断,大多是或然性和模棱两可的结论。他还举了一个很极端的例子:"太阳明天不出来"这个命题,和"太阳明天要出来"这个断言,是一样的可以理解,一样的不矛盾的。我们无论如何,也不能证明出前一个命题是虚妄的。康德更是一辈子都在检讨人类的理性和认识能力,他之所以对人类的理性和知识持最终的怀疑,源自于他认为人们感觉和认识到的只是事物的现象,而事物的本质或者说"物自体",是深藏起来而不为人们所能感知的。康德还提出了著名的四个"二律背反",而正题和反题都言之成理,持之有故,谁也不能驳倒谁,以示人类理性和知识的有限性与不确定性。这四对正反命题是:① 正题——世界在时间空间上是有限的;反题——世界在时间空间上是无限的。② 正题——世界上的一切都是由单一的东西构成的;反题——没有单一的东西,一切都是复合的。③ 正题——世界上有出自自由的原因;反题——没有自由,一切都是自然。④ 正题——在世界因的系列里有某种必然的存在体;反题——世界上不存在一个绝对的必然存在者,一切都是偶然的。

　　我们通过考察人类的认识,通过考察人类已具有的知识内容和知识体系,就比较容易地得出这样的结论:大自然并没有向人类坦现所有的秘密,宇宙中有很多规律和奥妙可能永远都难以揭示。换句话说,面对着浩渺无际和无比神奇的大自然,人类的认识能力是有限的,人类有永远不能抵达的地方。即使我们人类已经掌握了核能,拥有了人造卫星,也说明不了什么,仅仅是对大自然的一点点模仿而已,因为大自然几十亿年来就已经拥有这一些。我们对牛顿自喻为仅仅是一个在大海边捡到几个贝壳的小孩,一直当成伟人的谦虚来称赞。其实,牛顿只是说出了一句大实话。不光牛顿本人是这样，我们整个人类数千年所取得的知识和创造，在大自然面前，也不过是捡到了几个漂亮的贝壳。英国哲学家洛克著有《人类理解论》，他也认为人的认识能力是有限的："知晓理解的范围是有限的，……一定可以使孜孜不倦的人较为谨慎一些，不敢妄预他所不能了解的事情，一定可以使他在竭能尽智时停止起来，一定可以使他安于我们能力所不能及的那些东西——自然是在考察以后我们才发现它们是不能达到的。"又说："我们的知识比我们的观念窄狭，……我们的知识范围不但达不到一切实际的事物，甚至亦达不到我们观念的范围。"康德认为人类之所以不能认识宇宙的本质和有关无限的问题，就是因为人类是将宇宙和世界作为一个统一的整体去追求认识的，而人类也是这个整体中的一小部分，最终超出了感性经验的范围，有些问题就成为无解。正是这个缘由，每当我们人类要追问宇宙的本质是什么？物质为什么以这样的方式存在？时间和空间是有限还是无限的？数字是有限还是无限的这些问题时，都感到头晕和头大，都感到无奈和迷茫。即使是哲学大师黑格尔，也只能恶狠狠地骂一声"恶无限"，没有其他更好的解释。这也使我们联想到当下，大家都以为量子力学是多么的神奇，是多么的不可思议。神奇和不可思议，也只是对人类而言，因为人类的知识是有限和被遮蔽的，大自然本身恐怕并不会感到有多么神奇和不可思议，这些规律和道理毕竟一直在无声无息地存在着。

我们人类的理性有永远不能到达的地方，我们人类的知识有一定的界限和范围，我们人类有永远想不明白的问题，我们人类有永远想做而做不成的事情，大自然在人类面前永远具有神圣感和神秘感……这听起来好像让我们有些沮丧，甚至还有些不服气。殊不知，这种状态的存在，正是造物主和大自然对人类的护佑和眷顾，正是人类物质生活和精神生活的需要，正是人类之所以成为人类的保障和前提。试想，我们人类如果无所不知、无所不能，那对大自然的征服和破坏将比现实情况还要严重，当然这最终受到惩罚的还是人类自身。还有更为严重的是，一旦大自然失去神圣感和神秘感，人类的宗教和信仰将失去基础，人生的终极价值将很难建立，人类的生活将失去神圣和庄严，也将失去意趣和审美……。我们过去对中国先贤"六合之外，圣人存而不论"这个判断理解不深，时至今日，我们应该知道了它的用心和高明。为了人类的生存，为了人类更快乐更有意义的生活，有些东西就不妨存而不论，有些宇宙和人生的根本谜底，就没有必要急于揭透。当然，有些是想揭透而因为冥冥之中有所掩护，而始终是不能够揭透的。

弗兰西斯·培根提出了一个响亮的口号："知识就是力量"，他还为人类获取更多的知识提供了新的工具，并预言人类将征服大自然。我们不怀疑培根希望获得更多知识的初衷，乃是为了人类能够过上更幸福更文明的生活。300多年来，在知识就是力量的号召下，在以求知求真为神圣名义的激励下，在创造带来的快乐和兴趣的驱使下，知识和科学有着难以抗拒的魅力，它引领人类向着无限广阔的未知领域拓展，无所畏惧、一往无前地探索和创造着一切可能性。人类获取的知识确实在不断爆长，人类创造了很多新的物质，制造出各式各样新奇的机器，甚至在某些方面也确实征服了自然。"知识就是力量"这句话没有错，但问题这个"力量"是没有方向的，本身是不存在价值判断的，也就是说，知识和技术既可以造福于人类，也可以给人类的生存和生活带来麻烦。如果说300多年前，知识和技术的这种两面性还没有显示出来，那么时至今日，知识和技术的负面影响则有与日俱增之势。面对这样的情况，当然会引起大家忧心忡忡，并不断提出一些建议和解决方案。如有人建议要用政治"锁死"技术，即国家或政治联合体从制度上规定科学技术的发展与使用，哪些知识可以探讨，哪些技术可以应用都规定得清清楚楚。笔者认为，对科学技术采取什么样的具体防范措施，当前尚不是最主要和最关键的，最要害的是要厘清原有的模糊观念、提高认知，达成新的共识：所谓求真求实并不是最高的信条，科学技术和创新创造也不都具有神圣的光环，人类获取知识和各种追求的最终目的，都是为了维护人类的尊严，都是为了促进人类的幸福和快乐，都是为了保障人类可持续的健康生存和发展。任何知识和科学技术及其应用，都是人类实现幸福的工具和手段，它本身不具有特别的意义和地位。今后人类科学技术的发展，必须在人类更高智慧和文明的引领下，趋吉避凶、舍害就利，有计划有选择地发展。

以上这几万字的论述分析有些繁杂，我想读者诸君只要对以下几点有所留心和认同，就非常好了。

1. 我们所在的宇宙和世界是可以被理解的，而且必须是能够被认识和理解的，因为这是人类得以生存和发展的前提。

2. 宇宙和世界之所以是能够被认识和理解的，是因为人类也是这个宇宙和世界的一部分，大自然和人类在长期的演化和进化过程中，形成了互嵌和相互映照，人和大自然之间已经成为全息、同态、同频、同规和共振的统一体。

3. 人类获得知识和理解大自然，尽管有很深奥的机制和各种条件，但人类具有的先天和先验的理性，却是获取知识和理解世界的基础和可能。换句话说，人类如果没有先天和先验的东西，就不能获取知识和理解世界。人类先天先验的存在，是大自然演化的结果，也是人类自身遗传的结果。当然，先天和先验的东西只是提供的可能，它并不能代替后天的学习、体验和探索。

4. 人类获取知识和理解世界有很多途径和方法，但内省和感觉，是人类认识和理解世界的两大主要途径；归纳和推理，是人类认识和理解世界的重要手段。

5. 经过数千年的学习和探索，人类在哲学、数学和自然科学方面，获得了巨大的成就和丰富的知识，很多自然规律都被揭示，人类并依据这些已有的知识制造出许多新奇的机器，也包括创造出一些新的物质，这都为人类的生活提供了极大的便利，促进了人类文明的发展。

6. 我们人类获取的所有知识，也包括我们发现的所谓自然界的一些定理和规律，都不能说是唯一的和牢不可破的，都不能说是不容置疑的。人类的认识能力和理解世界的范围都是有限的，人类在知识和探索方面有永远不能抵达的地方。大自然在人类面前永远具有神圣感和神秘感。

7. 我们人类的知识和认识能力是有限的，我们有永远不能认识的事物，我们有永远做不到的事情，这对人类是一件好事，这对我们是一个莫大的佑护，这也是我们人类物质生活和精神生活的需要，我们人类应该心存感激和庆幸。试想，我们人类如果一伸手就能够着天，一跺脚就能够震摇大地，那我们人类的生存和生活就没有了安全感。

8. 在知识爆长的今天，在科技创新和新技术日益加快发展的今天，在知识和科学技术的负面作用越来越凸显的今天，人类必须高度警觉，必须重新打量、判断知识和科技，必须要用更高的智慧和文明，来引领和消融知识和科学技术。知识和科学技术，永远都应该是为维护人类的尊严服务的，永远都应该是人类实现幸福生活的工具和手段，科学技术始终都应该是人类文明的一个组成部分，科学技术任何时候都不能凌驾于人类的终极价值之上。

明舟

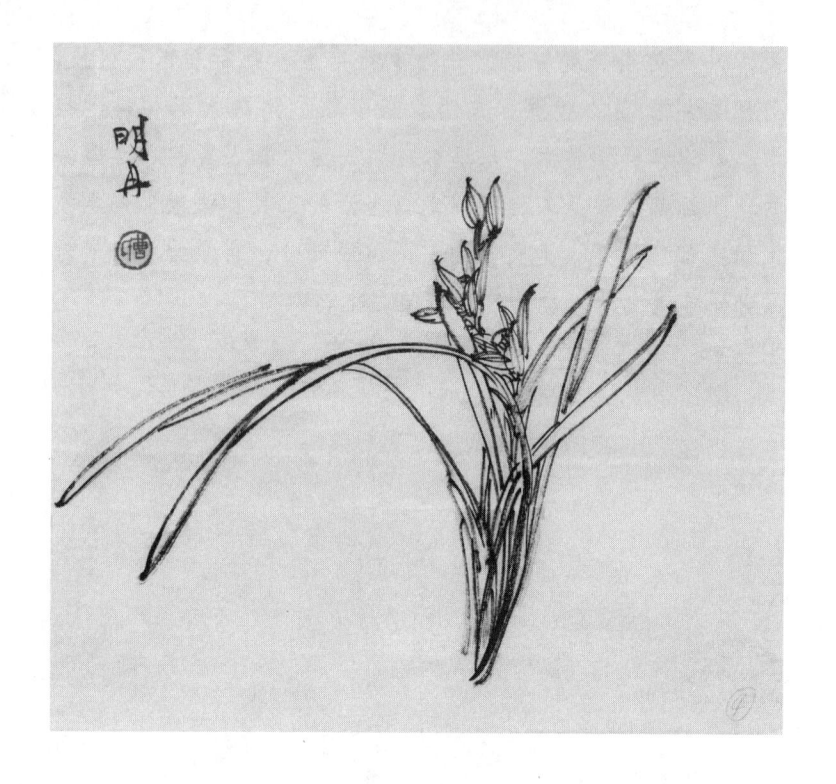

第五章

孔子基督如来佛

世界数千年的文明史证明，人类的生活一刻也不能没有信仰。我们为什么生活？生活的最终目的是什么？生活的意义和价值是什么？短暂的人生和永恒的世界究竟是什么关系？应该如何对待生命和死亡？我们应该如何处理肉体和灵魂的关系？人的精神和灵魂应该如何得到安顿？人应该如何处理自己和他人的关系？个人的生活应该如何融入整个社会？这些重大问题，是每个历史时期、每个地区和民族、每个人群，都必须面对的问题，都必须回答的问题，也都是必须实践的课题。正因为这样，人类历史上涌现出很多思想、哲学、信仰和宗教，可以说是五光十色，流派纷呈。但这其中，对人类文化、精神和生活影响最大的，当属孔子和儒学、耶稣和基督教、释迦牟尼和佛教、穆罕默德和伊斯兰教。在这里，我们既要总结儒学、基督教和佛教等对人类生活的影响，更要面对近100多年来随着"上帝已死"和"打倒孔家店"的呼喊声，所出现的"信仰缺失"和"信仰危机"的现状，探索和解决人类后现代生活中的精神生活和信仰问题。

一

德国学者卡尔·雅斯贝尔斯提出了一个非常著名的观点，叫"轴心时代"。这个观点说：公元前800年至前200年之间，是人类文明的"轴心时代"，是人类文明精神的重大突破时期。在轴心时代，各个文明都出现了伟大的思想家和精神导师，古希腊有苏格拉底、柏拉图和亚里士多德，以色列有犹太教的先知们，古印度有释迦牟尼，中国有孔子和老子。这些先哲们提出的思想原则上塑造了不同的文化传统，并一直影响着人类的生活。这种观点还强调，虽然中国、印度、中东和古希腊相隔千山万水，但它们在轴心时代所形成的思想和文化却颇有相通之处。雅斯贝尔斯还在他的《大哲学家》一书中，推举出人类四位伟大的思想范式的创建者，即苏格拉底、佛陀、孔子和耶稣。并指出，直到今天，好像我们也不可能举出第五个人的名字，没有谁有跟他们有相同的历史影响力，也没有谁有像他们那样的高度。又说，他们的共同之处在于，实现了人类终极的各种可能性，但在内容上并不一致，故而也不能将他们统一为一个真理的整体系统。四位大师中的每一位都有其他三位所不具备的伟大之处。

我们现在先说孔子。大家知道，孔子和他创立的儒家学说，不仅奠定了中华民族的文明格局，两千多年来深深地影响着中国的政治、思想、制度和文化，为炎黄子孙构建了丰厚而祥和的精神家园，使中国的悠久文明一直未有中断而仍焕发出勃勃生机。孔子和儒家的思想，也深深地影响和浸溉着东亚和东南亚各个国家。时至今日，孔子和他的思想已经成为全人类宝贵的精神遗产，越来越受到人们的重视和尊敬。以致有很多学者提出："如果人类要在21世纪生存下去，必须回到2500多年前，去汲取孔子的智慧。"孔子的思想之所以这样如日月经天、江河行地，光照千秋、气势恢弘，主要原因是孔子是一位集大成者。孔子采撷夏、商、周三代之英，祖述尧舜，宪章文武，对过去几千年文化的积累全部继承而光大之。这正如有的学者所说，孔子以前的中国文化，差不多都收在孔子手里；孔子以后的中国文化，又差不多都从孔子那里出来。我在《大中华赋》里曾这样赞叹孔子："删《诗》《书》，订《礼》《乐》，赞《周易》，作《春秋》，创儒学，为民立极，天叫孔子集大成；倡仁爱，讲孝悌，肃纲常，贵中和，传六艺，杏坛春暖，仲尼秉烛照万年。"汉代的司马迁在《史记》中对孔子推崇备至，他感慨地说："天下君王至于贤人众矣，当时则荣，没则已焉。孔子布衣，传十余世，学者宗之。自天子至王侯，中国言'六艺'者折中于夫子，可谓至圣矣！"他认为孔子在人们心目中的地位是：高山仰止，景行行止，虽不能至，然心向往之。唐朝的一位皇帝唐玄宗，写过一首名为"经鲁祭孔子而叹之"的小诗，这首诗就其艺术性来说在唐诗中肯定算不上上品，但对孔子一生的刻画和评价，却十分准确和生动，其诗云："夫子何为者，栖栖一代中。地犹鄹氏邑，宅即鲁王宫。叹凤嗟身否，伤麟怨道穷。今看两楹奠，当与梦时同。"孔子一生正是这样，他面对强弱相凌、礼崩乐坏的乱世，面对人心浮躁、急功近利的世风，以天之木铎为己任，以救危拨乱相期许，为宣扬和实施正道而奔走呼号，栖栖遑遑，虽四处碰壁，犹知其不可为而为之。他在55岁至68岁以年迈之躯，仍带领着弟子周游列国，车马劳顿，颠沛流离，遍历卫、曹、宋、郑、陈、蔡，向各国侯王推行仁政，传布礼教。他的学说和主张，当时虽然不为人们理解，但在他死后却逐渐被人们所接受。孔子被后人尊称为"大成至圣文宣王"，享受到"两楹奠"的隆重祭祀，他生前的梦想得以实现。

现在有一个很重要的问题，需要和读者诸君一起辨析清楚。孔子和儒学两千多年来一直成为中国的主流意识，为中华民族树立起信仰之塔，给每个炎黄子孙赋予生命的意义和价值，安顿着一代又一代同胞的心灵，鼓舞激励着一代又一代同胞的意志和追求，她既是昆仑泰山，巍然屹立，坚不可摧；又是黄河长江，源远流长，润人心田，洗污冲垢。任何异端都不能动摇其正统地位，任何外来的文化包括宗教都能被她吸收和改造。孔子和儒学既然有这么神奇的精神力量，那么，儒学是不是宗教？实际上，从古到今，都有人把儒学称为儒教的，认为孔子和他创立的儒学，也是一种宗教。我们在此，要郑重地说，孔子和儒学不是宗教，绝对不是宗教。

读者只要看一看世界上的各派宗教，不管是基督教还是佛教，不管是伊斯兰教还是锡克教，稍作比较，就会发现儒学和各种宗教都有本质的不同，儒学没有需要天天顶礼膜拜的万能的上帝，儒学没有生死轮回的说教，儒学没有升天堂和下地狱的许诺，儒学也没有那么多不食人间烟火的清规戒律……因此，尽管有"世界上有多少种宗教，就会有多少种宗教的定义"的说法，但儒学确实不是一般意义上的宗教。现在要回答的问题是：儒学既然不是宗教，它又是如何充当人们的信仰呢？它是如何实现人们的精神关怀的呢？它是如何满足人们深层次的精神需求的呢？笔者的回答是：博大精深的儒学虽然不是宗教，但它是一种更高级的智慧和文化，包含着丰富的"宗教性"意旨，有对现实生活的超越性，在某些方面能起到"准宗教"的作用。儒家的这种宗教性的意旨和作用，主要体现在它的"天人合一"学说和对祖宗的崇拜以及祭祀上。

国学大师钱穆老先生到晚年曾有这样的感慨："中国文化中'天人合一'观，虽是我早年屡次提到，唯到最近始彻悟此一观念实是整个中国传统文化思想之归处。我深信中国文化对世界人类未来求生存之贡献，主要即在此"。是的，"天人合一"思想确实是中国传统文化的要义和精髓，体现了中华民族的极高生存智慧，也是孔子等先哲长期探求和思考的结果。我们知道，"子不语怪力乱神"，整个儒学也都是"六合之外，圣人存而不论"。但是，唯独对于天和天人关系，孔子和儒家思想给予了充分的重视和论述。我们常说的儒家的"天人合一"思想，实际上包含着敬天、畏天，顺天、契天、则天和参天等诸多内容。在孔子和儒家的眼里，"天"和"大自然"几乎是相同的，只是它还有精神层面的价值和作用。所谓敬天和畏天，就是要知道昊天的神奇和无限，就是要感谢上天的造化之功和好生之德，而心存敬仰和畏惧。孔子说："君子有三畏，畏天命，畏大人，畏圣人之言。"又说："获罪于天，无所祷也。"《易传》中说："天地之大德曰生，生生之谓《易》。"所谓"顺天"和"契天"，就是按天道行事，而不是逆天而行，使自己的行为和天道相符合，与天道达到高度默契。孔子说："天何言哉？四时行焉，百物生焉。"《易传》中说："夫大人者，与天地合其德，与日月合其明，与四时合其序，与鬼神合其吉凶。先天而天弗违，后天而奉天时。天且弗违，而况于人乎？况于鬼神乎？""则天"，就是认识天道，效法天道，以天地之德为德，以天地之性为性，以天地之心为心，以天道为最高的行为准则。孔子认为古代圣王尧帝之所以取得成功和受万民拥戴，就是因为他始终效法天道行事，《论语》中说："大哉尧之为君也，巍巍乎，唯天为大，唯尧则之！"孔子在《易传》中又说："天行健，君子以自强不息；地势坤，君子以厚德载物。"在中国古代"天人合一"思想中，还有一个光辉的方面需要给以重视和理解，那就是儒家提出的"天生万物，唯人为贵"，人与天、地并列而称为"三才"。在其他一些宗教中，信徒认为上帝或偶像是无所不在、无所不知、无所不能的。但"天人合一"思想，可能也会认为天是无所不在和无所不知的，却不认为天是无所不能的。中国人信仰的是"天生人成"，即使天有无限的可能和创造力，也只能经过人的努力才能够完成。人作为"三才"之一，在皇天后土面前有很强的主动性，有很多自由发挥的空间，人可以"赞天地之化育"，可以"与天地参"。这就是所谓"参天"。孔子和儒家还特别重视"天命"，天命就是天道的规律，天命就是天的无声旨意，天命对人来说就是使命。孔子说他五十岁才知天命，即知道了自己该做什么，能做什么，如何来做。孔子还认为一个知天命的人，一个承担着重大历史使命的人，外部任何艰难危险都不能阻挡，因此他对天命和使命充满自信和乐观。有一次孔子和他的学生经过匡地时，遇到暴人和叛乱，被人两次拘禁，处境十分危险，甚至有生命之虞，当学生们都很恐慌和担忧时，孔子用下面的话来安慰大家：文王既殁，文不在兹乎？天之将丧斯文也，后者不得与于斯文也；天之未丧斯文也，匡人其如予何！

在孔子和儒学中还有一个重要内容，能起到替代宗教的作用，能起到人生终极关怀的作用，那就是对祖宗的崇拜和各种祭祀活动。对祖先的崇拜，夏商周三代都是如此，是个很悠久的文化传统，只不过孔子和儒学把这种传统文化发扬光大了，使它成为中华民族精神生活和信仰的一个重要方面。大家知道，孔子从青少年时期就开始学习礼仪，礼的内容当然很多，但最重要的是祭祀之礼，即对天地和祖宗的祭祀。孔子非常重视祭祀，他说："禹，吾无间然矣。菲饮食而致孝乎鬼神"。意思是说，对于大禹，我实在挑不出他的毛病，他自己的饮食非常节俭，但对祖先的鬼神却能精致地进行祭祀。《论语》中还记载：子曰，生，事之以礼；死，丧之以礼，祭之以礼。孔子还强调，祭祀祖先时最重要的是庄严和虔诚，他说，祭如在，祭神如神在。意思是说，祭祀的时候，好像自己的祖先就在面前一样。儒家思想还主张，"慎终追远，民德归厚矣"，即我们非常慎重地为父母办丧事，经常缅怀和祭祀列祖列宗，老百姓的品德自然会日益淳厚。正是在孔子和儒学的教化倡导下，两千年来中国上至天子，下至庶民，都把对祖先的崇拜作为重要信仰，把各种祭祀典礼作为重要的精神文化生活。《礼记》中说："天子七庙，三昭三穆，与太祖之庙而七；诸侯五庙，二昭二穆，与太祖之庙而五；大夫三庙，一昭一穆，与太祖之庙而三；士一庙，庶人祭于寝。"在轴心时代之后，大多数文明都走向了宗教，中华民族的先圣先贤凭着深厚的文化积累和高超的生存智慧，以天人合一和祖宗崇拜为说教，既满足了炎黄子孙的终极关怀和信仰问题，又没有把宗教作为国家的主流意识，从而避免了陷入愚昧和虚妄，一直走在人文主义理性的康庄大道上。有人说这种现象是文化早熟，有人说这是早期启蒙，但无论怎么说，中华民族在那个关键时刻的华丽转身，确实给其后代子孙带来了幸运和福祉，而这一恩泽在今天和今后将会更加显现出来。

　　孔子和儒家对美好社会和清明政治的追求，对大同世界的描绘和向往，也成为国家的主流意识，也成为中华民族信仰的一个重要内容，也成为每个炎黄子孙形成共同政治理想的思想基础。孔子和儒家甚至其他诸子都认为，虽然现实社会弊端丛生，令人不满，但历史上曾经存在过美好的黄金时代，只要大家共同努力，盛世就一定会再现。孔子说："大道之行也，与三代之英，丘未之逮也。而有志焉。"孔子和儒家还给人们描绘出最理想的大同世界，《礼运》中说："大道之行也，天下为公，选贤与能，讲信修睦。故人不独亲其亲，不独子其子，使老有所终，壮有所用，幼有所长，矜、寡、孤、独、废疾者皆有所养，男有分，女有归。货恶其弃于地也，不必藏于己；力恶其不出于身也，不必为己。是故谋闭而不兴，盗窃乱贼而不作，故外户而不闭，是谓大同。"对美好社会的追求，成为炎黄子孙一代又一代努力的目标，也是大家能忍受各种艰难困苦的思想支撑。杜甫的"致君尧舜上，再使风俗淳"的著名诗句，反映了很多人的心声，大家都期盼着海晏河清。特别是儒家所提出的大同思想，穿越千年时空，一直影响到康有为、孙中山和毛泽东。

　　世界上任何信仰和宗教，都面对和回答这样一个问题：如何处理好人与人之间的关系，如何处理好自己与他人的关系。对这个问题回答出来的高度和厚度，也可能反映出这种信仰或宗教的高度和厚度。孔子和儒家对这个问题的回答就是一个字："仁"。汉语中的仁字从人从二，其造字的本义就是指两个人之间的事。据统计《论语》499段话中，有58段是专题讨论"仁"的，"仁"字在《论语》中共出现了104次。虽然孔子回答什么是"仁"时，会因人因事而异，但儒家"仁"这一概念的基本含义确是确凿和清楚的,就是仁者爱人。有一次樊迟问老师什么是仁,孔子果断地回答:爱人。《论语》中说:"泛爱众,而亲仁"。孔子和儒家不仅主张爱人,而且要爱众人,提倡大爱无疆。儒家强调在认识和践行仁爱道德时,要用"推己及人"的方法来实现这一目标。推己及人就是"己欲立而立人,己欲达则达人"。儒家认为慈爱的情感是人先天就有的,热爱自己和热爱自己的亲人是最根本的,但这还不够,由爱自己的亲人,再扩展到爱别人,这才叫作"仁"。也就是"老吾老,以及人之老;幼吾幼,以及人之幼"。后儒张载在解释仁道时说:"仁道有本,近譬诸身,推以及人,乃其方也。必欲博施济众,扩之天下,施之无穷。必有圣人之才,能弘其道。"特别是孔子提出的"己所不欲,勿施于人"的忠恕之道,不仅是中国人几千年来的信条,现在也逐渐被国际社会所接受。据说在1993年美国芝加哥召开的世界宗教会议上,人们普遍认为,中国的古老格言"己所不欲,勿施于人"可成为人类共同遵守的行为准则。在"仁爱"的基础上,后来的孟子又发挥了"义"的观点,仁和义基本上是相同和相通的,但也略有差异,如孟子说:"仁,人之安宅;义,人之正路"。又说:"仁,人心;义,人路"。孟子的意思大致是,仁义本为一体,仁是爱心和做人的标准,义是实现仁的路径和举措。孔子和儒家所倡导的仁义,就是中国人的慈爱之心,就是中国人处理人与人关系的标准,就是炎黄子孙每个人的做人原则。虽然世界上所有的信仰和宗教都标榜博爱,但中华民族的仁义之爱,似乎是更切入情理,似乎是更贴近生活,似乎是更便于践行,也似乎是更容易检验。经过一代又一代的教化和践行,仁义的道德思想在中国已经根深蒂固,深入人心,不仁不义的行为始终受到人们的抵制和唾弃。在极端的情况下，儒家还主张要杀身成仁、舍生取义，即在必要时为践行仁义而牺牲宝贵的生命，因此中国历来不缺少殉道的志士仁人。

"礼"在中国传统文化中占有极其重要的位置，中国古代的礼仪不仅繁复详备，而且要求十分明确和严格，在中国古代"礼"甚至和"法"享有同样的尊严和地位，中国是名副其实的礼仪之邦。中国先贤非常睿智，他们很早就认识到，所谓天理、仁义、正气和尊卑等，这些看不见、摸不着的概念何以能够落到实处，必须制定一整套人的行为准则来做保障，这些行为准则就是"礼"。"礼者，理也"。儒家有三部经典是专门讲述各种礼仪的，即《周礼》《仪礼》和《礼记》，其他经典中也大都有涉及"礼"。据统计，《论语》中讲到"礼"的就有70多处。孔子一生都在学习礼、研究礼、讲习礼，精通各种礼仪，谁有不明白的问题都可以向他请教。孔子说："夏礼，吾能言之，杞不足徵也；殷礼，吾能言之，宋不足徵也。文献不足故也。足，则吾能徵之矣"。他还说，"殷因于夏礼，所损益可知也；周因于殷礼，所损益可知也。其或继周者，虽百世，可知也。"从孔子到现在，已经近八十世，"周礼"在很大程度上仍规范着人们的行为，这就是所谓"百世可知也"。孔子生活在礼崩乐坏的春秋乱世，他一生都在为维护礼的尊严、恢复周礼而努力，他一生都在宣传礼、捍卫礼，他提出"非礼勿视，非礼勿听，非礼勿言，非礼勿动"，他甚至认为，"一日克己复礼，天下归仁焉"！孔子对非礼之事深恶痛绝，如对季氏的"八佾舞于庭"的这种僭越礼制的行为，他斥责道："是可忍，孰不可忍也！"因为按照礼法季氏是士大夫，只能用到八人四列的四佾舞。据说孔子辞职出走而周游列国的一个重要原因，就是因为鲁定公和季桓子没有及时将祭肉分送给他。孔子不是为了这块肉，而争的是"礼"，因为他从这不讲礼数的行为上判断出政权的腐败和不可救药。

　　孔子自己一生都严格地按照礼制行事，说得到也做得到。大到君臣之礼、祭祀之礼、宴宾之礼，小到生活中的一言一行，处处都体现出礼的法度。他在有丧事的人家吃饭，从来不吃饱；邻里家有丧事，他会放弃一切娱乐活动，甚至哼小调也避免。他看到穿孝服的、戴礼帽的、双目失明的人，即使年龄比他小，也要疾步快走，以表示敬重和同情。有时遇到一些虽然合情但不合礼的事，孔子也会以礼制情，按礼行事。如颜回死时，他万分悲痛，连说：天丧予、天丧予，因为颜回是他最看好的学生。但颜回的父亲颜路请求孔子，想用他坐的车子为颜回打棺材时，孔子却没有同意。这并不是吝啬，如果答应了颜路的请求，就从两方面都违背了礼制：一是以颜回的身份和家庭情况不宜厚葬；二是孔子位列大夫，出门行走时不能没有车子。孔子和儒家之所以重视礼，是因为中国先贤认为：礼和仁互为表里，有仁爱之心，才会按礼行事；只有按礼行事，才能体现出仁爱之心。中国传统文化中的礼，包括我们现代意义上所说的文明、礼貌和礼节，但又远远高于和大于这些内容。《左传》中说："礼，经国家，定社稷，序民人，利后嗣者也。"《礼记》中说："道德仁义，非礼不成；教训正俗，非礼不备；分争辩讼，非礼不决；君臣上下，父子兄弟，非礼不定；宦学事师，非礼不亲；班朝治军、莅官行法，非礼威严不行；祷祠祭扫，供给鬼神，非礼不诚不庄。"孔子之所以说"礼之用，和为贵"，就是认为只要人人按礼行事，整个社会才会是和谐的。有的学者认为"礼教"是整个中国传统文化的核心，也是有一定道理的。

"忠"和"孝"也是孔子和儒家思想中的两个重要概念，世界各种文化中应该都有"忠"和"孝"的道德元素，只是中国传统文化把这两种行为推向了极致，成为每个炎黄子孙都必须信奉和践行的人生道德准则。在中国，不忠不孝是最大的耻辱，谁也承担不起这个骂名。同时，忠臣孝子则人人敬仰，是家族之荣，是邦国之光。所谓"忠"，就是忠于君主、忠于人民、忠于祖国、忠于职守、忠于道义、忠于信仰；所谓"孝"，就是敬祀祖宗、孝顺父母、友善兄弟、尊老爱幼、和睦家庭、为族争光。儒家认为人与禽兽的区别在于人有孝心而禽兽没有，人类的教化应该从孝着手，应该从家庭开始。所以，汉字的"教"字取"孝"与"文"，儒家指示的人生成材之路是：修身、齐家、治国、平天下。儒家还认为，忠诚等优秀品质都是孝道的延伸，在家是孝子，在社会上就一定会成为忠贞之士。故孔子说："其为人也孝悌，而好犯上者，鲜矣；不好犯上，而好作乱者，未之有也。君子务本，本立而道生"。孔子这里所说的"务本"，就是指崇尚孝道，培植孝心。孔子有关孝道的论述很多，他将孝道分为三个不断递升的层阶。第一层阶的孝道是"能养"，即能让父母吃好、喝好，衣食无忧；第二个层阶的孝道是"色难"，孝子应该以顺为孝，对父母和颜悦色，不违背父母的志趣；第三个层阶的孝道是"父母唯其疾之忧"，你的所作所为父母不用为你担忧，父母不仅不会因你而蒙羞，而且父母和家族都会以你为荣，即"扬名声、显父母"。儒家和历代王朝政权为推广孝道不遗余力，千方百计，专门讲解孝道的儒家经典《孝经》，列为"十三经"之一，备受尊崇，很多皇帝亲自为它作注，亲自宣讲。《孝经》不仅是每位读书人的必读书，也是科举考试的重要内容。《孝经》中的有些话，确实说得很到位，如"夫孝，天之经也，地之义也，民之行也"。再如"（孝）始于事亲，中于事君，终于立身"。为了推广和普及孝道，中国古代还树立了24位大孝子为典型，名为二十四孝，从大舜孝感天地、闵子骞单衣奉亲到王祥卧冰、丁兰刻木，这些感人的孝亲故事以各种文学艺术形式，广为传播，家喻户晓，人人从中受到教益。

封建王朝为了显示要以孝治天下，还将孝的有关行为列入法典，如在官僚队伍中刚性实施的丁忧制度：即父母去世，任何官员都要放下工作，回到老家为父母守孝，而且一守就是三年。在这三年中，孝子要素衣、素食，不得有任何娱乐活动。即使像张居正这样的首辅大臣，在落实丁忧制度时有变通，都会引起朝野的弹劾和哗然。我们前面说过，"忠"是"孝"的自然延伸，忠和孝紧密相连，因此对忠的要求也达到了极端的高度，形成了普遍共识。甚至在忠孝发生矛盾时，或忠孝不能两全时，社会鼓励先忠后孝，以赴国事。忠道德的践行，既表现在平时的忠于职守，更体现在危难时挺身而出。所以《周礼》对忠的解释是："危身事上，险不避难，谓之忠。"也就是文天祥所说的"时穷节乃现，一一垂丹青。"国家和舆论任何时候都褒奖忠臣孝子。读者诸君知道，我们中国古代史书的修撰，大都是后一个朝代负责修编前一个朝代的历史，而前一个朝代又都是由后一个朝代推翻的。但是他们在编写前朝的历史时，表彰歌颂的也都是坚贞不屈、拒不投降的忠臣，而对于很容易就归顺他们的官员，则列入贰臣行列，贰臣就是不忠、不专一的意思。例如为抗御清军而殉难的史可法，他"忠正"命号的追封，就是由后来的乾隆皇帝颁发的。说到忠孝，孔子和儒家所竭力倡导的忠于正统、维护国家大一统的思想，尤其值得一提。因为这一光辉的传统思想，使我们幅员辽阔、人口众多、民族复杂的中华大国，能够始终保持统一和完整。这乃是我们可爱的祖国，今日将要实现伟大民族复兴的真正根基。

中华民族对于君子人格的塑造和推崇，也是中国传统文化的一个重要特色。中国先贤提出的那么多美好的道德和理想，但实践这些道德和社会理想，都需要由人来实现、来完成，人是最重要的载体，所以人格的培养最为重要，一切的道德说教最后都要转换成如何培养人和提高人的素质上。"君子"这个词或许早已有之，但在春秋以前并不响亮，而主要是代指贵族和执政者。孔子和儒家对"君子"的内涵进行了改造和提升，赋予其新的内容，使其成为优秀道德品德的化身，使其成为理想人格的美称。《论语》中"君子"一词出现100多次，是使用频率最高的一个词。孔子虽然没有给君子下过明确的定义，但我们从孔子对君子的希望和要求中，大致能看出君子应该是一种什么样的人，应该如何为人处世。我们现在摘引几段《论语》中有关"君子"的话：①《学而》篇："君子务本，本立而道生。""君子不重则不威，学则不固。主忠信。无友不如己者。过则勿惮改。""君子食无求饱，居无求安，敏于事而慎于言，就有道而正焉。"②《为政》篇："君子不器。""君子周而不比，小人比而不周。"③《里仁》篇："君子之于天下也，无适也，无莫也，义之与比。""君子怀德，小人怀土；君子怀刑，小人怀惠。""君子喻于义，小人喻于利。""君子讷于言而敏于行。"④《述而》篇："君子坦荡荡，小人长戚戚。"⑤《颜回》篇："君子不忧不惧……内省不疚，夫何忧何惧？""君子成人之美，不成人之恶，小人反是。""君子以文会友，以友辅仁。"⑥《子路》

篇:"君子泰而不骄,小人骄而不泰。"⑦《宪问》篇:"君子耻其言而过其行。""修己以敬……修己以安百姓。"⑧《卫灵公》篇:"君子求诸己,小人求诸人。""君子矜而不争,群而不党。"⑨《季氏》篇:"君子有九思:视思明,听思聪,色思温,貌思恭,言思忠,事思敬,疑思问,忿思难,见得思义。"儒家的经典之一《周易》也对"君子"提出了要求:"天行健,君子以自强不息;地势坤,君子以厚德载物。"

　　孔子和儒家倡导的君子人格,登高一呼,万人景从。如果说儒家提出的其他思想,包括仁、义、礼、智、信的道德信条,诸子百家总还会有一些异议的话,那么,对于"君子"人格的推崇,道、墨、法、兵等家不仅没有异议、众口一词,而且推波助澜,汇成洪流。君子文化不仅在诸子百家中没有异议,经过两千多年的推广和培育,在社会各个阶层也都形成了共识。要当君子,不做小人;敬佩君子,鄙视小人,这种意识,在每个炎黄子孙心中已经扎下了根。甚至一个土匪,你可以骂他是强盗,但不能说他是小人,或许他还以君子自诩,还有一些君子之为呢!君子成了对人的最高评价,最终的认可。一个人只要能被众人称为君子,那他的做人就是最大的成功了。一个人是不是君子,和他的能力没有关系,和他的地位没有关系,和他的财富没有关系,和他的知识多少没有关系,甚至和他对社会的贡献也不完全是一回事,只和他的行为有关,只和他的为人处事有关。人们认为一个人是不是君子,有时是超越阶级和他所在阵营的。如三国时的关云长,不仅蜀汉这边认为他是忠义千秋,曹魏一方也认为他是真君子。再如我们敬爱的周恩来总理,国民党一方也非常敬重他的人格。同样,对于张治中等人,我们共产党人也认为他们是开明和厚道的人。至于像戴笠等这样的人，恐怕不仅我们共产党憎恨他，在国民党内部也多把他视为小人。这就是君子之道的力量。

在中国历史上，不仅孔子创立的儒家思想产生了深远的影响，就是孔子本人的行为和人格魅力，就是孔子这个名字作为一种象征和符号，也成为中国人崇拜的偶像，成为炎黄子孙学习的楷模，成为中华民族引以为骄傲的文化昆仑，一直发挥着巨大的教化和引领作用。孔子不像其他教主，如耶稣和释迦牟尼，半人半神，扑朔迷离，孔子是实实在在活生生的人，而且是一个出身普通的人，只是他由凡而圣，最终成为伟大的人。孔子三岁丧父，十七岁丧母，家庭情况并不算优越。他只是凭着顽强的毅力、远大的抱负、刻苦的学习精神，不断进取，才一步一步攀上高峰。孔子自己总结他的一生进程是："吾十有五而志于学，三十而立，四十而不惑，五十而知天命，六十而耳顺，七十而从心所欲不逾矩。"孔子的好学无人能比，他青少年时即"入太庙，每事问"，他转益多师，四处访学于贤者。孔子对自己的好学也非常肯定，《论语》中说："十室之邑，必有忠信如丘者焉，不如丘之好学也。"孔子知识的渊博无人能比，他不仅精通各种典籍，是书必读，"韦编三绝"，而且博古通今身兼"六艺"，礼、乐、射、御、书、数无所不能。孔子"学而不厌，诲人不倦"，跟他学习的弟子达三千多人，其中比较优秀的有七十二人。孔子是第一个创办私学的，被誉为中国教育的始祖。孔子最令人敬佩的品质是，"发愤忘食，乐以忘忧，不知老之将至"，为完成他匡扶天下的使命，为推行儒家的王道和仁政，为实现他心目中的理想社会，奔走呼号，殚精竭虑，知其不可而为之，虽未开花于当世，然已播种于千秋。

孔子还知道，人们劳作学习和奋争的最终目的，就是为了让每个人都过上健康快乐的幸福生活，所以它率先垂范，虽肩负天命，但生活得却轻松愉快。他达观乐天，幽默风趣；他唱歌抚琴以娱情，骑马射箭以健体；他讲究饮食，懂得养生；他随遇而安，饥寒困顿亦不忧。孔子的这种阳光快乐的生活态度，这种以强大精神为支柱的忧乐观，深深地影响和塑造着中国人，特别是知识分子的性情。

孔子生前已经声誉日隆，甚至有人以"圣人"相称许，但他本人是不以圣人自居的，说："若圣与仁，则吾岂敢"。孔子逝世一百多年后，儒学的另一位创始人孟子给予他极高的评价："麒麟之于走兽，凤凰之于飞鸟，泰山之于丘垤，河海之于行潦，类也。圣人之于民，亦类也。出于其类，拔乎其萃，自生民以来，未有盛于孔子也。"孔府中有一些匾额，如"生民未有""道冠古今""德侔天地"等，皆据此而来。中国历朝历代，对孔子都有追封和旌表，如汉朝追封孔子为"褒成宣尼公"，隋朝封孔子为"先师尼父"，唐朝封孔子为"文宣王"，明朝封孔子为"至圣先师"，清朝封孔子为"大成至圣文宣先师"，民国政府封孔子为"大成至圣先师"。两千多年来，中国对孔子的祭祀也是非常隆重和普遍的。《明史》中说："孔子垂教万世，天下共尊其教，故天下得通祀孔子，报本之礼不可废。"国家除每年有祭祀大典，凡改朝换代或有新的皇帝登基，除祭天、祭祖外，都要举行祭孔仪式。当时每个县都建有孔子庙即文庙，新生入学或考取了功名，都要到附近文庙去祭拜。孔子和儒家的思想之所以影响这么深远，之所以一直成为中国的主流意识，就是因为这种思想既适应官方，又为知识精英所接受，还受到普通老百姓的赞赏。皇帝用儒家思想安邦治国，士大夫用儒家思想安身立命，普通百姓用儒家思想教育子孙。我印象很深，我爷爷他们兄弟六人和我父亲，有上过几年私塾的，也有目不识丁的，但都尊敬孔圣人，都能背两句《论语》，都能用孔子的故事来教育后辈。因此，在中国人人身边有《论语》，人人心中有孔子。

行文至此，抚今追昔，不禁感慨系之。应该说，诸子百家都各有所长，都各臻其妙，都为中华民族的精神文明做出了自己的贡献。但只有儒家学说，才能为昆仑泰山铸魂，才能使长江黄河扬波，才能为神州大地撑起一片理想的天空，才能为炎黄子孙营建起温馨的精神家园！

二

基督教包括天主教、新教、东正教三大教派和其他一些小教派，是目前世界上信徒最多、影响最大的宗教。基督教起源于巴勒斯坦地区，经过两千多年的扩展和传播，不仅一直成为欧美等西方国家的主流意识，甚至对全人类的文明都产生了巨大的影响。要想深入理解西方文化和世界文化，就必须知道基督教文化。我们现在从以下几个方面来介绍和分析基督教的有关情况。

1. 基督教的产生和耶稣的传说

读者诸君知道，基督教是从犹太教脱胎衍化出来的。犹太教逐渐形成的历史应该很长，大致从公元前 2000 年到公元前 100 年都一直在缓慢发展。犹太教的形成，和以下地理、地名及族名、人名紧密联系在一起：美索不达米亚平原、埃及、迦南、巴勒斯坦；希伯来人、亚伯拉罕、以色列人、摩西。有的学者说，犹太教是在苦难中诞生，这话是对的。以色列和犹太人确实是一个多灾多难的民族，这个族群最大的困厄，就是居无定所，到处颠沛流离。大约在公元前1800年左右的时候，原本是闪米特族的一支弱小的牧羊人部落，从阿拉伯半岛南部迁徙到两河流域的迦南地区（今巴勒斯坦），当地人称这些人为"希伯来人"，意即"从河那边过来的人"，他们就是以色列和犹太人的祖先。希伯来人在迦南地区过了几百年相对安稳的日子，并且建立了自己的国家。但好景不长，埃及人征服了这块地方。公元前1223年，埃及法老梅尼普塔在炫耀他的战功碑文中记有："以色列已化为废墟，但它的种族并未灭绝。"以色列人在埃及的统治下，过着奴隶般的生活，特别是以色列人从亚伯拉罕时期就供奉一神教，这和当时埃及人的拜物教和多神教是相冲突的，因此在精神上也受到打压和限制。后来以色列和犹太人里出现了一个民族英雄叫摩西，他发誓要带领族群走出埃及，到一个到处流着奶和蜜的美丽地方生活，于是这个民族又启动新的一次长途跋涉。摩西历尽艰辛，经过40多年的努力，不仅带领着众人到达新的目的地，而且为了凝聚人心，强化迁徙途中的纪律，创立了著名的"摩西十诫"，也成为后来犹太教的主要内容。摩西带领大家要去的地方，正是他们祖先曾经居住过的地方巴勒斯坦。到了公元1世纪，巴勒斯坦被罗马帝国所征服，将巴勒斯坦降为一个省，犹太人受到"铁和火"的野蛮统治。犹太人曾经一次又一次的举行起义和反抗，都遭到残酷镇压，被屠杀的犹太人就有150多万人，幸存者绝大部分被赶走或者逃出巴勒斯坦，向世界各地流散。这次犹太人是真正失去了祖国和家园，而且是开始了永无止境的流浪。正是因为生活中的苦难和不幸太多，正是因为一直没有稳定的安身之所，所以以色列和犹太人更看重信仰的力量,更用心去构筑精神的家园。他们不仅在耶路撒冷修建起当时最壮丽的圣殿,供犹太人聚会和礼拜,而且把藏有自己祖先和上帝立约文本的"约柜",背在肩上,无论流浪到哪里,就带到哪里。以色列和犹太人逐渐有了自己的宗教犹太教,它的经典就是《希伯来圣经》,这部书后来也成为《旧约》的基础。犹太教堂坚守一神教,只信奉上帝耶和华,并认为犹太人才是上帝的选民,虽然现实生活备受折磨,但耶和华上帝会有一天派降"弥赛亚"即拯救者,来搭救他们于苦海之中,来帮助他们复兴民族和国家。

从公元前6世纪到公元前1世纪,一个称为"弥赛亚主义"的活动愈演愈烈,民间出现了很多以先知自居的犹太人,他们都众口一词的预言"上帝的国近了""弥赛亚就要降临了""犹太人苦难的日子快要结束了"。有些人甚至断言,他们日夜盼望的弥赛亚业已降临,而且勾画出一些征兆和细节。基督耶稣正是在这种千呼万唤的期盼之中,应该降临而真的出生了。多数学者认为,关于耶稣的生平和活动,可能有虚构和神话的部分,但历史上应该确有耶稣其人。关于耶稣的诞生,《圣经》上是这样记载的:"他母亲玛利亚已经许配了约瑟,还没有迎娶,玛利亚就从圣灵怀了孕。她丈夫约瑟是个义人,不愿意明明地羞辱她,想暗暗地把她休了。正思念这事的时候,有主的使者在他梦中显现,说'大卫的子孙约瑟,不要怕,只管娶过你的妻子玛利亚来。因他所怀的孕,是从圣灵来的。她将要生一个儿子,你要给他起名叫耶稣,因他要将自己的百姓从罪恶里救出来'。这一切事的成就,是要应验主借先知所说的话,说:'必有童女怀孕生子,人要称他的名为以马内利'。约瑟醒了,起来,就遵着主使者的吩咐,把妻子娶过来。只是没有和她同房,等她生了儿子，就给他起名叫耶稣。"耶稣出生的地方是一个叫作拿撒勒的风光秀丽的古老村庄。玛利亚未婚而孕生下耶稣，基督教称为"圣灵感孕""道成肉身"，这也符合当时人们关于弥赛亚将是"神与人结合而生子"的普遍传说，从而增强了耶稣的影响力和号召力。

耶稣从小聪明好学，认真研读"摩西十诫"等犹太教经典，并每天早晚两次跟随母亲对神主耶和华做祈祷，成为一个犹太教的虔诚信徒。有一件事情，对耶稣影响甚巨。在他12岁时，他有幸随父母去耶路撒冷过"逾越节"，并能够到他向往已久的犹太教圣殿去参拜。但当耶稣怀着崇敬的心情走进圣殿，圣殿中庭里却是狼藉一片，混乱不堪：牲口贩子牵着牛羊，吆喝叫卖；肥胖的银商坐在高高的柜台上，向前来祈祷者兑换货币；牛羊的叫声和银元的叮当声此起彼伏，各种腥臭味和浊气令人窒息。耶稣在大失所望的同时，也深感自己责任重大。他立志要振兴犹太教，要拯救受苦受难和执迷不悟的人。当比他出道稍早的表兄约翰，在约旦河边宣传悔改的洗礼时，耶稣也来了，并且和其他人一样接受了洗礼。约翰似乎判断出了耶稣就是未来的弥赛亚，对他说："我当受你的洗，你反倒上我这里来了。"耶稣说："我们理当这样尽诸般的义。"耶稣受了洗，从水里出来，看见天开了，仿佛从天上有声音说："这是我的爱子，我所喜悦的。"(《马太福音》《马可福音》)据说耶稣受洗后，又在旷野禁食40昼夜，深思参悟，多次经受住魔鬼的试探和诱惑，学问和见识大增，对天、神、人和社会都有了新的认识。

耶稣从不到30岁就开始传教布道，招收门徒。耶稣在宣传天国的福音时，还做了很多神奇的善事，如使瞎子看见，聋子听见，瘫子行走，使麻风病人痊愈，使鬼附身者恢复正常。耶稣从众多的门徒中，选出彼得、约翰、雅各和犹大等12个人作为他的伙伴，朝夕不离，一起传道。耶稣多次向他的门徒预言，我将遭难，但死后不久还会复活。后来事情的发展果然是这样。耶稣的行为与主张得到了大批犹太下层民众的拥护，也遭到了祭司贵族和罗马当局的憎恨。大约公元30年4月6日晚上，耶稣按照犹太人的传统和十二门徒共同吃逾越节的筵席。耶稣拿起饼掰开分给众人，并说："这是我的身体，为你们舍的，你们也应当如此，为的是纪念我。"他又拿起杯子说："这杯是我用血所立的新约，是为你们流出来的。"耶稣又指出："你们中间有一个人要出卖我了。"晚餐后不久，大祭司就在犹大的指引下带人来抓捕耶稣。第二天早晨，众祭司把耶稣绑解到了罗马总督彼拉多那里，控告他自称是犹太人的王，蛊惑民众，反抗罗马。耶稣在遭受鞭打和戏辱后，被残酷地钉在十字架上。他在临咽气之际，睁开双眼望着山下黑压压的人群，又昂起头来望着苍茫的天空，最后低声呼唤："父啊，我把我的灵魂交到您手里了！"时年耶稣36岁。据称三天之后，耶稣复活了，重新出现在圣徒的中间。

2.《圣经》和教义的主要内容

《圣经》是基督教的神圣经典，它受到极高的尊重和敬仰，是每个基督教徒终生诵习和践行的金科玉律。《圣经》还是人类有史以来影响最大的一部百科全书，书中有丰富的神话、历史、哲学和文学知识，据说已经被翻译成上千种语言和方言，出版发行的数量达几十亿册。《圣经》虽说是受神的启示而成书，但它不是一人和一时之作，而是经过很多人，几百年甚至上千年不断修订完善。《圣经》由《旧约》和《新约》两部书组成，所以也称为《新旧约全书》。《旧约》是从犹太教继承下来的，它是犹太教的经典，犹太教认为《旧约》是上帝与犹太民族在西奈山订立的盟约，故称"约书"。基督教沿袭了这种说法，但认为基督以他的流血受死而重新建立起上帝与人之间的协约，故称"新约"，《新约》在基督教中占有更重要的位置。《旧约》共分"创世记""出埃及记""约书亚记""士师记""约伯记""诗篇""以赛亚书""耶利米书"等39篇，《新约》共分为"马太福音""马可福音""路加福音""约翰福音""使徒行传""罗马书""哥林多书""提摩太书""启示录"等27篇。基督教起源于犹太教，"新约"和"旧约"有着紧密的承续关系，但是它们之间又有明显的差异和矛盾，甚至有一些冲突和抵牾，因此从基督教创立之初，就有人企图斩断基督教与犹太教之间的渊源关系，并想把《旧约》从《圣经》中删除出去。后来人们经过反复辩论，认为圣教的历史是无法截断的，"新约"和"旧约"也是一个不可分割的整体。如果把"旧约"从《圣经》中删掉，很多说教都成为无源之水、无本之木，甚至连基督耶稣也将成为一个莫名其妙的存在：没有"旧约"中亚当和夏娃犯下的原罪，耶稣的救赎还有什么意义和必要呢？

近百万字的《圣经》虽然是一个整体，它也有一些内在的联系。但我们在阅读《圣经》时，确实有强烈的这种感觉：反复重叠，前后矛盾，一件事情反复说，且有出入，还记载着很多荒诞不经的事。这正如一位著名的教父德尔图良所说："正是因为其荒谬，所以我才相信。"我想，我们学习和理解《圣经》，应该通过字里行间，应该穿越层层迷雾，重点把握其精神实质，重点看其絮絮叨叨说教的最终目的，重点看它给我们带来的启示和指引。笔者认为，《圣经》的主要内容和旨意应该有以下几个方面：第一，创世说，树立了一个万能的上帝，给人以信仰和精神家园。《圣经》上关于上帝用五天时间创造了天地和自然界万物，第六天造人，第七天歇息的教义，还有对美好的伊甸园的描绘，系统地回答了人和万事万物是如何生成的这样一个根本性的问题。《圣经》中对于创世记的记载，这在古代当然会为人们所深信不疑，就是在自然科学已经高度发展的今天，亦不能完全证明其非。这样，《圣经》就为人们建立起了信仰，那信仰的对象就是创造天地和人类的万能的上帝耶和华。《圣经》中不管是"旧约"还是"新约"，都严格坚守一神教，只能崇拜上帝耶和华，不能崇拜任何神灵和偶像。第二，人在上帝那里找到了永恒，找到了生活的意义，找到了人的应有位置。人生是短暂和无常的，但上帝是永恒不灭的，人们的灵魂只要皈依了上帝，就会超越现实，就会与上帝同在，就会永生。因此，人生就有了永恒的意义。上帝是伟大和万能的，那做人就应该是卑微和谦虚的，即所谓"敬畏主就是智慧"。第三，人类生来就是有原罪的，且自己不能救拔，需要耶稣基督来拯救。人类的原罪早在伊甸园就由亚当、夏娃犯下，万世不能刷掉，上帝怜悯人类，不忍看到人类永远在罪恶的泥潭里挣扎，就派遣他的独生子耶稣为人类代罪受死，用基督的血来赎人们的罪孽。所谓"原罪"说，当然是现实社会中人性丑陋、社会不公、犯罪多发的一种反映，但这种说教给人以特别的震撼，促使人们反躬自省，促使人们信仰和皈依基督。第四，末日审判，善良者进天堂，邪恶者入地狱。《圣经》中认为每个人最终都要接受审判，信奉基督而做善事者，灵魂进入天堂，天堂里黄金铺地、宝石盖屋，耳听仙乐、口尝美味；不信奉基督而作恶多端者，灵魂打入地狱，地狱里烈焰四射、蛇蝎遍地，饥寒交迫、苦刑加身。这些说教，不仅会增加更多的人信教，也会使每个信徒更加检点自己的灵魂和行为。第五，神怎么爱你，你就怎么爱人，爱人如爱己。《新约》中说："亲爱的兄弟啊！我们应当彼此相爱，因为爱是从上帝来的。凡是有爱心的，都是由上帝而生，并且认识上帝。没有爱心的，就不认识上帝，因为上帝就是爱。"《圣经》中讲得最多的是爱，《圣经》的核心价值也是爱，基督教之所以能传播久远，也是因为它的宗旨是提倡博爱的：上帝是爱他的选民的，基督是心甘情愿为人们牺牲的；人要敬爱上帝，人要热爱基督；人和人之间要互相仁爱，要热爱和关心所有的人，要同情和帮助所有需要救助的人。《圣经》中不仅讲爱，也讲平等和信义，也要求做人要公正和公平。因此，《圣经》与其说是讲宗教的经典，不如说是讲道德的书，不如说是一部崇德守律的指南。第六，要看轻财富，不要贪求太多，要损有余而补不足。《圣经》中有一句名言："富人进天堂，比骆驼穿过针眼还难。"《新约》中还说："就是要你们的富余，现在可以补他们的不足，使他们的富余，将来也可以补你们的不足，这就均平了。……多收的也没有余，少收的也没有缺。"我想，这种教义也正是1000多年来，在基督教世界一直崇尚慈善事业和鼓励捐献的缘故。第七，信徒要远离邪恶，要鼓励过圣洁的生活。《圣经》中反复告诫，信奉基督必须禁欲自律，必须干干净净地生活。《新约》中说："所以要约束你们的心，谨慎自守，专心盼望耶稣基督显现的时候所带来给你们的恩。你们既作顺命的儿女，就不要效法从前蒙昧无知的时候那放纵私欲的样子。那召你们的既是圣洁，你们在一切所行的事上也要圣洁。"

3. 教会的作用和教徒的生活

教会是一个组织，是一个实体，从教皇、主教到神父、修女都是活生生的人。但在基督徒看来，教会更是神灵的代表和象征，它拥有无限的神圣和权威，它是上帝和基督所在的地方，它是神和人沟通的地方，它是永远也不能离开的精神家园。基督教教会的基本功能当然是传经布道，礼奉上帝，为新教徒实施洗礼，修建教堂，管理教产和神职人员，训导信徒，举办各种圣事节庆。但教会的最大作用和贡献，还是对《圣经》的不断阐释和发展，对基督教基本教义的维护和捍卫，对基督教的传播和扩张。在世界各种宗教的组织中，基督教的教会组织是特别强大和有力的。基督教能从一个名不见经传的地方小宗派，最终能成为世界性的、影响最大的宗教，教会的作用是至关重要的。一般学者认为，教会的活动从耶稣蒙难并复活后不久就开始了，即开始于"圣灵降临节"。据说犹太人在过五旬节的时候，门徒们聚集在耶路撒冷的一所住宅里祈祷，忽然圣灵降临到他们身上，人们振奋不已。这时，以彼得为首的十二使徒站出来向大家宣布，耶稣就是大家期盼已久的弥赛亚，耶稣升天后其圣灵又降临到人间，并告诫众人："你们各人要悔改，奉耶稣基督的名受洗，叫你们的罪得赦，就必须受所赐的圣灵。"(《使徒行传》)于是大家就领受了洗礼，后来就把这一天定为"圣灵降临节"。其实，这时的组织活动还算不上是严格意义上的教会，只能称为"基督徒社团"，但一些有组织的传教和聚会活动就已经开始了。

保罗在基督教的发展史上是一位做出历史性贡献的人物，他自从皈依基督后，28年如一日，历尽千难万险，传经布道，发展信徒，虽被罗马当局多次抓捕入狱，都矢志不渝。他一生三次远行到外邦传道施洗，是第一个向欧洲人宣讲基督教教义的使徒。公元48年，在耶路撒冷，保罗召开了基督教历史上的第一次宗教会议，既解决了当时教徒内部的一些分歧，又从教规上融合了教徒和外邦人的关系，为外邦人皈依基督敞开了大门。保罗一边布道，一边进行基督徒社团建设，为日后教会的发展奠定了基础。正是有一批像保罗这样的忠实信徒，正是因为基督徒社团和教会的不断壮大，基督教的影响才越来越大，信众越来越多，并由一个受打压和歧视的地下宗教，最终成为罗马帝国的国教，成为国家的主流意识。公元312年，西罗马帝国皇帝君士坦丁正式宣布皈依基督教。第二年他邀请东罗马帝国皇帝李锡尼举行会谈，联合发布著名的《米兰赦令》。《米兰赦令》承认基督教的合法地位，开启被封闭的基督教集会场所，发还教会被没收的一切财产。《米兰赦令》对基督教和教会的发展，具有划时代的意义。此外，由罗马当局和教会一起举办的七次大公会议，也对基督教和教会的发展产生了重大影响。在基督教和教会发展到鼎盛的十几个世纪里，教会的权力几乎和世俗政权的权力一样重大，甚至有时教皇的权威要超过君主的权威，君主登极要由教皇来加冕。虽说上帝的事情归上帝，恺撒的事情归恺撒，但教会和世俗政权发生冲突乃是经常之事。当然，他们更多的是妥协和共处，甚至联手做一些事情，如十字军东征等。

教会在基督教发展中起到了不可替代的重大作用，但教会在其权倾一时时，也做了很多蠢事和丑事，经常引起人们的反对和诟病。如存在了500多年的宗教裁判所，实际上是一个地地道道的宗教法庭，专事对异端思想和异教徒的侦探、控诉和审判，数以万计的人受到审判，并有很多人被火刑处死，其中不乏有识之士和善良之人。有时教会内部也是争权夺利，腐化堕落。特别是教会的高层神职人员和主教，穷奢极欲，敛财聚财，甚至娶妻纳妾，偷鸡摸狗，把神圣之地搞得乌烟瘴气。正是基于这种情况，在基督教的发展史上，各式各样的宗教改革就从来没有间断过。其中马丁·路德的改革最负盛名。路德的改革也是针对教会的腐败和横征暴敛，特别是教会不仅向教徒征收大什一税（粮食）、小什一税（蔬菜）和血什一税（牲畜），还巧立名目，发行什么"赎罪券"，推销"赦罪符"，教徒只要向教会交上一定数额的钱，不管修行如何，都可以得到上帝的拯救和免罪。路德提出了《九十五条论纲》，张贴在各个教堂内，严厉斥责教会的种种腐败和弊端，提出"因信称义"，只要信奉上帝，不用通过教皇，人人都可得救，并倡导减少教堂和修道院，建立"廉价教会"，减轻教徒经济负担。路德的宗教改革受到广大基督徒的响应，也得到世俗政权的支持，产生了深远的历史影响。

真正的基督教教徒，是十分虔诚和洁净的，也应该是充满爱心的。一旦皈依了基督，那就要真心实意的信奉上帝，感恩上帝，把自己的肉体和灵魂都交给上帝，自己所做的一切，自己所能贡献的一切，都是为了上帝，都是为了上帝的欢喜，都是为了证明上帝的伟大和万能。作为一个基督徒，必须过圣洁的生活，必须做一个善良的人，必须帮助救助那些需要帮助的人。基督徒要遵守的诫律很多，但其要求主要体现在"摩西十诫"或"天主十诫"中：① 钦崇天主在万有之上。② 毋呼天主圣名以发虚誓。③ 守瞻礼主日。④ 孝敬父母。⑤ 毋杀人。⑥ 毋行邪淫。⑦ 毋偷盗。⑧ 毋作妄证。⑨ 毋愿他人妻。⑩ 毋贪他人财物。基督教教徒一生要用很多时间来做圣事和典礼,入教时要举行"圣洗"礼,过一段宗教生活后还要接受"按手礼",结婚必须在教堂举行婚礼,人到临终时要举行敷擦"圣油"礼。基督徒要经常诵习《圣经》,听人讲解《圣经》,教徒们要经常聚餐聚会,每周都要去教堂做弥撒。对于圣诞节、复活节、逾越节和圣灵降临节等重要节日,教徒当然更是抱着无比神圣的心情,全身心地去筹办、去参与、去享受。但是,教徒们做得最多最频繁的圣事是祈祷和祷告,不仅早晨起来和睡前要祷告,吃饭前也要祷告,感谢上帝赐给食物,而且随时随地都会因事因情而祷告。祷告的内容和词语当然是各种各样的,比如下面这段话,就是信徒要经常诵念和祷告的内容:"我信全能的天主父,天地万物的创造者。我信父的唯一子,我们的主耶稣基督。我信他因圣神降孕,由童贞玛利亚诞生;我信他在比拉多执政时蒙难,被钉在十字架上,死而安葬;我信他下降阴府,第三日从死者中复活;我信他升了天,坐在全能天主父的右边;我信他要从天降来,审判生者死者。我信圣神。我信圣而公之教会,诸圣的相遇。我信罪过的赦免。我信肉身复活。我信永恒的生命。阿门!"

4. 基督教对西方文明的影响

基督教对西方欧美世界的影响,已经不能简单地等同于宗教和信仰问题,基督教已经成为一种文化,已经成为一种类似基因的东西,深深地扎根于西方人的心田,全面地渗透到他们生活的方方面面,对他们的历史产生过重大影响,对他们的现实生活继续产生影响。毫不夸张地说,如果没有基督教,西方人的生活将会是另外一个样子。基督教对西方世界的影响,不仅是为他们提供了信仰,拥有一个值得信赖而万能的上帝,人死后其灵魂可以进入美好的天堂,从而安顿了亿万人的心灵，为人生找到了价值和终极意义。基督教对西方世界的影响，也不仅是从神对人的爱和人对神的爱中，引申出人与人要互相爱，爱人要如爱己，提倡不分等次的博爱，号召没有条件的大爱，从而为处理好人和人之间关系、构建整个道德伦理奠定了基础。基督教和《圣经》还是西方世界后来形成的"平等、自由"和"天赋人权"等理念的思想来源。就是西方欧美各个国家的法律建设和议会等政治制度，也都打上了基督教的烙印，也都是《圣经》中先知和上帝立约的翻版。基督教会和基督徒对教育、卫生和慈善事业的推动和热心，更是有目共睹，世界上很多大学和医院，都是由他们创建的。西方世界的文学、艺术、音乐和建筑，也无一不受到基督教的影响和熏陶，也无一不因为有耶稣的存在而呈现出圣洁和庄严，而使人感受到痛苦中的极乐。

现在有这样一个问题需要辨析，那就是基督教与哲学和科学的关系。我们一般都曾经这样认为，基督教是阻碍哲学和科学发展的，哲学是神学的婢女，科学发现如果和《圣经》上说得不一致就要受到禁止。在历史上确也存在过基督教阻碍科学发展的情况，如哥白尼、布鲁诺和伽利略都因为坚持日心说而受到教会的迫害。但是从更高更远的视野来看，基督教与哲学和科学的关系，其相互促进的作用也是很大的。如著名的神学家奥古斯丁对"三位一体"的论述，托马斯·阿奎那对上帝存在的"五路证明"，虽然都是对《圣经》的解释，都是在宣扬上帝的存在和神圣，但其都有很深的哲学意蕴，有很强的逻辑力量。就是像斯宾诺莎、休谟、康德和黑格尔，这些世俗的专业哲学家，也都从《圣经》和神学里汲取很多营养。基督教对科学发展的积极作用，一些学者认为最重要的是基督教为科学提供了预设，独立独尊唯一的上帝观念，是认识自然统一规律的前提，怀特海的话很能表达这种思想："对科学可能性的相信，发生在现代科学原理发展之前，它是从中世纪神学无意识地派生出来的。"又认为没有基督教这一预设，科学将不存在，科学的起源需要基督教坚持上帝是理性的主张。这也正如有的学者所说："大多数有智慧的人，因而也就是大多数科学家，都坚持认为，神圣启示能告诉他们创世纪之初发生了什么，也就是说，造物主如何设计了如今成为他们新近科学研究对象的世界舞台。"20世纪前人类的很多科学思想和科学技术，都诞生于基督教比较盛行的西方，也很能说明基督教和科学的关系。

基督教最早传入中国是在唐朝初年，其教是基督教的支派聂斯托里派，中国人当时称之为景教。景教在中国存在了200多年，后来自生自灭。天主教与中国正式发生关系，大约是在13世纪中叶。当时蒙古人远征欧洲，许多传教士被带到中国，有些传教士被留在元朝宫廷，致使一些皇族和达官贵人信奉了天主教。1580年，意大利传教士利玛窦来中国传教，并在北京建立了天主教堂。1840年鸦片战争后，外国人可以来中国传教，基督教在中国一度有所发展。中华人民共和国成立后，一直实行宗教信仰自由的政策，中国基督教界开展了宗教"自治、自养、自传"的"三自"爱国运动，基督教在中国的发展也比较健康正常。因为中国自身传统文化的自信和强大，因为中国人历来有自己的信仰，所以基督教在中国始终未有什么大的影响，更不会干扰和替代中华民族的主流意识。

我们现在简要介绍一下与基督教有千丝万缕联系的伊斯兰教。伊斯兰教是现在世界上几个大的宗教之一，据说穆斯林总人数当在15亿之上。伊斯兰教起源于公元7世纪的阿拉伯半岛,其圣地是麦加、麦地那和耶路撒冷,它不仅深受古犹太教的影响,也从基督教吸收了很多元素。伊斯兰教的先知和创建者是穆罕默德,据说他出生于公元570年4月21日,故穆斯林将4月21日定为圣纪节,并每年举行隆重的纪念。穆罕默德出生前父亲即亡故,6岁时母亲病逝,由其爷爷和叔父抚养成人。穆罕默德虽然出身贫寒、孤苦伶仃,但他却意志坚强,志向远大,善于学习,待人宽厚,青少年时代就受到人们的喜爱和敬重。据说穆罕默德12岁时,跟随叔父赶着骆驼去叙利亚一带做买卖,并结识了一位叫巴希拉的基督教僧侣。这位基督教隐士从穆罕默德的举止言谈中,发现了他具有先知的秉性和才华,就给他讲了一些有关人生和信仰的话题,并嘱咐其叔父一定要看护好穆罕默德。在25岁时,穆罕默德和比他大10岁的富孀赫蒂彻结婚,后者既为他提供经济上的帮助,又是他日后发展宗教事业的坚定支持者。穆罕默德将近40岁时,据说经常去麦加城北希拉山的一个山洞静居隐修,沉思冥想。约在610年的一个夜晚,他在山洞里突然接到了"启示":你应当起来,你应当警告,你是浩劫的预言者,你负有制止现世罪恶的使命。从此,穆罕默德以先知的身份开始传道,他先是在亲友中,后来逐渐扩大。经过20多年的努力,穆罕默德不仅把伊斯兰教传遍整个阿拉伯半岛,而且使阿拉伯半岛成为一个统一的帝国。伊斯兰教的经典是《古兰经》和《圣训》,据说这些经典都是穆罕默德宣告的启示和他言行的记录。伊斯兰教的基本信仰是:信真主,信使者,信经典,信天使,信末日,信前定。伊斯兰教的五项基本功课是:念、礼、斋、课、朝。

三

佛教也是一个世界上很有影响的宗教。佛教虽然在它的发源地印度本土已消沉千年，但它在亚洲甚至后来的欧洲和美洲，却仍然生机盎然，传播越来越广。据不太精确的统计，目前全世界的佛教信众在5亿人之多。佛教很不同于其他的宗教，它并不关心集体和群体之事，甚至也不太看重神灵和信仰；它不想建设什么，只想消解什么；它不想取得什么，只想舍弃什么。佛教只关心一个个活生生的个人，只关心每个人的生活状态和心理，只关心人的生、老、病、死，只关心人的痛苦和烦恼。佛教的一切努力和目的，就是为了解除人们的痛苦，消除人们的烦恼，当然也使人最终超越生死的恐怖和轮回。

1. 释迦牟尼和佛教的创立

释迦牟尼是佛教的创立者和精神领袖，他有很多尊称和别称，如："如来""应供""无上士""调御大夫""天人师"和"世尊"等。关于佛陀的出生和生平，有一些神奇的传说，如说他刚出生后，则向四方各走了七步，并大呼"天上地下，唯我独尊；今兹而往，生分已尽"，其所踏之处步步生出莲花。剔除这些美妙的传说，依据史料和各种佛教典籍记载，释迦牟尼的生平和创建佛教的过程，大致应该是这样的。释迦牟尼名悉达多，姓乔达摩，出生于古印度的迦毗罗卫城，在今印度和尼泊尔边境地区，大约生活在公元前566—前486年。释迦牟尼是后来佛教徒对他的尊称，意即释迦族的圣贤。乔达摩出身于高贵的刹帝利种姓，而且是毗罗卫国净饭王的太子。佛陀的母亲去世很早，由姨母抚养长大。成人后与觉善王之女耶输陀罗结婚,并生子罗睺罗。释迦牟尼为什么放着锦衣玉食不享受,为什么不屑于辉煌的王位,于20岁时毅然离家出走。对佛出家的动机尽管说法很多,但普遍的看法是佛看到了人生的痛苦和烦恼,生老病死和无常的灾难,就是贵为国王也不能幸免,于是就下决心探求解脱之道。关于佛陀为何出家,流传最广的故事是"四门游观",据《修行本起经》记载:"太子久居深宫,不知人间疾苦。一日,在侍卫扈从下出游。出东门,见一身色衰老可哀之老翁,乃觉世间的老苦;出南门,见一人病苦缠身,百节痛毒,乃感到疾病之苦可厌;出西门,见族类扶舆死人,并随车便行便哭,遂感到死亡的痛苦和恐怖;当转辔出北门时,见一着法服持钵的沙门步行安详,神情愉悦,乃决意舍宫逾城,出家修行。"

释迦牟尼出家后,先跟随两位数论派的先驱学习,后又遍访名师,虽有所获益,终不得究竟。于是,佛陀开始了六年的最严格苦练修行。苦行可以悟道,这是当时在印度流行多年的观点,其理论根据是摩擦湿木头不能生火,只有摩擦干木头才能擦出火花。人的身体和修行也是如此,必须经过苦行,饥不得餐,渴不得饮,劳不得息,才能清除体内的体液和浊气,从而悟出大道和真理。释迦牟尼还逐渐减少饮食,后来七天才吃一顿饭。他穿鹿皮、树皮,睡在鹿粪牛粪上,有时还故意睡在荆棘上,和腐烂的尸体为伴。就这样一连修行了六年,释迦牟尼已经形同枯木,目光呆滞,奄奄一息,还是仍然不知大道在哪里。此时他摒弃了原来靠苦行获道的方法,洗掉身上的积垢,并接受牧女奉献鹿奶的供养。他身体恢复后,就渡过尼连禅河,来到伽耶。在一个毕钵罗树(后称菩提树)下结跏趺坐,端身正念,发大誓愿,如不得道，决不起坐。据说，经过七天七夜的苦思冥想，精神和灵魂都得到了前所未有的升华，可以超越自身的听力和视力，可以打破时间和空间的障碍，一切烦恼均已断除，诸般疑惑全部澄清，明了了宇宙和人生的真实本质，把握了业报和生死轮回的来龙去脉，这些道理可以概括为"四谛"，即四个真理：苦谛、集谛、灭谛、道谛。后来两千年的佛教学说无论怎样千变万化，佛教事业的发展无论怎样枝繁叶茂，万变不离其宗，皆由"四谛"而引发。释迦牟尼从此大彻大悟，获得了正觉，因而被人称为"佛陀"。或简称佛，意思是觉悟者，这年35岁。

释迦牟尼觉悟后，到鹿野苑中向憍陈如等五人说法，由于从不同角度讲解了三遍，故称为"三转法轮"，又因为是初次说法，亦称为"初转法轮"。憍陈如等五人成为首批佛教徒，号称"五比丘"。这样有了觉悟的释迦牟尼（佛），有了它所证悟的真理（法），又有了信徒（僧），佛教上常说的佛、法、僧"三宝"具足，标志着佛教真正建立起来了。此后45年，释迦牟尼殚精竭虑，席不暇暖，四方说法，广收弟子，声誉日隆。同时，随着僧侣人员的增多，也更加重视僧伽生活制度的建立，并对广大信徒提出了"五戒"：不杀生、不偷盗、不邪淫、不妄语、不饮酒。对出家的比丘和比丘尼要求更严，"五戒"外还要做到不用香油涂身，不观听歌舞，不睡高广大床，过午不食，不蓄金银财富。释迦牟尼每天的生活很有规律：黎明即起，坐禅冥想，接近中午时出外乞食，有时顺道访问一些沙门。午饭后，到野外僻静处坐禅。黄昏之后，或为弟子说法，或到村落向俗人传教一直持续到深夜。他一生中的大部分时间主要是巡游布道，唯有在雨季三个月中停止外出，称为坐夏。

在快到 80 岁时,释迦牟尼在拘尸那迦城附近的娑罗林中逝世。释迦牟尼临终前,诸大弟子推举阿难向他请示四事:第一件事是佛灭后依谁为师?第二件事是依何安居?第三件事是如何调伏恶性比丘?第四件事是如何集结经典令人证信?佛回答说:依戒为师;依四念处为安住;恶性比丘默摈。佛还嘱咐广大僧徒要勤于修行,弘扬佛法,超度众生;要同一师受,同一水乳,和睦共处。相传,释迦牟尼尸体火化后的遗骨(舍利),被 8 个国家的国王所抢分,视为圣物而供奉起来。由于佛陀说法并没有文字记录,众多弟子的口耳相传也难免有出入。所以,回忆、收集、整理佛陀生前的言行和思想,就成为当时佛教徒的一项特别重要的历史使命。佛教史称这项神圣工作为"集结",据说规模比较大的有三次集结。第一次集结是在佛灭后第一年的雨季,由佛陀弟子大伽叶召集主持,有五百多比丘参加讨论,在五舍城的七叶窟举行,阿阇世王承担所有费用。这次集结历时七个多月,阿难受命诵出诸经,优婆离诵出戒律,诵出者每念一句,与会者都竞相发言给予确认或修正。这次集结的成果,使"律"的结构、性质和内容基本成型;而"经"作为"阿含"形式分做五种,也基本固定下来。第二次集结是在佛陀去世 100 年之后,由耶舍召集七百佛教徒在吠舍厘城举行。这次的任务是再一次整理统一经律,而重点是放在戒律方面。关于第三次集结,其时间地点和内容大都说法不一。

由于对佛教教义和戒律的理解不同,僧团内部逐渐产生分歧,以致形成不同的派别。根据有关佛经记载,大约在佛陀涅槃百年后,一名叫大天的比丘提出贬抑阿罗汉的观点,遭到僧团内部长老比丘的反对。支持大天比丘的被称为"大众部",反对者被称为"上座部"。佛教史上称这次分裂为

"根本分裂"。又经过几百年的发展，分别从这两个部派中分化出一些更小的派别，形成十八部或二十部，被称为"枝末分裂"。这些众多的派别都对佛教的发展做出了自己的贡献，到公元6世纪，最有影响的部派有上座部、正量部、统一切有部和经量部。

大乘佛教的兴起是一件大事，对整个佛教的发展和传播影响巨大。大乘佛教兴起于公元1世纪左右，是以逐渐在印度各地出现一大批不同种类的经典为标志。这些经典都是借佛的名义，阐述自己的一些新思想、新见解。它们自称是"大乘"，把此前的佛教贬为"小乘"。实际上在大乘佛教的发展中，也继承了很多小乘佛教的思想。大乘佛教和小乘佛教的几个明显不同是：一是自度与度他。小乘主要是强调"自度"，也就是通过修行达到自我解脱；大乘要求的是"度他"，把拯救众生作为自己的使命。二是一佛与多佛。小乘认为信徒只能敬奉如来佛，释迦牟尼是唯一现存的佛。大乘则崇拜多佛，认为十方世界同时存在着很多佛，甚至一切众生都有佛性，都可能成佛。三是罗汉与菩萨。小乘认为，除佛陀之外，其他人修行的最高果位是罗汉，罗汉就可以超越生死轮回。大乘修行的榜样不是罗汉而是菩萨，菩萨是梵文"菩提萨埵"的略称，意为"觉有情"和"大士"等。菩萨的修行，不仅是自度，而且是以度人和拯救苍生为最终目的。

2. 佛教的经典和主要教义

佛教的经典最为浩瀚，据说有两万多卷、三亿多字，很少有人能遍览佛经。佛教的经典分为三个大的部分，也称为"三藏"，即经、律、论。经，一般是指佛说过的话的汇编，是佛教教义的基本依据；律，是为僧团组织和佛教徒制定的戒律，有些是佛制定的，有些则是后来逐步完善的；论，是对经律的解释和阐发，多是菩萨和各派宗师所作，也有少数论是佛自己作的。有关佛教的经书，我们虽然不能尽览，但有些重要而影响广泛的佛教典籍，我们还是应该有所了解的，如以下佛经：《心经》《金刚经》《楞严经》《法华经》《华严经》《无量寿经》《地藏经》《坛经》。佛教有丰富的知识，有精深的学理，有高明的智慧，体现了人类理性思维和辩证思维所能达到的高度，研读佛经可以获得多方面的启示和教益。如佛教对宏观宇宙和微观世界的分析，和当今的天体物理学、量子力学等，都有高度的相似和契合。佛教对于现象与本质、原因与结果、自性与它性等有关问题的论说，即使与休谟、康德和黑格尔等大哲相比，也是各有千秋。因此，有的人认为佛教不是宗教，应该是一种哲学。还有人认为佛教既不是宗教，也不是哲学，佛教就是佛法。笔者认为，无论怎么说，佛教事实上仍然是宗教，因为它关注人的灵魂，因为它关注人类的终极问题。那么，佛教的基本教义或者说最本质的思想是什么呢？有的学者认为，佛教的基本教义主要体现在两个大的方面：一是关于人生方面，阐述人生现象的本质，指出解脱人生苦难的途径和人生应当追求的理想境界；二是从探索人生问题出发，继之探索人与宇宙交涉的问题，由此开展寻求宇宙的真实，形成了"缘起""无常""无我"和"性空"的世界观。多数学者则认为，佛教的基本教义主要有以下内容："四谛""五蕴""十二因缘""三法印""因果报应和生死轮回"。笔者认为其中"四谛"是最重要的，它是一切佛经立论的基础和依据，也是佛陀当年直接悟出的大道。"谛"有实在、根本、真理的意思，"四谛"也称"四圣谛"，即"四条真理"。

我们先说苦谛。佛教认为人生就是一个"苦"字，苦可以说是佛家说法的基础。中国的僧人更是调侃说，人的面孔就是一个"苦"字形：眼眉是草字头，两眼和鼻子合成十字，嘴巴就是口字。佛教认为宇宙和万事万物是变迁不息和变化无常的，随时沉浮，人生就是一个无常和苦聚之场，因为人不能自我主宰，只能为无常所逼累。佛教可以把人的一生总结为二苦、三苦、四苦、五苦，乃至一百多种无量诸般痛苦。但最流行的说教是人生有八苦：① 生苦。生由无名业相而来，是为了承受应受的果报而生，故生即是苦。人生的痛苦从受胎开始，在母腹中住胎十月，犹如关在窄隘黑暗的地狱。② 老苦。花开没有百日红，人生转眼即由盛到衰。衰迈之年，包括形丑，发白齿落，行动不便，还要招人厌弃。③ 病苦。或业障临身，或四大不调，人生自始至终都要和病痛打交道。辗转病榻，忽冷忽热，时痛时昏，苦不堪言。④ 死苦。人终有一死，或无疾而终，或横暴伤亡，将死之时，令人生大畏怖、大悲痛。且又不知死后如何，渺无所寄。⑤ 爱别离苦。所喜爱的人和事物，因消失、毁灭或离开，而不能再见，使人痛苦和烦恼。⑥ 怨憎会苦。不是冤家不聚头，越是憎恶的人和事，越往往躲避不开，使人怨苦。⑦ 求不得苦。人生不如意之事十之八九，人的欲望和要求很多，往往得不到满足。因此，求而不得常常使人痛苦。⑧ 五取蕴苦。"五蕴"与"取"联结一起就产生种种贪欲，称为"五取蕴"。五取蕴苦既是其他七种苦的根源，又是一切苦的总聚集。这种种的苦，像一条环环相扣的锁链，紧紧地缠绕着人的身心，令人陷入无法自拔的痛苦深渊。正因为苦海无边，所以人才要在佛的指引下回头是岸。

我们现在说集谛。集谛是揭示人生产生痛苦的原因的，它的内容十分丰富，"五阴聚合"、"十二因缘"、"业报轮回"等都包括在内。集有汇聚之意，即众苦何以汇集一起，众因何以会集一果。集谛认为，人生之所以有痛苦，是因为人有贪欲、嗔恨、愚痴造成的，即贪、嗔、痴"三毒"。但"三毒"也有它产生的原因。"五阴聚合"说认为，宇宙间一切事物和现象，都不是孤立存在的，而是由多种因素集合而成的，人就是由色、受、热、行、识这五类存在复合、积聚而成。人的行为完全受控于色、受、想、行、识，并没有真实、自主的自我。"十二因缘"认为一切事物或现象的产生、变化和消亡，都要依据一定的条件（因缘），用缘起来观察整个人生的过程，就构成了十二个有因果关系的环节。由"无明"产生"行"，由"行"产生"识"，由"识"产生"名色"，由"名色"产生眼、耳、鼻、舌、身、意等"六处"。由"六处"产生"能"，由"能"产生"受"，由"受"产生"爱"，由"爱"产生"取"。由"取"产生"有"，由"有"产生"生"，由"生"产生"老死"。佛教还认为，按照上面所说的顺序观察，叫作"顺观"，可以得出"苦谛"的结论；反之，从果推因，即从"老死"推到"无明"，叫作"逆观"，可以得出"集谛"的结论。据说当时佛陀悟道时，就是"逆观"而觉悟的。"业报轮回"认为人的一切思想言论和行为（身、口、意三业）都必然产生相应的后果。因在未得果之前不会自行消失，当然，没有一定的业因也不会凭空产生果报。任何人都不能消除和超越因果报应的作用，众生在业报面前人人平等，这就是俗语所说的"自作自受"，"不是不报，而是不到"。佛教还认为有善行的可以转生到好的去处，比如人世、天堂等；作恶多端者则要转生到坏的去处，比如饿鬼、畜生等。

我们现在说灭谛。所谓灭谛，就是指如何灭除业障和烦恼，超出生死轮回。佛教出世的最高境界是涅槃，涅槃是梵文的音译，意译就是"灭度""圆寂"，原意是指火灭和风散。佛教认为涅槃是熄灭了一切烦恼，熄灭了贪、嗔、痴三毒火，超越利害，超越时空，超越生死，进入清净寂然的快乐境界。这正如佛教中所说："贪欲永尽，瞋恚永尽，愚痴永尽，一切烦恼永尽，是为涅槃。"需要指出的是，涅槃并不等同于死亡，它只是一种亲证真理觉悟后达到的解脱、清净、慈业、和善和快乐的崇高境界。

我们最后说道谛，所谓道谛，就是指为了达到涅槃和解脱，而必须选择的正确修行途径和方法。据说佛陀当时费尽周折，呕心沥血，各方探取，摒弃异端，不用极端，以中观作指针，以中道为行径，最终确立了"八正道"的修行方式，即正见，正确的见解；正思，正确的思想；正语，正确的语言；正业，正确的行为；正命，正确的谋生方式；正精进，正确不懈怠的修行；正念，正确的忆念；正定，正确的禅定。除此之外，还总结提炼出戒、定、慧"三学"的修行方式，即通过遵守戒律，通过禅定，来达到开发智慧和解脱的目的。

3. 佛教在中国的传播和改进融合

关于佛教在中国的传播和发展，我在《大中华赋》中曾这样写道："佛教虽发祥于天竺，吾志士仁人万里求法不辞远，有道相迎，与儒可融，莲花终究开中土；菩萨本不分别于彼此，然吾善男信女诚心可以致灵，千手千眼，大慈大悲，异样青睐护炎黄。"有位学者说得好：中国文化曾受惠于印度佛教，印度佛教又在中国得到发扬光大。事实正是这样，现在佛教不仅成为中国文化的一个组成部分，中国佛教已经成为当今佛教的源头活水，中国已经成为发展佛教、传播佛教的中心。佛陀虽然出生在天竺，他与中华民族和炎黄子孙实在有缘。没有佛教，中国的传统文化就不会如此丰富灿烂；没有中国，佛教的江河就不会这样一直奔腾向前。还有一位学者也说得好，研究佛教是怎么传入中国的，是一个小课题；研究佛教怎么会传入中国，才是一个大课题。是啊，中国以儒家为代表的传统文化，已经如此博大精深，已经填满人们精神世界的方方面面，中华民族的文化长城已经森严壁垒，中国人的精神食粮已经能够自给自足。在这种情况下，佛教的莲花竟能够盛开于神州大地，这既说明佛教确有可取之处，更说明中华民族的伟大，更说明中国文化的开放性、兼容性和生动性。

　　印度佛教传入中国内地的路有两条：一条是陆路，经由中亚细亚传入我国新疆地区，再深入内地；另一条是海路，经由斯里兰卡、爪哇、马来半岛、越南到达广州。由于传入的时间、途径、地区和民族背景的不同，在中国先后形成了汉传佛教、藏传佛教和云南地区的上座部佛教。佛教是何时开始传入中国的，历来说法不一，流传最广、影响最大的是"明帝感梦"的故事。据说东汉灵帝夜梦一位神人，身体是金色的，项部发出白光，飞腾着来到皇宫前。次日晨，明帝询问群臣，有位名叫傅毅的人回答：所梦之神人可能是天竺的佛。汉明帝在公元64年派人去西域访求佛法，三年后用白马驮回了经书和佛像，因此在洛阳修建的中国第一个佛教寺院就叫白马寺。当然，也有的学者认为佛教入中国的时间应该更早些，在汉武帝派张骞通西域时就对佛教有所接触了。但多数学者认为，佛教传入中国应在两汉之际，即公元1世纪左右。魏晋南北朝的360多年之间，虽然战乱不断，王朝更替频仍，但都是佛教传入和发展的黄金时期。这期间曾存在的大小 30 多个割据政权，大都敬佛、信佛，鼓励和支持佛教事业的发展。如南朝梁武帝萧衍，不仅建造大量佛寺、佛像，给寺庙划拨田产，自己还四次脱下皇袍，身着僧衣，舍身为奴，在寺庙里服役。每次都要由大臣们出巨资把他从寺庙里"赎回"，他还要婉拒再三。举世著名的莫高窟、云冈石窟、龙门石窟、麦积山石窟，都是在这期间凿建的。大家都知道"南朝四百八十寺，多少楼台烟雨中"，殊不知北朝的寺庙更多。但是，当时佛教传播中最靓丽的风景线，还不是这些石窟和寺庙，而是从印度西域出发，一批又一批，风尘仆仆来中原大地的传经布道僧，和从中土启程，历尽千辛万苦，前赴后继到西天取经的先行者。到中国来弘扬佛法者，此时以鸠摩罗什贡献最大。他不仅主持将《阿弥陀佛经》《大品般若经》《法华经》《金刚经》《维摩诘经》等 36 部、294 卷佛经翻译成汉语，而且培养了 3000 多弟子，其中僧肇、道生诸徒，都成为中国思想文化史上的著名人物。到西天求法者，当时的法显最为壮烈。他从长安出发时已 65 岁，一路结伴而行者先后共 11 人，最终只有他一人在 80 岁时取经而回。他的取经之路是："上无飞鸟，下无走兽，四顾茫茫，莫测所之。唯视日以准东西，望人骨以标行路"。

　　佛教自传入中国之初，就有一个如何适应中国固有文化和思想观念的问题。如早期的译经中，僧人往往把"涅槃"译作"无为"，把"禅定"译作"守一"，把"真知"译作"自然"，把"菩提"译作"道"，这就与中国的老庄思想非常合拍。东晋杰出僧人道安说出了一句很有名的话："不依国主，则法事难立"，即只有取得皇权的信任和支持，才能保障佛教事业的顺利发展。印度的原始佛教经典本来是不太重视王权和孝道的，但如果一种学说倡导无父无君，那在中国是绝对行不通的。因此，佛教在中国流传中，其教义就逐渐变得效忠帝王、孝敬父母。为了使佛教与中国儒家的伦理道德相一致，有时对佛经则要做一些适当的删改和附会。如佛教强调"五戒"就是儒家的"五常"，《盂兰盆经》就是中国的《孝经》，佛陀弟子目连入地狱救母，堪称孝子的典范。

佛教在中国经过500多年的传播和发展，到隋唐时期已经极一时之盛，俨然成为佛教大国和佛教中心。唐朝初年有一个叫那提的印度僧人在游历了十几个国家之后来到中国，不无感慨地说："脂那东国（中国），盛传大乘，佛法崇盛，瞻州称最。"隋唐时期国家的统一，政治的宽松，经济的发达和文化的繁荣，为佛教的发展提供了适宜的环境。隋唐时期佛教的繁荣鼎盛，还主要不是指寺院建设规模扩大、翻译佛经质量提高、僧尼日渐增多、香火越来越旺，主要是指中国僧人开创了一些自己的佛教宗派，佛教中国化的进程在加快，佛教与中国文化的融合在加深，独具特色的中国佛教逐渐形成。

隋唐时期在中国人创立的众多佛教宗派中，以下面八个宗派最负盛名，即天台宗、三论宗、华严宗、唯识宗、禅宗、律宗、净土宗和密宗。在这八个宗派中，又以禅宗影响最大，流传最广，最能代表中国佛教的精神。由于它以"禅"来概括其全部教理和修行活动，故称"禅宗"；又因奉菩提达摩为中土始祖，也称"达摩宗"。禅宗之所以受中国人的赞赏，能够不断发扬光大，固然和其固有的教义主张顿悟和见性成佛有关，更重要的是因为有慧能大师和他的"六祖革命"。六祖慧能不仅使禅宗一枝独秀、福泽千载，他还使佛教真正实现了中国化，使佛教变成了中国人的佛教。现在，在人们的心目中，禅就成了佛教的同义语。慧能所著的《坛经》，是绝无仅有的一部被称为经的由中国人所撰写的佛典，因为只有记叙佛祖释迦牟尼言教的著作才能被称为"经"。慧能俗姓卢，祖籍范阳，后随父迁流岭南，即今广东一带。关于慧能出家的经过，历来有"闻经悟道"的传说：一日，慧能市集卖柴，偶听一客诵读《金刚经》，一闻便悟，经人指点前往蕲州黄梅县去参拜五祖弘忍大师。慧能向弘忍表白千里而来，"不求余物，唯求作佛"。弘忍诘问："汝是岭南人，又是獦獠，若为堪作佛。"慧能慨然应答："人即有南北，佛性即无南北，獦獠身与和尚不同，佛性有何差别。"弘忍对慧能的回答深为嘉许，认为其根性大利，将来有望传授衣钵。真正使弘忍大师决定将衣钵传给慧能，扶其登上禅宗六祖宝座的，是慧能所作的一首偈："菩提本无树，明镜亦非台。本来无一物，何处惹尘埃。"弘忍认为这首偈超过了当时认为最有希望继承衣钵的上座神秀，神秀所作的偈是："身是菩提树，心如明镜台。时时勤拂拭，莫使有尘埃。"慧能的"六祖革命"，为禅宗确立了"即心即佛"的佛性论，"顿悟见性"的修行观，"自性自度"的解脱观。《坛经》认为，所谓成佛解脱，不是一个向外追求的过程，也不是一个执着于内心的过程，而是一个在现实生活中随缘任运的过程，担水劈柴都是悟道的机会。解脱的唯一选择，就是开发自我，实现自我，认识自我。慧能改造重塑后的禅宗，更加切合中国人的思维和习惯，更加贴近日常生活，更加易修易行，更加散发着魅力和乐趣，因此一直充满着勃勃的生命力。

在宋元明清之际虽然除了藏传佛教之外，整个佛教事业都没有突破性发展，只是在衰微中延续，但佛教与中国固有文化的融合仍然在深入，佛教和中国文化更加浑然一体，你中有我，我中有你。对中国思想文化影响甚大的程朱理学和陆王心学，都是在融会了一些佛教思想后而创立的。进入近现代以后，中国佛教又有了创新和发展。特别是太虚（1890—1947）法师提出的"人生佛教"（也称人间佛教），即佛教就在现实生活之中，就在人间，经过星云大师的发扬光大，已经产生了重大的影响。据有人统计星云大师创办的佛光山人间佛教，在世界五大洲30多个国家，建立了近200个道场，还有广播电视等现代媒体弘法，信众无数。这不仅是中国佛教的荣光，更是中国文化对世界文化做出的新贡献。

4. 佛教对社会和人们生活的影响

佛教作为一种比较特殊的宗教、哲学和文化，以其广博的知识、深刻的教义、严格的戒律、普度众生的情怀、热心弘法的僧侣队伍，两千多年来，对社会和人们的生活，还是起到了很大的积极作用。佛教不咄咄逼人，在佛教那里没有势不两立；佛教不企图占有什么，它只想让人放弃什么；佛教不主张吞掉异端，它只希望兼容和吸收。正因为佛教的圆融和温柔，所以很多国家都不斥佛，信众也是与日俱增。现在，不仅亚洲各国都有佛教的很大市场，泰国甚至把佛教作为国教，缅甸和柬埔寨都把他们革命运动称为佛教社会主义，就是在欧洲和美洲，信奉佛教的人也是越来越多。佛教对构建和谐世界已经起到和将要起到的作用，首届世界佛教论坛的《普陀山宣言》中表达得十分清楚："愿培植善心，发乎善行，则人心和善。愿亲情稳固，爱心充满，则家庭和乐。愿真诚沟通，平等互助，则人际和顺。愿各得其所，相安互敬，则社会和睦。愿彼此欣赏，尊重包容，则文明和谐。愿将心比心，化怨为友，则世界和平。"

当然，佛教最关心的还是个人，是每一个人的灵魂，是每一个人如何从痛苦和无常中解脱。佛教提倡普度众生，以不使一人堕入地狱为己任。佛教为每个人指出慈航，只要禁止贪欲，只要破除执着，就能够远离烦恼；只要"诸恶莫作、众善奉行"，就能够超越生死轮回，短暂的人生找到永恒的意义。佛教各式各样的戒律，无论是对出家的僧尼，还是对在家的居士，还是对广大善男信女，都是对其行为的约束和检点。甚至那巍峨的庙宇，慈祥的观音，浑厚的暮鼓晨钟，中气十足的经声佛号，美妙动人的佛教音乐，都给人一种庄严感、神圣感、归属感，都对人是一种陶冶和升华。佛教及其信徒历来都以做善事为己任，扶危济困，助人为乐，感化众生。佛教对医药知识的传承，对素食的开发推广，对瑜伽等功法的普及，对人们的养生和健康都提供了帮助。佛教对哲学、文化、建筑、艺术等方面的影响，更不是三言两语就能概括的。当然，佛教对人类的最大贡献，乃是为人们提供了一种可以破除迷妄、洞见真原、轻松愉快、无牵无挂地度过一生的选择和途径。

四

最近十几年，在西方学术界、思想界和宗教界有一种观点，认为人类的文明已经进入第二个轴心时代。有的学者把第二个轴心时代的起点定在1993年，因为这一年召开了世界宗教大会，各种文化的代表坐在一起共同探讨人类的未来。还有的学者把第二个轴心时代的基本特征概括为七个方面：一是全球意识或整体意识；二是生态意识或大地意识；

三是跨文化意识；四是对话意识或他者意识；五是女性意识或阴性意识；六是关系（非实体）意识；七是亲证意识或生活意识。关于第二轴心时代的起始时间和其特征云云，笔者倒不完全赞同，但所谓第二轴心时代提法所凭借的思想观念，我是完全同意的。这些学者认为，人类已经按照轴心时代所提供的思想信仰生活了两千多年，这些思想和信仰大多已经过时，已不足以再用来指引人类的生活。人类需要创造新的经典，人类需要提出新的信仰、伦理道德和生活方式，生活需要重新赋予意义和价值。因此，人类应当也必须进入第二轴心时代。

事实正是如此。近 300 多年来，特别是近 100 多年来，随着工业化的进展，随着科学技术的提高，随着市场经济的扩大，也随着理性成熟和人类中心主义的抬头，整个人类文明经历了一场旷日持久和不断深化的祛魅过程。牛顿的科学体系已经动摇了上帝的权威，康德用理性杀伤了上帝，尼采就干脆宣布"上帝已死"。在东方也是这样，明朝的李贽对儒学就提出质疑，20 世纪初中国人响亮地提出"打倒孔家店"，并指责传统的道德是吃人的礼教。如来佛的遭遇也好不到哪里去，人们对他的顶礼膜拜，再不是真心的敬重和皈依，而是希求多福多财和消灾弭难。不光孔子、耶稣和释迦牟尼失去了神圣的光彩，整个天地和大自然也失去了神奇和魅力，只是成为人类可以开发利用的对象。但是，人类又是一个不能没有信仰的动物，人生离不开崇高和终极关怀，人生需要赋予意义和价值，人的灵魂需要得到照应和呵护。在这旧的信仰已经失去，新的信仰还没有建立之际，人类当然就会感到焦虑和不安，就会四处寻觅失去的精神家园。据说，心理学大师荣格十分推崇下面这段文字，这段文字旨在表明，人类有不断开掘新的信仰和精神之泉，以灌溉滋养自己心灵的本能：

"生命之水希望在地球表面显露出来，便在一口自流井中冒泡翻滚，无拘无束地、逍遥自在地流淌。人们过来饮用这魔水，受它滋养，因为它是那么干净，纯洁，清爽。可是人类并不满足于让事情处于这伊甸园状态。渐渐地，人们开始吧这口井用篱笆围起来，向进来的人收费，宣称它周围地界的财产权，制定了精致的法律，规定谁能够走近这口井，并将大门锁上。不久，这口井成了有权势者和精英们的财产。这水被激怒了，很生气。它停止流淌，而是在另一个地方冒泡翻滚。拥有第一口井财产权的人们那么全神贯注于自己的权力体系和所有权，以致没有注意到水源已经枯竭。他们继续出售已不复存在的水，很少有人注意到真正的权力已经消失。但一些不满意的人以很大的勇气进行探索，发现了新的自流井。不久，新井又在财产权拥有者控制之下，遭遇到同样的命运。水再次出现在另外一个地方——这恰恰是整个有明文记载的历史所发生的情况。"

是的，我们人类能够不断开挖信仰和精神之泉，来滋养我们的灵魂。但是，现在关键的问题是，我们应该如何处理好要开挖的新泉和已经流淌千年的旧泉之间的关系。也就是说，我们在创建第二个轴心时代时，如何继承和扬弃轴心时代的文明成果。须知，轴心文明的建立，也是对其之前3000多年人类文明的继承和创新。如基督教是在"两希"文明和古犹太教的基础上产生的，佛教吸取了它之前的婆罗门教和各种沙门思想，孔子和儒学更是集夏、商、周三代之英。所以，我们第二个轴心时代文明的创建，一定要借鉴和吸收轴心时代的思想，让我们开挖的新泉和旧泉一脉相连，共同汇成奔腾澎湃之势。事实也是如此，轴心时代的文明圣水经过两千多年的流淌，虽然难免有些枯竭，但仍然是"三径就荒，松菊犹存"。比如您对《圣经》中说的"上帝创造了我们""我们都是上帝的孩子"这些话可能会产生怀疑甚至完全不相信，但基督教文化中的爱人如己、遵守协约、平等自由等思想，仍然没有过时。再如您可以不相信如来佛有32相身、千手千眼、法力无边，但佛教文化中的破除妄念、戒绝贪欲、积德行善和轻轻松松无忧无虑的生活态度，对我们今天的人还都是有教益的。

　　我现在和读者诸君要着重探讨的是，孔子和儒家文化在今后的人类生活中，在所谓第二个轴心时代的文明建设中，将会发挥重要的作用和积极的影响。我特别赞同下面这两段话的观点："有人说，我们如果不接受宗教教义，就必须放弃灵魂的关照，此言不实。""我深深地感兴趣于精神生活精神性的人。但我对宗教不感兴趣。我猜你可以说，我是精神性的，但却不是宗教的。"已有很多学者做出这样的判断，我们人类今后的信仰和精神生活很可能是非传统宗教性的，非组织非仪式宗教性的，但却是有信仰、有终极关怀、有灵魂呵护的精神生活。在此需要强调指出的是，孔子和儒学就十分具备这种特质，它既不是宗教，是一种人间入世的学说，但它同时又能给人们提供信仰，提供人生的神圣感，提供终极关怀，使人的精神和灵魂有所寄托。

　　说到孔子和儒家文化，不要说外国人很难有全面正确的认识，就是中国人，也是一会全盘肯定，一会又全盘否定的。党的十八大以后，习近平总书记高度重视和充分肯定中华优秀传统文化，他说："中华优秀传统文化是中华民族的突出优势，是中华民族自强不息、团结奋进的重要精神支撑，是我们最深厚的文化软实力。"又在党的十九大报告中宣告："中华民族有五千多年的文明历史，创造了灿烂的中华文明，为人类作出了卓越贡献，成为世界上伟大的民族。"习近平总书记还在他的讲话和文章中，广征博引中国古代的名言、名句和典故，极力弘扬中华优秀传统文化。我因工作的关系，和几个同事与朋友从2013年开始，连续五年一直坚持研读、收辑、注释习近平总书记系列重要讲话中的名言典故，后来竟得到五六百条之多。这些成果虽然没有正式出版，只作为内部参考材料印发，我却没有一点遗憾，因为我从中学到了知识，更加深了对中国传统文化的认识，也更加看到孔子和儒学在当代的现实意义。我想，以孔子和儒家为代表的中国传统优秀文化，它至少在以下六个大的方面，可以供我们创建新的文明而借鉴和吸取：第一，敬畏天地，体察阴阳，天人合一，宏大的思想视野和高明的生存智慧；第二，志存高远，大同理想，百折不挠，愈挫愈奋，对美好生活的追求和自强不息的进取精神；第三，家邦一体，国而忘家，天下兴亡，匹夫有责，群体利益至上和浓厚的家国情怀；第四，上善若水，仁者爱人，己所不欲、勿施于人，与人为善和以和为贵的处世原则；第五，孝亲以敬，为人以诚，先义后利，扶危济困，崇尚道德和提倡公平正义的社会风尚；第六，修身克己，知耻守节，安贫乐道，清洁自奉，高尚的人格和知足常乐的生活态度。

现在有这样一个人类的大问题需要辩明：人类进入了后现代化时代，人类开始创建第二个轴心时代的文明，轴心时代的经典和思想已经过时，耶稣和佛陀不能安顿我们的灵魂和指引我们的生活。那么，人类永远都要面对和回答的问题，如我是谁？我从哪里来？我到哪里去？短暂的人生有何意义？如何超越有限而进入永恒？谁来为人们提供终极关怀？何以安慰人们的灵魂和精神？现在在学术界、思想界甚至宗教界，回答上述问题有一种很流行的观点：我们人类进入后现代化时代，已经打破了过去两千多年来的二元对垒，已经不分此岸和彼岸，已经没有天堂和人间，肉体和灵魂也糅合为一，我们只有一个世界，就是我们生活的世界，生活就是我们的一切。吃喝玩乐就能满足我们身心的一切欲求，音乐、绘画和工艺美术就能慰藉我们的灵魂。我们这样生活得很好，我们再不需要什么超验和神秘的东西。毫不客气地说，这完全是胡说八道，我是完全反对这种观点的。如果我们人类不在后现代及时建立起信仰和新的宗教情感，如果没有一个大致共同的新的精神家园来安放我们的灵魂，那我们今后的人类不仅会成为精神上的流浪狗，生命也不再有神圣和庄严感，甚至一有风吹草动，我们的整个生活都会难以为继和坍塌。笔者近二十几年来一直思考这个问题，我最终的结论是，我们人类要想重新获有信仰和精神性，一条可行之路就是 反"祛魅"而行之，重新为大自然"着魅"，重新恢复大自然的神秘感，重新重视大自然本来就具有的精神层面。

　　我将自己的这些思考，提炼概括为"宇宙情感"或"自然情怀"，就统称为"自然情怀"吧！其实所谓的"自然情怀"云云，并不是笔者的独创和杜撰，在几百年里，甚至几千年里，都有一些思想家、哲学家、诗人、宗教家甚至杰出的政治家，都早就具有和表达过这种"自然情怀"。只不过，我们今天更需要自然情怀，要呼唤自然情怀，要让自然情怀光临每个人的心田。我想，我们要用"自然情怀"来安放我们的精神，那我们就要在以下几个方面形成共识：第一，大自然是有灵性的。我们过去、特别是近300多年来，我们人类只注重大自然的物质属性，忽视、甚至看不到大自然的精神层面。我们今后不仅要重视大自然的灵性和精神层面，而且要牢牢记住，我们人类的灵性和精神也来源于大自然。第二，大自然是神秘的。大自然不仅是神秘的，而且其神秘是无限的。在人类的面前，大自然永远保持着神秘的姿态，而这正是人类赖以物质生活和精神生活的前提。第三，要敬畏大自然。这正如怀德海所说："文明需要一种建立在对宇宙的本质敬畏的洞见基础上的意义感"。对大自然的敬畏感，这正是我们人生获得庄严感、生活具有意义的信仰基础。第四，要热爱大自然。大自然不仅给人类提供阳光、空气和水等赖以生存的物质条件，也是人类精神赖以滋养和生发的源泉。因此，我们要发自内心地、虔诚地热爱和保护大自然。第五，人类和大自然是融为一体的。大自然是无限和长久的，我们短暂的人生，只有和大自然融为一体，才能找到终极的关怀，才能超越现实生死。第六，要和自然多角度、深层次地沟通。大自然既然有灵性，我们当多与之沟通，大自然亦乐于和人类沟通，那么获益的将是我们。第七，大自然是善的。中国古语说得好：天地之大德曰生。大自然化育万物，这是她最大的善，也是最大的德。我们人类应该效法大自然，以善为本，以爱为怀，热爱万物，善待同类。第八，要用自然情怀来看待人生。自然情怀，就是宇宙情怀，就是一种广博无边的胸怀。我们只要用自然情怀来看待人生和生活，就会淡定泰然，就会随遇而安，就会常赏春花秋月，就会常听天籁之音，就会生活得轻松愉快。

在信仰和精神的层面，还有一个大问题，这是轴心时代和第二轴心时代都要面对和回答的，那就是如何对待生死的问题，如何对待死亡的问题。有的人说，死亡是一切宗教和哲学产生的基础和条件，如果人生没有死亡，任何宗教和哲学都是多余的。这话似乎有一定道理。还有人说，每个人都会思考死亡和死亡之后的事，但如果一生都在思考和死亡有关的事，那就是哲学家和宗教家。也有人调侃，哲学家都怕死。此言不确，其实人人都怕死，古今中外的人都渴望不朽。我自身的思想历程就很能证明这一点。我因为在十二三岁受过一次惊吓，加上母亲敏感气质的遗传作用，我以为离死亡很近，随时随地都会失去生命，一方面十分害怕死掉，一方面苦苦思索死亡和永恒的问题，以求解脱对死亡的恐惧。我因为长期处于心理紧张状态，甚至草木皆兵，后来患了严重的失眠症，以致一次服用多片安眠药，竟没有睡意。还由于一直艰辛地对死亡和永恒的对立、矛盾性思维，我后来又患上了一种医学上称为强迫思维的疾病。如在上大一时，有一次我端着脸盆准备去洗澡，在去澡堂的路上却琢磨起这次洗澡是洗净还是不洗净，初步的回答当然是要洗净。但接着又反问自己，什么是洗净，有确凿的标准吗？自己反复权衡，净与不净确实没有最终的标准。就这样反反复复思考了一个多小时，澡也没洗成，就回宿舍了。还有一次，离放寒假还有一个多月时间，我突然想起这次寒假坐公共汽车回家的路上，是不是还要隔着窗玻璃向路两边看，初步回答是要看，也不可能不看。但接着又反问自己，是先看左边、还是先看右边，间隔多长时间看一次，为此苦思半个多月仍没有最终答案。不仅没有答案，还导致这一学期两门成绩都没考上优秀。

我这样焦虑地思索时间、死亡和永恒的问题，虽然对身体会有些损伤，但也不是没有收获的。它使我在20多岁时，就清楚地知道时间的过去、现在和未来，不仅仅是紧密地连接在一起的，而且后来的时间决定着过去时间中一切事件的状态；生和死是统一而不是对立的，死是对生的肯定，如果没有死，就不会有生，人的死是从永恒的沉寂中把人的生划分和凸显出来；人只要生活过，就不会有真正的死，死得一干二净是不存在的，即使人死如灯灭，仍然灯火相传；花落又开，流水不断，就是说人一旦来到世上，就成为江河中的一朵浪花，就成为宇宙整体中的一个部分，就在大自然中获得了永恒。至于苏格拉底所说的"怕死只是不聪明而自以为聪明，不知道而自以为知道的另一种形式。没有人知道死亡对人类来说是否真的是一种最大的幸福，但是人们害怕死亡，就好像他们可以肯定死亡是最大的邪恶一样"，还有海德格尔提出的"向死而生"的论断，那是后来在读书时才知道的。我说上面这么多话，大家对死亡是否会看得更淡一点呢？也未可知。

这一章的内容其实十分重要，只是因为限于篇幅，对有些问题不能展开论述。我下面再总结概括出几点，以强化读者诸君对这一章内容的把握：

1. 人类是灵性很高的动物，人类不能没有信仰，人类不能没有终极关怀，人类必须要有安放心灵的地方，人类必须要知道生活的意义和价值。过去是这样，今天是这样，将来也会是这样。

2. 公元前8世纪到公元前2世纪，在所谓人类文明的轴心时代，我们的先贤和先知为我们创造了经典和信仰，虽然塑造了不同的文化传统，但都为我们的生活提供了希望和指南。两千多年来，我们正是在这些先贤先知的指引和呵护下，在充满理想和神圣的大道上，一直健康快乐地走到今天。

3. 经过两千多年岁月的侵蚀，经过20多个世纪的风雨变化，孔子、耶稣和佛陀他们当年的思想，他们当年为人类的谋划，他们当年放出的规矩，在今天或许很多地方都不再适应，或许已经不能很好地引领我们的生活。我们需要创新，我们需要重新为天地立心、为生民立命，甚至呼唤着第二个轴心时代的到来。这无可厚非，我们应当创造新的思想和经典，我们也完全能够创造新的思想和经典。否则，人类将如何不断进步，我们的子孙将如何健康快乐的生活。但是，我们在开挖人类新的圣水之泉时，一定要让它和原有的圣泉一脉相通，这样才会澎湃成流。儒学、基督教和佛教，它们的一些具体说教很可能已经不再适用，但它们都主张赋予人类信仰和生活的意义，它们都主张要仁者爱人、爱人如己和普度众生，这些见解和思想并没有过时，我们今后仍当坚守。

4. 孔子和儒学在人类今后的文明创建中，当发挥着重要和不可替代的作用。说在今后的生活中，儒家学说比其他思想和文化都更为重要，这主要不是因为我对儒家思想的偏爱，而是因为儒学固有的特质，而是因为所谓第二种新时代要创建的文明内容有关。轴心时代的说法是西方学者最先提出来的，他们大都认为第二轴心时代文明是一种去宗教化的文明，但又必须使人类仍然具有精神性。孔子创立的儒家学派，本来就不是宗教，但它天人合一的思想、对天地和祖宗的敬畏思想，甚至它提出的大同世界的理想，都仍然能够给人们以信仰和希望。

5. 在人类进入后现代生活之后，信仰缺失，道德淡薄，生命失去神圣感和庄严感，已成为很普遍的现象。但此时却有不少学者提出，在进入第二轴心时代后，我们人类完全可以不需要信仰和精神。只要过好当下的生活，随遇而安，及时行乐，就实现了人生的价值和目的。笔者坚决反对这些论调，如果这样长此以往，我们不仅没有真正的幸福和有意义的生活，甚至会使我们社会和生活都难以为继。我们必须振作起来，上下求索，积极主动地构筑起人类精神生活的新家园。

6. 在进入第二轴心时代，在过往旧式哲学和宗教已不太适宜的情况下，我们倡导和建立"宇宙情感"或"自然情怀"是一个可供选择的路径。建立和拥有"自然情怀"，首要的是要重视开发大自然的精神层面，为大自然"着魅"，重新恢复大自然的神秘和尊贵。

7. 所谓"自然情怀"是有很丰富内涵的。我们要想拥有自然情怀，要想用自然情怀来安顿我们的心灵，那我们就要敬畏大自然、热爱大自然，和大自然做广泛、深入的沟通，把我们短暂的人生和永恒的大自然融为一体。我们拥有自然情怀，还要像天地一样，厚德载物，大爱无疆，与人为善，普利众生。

8. 如何看待生死，如何对待死亡，笔者上面谈了一些浅见。但我更知道，任何哲学和宗教，都不足以破除人类对死亡的恐惧，也不足以遏制人们对不朽的追求。我们多知道一些道理，最多能够把生死看待平淡一些而已。这正是："古往今来只如此，牛山何必独沾衣"。

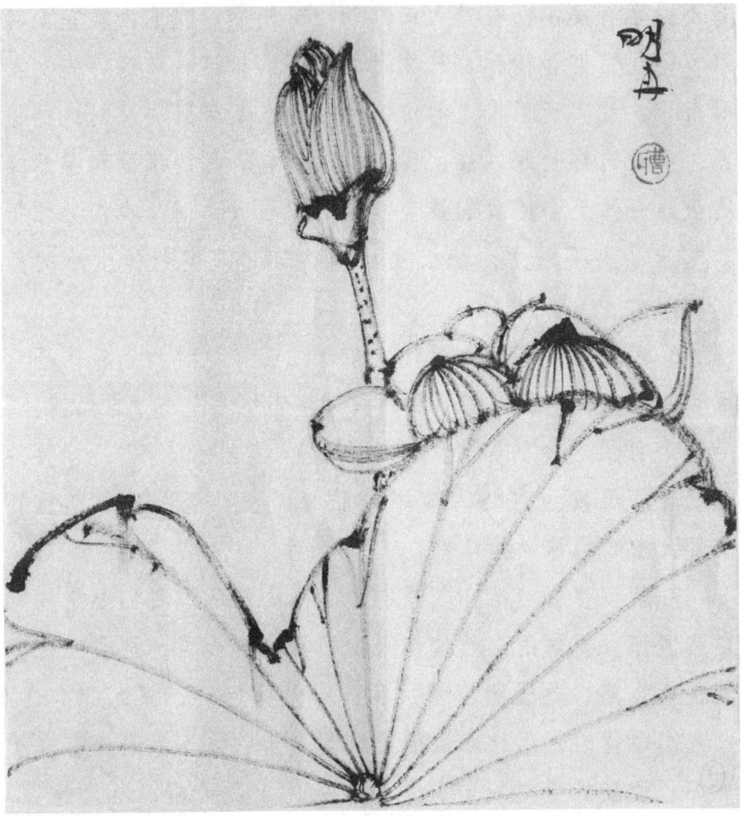

第六章

人间大道真善美

　　人类何以区别禽兽并显示出自身的高贵和尊严，人类如何在满足基本的生理需求后，又拥有丰富的精神享受，人们如何能够不断提升人格而成为一个高尚的人，人们如何使自己的生命有意义而又充满幸福和快乐，整个社会何以能够和谐和美好，这既是我们的先贤和每位思想家、哲学家所要探讨的理论课题，更是古往今来的每个普通民众都要面对和实践的生命之路。在这一章里，我们就是要和读者诸君一起讨论真善美在人类生活中的重要地位和价值，真善美的产生和来源，真善美的实质和内容，真善美三者之间的相互关系。我们还要讨论，人类是如何追求真善美的，人类是如何追求真善美的高度统一的，还有那一些感人的话语和故事。当然，我们更要讨论现实生活中真善美的缺失，剖析批判假恶丑给人类生活带来的不幸和伤害，重新确立真善美的价值取向，重新鼓起追求真善美的风帆，使真善美的光辉永远洒满人间和大地。

一

我在《天不变道亦不变》一书中写道:"人类十分庆幸,我们在几千年的思辨和实践中提炼出真善美的概念。无论是西方,还是东方;无论是古代,还是当今,都无一例外地把真善美作为共同的价值取向。这是开天辟地以来人类最伟大的发明创造,这是人类最可宝贵的财富。人类把真善美作为共同追求的目标,这说明人类确实是万物之灵和宇宙之花。仅此一点,人类将永远不会颓败,人类前进的灯塔将永远闪烁。如果说地球是我们人类的共同家园,那真善美就是我们可爱家园中的绿茵和清泉。"事实不正是如此吗?我们人类走过的道路虽然崎岖不平,但历史的列车却一直为真善美所牵引;特别当我们人类遇到困境和迷惘之时,那能破除迷雾的也一定是真善美的光芒!

有句话说得好,哲学起源于惊异。正因为真善美具有无穷的意蕴和神奇,引来无数人的探索和追寻。几千年来,几乎所有的思想家、哲学家、文学家、宗教家乃至一些科学家,都曾经对真善美作过论述。对于前人的思想,我们当然无法尽述。但是,古往今来大家围绕着真善美的话题,却不外乎以下几个方面:① 真善美来源于哪里,真善美是如何产生的。② 真善美的本质是什么,即真善美各自的性质和内容。③ 真善美之间的相互关系,特别是真善美的统一问题。④ 真善美对人类生活的影响,如何在全社会弘扬真善美。⑤ 真善美与个人道德品质的形成,如何把真善美作为人生追求的目标。

现在我们就首先来讨论一下,那人世间须臾不可离开的真善美,它究竟来源于哪里呢?来自苍茫无际的宇宙,或是来自包含万有的心灵?当我们认真检讨人类哲学史时就会发现,许多大哲和先贤对这个问题的回答都是:真善美既充沛在天地之间,也来自于人的心田。康德老先生的一句名言,甚能代表这些观点:"有两种东西,我们对它们的思考愈是深沉和持久,它们所唤起的那种愈来愈大的惊奇和敬畏就会充溢我们的心灵,这就是繁星密布的苍穹和我心中的道德律。"爱因斯坦也认为大自然本身是善良的,他说:"大自然虽然神秘莫测,但它对人类并没有恶意。"中国先哲普遍认为天地间充满的是美和爱,"天地有大美而不言,四时有明法而不议,万物有成理而不说。"老子不仅认为大自然本身是善和美的,他还认为水就是真善美的标志和化身:"上善若水,水善利万物而不争""天下莫柔弱于水,而攻坚强者莫之能胜。"说人类的心中本来就有真善美的种子,这种思想以孟子的"四端"说最具代表性,孟子认为"恻隐之心,人皆有之;羞恶之心,人皆有之;恭敬之心,人皆有之;是非之心,人皆有之。""恻隐之心,仁之端也;羞恶之心,义之端也;辞让之心,礼之端也;是非之心,智之端也。"只要把人人心中固有的"四端"发扬光大,真善美就会来到我们的生活之中,"可欲之谓善,有诸己之谓信,充实之谓美,充实而有光辉之谓大,大而化之之谓圣,圣而不可知之之谓神。"(《孟子·尽心下》)文天祥《正气歌》开头的几句话,实际上也是说的真善美既在天地之间,也存在于人的心中:"天地有正气,杂然赋流形。下则为河岳,上则为日星;于人曰浩然,沛乎塞苍冥。"

关于真善美产生的机理和过程,也是众说纷纭的。有从字源和词意学上来解释的:如西方的学者认为"善"(good)

一词来自拉丁文"gout",它原始的意思是合适和适宜;中国先贤则认为"羊大为美,美入口为善"。也有人说真善美起源感觉,也有人认为真善美和各种游戏有关。还有的学者从人的心理功能上来探讨真善美发生的机理,认为人类的心理功能可区分为理智、情感和意志三个部分,因此相应形成了真善美三个范畴和行为。蔡元培先生以行路为喻,来说明真善美的产生过程,颇有意趣:"行路,要达一目的地是善,然夜间不能不用灯,是真;行路易疲,不能不随口唱歌,或赏玩风景,是美。"当然,马克思关于"劳动创造美"的著名论断,就不仅是一个响亮的口号,而且闪耀着真理的光辉。不是吗?真善美虽然存在于天地之间和人的心田,但只有劳动才能使他们丰满和彰显,只有社会实践才能够使它们发扬光大。人类文明中真善美的历史画卷,正是由一个个嘉言善行而绘就;人类真善美的万里星空,正是由一束束真情美意的烛光去点燃。

我们现在探讨真、善、美的实质和内容。首先说"真"。有的教科书上说:真,即合规律性,反映人同世界的认知关系。"真"是人们对于客观事物及其规律的正确反映,所以"真"也可称之为"求真"。也有的学者认为,真包括生活真和事实真、逻辑真和语言真、科学真和艺术真、真实和真理,若从主体活动的角度,主客体矛盾运动的角度来看,"真"是主体认识活动所追求的最高目标,是主体和客体的矛盾在认识活动中的解决。柏拉图认为"真"和静止、永恒及绝对有关,他说:"我想凡是由人的理性推理所认识的东西总是真实的、永远不变的,而凡是意见和非理性的感觉的对象总是变动不居的、不真实的"。(《蒂迈欧篇》)海德格尔认为"真"就是"去蔽",他说:"何谓真,最重要的是要追问符合是如何内在可能的,即给这种符合的可能性提供一个决定性的基础,或者说本体论(存在论)的基础。……事物在没有被人判断之前,处于遮蔽状态,也就没有意义;当一个判断揭示了事物的本来面目时,事物就达到了去蔽的状态而为人所见,这个判就是真。"关于去蔽求真的思想,在中国古代的思想史中也有,从荀子的"解蔽",到陆王心学的"剥落",都是讲的拂尘见真。我们上面所说的真,还主要是指"求真",即真理和真相。但是真善美的"真",除了有上面这些内容之外,它还主要是指一种价值取向,是指人的一种思想和品行,它还应该包括真诚、真心、真情、率真、朴实等内涵。这些真情实意正如《庄子·天下篇》中所描述的那样:"真者,精诚之至也,不精不诚,不能动人。故强哭者虽悲不哀,强怒者虽严不威,强亲者虽笑不和。真悲无声而哀,真怒未发而威,真亲未笑而和。真在内者,神动于外,是所以贵真也。……真者,所以受于天也,自然不可易也。故圣人法天贵真,不拘于俗。"龚自珍的一首小诗,也是在说明童真的可爱和难得:"少年哀乐过于人,歌泣无端字字真。既壮周旋杂痴黠,童心来复梦中身。"

现在说"善"。有的教科书上说:善,即合目的性,反映人同世界的价值关系。"善"通常被当作伦理学的概念,主要用于评价人的社会行为,所以"善"也可称为"向善"。也有的学者认为,"善"包括生活善、动机善与效果善、伦理善与利益善,从主体活动的角度、从主客体矛盾运动的角度看,"善"是主体实践活动所追求的最高目标,是主体和客体矛盾在实践活动中的解决,是自由与必然的统一。在哲学界还有这样一种看法,以为西方古代思想家更注重讨论"真",中国古代思想家更看重"善"。其实也不是这样。苏格拉底和柏拉图都是极其重视"善"的，都是把"善"推崇到极致的。西方古代更为重视"真"，应该主要是从亚里士多德开始的，他慨然宣称的"吾爱吾师，吾更爱真理"，就包含要纠正他的老师过分推崇善的理念的意思。柏拉图确实高度重视"善"的作用，他认为善是最高的存在和真理。至善是人生的最高目的和最高幸福，善先于知识和理智，善是获取快乐的源泉，如果我们不知道善，那么所有其他的技艺和科学都将是无用和盲目的。他甚至判定："让我们告诉你神为什么创造了这个世界。他是善的，而善的绝不会嫉妒，他就希望万物尽可能像他自己，……神希望万物在最大限度内是善的。"(《国家篇》)当然，中国古代对"善"的论述更多，如管子说："善人者，人亦善之。"孔子对"仁"和"仁爱"的论述，实际上也都是说的善。荀子说："积善成德，而神明自得。"《易经》中说："积善之家，必有余庆；积不善之家，必有余殃。"再如《大学》中说："大学之道，在明明德，在亲民，在止于至善。"孟子甚至认为，人和动物的区别，仅仅在于人比动物多了一点点善性，如果连这一点点善性也丧失掉，那人就沦落为禽兽："人之异于禽兽者几希，庶人去之，君子存之。"实际上，关于善的问题无需过多论列和解读，它几乎存在于每个人的心中，它也是人人都可以明白无误的道理：善就是我们的人性，善就是爱和同情，善就是愿他人和我一样幸福，善就是愿意帮助他人，善就是愿给社会添一点光彩，善就是愿让自己和人类保有更多的尊严。

最后说"美"。有的教科书上说：美，即合感受性，反映人同世界的情感关系。对"美"的理解和感受个体差异性很大，所以"美"也可称为"爱美"或"审美"。也有的学者认为，美包括满足美与神秘美、快乐美与崇高美、和谐美与创造美，美的获得，是人性与物性、有情与无情的统一，是通过主体对客体以及主体自身情感上的超越，是通过主体对客体的移情而实现的。但是，笔者更欣赏这样对美的解释：美是人类情感的自由和解放，美是生命的律动，美的特征是爱慕和惊奇。我也同意这样的说法：要想了解美的秘密，必须首先认识人的秘密。西方的哲学家对美的论述是很多的。毕达哥拉斯学派提出了"美是和谐与比例"的观点，并认为"整个天体就是一种和谐和一种数。"苏格拉底认为，艺术不但能模仿美的形象，而且可以模仿美的性格。柏拉图认为美是永恒的和不增不减的，他还指出了具体的把握美、体悟美的路径："先从人世间个别的美的事物开始，逐渐提升到最高境界的美，好像升梯，逐步上进，从一个美形体到两个美形体，再从两个美形体到全体的美形体；再从美的形体到美的行为制度，从美的行为制度到美的学问知识，最后再从各种美的学问知识一直到只以美本身为对象的那种学问，彻悟美的本体"。他还说："美，节奏好，和谐，都由于心灵的聪慧和善良。"亚里士多德说："美是一种善，其所以引起快感正因为它是善。"伏尔泰说："要用'美'这个词来称呼一件东西，这件东西就需引起你的惊赞和快乐。"康德则强调美感是非关利害的自由感，是无目的的合目的性，是自己规定自己的感觉，因此不同于逻辑和道德。黑格尔给美下的定义是："美，是理念的感性显现。"在学术界一般认为，中国先贤虽然对美的论述也不少，但美是以善为前提的，有时候美被善所消融。其实，这种说法也不完全对，中国传统文化中是很重视美的功能的，美完全有它自己的独立存在价值，如春秋时期的楚国伍举就曾对美下过定义："夫美也者，上下、内外、大小、远近皆无害焉,故曰美。若于目观则美,缩于财用则匮,是聚民利以自封而瘠民也,胡美之为?"(《国语·楚语》)孔子在《论语》中有十多处是谈论与美有关的话题的,如他说:"礼之用,和为贵,先王之道斯为美。"他在现实生活中更是经常为美有感而发,如他闻《韶》乐时,竟痴迷得"三月不知肉味",赞叹说"尽善尽美"矣。他听《武》乐时,评论说:"尽美矣,未尽善也!"荀子专作《乐论》,提出了丰富的美学思想,如"凡奸声感人而逆气应之,逆气成象而乱生焉;正声感人而顺气应之,顺气成象而治生焉。唱和有应,善恶相象,故君子慎起所去就也。"就中国古代如此重视"礼乐"的教化作用来看,便知道美和审美在中国历史上是一直有着重要地位的。到了近代,就更是重视美和美育。梁启超先生认为,如果从生活中抽去美的成分,人生便没有任何意义和趣味。蔡元培先生多年奔走呼号,认为美和美育不仅可以净化人的心灵,甚至可以救国。笔者在此需要强调的是,不管学者们对美有多少种定义和阐释,而真善美中的美,就是指我们人类美好的心灵、美好的情怀、美好的语言、美好的行为和美好的形象,就是我们人类对一切美好事物的欣赏和追求,甚至是痴迷和感动!

现在我们讨论真善美三者之间的关系及它们的统一问题。实际上,学术界对真善美之间的关系和统一问题的研究,要远远多于真善美本身的研究,见仁见智,莫衷一是。人们一般认为,西方文化更注重真,而中国文化更强调善,其实具体情况也不是这么简单。据说20世纪40年代有一位叫沈有鼎的学者在英国牛津大学做研究时,曾在给国内的朋友一封信中说:康德的价值论和黑格尔的价值论有一个重要不同点,康德是善←美←真,黑格尔是真←美←善,从这里可以看出康德是中国人，黑格尔是印度人或希腊人。其实就中国先贤内部对真善美的强调也是各有侧重的，孔子是善←美←真，老子是真←善←美，庄子是美←善←真。是的，我们人类的先贤确实曾经就真善美的孰轻孰重发表过一些见解。如苏格拉底说："美德即知识"，这就强调了真和真理的重要性，一切道德都要以知识为基。如孔子说："人而不仁，如礼何？人而不仁，如乐何"，这就强调了仁善和道德的重要性，如果没有善心，礼乐和美是没有任何作用和价值的。不仅如此，还有一些思想家甚至看到了真善美具有相互矛盾和对立的现象，如老子说"信言不美，美言不信。善者不辩，辩者不善。"还有大家所熟知的一句名言："几何公理要是触犯了人们的利益，那也一定会遭到反对。"

事实上，真善美之间的关系没有书斋里想象的那样复杂，它们三者之间的顺序谁先谁后也都无关紧要，它们之间的矛盾和差异也没有那么大。客观世界和人类的现实生活都告诉我们：真善美是紧密联系在一起的，真善美是牢不可分的，真善美是一个事物的三个方面，真善美只有功能的不同，没有实质和目的的不同。萨顿不愧为人类最伟大的思想家，他对真善美的统一性有精辟的见解：真善美好比三棱锥塔的三条棱，当人们站在塔的不同侧面的底部时，它们之间相距很远，但当他们爬到塔的高处时，它们之间的距离就近多了。是的，人类如果从较高的角度往下看，那真善美一定是浑然一体并呈现出统一性的美好。

有的学者还这样认为，在人类文明初期，真善美本来是高度统一的，后来真善美逐渐有所分离，我们现在的任务是，要在理论和实践上使真善美重新获得统一。这些话有点道理，但也很不精准。实际上，人类任何时候都是认为并追求真善美统一的。如柏拉图在《斐利布篇》中说："现在，如果我们不能在一个单独的相下寻到善，就让我们通过美、匀称和真三者的联结来获得它，然后把这三者一体。"如孔子说："如有周公之才之美，使骄且吝，其余不足观也已"，非常鲜明地强调了真善美必须要统一。如荀子说："舞美天意兼"，连歌舞这样的小技，都是美和善的统一。王阳明"知行合一"的思想，说到底，也是一种力求真善美统一的思想，这里的"知"就是"真"，"行"就是"善"和"美"。牟宗三先生对真善美的关系和统一，也有一个很生动的比喻："那三个领域都是人类心灵所挑起来的，每一个领域代表着一个原则，知识（真）代表呼吸；道德（善）代表提起来的奋斗；美代表放平、喜悦。这才是真正的生命之源。"(《康德第三批判演讲录》)其实，我们先贤所讲的"至真""至善""至美"，都是描述的真善美高度统一时所呈现出来的状态："至真"，便包含有善和美；"至善"，便包含有真和美；"至美"，便包含有真和善。只有"小真""小善""小美"，才会出现真善美割裂甚至对立的现象。在论说真善美的关系上，我更赞成这样的说法：真的左邻是善，右邻是美；善的左邻是真，右邻是美；美的左邻是真，右邻是善。是的，真善美相互激荡、相互养成、相互聚集、相互促进，共同组织成人类心灵和理想的彩霞。

二

以上我们从理论上对真善美进行了诠释和概括。事实上，真正使真善美深入人心和发扬光大的，是人类对真善美的创造和实践，是那一个个感人的故事，是那一曲曲真善美的赞歌：或是一个灿然的微笑，或是一声轻柔的嘘问，或是一个不经意的搀扶；当然，更有那慷慨的解囊相助，不计利害的雪中送炭，宁舍己而救人的壮举……是它们让真、善、美这三个字熠熠生辉，是它们让真善美这棵大树枝繁叶茂。据说物理学家费曼的一位同事的母亲，曾向费曼倾诉，她的儿子抱怨她不能懂得物理定律的意义，但费曼却向这位母亲这样说道：没关系，您只要懂爱的意义就行了。

　　中华民族是一个向善的民族，国家以德为本，个人安身立命也以德为本。中国历史上人们心目中理想的君王，既是政治家和民族英雄，也是道德的楷模，真善美的化身，万民敬仰的偶像。"三皇"、"五帝"是这样，禹、汤、文、武也都是如此。就"五帝"中的舜帝来说，他就是中国历史上真善美的一面旗帜。据说舜不仅出身贫寒，而且家庭环境十分糟糕。舜的生母不幸早逝，父亲是个盲人，性情古怪，继母生弟叫象，史书说："父顽、母嚚、象傲。"父亲、继母和弟弟几人串通一气，不仅常常刁难于舜，而且几次都欲置舜于死地而后快，终因舜机智而脱险。但是，即便是这样，舜对父母仍不失人子之道，十分孝顺；对弟弟不失友悌之道，尽量关爱，多年如一日，并无怨艾。世人评论说："欲杀，不可得；即求，常在侧。"舜在家是这样，在外面也是以德感人："舜耕历山，历山之人皆让畔；渔雷泽，雷泽上人皆让居"，他以自己的行为带动社会的礼让之风。舜的高尚品质引起了尧帝的关注，尧帝就将自己的两个女儿娥皇、女英嫁给舜，以便进一步观察舜的品质。经过几年的夫妻生活，她们认为舜确实是一位品质高尚的人，也是一位有能力的人。于是，尧最终决定将帝位禅让给舜。舜接位后励精图治，一心为公,最后客死在南巡的途中。舜南巡不归后,娥皇、女英两位夫人还是日夜引颈遥望,且哭泣不止,据说泪水洒在竹子上,使竹子呈现出点点泪斑,后遂称斑竹。关于大舜和娥皇、女英的凄美故事,引起了后人的无限追慕和感慨,有很多诗文都以此为题材。如唐诗中说:"犹似含颦望巡狩,九疑凝黛隔湘川。"再如毛泽东主席的诗中说:"九嶷山上白云飞,帝子乘风下翠微。斑竹一枝千滴泪,红霞万朵百重衣。"

中国历史上感人的故事不胜枚举,有的主人公是将相王侯,有的主人公是学者名流,更多的则是普通百姓;有的事迹见诸正史,有的事迹见诸野史,更多的则是口口相传。下面就介绍几个真善美的故事:

(1)赵氏孤儿的故事。春秋晋灵公时期,晋国大臣赵盾一家300多口尽被武将屠岸贾谋害诛杀,仅留存一个刚出生的婴儿,即赵氏孤儿。为保存赵家唯一的血脉,晋国公主即赵氏孤儿的母亲托付草泽医生程婴将孤儿带走,并自缢身亡。程婴将赵氏孤儿藏在药箱中,在出宫门时碰到屠岸贾的部下韩厥的盘查,但韩厥深明大义,放走了程婴和赵氏孤儿而自刎。屠岸贾搜不到赵氏孤儿,遂下令将全城一个月到半岁之间的孩子全部囚禁起来,并扬言如找不到赵氏孤儿,就将这些孩子全部杀死。危急关头,为保住赵氏孤儿和全城孩子,程婴找到了老友晋国退隐大臣公孙杵臼,并与公孙杵臼商定,用自己的孩子替代赵氏孤儿。程婴然后假意告发公孙杵臼,诱引屠岸贾到公孙杵臼家搜到了假孤儿。屠岸贾杀死了假儿,公孙杵臼也撞阶自杀。这样,程婴既失去了亲生骨肉,又背上了卖友求荣的恶名。更难能可贵的是,程婴还要忍辱负重,在痛苦和煎熬中把赵氏孤儿抚养成人,使其最终恢复宗室和伸张了正义。

（2）孙叔敖的故事。孙叔敖是春秋时期著名政治家，以贤德名世。据说孙叔敖少年时，有一次外出游玩，突然碰到了一条两头蛇，就把它杀了并且埋了起来。回到家中孙叔敖向母亲哭诉，"常言说谁碰到两头蛇就一定要死，我今天碰到两头蛇了，恐怕我今后不能陪伴母亲了。"母亲问："两头蛇现在哪？"孙叔敖回答说："我怕后来的人又会看见，就把它杀死埋了起来。"母亲安慰他说："我听说暗中助人的人上天对他必定有善报，孩子你心地善良，在生死关头还想到别人，一定不会死。"果然，孙叔敖不仅没有死，而且后来还出任楚国的令尹。据说，他还没有开始推行自己的治国主张，国人就已经信服他的仁义了。孙叔敖在任上做了很多善事，还修筑了中国历史上第一座水利工程——芍陂。

（3）姜肱兄弟的故事。东汉时期有一家三兄弟分别叫姜肱、姜仲海和姜季江。兄弟三人一直感情深厚、互敬互爱，和别人家兄弟不同的是，他们三个人缝制了一条很大的棉被，每天晚上兄弟三人都在同一张床上，盖同一条被褥。即使长大了，他们兄弟三人仍然感情如初，从未争吵过，晚上睡觉还是盖着同一条大被子，这就是"同床大被"一语的由来。有一天，姜肱和姜季江进城办事，不料深夜在路上碰到了劫匪。当强盗们晃着匕首要对他兄弟俩动手时，哥哥突然把弟弟拉向身后，走向前一步说："我弟弟还小，我是做哥哥的，我可以死，希望你们放我弟弟一条生路。"哥哥话刚落音，弟弟也走上前来厉声喝道："不！你们不能伤害我的哥哥，对我愿杀愿剐随便。"兄弟俩都争着让自己的亲人活着，想到兄弟就要生离死别，两人不禁抱在一起哭成一团。强盗也还良知未泯，深为他们兄弟的真情所感动，最终并没有伤害他们兄弟，只抢走了衣服和盘缠。到了城里后，有人见姜氏兄弟衣冠不整，缺衣少衫，就问出了什么事，兄弟俩都用其他话语挡开，只字未提被抢劫一事。后来事情辗转传到劫匪那里，他们再一次为姜氏兄弟的仁爱之心所感动，且有悔改之意，并将所劫衣物完璧归还。

（4）嵇康和山涛的故事。嵇康和山涛（字巨源）都是当时的名士，他俩从年轻时就是好朋友，相互倾慕。有一次山涛向朝廷推荐嵇康，并亲自劝说嵇康出来做官，这惹恼了嵇康，以为我们朋友多年，你竟不了解我的志向，提出要分道扬镳，并写了一封很长的《与山巨源绝交书》，他们从此确实再没有来往。若干年后，嵇康因故被朝廷判处极刑，在临死前，他安慰前来给他诀别的十几岁的儿子嵇绍："孩子不要怕，只要你山涛伯伯还活着，你就不会成为孤儿。"后来的事情果然是这样，嵇康死后，山涛把嵇绍接到自己家里，像对待自己的儿子一样，供其读书，后来又推荐他入仕做官。说句实话，每当笔者读到这段史料时，都会为人性的美好，都会为朋友之间的相知和真情而洒下激动的泪水。

（5）锁麟囊的故事。《锁麟囊》是一部著名的京剧，也是一个真实的真善美事例。登州富家女薛湘灵出嫁，于归途中遇雨，花轿遂入春秋亭暂避。此时，正巧有一贫家女赵守贞的花轿也来亭内避雨。薛湘灵忽然听到赵家的花轿里有哭泣之声，便命仆人问明原委，原来是贫家女感叹世态炎凉，为一贫如洗的未来生活担忧。薛湘灵心地善良，遂将内装无价珠宝的锁麟囊相赠。雨过天晴，两支娶亲的队伍各奔东西。若干年后，登州为洪水洗劫，薛湘灵亦与家人失散后流落他乡，为谋生计，只好到当地绅士卢家为奴。一个偶然的机会，薛湘灵在主人的阁楼内看到当年赠送给他人的锁麟囊被供奉在香案上。原来卢夫人即赵守贞，夫妻两个便是凭着锁麟囊内的珠宝养家兴业。经过盘查知道薛妈妈就是当年的恩人，心生感慰，不仅对其敬如上宾，还帮助她找到了失散的亲人。

新中国成立后，中华民族的传统美德得到了进一步的发扬光大，涌现出一批又一批真善美的化身，如雷锋、王杰、焦裕禄和孔繁森等等。我们在此只介绍一下郭明义，因为这位好人还在继续着他的善行，还在释放着他的爱心。郭明义只是一个很普通的工人，但他的人格和品质却是那样高尚。2010年度"感动中国"十大人物给他的颁奖辞是："他总看别人，还需要什么；他总问自己，还能多做些什么。他舍出的每一枚硬币、每一滴血都滚烫火热。他越平凡，越发不凡；越简单，越彰显简单的伟大。"据有关资料显示：15年中，他累计献工1.5万多小时，相当于多干了5年的工作；16年里，捐款12万元，资助贫困生180多名，几乎是他全部收入的一半；20年他坚持无偿献血，累计献血6万毫升，相当于自身总血量的十倍。郭明义自己写的一首小诗，很能反映他的心灵："我常常问自己，我究竟能给你什么，我的朋友？虽不知道这个答案，但我深深地知道，我确实能给你：那属于我的生命、我的爱，还有那用生命和热血——铸成的诗！"

其实，世界上各个国家的人民都是向善的，每个民族都有很多真善美的传说，下面就介绍几个西方世界有关这方面的故事：

（1）戈黛娃夫人的故事。戈黛娃夫人是11世纪的一个英国贵妇,长得漂亮,心地善良,丈夫是考文垂的利奥弗里克伯爵。有一天,伯爵看到夫人闷闷不乐,就问道:"是饭菜不可口吗?还是仆人们伺候得不周到。"戈黛娃夫人回答说:"都不是。我看到城内的百姓都愁眉不展,听说他们都生活得非常困难,缺衣少穿,您应该下令减轻老百姓的赋税。"伯爵听后很不耐烦,以为这么高贵的夫人为下等人求情有失尊严。但戈黛娃夫人还是坚持她的请求,三番五次向伯爵提及减税之事。后来伯爵说可以减税,但有一个条件:夫人必须裸体骑马绕市区走一圈。他是想以此来难住她,不料戈黛娃夫人满口答应。夫人裸体骑马那天,仅以长发遮身,夫人在前面走,伯爵骑马跟在后面。不可思议的是,戈黛娃夫人裸体骑马走过市区的所有道路,竟没有一个市民出来观看,家家关门,户户闭窗。当然,伯爵最终也兑现了减免赋税的诺言。

(2)泰坦尼克号的故事。不管是泰坦尼克号这个故事本身,还是以这个故事为题材拍摄的电影《泰坦尼克号》,都为世人所熟知。泰坦尼克号这艘当时被誉为全世界最大、最豪华的邮轮在它的处女航过程中,在加拿大东岸的纽芬兰附近海面上,意外地撞上了巨大的冰山而沉没了。船上2223名乘客仅有700多人幸存,另外的1500多人则命丧海底。应该说,这是一场震惊人心的大灾难,是一个历史性悲剧。但是,就是在这场突如其来的大灾难面前,就在那生死存亡的紧要关头,船员和乘客所表现出的人性美的光辉,同样震撼着人心。在邮轮沉没的过程中,在每个人都面临灭顶之灾的时候:人们仍然能够听到甲板上乐师们演奏的舒缓柔和的乐曲,缓解和消除了大家的恐惧;电讯室里的两个电讯员依旧坚持自己的岗位,每十分钟向外界发一份电报,有条不紊地报告船上的情况;船长史密斯在全部救生船都走后,镇静地走到甲板上,说了声"现在,自己救自己吧!"之后从容不迫地进入船舱,希望和游轮同归于尽;更多的场景则是,丈夫和妻子、孩子吻别,不相识的年轻人和老人、儿童吻别,把她们送上救生船,而自己又回到邮轮上。据有关资料显示:泰坦尼克号沉没后全体乘客中近70%的妇女和儿童都存活下来,而男性乘客的生还比例却只有1%。

(3)买上帝的故事。一个小男孩捏着一美元,沿街一家一家商店的询问:"请问您这儿有上帝卖吗?"店主要么说没有,要么嫌他捣乱。天快黑时,第29家商店的店主热情地接待了男孩。老板是个六十多岁的老头,笑眯眯地问男孩:"告诉我,你买上帝干什么。"男孩流着眼泪告诉店主,他叫邦尼,父母早亡,是叔叔帕特鲁普把他抚养大的。叔叔是个建筑工人,前不久从鹰架上摔了下来,至今昏迷不醒。医生说,只有上帝能救他。我想上帝一定是种非常奇妙的东西,我把上帝买回来,让叔叔吃了,伤就会好了。老头眼圈湿润了,问:"你有多少钱?""一美元。""孩子,上帝的价格刚好是一美元呢!"老头从货架上拿了瓶"上帝之吻"的饮料给邦尼,说:"拿去吧,孩子!你叔叔喝了这瓶'上帝'就没事了。"邦尼喜出望外,将饮料抱在怀里,一进病房,他就开心地叫喊着:"叔叔,我把上帝买回来了,您的伤很快就会好的!"几天之后,一个顶尖级的医疗小组来到医院,对帕特鲁普进行会诊。他们采用世界上最先进的医疗技术,终于治好了邦尼叔叔的伤。帕特鲁普出院时,看到医疗费账单上那个天文数字,差点吓昏过去。可院方告诉他,有个老头帮他把钱付了。那个慈祥的店主是个亿万富翁,从一家跨国公司董事长的位置上退下来后,隐居在本市,开了家杂货店打发时光,那个医疗小组就是老头花重金请来的。帕特鲁普感动不已,他立即和邦尼去感谢那位善良的老人,可老头已经把杂货店卖掉,出国旅游去了。后来,帕特鲁普接到一封信,是那个老人写来的,信中说:"年轻人,您能有邦尼这个侄儿,实在太幸运了。为了救您,他拿一美元到处购买上帝……。感谢上帝,是他挽救了您的生命。但请您一定记住,真正的上帝,是人们的爱心!"

  我们上面讲了那么多人类真善美的故事,这样是否可以说,人类的本性是善良的呢?答案却没有那么肯定和简单。人类的本性究竟是善的、还是恶的,思想家和哲学家们已经争吵了几千年,迄今似乎仍无定论。仅就中国的先贤来说,孟子就主张人性是善的,荀子则主张人性是恶的,也有主张人性本无善恶的,如王阳明的"无恶无善心之体"。笔者在此要强调的是:我们不用过多地争论人性是善是恶,关键是我们人类选择了向善而行,把我们人类何以会选择向善而行,把人类向善而行的好处说清楚,比确定人性是善还是恶更有意义。在中国,即使没有接触过《周易》和堪舆学,也知道房屋大门的方向是如何界定的,如果说这座建筑是南门(离门),那就是说这个建筑是坐北向南;如果说这个建筑是东门(震门),那就是说这个建筑是坐西向东……。当然,门的不同朝向决定着建筑物不同位置的吉凶变化。所以,人们在权衡利弊时,看重的是门的朝向,而不是建筑物的位置。同样的道理,我们人类既然选择了向善而行,向着真善美的目标迈进,那起点就不太重要,那是从善出发、还是从恶出发亦无关紧要,只要我们牢牢把握住向善的方向便好。那么,我们人类为什么要向善而行呢?因为只有真善美才能保证我们人类的幸福生活，只有真善美才能丰富和提高人类的精神世界，只有真善美才能使人生具有价值和意义。

在对待真善美的意义和价值的认识上，人们普遍有一种不太全面、不太深刻的见解，那就是一个人拥有真善美，整个社会弘扬真善美的风气，主要受益的是他人，主要的作用是保证了社会的美好与和谐，这正如一首流行歌曲所唱的："只要人人都献出一点爱，世界将变成美好的人间"。这个看法不能说不对，多一个有爱心的人，和他有关系的人都会受到关爱；好人多了，整个社会都充满公平和正义。我们这里只是要强调的是，一个人拥有美好心灵，一个人以追求真善美为目标，那受益最大的还是他自己：他因此拥有了有意义的人生，他因此拥有了幸福快乐的生活，他因此受到了社会的敬佩和尊重。正是在这个意义上，我一直不太同意把做好事和慈善事业，名之曰"献爱心"，称之为"奉献"，最多可表达为善良的流露和展示，或者说成是一个善良人的正常行为，因为得到益处最多的将是所谓"奉献者"自身。

若问人们你喜欢什么样的生活方式？你喜欢得到什么？恐怕都会因人而异，作出不同的回答：我喜欢读书学习，他喜欢制作工艺；我喜欢经商，他喜欢从政；我喜欢结婚生子，他喜欢单独生活；我喜欢忙忙碌碌，他喜欢休闲自在；我喜欢追求卓越，他喜欢平凡淡然……。但若问你希望幸福吗？那得到的都是一致的、肯定的回答：我只希望生活得快乐幸福。因此，亚里士多德有一句至理名言："人类的一切目的都是为了幸福。"是的，人的一切行为都是为了生活得幸福。但是幸福究竟是什么呢？又是见仁见智了。苏格拉底的看法是：智慧等于美德，美德等于幸福。亚里士多德的看法是：对于幸福来说，灵魂生活具有同等的重要性，因为其余的生活都要依赖外部条件，而它却是自足的。中国先贤认为"仁者无忧"，强调美德对于幸福的重要性，一个人如果没有美德，就不可能获得幸福，人们不断提高美德的过程就是追求幸福的过程。当然，更有人认为幸福就是日子过得舒服，有吃有喝，有名有利。最近几十年，国际上还流行幸福指数的说法，列出很多和生活有关的项目，让人们来选择，以得分高低来判定幸福的程度。应该说，幸福指数云云，并不能从本质上揭示和反映什么是幸福生活。

既然什么是幸福还不那么明晰，我们就再看一下人类究竟需要什么？或许能够从人类的需求中进一步看清幸福的内涵。美国学者亚伯拉罕·马斯洛在1943年提出了著名的人类五大需求理论，这五大需求从低向高依次排列是：生理需求、安全需求、社交需求、尊重需求、自我实现需求及自我超越。中国当代哲学家张世英先生，提出了人类生活的四个境界和层次：欲求境界、求知境界、道德境界和审美境界。也有的学者提出，人类的生活需要主要是三个部分：肉体生活，不外乎饮食男女；社会生活，包括在社会上做事以及与他人交往；灵魂生活，即心灵对生命意义的沉思和体验。我们分析来分析去，笔者的观点是：人类讨论了几千年的如何追求幸福生活的问题，实质上就是如何处理好物质和精神的关系问题，就是如何既安置肉体又安置好灵魂的问题，而要真正处理好这些关系、安置好这些问题，过上有意义和幸福的生活，那就非要提高自己的道德水平、非要丰富自己的内心世界、非要以真善美作为价值观不可。

我非常赞同这样的看法：生命和生活若是单纯的，精神和灵魂若是丰富的，人的生活便是幸福的。事实确是这样，我们的生命若能一直保持童真和清纯，我们的生活若能经常满足于简单和质朴，我们的精神若能不断提升和丰盈，我们的灵魂若能永和真善美相伴，那我们就会感到生活的无比幸福和舒畅。可在现实生活中，我们却很难做到这一点。人的关系越搞越复杂，一切交往也都以利害为导向，要经常费尽心机地去盘算、去应对，甚至尔诈我虞，那哪里去寻找生命的单纯；欲壑难平，互相攀比，钱不厌多，权不厌大，名不厌高，得之若惊，失之若惊，整天栖栖遑遑，焦头烂额，哪里去寻找生活的单纯；不去追问人生的意义，无暇顾及自己的灵魂，不去经营自己的精神家园，无心进德修炼，既不见贤思齐，也不研读圣贤之书，哪里去寻找精神和灵魂的丰富，在这种状态下，人们却执着地去追求幸福，那多半是南辕北辙，离幸福只能是越来越远。

　　我不反对追求财富和拥有财富，也不一概反对追求名利。有些企业家，包括一些民营企业家，呕心沥血，创造财富，最终大部分都反馈给社会，这都是值得肯定的。财富从整体上来说是好事，有财富比一穷二白要好，必要的物质财富，也是人类幸福生活的保障和前提。我这里要辨析的，是人们应该如何对待财富等这些身外之物，如何使财富只为人所用，而不使人为物所役，变为物的奴隶，最终丧失了生活的乐趣和幸福，失去了生活的方向和生活的本来意义。据说有一次苏格拉底在逛市场时，看到众多琳琅满目的商品，十分感慨地说道："这里有多少我需要的东西啊！"是的，的确有很多很多的东西，我们的生活中并不需要它。有了它，只能占据我们的空间和时间，只能消耗我们的体力和精力。

古往今来的贤哲都主张过一种简朴的生活，认为简朴的生活即不为物累，又过得潇洒自由。古罗马哲学家塞涅卡说得对："自由人以茅屋为居室，奴隶才在大理石和黄金下栖身。"马克思主义也认为，人类真正的幸福虽然离不开一定的物质基础，但更重要的是人的全面发展和自由，是不做金钱和物质的奴隶，是不被外部世界所异化。过简朴的生活，在生活中不断做减法，对金钱和名利都能够看得比较淡泊，这并不是一件容易的事情，也不是想这样做就能够达到的事情。它需要从根本上解决价值观的问题，它需要有丰富的精神世界，它需要有真善美的高贵灵魂。苏格拉底说："没经过思考的生活是不值得过的。"那我们要思考什么呢？我想那至少应该思考人生的意义是什么？应该怎样度过这短暂而又一去不复返的人生？应该怎样对待自己和他人？应该怎样对待物质和名利？应该怎样对待精神和灵魂？应该追求什么样的幸福和快乐？我最终能给这个世界留下什么？周国平先生说得好："老天给了每个人一条命、一颗心，把命照看好，把心安顿好人生即是圆满。把命照看好，就是要保护好生命的单纯，珍惜平凡的生活。把心安顿好就是积累灵魂的财富，注重内在生活。"苏东坡就是一个精神丰富、心地美好善良的人，他一生历尽坎坷，既有生死攸关的"乌台诗案"，又多次被贬官，最后一次被贬到今天的海南岛。但他处事达观，不为物累，随遇而安，不仅生活得有滋有味，吃得好、睡得香，还写出那么多堪称千古绝唱的好诗篇。

下面我们再分别谈一下真、善、美在生活中的作用。先说"真"。为人真诚，做人真实，率性而为，不忘本真，不欺不瞒，不端不装，这些都有利于人生的健康和幸福。袁宏道说得好："人生不得行胸臆，纵年百岁犹为夭。"人生如果活得不真实，不能活出本来的面目，就是再长寿也是白活了，枉此一生。可是，在我们现实生活中，甚至在我们身边，有多少都是"假人"：真情不敢流露，也可能根本就没有真情；真言不敢出口，也可能根本就没有真知灼见；真好不敢求之，真恶不敢去之……。为了一些虚名浮利，抬不起头，直不起腰，蝇营狗苟，齷齷齪齪，十分可怜。不率真的人，欺人更是欺己，一生没有真正舒畅和淋漓尽致过。君不见，一切卓越优秀的人，一切健康快乐的人，他们都是有真性情的人，他们的言行都是生命和精神的自然显露，都和山花一样自然地开放，都和江河一样自然地流淌。正是因为这样，耶稣才告诫他的信徒："你们要向孩子一样，才能进天堂"；老子才反复发问："专气致柔，能如婴儿乎"？人们如果成熟到只知一味圆滑和世故，童真之心荡然无存，那就从根本上远离了生命的本质，那也就失去了真正的幸福和快乐。且记要守住"真"字哦！

善良更是人们获得幸福生活的法宝。如果一个人心地善良，充满爱心和同情心，处处与人为善，时时助人为乐，胸怀坦荡，容人容物，他人有喜，我亦分享，这样的人，一生都会阳光普照，人生之路越走越宽广，生活始终有幸福相伴。相反，如果一个人心里不是那么美好和光明，凡事只替自己打算，缺少爱心和同情心，或常做损人利己之事，或常怀嫉妒他人之心，这样的人一生都常在怨恨之中，幸福也不愿意光顾他的生活。有一次，我的大弟弟问我："老天给谁安一颗善良的心，是不是就是对谁最大的奖励；老天如果给谁安一颗不太好的心，是不是就是对谁的一种惩罚？"我回答说："完全是这样。所以人应该自己善良，同时更要感恩老天和父母给了我们这颗不坏的心。"不过，我又接着补充说："好心和坏心都是可以改变的，只是坏心向善难度要稍大些，生性善良的人做好事更容易些。这也一如聪明和愚笨，笨人虽笨，勤亦能补拙。"我们前面说过，人生最高的需求是希望得到社会的尊重和超越自我吗？那么，也只有一个善良的人，一个经常帮助关心别人的人，一个能用爱心感动大家的人，才能实现人生的这种追求，才能成为一个受到社会和别人尊敬的人。中国先贤有句话："天道无亲，常与善人"；中国有句俗语："善有善报"。好人最终会度过幸福快乐的一生，善有善报，我想这不仅是人世间的因果规律，应该是大自然的法则：因为大自然本身也是有善意的人，也是以生育和呵护万物为己任的。中国还有"仁者寿"的说法，也是有深刻道理的。我们看一下那些健康长寿和百岁的老人，他们的身份和生活方式尽管千差万别，但都有一个共同的特点：心地善良，性情乐观。且记要保存"善"字哦！

美不仅可以帮助人们生活得更幸福，它还可以提高人们的生命品位和人生境界。我们这里所说的美，既指人的心灵美、言行美，也包括美感和审美。俗话说："爱美之心，人皆有之。"美的最大特点是神奇性和超越性，它神奇到变幻莫测，因人而异，甚至不可言说；它超越到超越利害，甚至超越道义，美就是美自身。美可以使人迷狂，也可以使人安静。美虽然具有超越性，但从整体上看，它是净化人们心灵的，是提升人的品位的。中国先哲所说的"美以储善"，就是这个道理。美有时本身虽然还不是善，它可以激励人向善，它可以引导人向善。如山岳江河，可以激起人的豪情壮志；风花雪月，可以使人感受到人生的惬意和美好。美还有一个特点，大自然和人世间到处都有美，您只要有发现美的眼睛,随时随地都可以欣赏美,随时随地都可以把美纳入自己的生活,不需要任何条件,不需要任何代价,即"明月清风不用一钱买"。自从19世纪德国诗人荷尔德林呼喊出"诗意地栖居",像诗情画意般的生活已经成为人们的理想。荷尔德林的诗是这样写的:"当生命充满艰辛,人,或许会仰天倾诉:我就欲如此这般?诚然。只要良善纯真尚与心灵同在,人,就会不再尤怨地用神性度测自身。神莫测而不可知,神如苍天彰明昭著,我宁愿相信后者,神本人的尺规。劬劳功烈,然而诗意地,人栖居在大地上。我是否可以这般斗胆放言,那满缀星辰的夜影,要比称为神明影像的人,更为明澈洁纯?大地之上可有尺规?绝无!"这首诗和"诗意地栖居",本来并没有那么有名,后来经过大哲学家海德格尔的阐发和推介,"诗意地栖居"传遍世界,且为人们所向往。海德格尔是这样解读的:"无论在何种情形下,只有当我们知道了诗意,我们才能体验到我们的非诗意栖居,以及我们何以非诗意地栖居。只有当我们保持着对诗意的关注,我们方可期待,非诗意栖居的转折是否以及何时在我们这里出现。只有当我们严肃对待诗意时,我们才能向自己证明,我们的所作所为如何以及在多大程度上能对这一转折作出贡献。"荷尔德林和海德格尔所倡导的"诗意地栖居",实质上就是要实现生活的艺术化和美化,使美遍布生活的各个角落,从生活方式和生活态度,从衣食住行到闲暇休息。如果谁还不明了什么是生活的美化和诗意的栖居,请看王维的《山居秋暝》:"空山新雨后,天气晚来秋。明月松间照,清泉石上流。竹喧归浣女,莲动下渔舟。随意春芳歇,王孙自可留。"费孝通先生多年前提出的"各美其美,美人之美,美美与共,天下大同",或许最终会成为大家都能够接受的理念和生活方式。且记不要忘怀"美"字哦！

三

我们说人性是向善的，真善美是人类的共同价值取向，但这并不是说我们人性中没有阴暗面和弱点，并不是追求真善美可以轻而易举、畅行无阻。实际上，人性中不仅有阴暗面和弱点，甚至人性隐藏着诸多邪恶的东西，如贪婪、嫉妒、奸诈、虚伪，甚至残忍。这正如有的学者所说："人如果没有同情心，就远不如禽兽，比禽兽坏无数倍。猛兽的残忍仅限于本能，绝不会超出生存所需要的程度。人残酷起来却没有边，完全和生存无关，为了龌龊的利益，为了畸形的欲望，为了变态的心理，什么坏事都干得出来。只有在人类之中，才会产生千奇百怪的酷刑，产生法西斯和恐怖主义。"我们纵观人类的全部历史，经常会看到这种触目惊心的现象，在某一个地区、在某一段时间内、在某一种特殊的环境下，在一些说不清楚的动因引擎中，人性中的阴暗面和弱点得到了膨胀，人性中的动物属性暴露无遗，尔诈我虞无奇不有，烧杀掳掠无恶不作，乌烟瘴气，一片狼藉，人们几乎失去了生活的信心，人们更看不到真善美的倩影。当然，人们很快又会拨云见日，走出困境，重返正道，继续沐浴阳光。也正是在这个意义上，毛泽东主席才说："真的、善的、美的东西总是在同假的、恶的、丑的东西相比较而存在，相斗争而发展的。"

人类进入工业化和后工业化时代，在市场经济的冲击下，在消费主义的影响下，人们的生存竞争更加激烈，人们的贪欲更加强盛，人们对物质利益更加看重，对精神的追求有所放松，对道德的培育有所忽视。因此，"世风日下"的哀怨不绝于口，"人心不古"的感叹声闻于耳。在这种大的历史背景下，人类追求真善美的征途又遇到了新的魔障：过去也是真善美和假恶丑并存，但那时界线分明。如今是真假莫辨、善恶难分、美丑混淆。人们陷入了尴尬的境地，有时不知所从，想进入一个房间，结果走进了另一个房间。甚至，连社会都有时分不清楚哪些是真善美而应该褒奖，连舆论有时都分不清哪些是假恶丑而应该批评。对于人类这种在追求真善美中所处的盲目状，这种事与愿违的悲情，我曾在《天不变道亦不变》一书中作过剖析，现引录在下面：

"求真。追求真理，掌握知识，凡事问个究竟，探索万事万物的本质，寻找天上人间的规律，制造巧夺天工的器械，这既是人类的天性，也是受巨大的好奇心所驱使。因此，人类在探索真理和创造发明方面，可以说是竭尽心智，毫不懈怠，各逞其能，花样翻新——人类终于能使卫星上天、网连千家、克隆生灵。毫无疑问，知识和科技推动了人类的前进，给人们的生活提供了极大的便利，也使人类更加富有和文明。可是，知识和科技都是双刃剑，其负面效应岂止是三个指头和七个指头之比？君不见，环境的污染，生态的恶化，水已不清，天已难蓝，杞人再不是无故的忧天；知识的爆炸，信息的泛滥，人类已剩下很小的生活空间；财富虽然囤积如山，好吃好穿，但幸福指数并不见增加。知识和科技会把人类带向何方，人类确确实实地不知所措和迷茫。这些使我们再一次想起，我们的先哲为什么会对'桔槔'这样小小的发明，也充满忧虑和不安，生怕它会扰乱人们正常的生活和淳朴的心灵。即使仓颉造字这样纯粹好的事情，我们的祖先也想象成那当时的情景一定是'天雨粟，鬼夜哭'。大发明之后，既获大利，亦必有大麻烦！"

"向善。人皆有恻隐之心，人皆可以为尧舜，人之初，性本善，仁者爱人和博爱，是东西方共同追求的目标，是人类最响亮的口号。人类在向善方面所花费的精力丝毫不逊于求真。人们把善作为一切美德的总称，人们以善规范每个人的行为，人们以善调剂人与人之间的关系，人们把善作为治国的方略，人们追求和向往处处充满仁爱的理想国。应该说，人之向善，犹如水之趋低，是很自然的事，一般不会有大的曲折。但在很多时间和很多地方，过高地要求向善已变成欺世的大言；有关道德的说教，有时竟成了扼杀人的自由和天真的砒霜；对于善，有人觉得高不可攀，有人觉得与己无关，更有人觉得于事无补；有多少思想家和政治家曾许诺带领大家走进尽善国，有多少次又都是让大家失望。更为可悲的还不止此，而是不知从什么时候起，善与伪善竟成了形影不离的伴侣，成了连父母都难以辨认的双胞胎。"

"爱美。爱美之心人皆有之。人类对美的追求更是积极主动，也更为愉悦和轻松，连孔老夫子也知道人们要是像喜欢美色一样而喜欢道德，那世界上一切事情都好办啦！美的东西当然都是好的，是利人和悦人的，如美色，如自然风光，如服饰，如艺术等。人类追求美完全是应该的。那么人类在追求美和审美中又出现了什么故事呢？要说这方面的偏差，大概主要有以下几点：一是追求美有时过了度，走向了反面，弄出许多丑事来，伤害了身体，伤害了性情，也伤害了道德。二是美丑不辨，非要把丑的当成美的来欣赏，来供奉，以致搞得乌烟瘴气，天怒人怨。比如热衷于血腥化的行为艺术者对人和动物施虐、施暴的'作品',就是这方面的典型例子。我们的日常生活中,这方面的例子更多,诸如乌黑飘柔的秀发,非要烫成一缕一缕怪诞的黄毛不可。三是在人则美,于己则丑,模仿失当,东施效颦和邯郸学步皆属此类。"

我在《天不变道亦不变》一书中,还就老子思想中有关如何守住和恢复真善美的启示,作了总结和概括,现择要而录之:"老子认为,人们在追求真善美中之所以出现了问题,走向了反面,就是因为离开了朴和真。人们只要返璞归真,使思想和行为重新回到正确的轨道上,一切矛盾和社会问题便会迎刃而解,人们失去的自由和幸福便会找回,人们一直追求的真善美便会不期而至。返璞归真旨高意远,内容宏富,它至少包括以下八个方面:1.返璞归真就是在思想和言行上和道保持一致,顺其自然。2.返璞归真,就是以真来统摄善和美,在真的基础上实现真善美的高度统一。3.返璞归真,就是向天真和质朴靠拢,保持最纯洁的真善美。4.返璞归真,就是要少私寡欲,有时甚至要剔除一些所谓知识和教理。5.返璞归真,就是在追求真善美时要把握好度,过犹不及。6.返璞归真,就是要和光同尘,慈俭不为天下先。7.返璞归真,就是要和各种乖张行为划清界限,决不与背道者合污。8.返璞归真,就是对真善美既要追求和创造,更要坚守和保持。"

是的,人类追求真善美的路途,从来都是坎坷的。但是,正是因为真善美的宝贵和难得,我们更要义无反顾地去追求、去寻找。这正如中国古语所说:"从善如登,从恶如崩",即追求美的善的事情,要努力登攀,要不避艰辛。我想,我们今后在追求真善美的过程中,应该着重在以下几个方面统一好认识，统一好行动。

　　首先，要进一步明确真善美乃人间的大道，只有坚守和追求真善美，才能保证我们人类的和谐和幸福。萨特认为，人是被抛入到这个世界上的，充满了偶然、无奈和风险，但人又有选择的自由。几千年的文明史表明：只有真善美才能为人类导航，只有真善美才充满正能量，只有真善美才是救命之桨。离开真善美，社会将会动荡不安，个人将会狂躁失宁。但是，有关人生的哲学和信条又很多很杂，社会上的假恶丑风气亦互相煽引，正所谓"大道以歧路亡羊"，使很多人迷失了方向，偏离了真善美，最终不仅使自己的人生暗淡无光，也给社会增加了负能量。因此，愿我们的每位读者朋友何时何地都要心明眼亮，都要紧紧抓住真善美不放。

　　其次，要坚信真善美具有无穷的力量，要坚信爱能超越和征服一切。真善美不仅是好，而且也是力量。爱默生有段话说得好："一个人有多少善行，他就有多少生命。因为万物皆由这同一个精神而发，它由于用处不同，有时称之为爱，有时称之为义……。万物皆由这同一个精神而发，万物都跟它通力协作。一个人追求善的目的时，他就得到自然的全力支持，十分强大。在他游离开这些目的的情况下，他就被剥夺了力量，被剥夺了助手；他的生命从所有遥远的渠道退缩回来，他就变得越来越小，成了一个微粒，一个点，直到绝对的恶成为绝对的死亡。"据说爱因斯坦在临终给他女儿的信中说："当我发表相对理论的时候，几乎没有人能理解。而我现在揭露出来要传达给人类的，更将会与现有人类对世界的误解和偏见产生冲突。我要求你保护这些信件越久越好，几年、几十年，直到社会进步到能够接受我下面将要解释的：有一种无穷无尽的能量源，迄今为止科学都没有对它找到一个合理的解释。这是一种生命力，包含并统领所有其他的一切。而且在任何宇宙的运行现象之后，甚至还没有被我们定义，这种生命力叫'爱'！"。我们平时每个人都会有过这样的感受：只要心中有感恩之念，马上会觉得浑身温暖和愉悦。只要心中一产生爱心，那立刻就充满力量和激情；只要做出一点善事，便会得到许多满足和幸福。我们的感觉没有错，真善美就是这样的神奇。让我们紧紧地拥抱真善美吧，它不仅能使我们获得幸福和快乐，它也能使我们超越一切烦恼，甚至生死。

第三，弘扬真善美要从我做起，从日常生活做起，从一点一滴积累。中国先贤说："人能弘道，非道弘人。"大道和美德是要靠人去发扬光大的，每一个人都是真善美的载体，每一个人都是闪亮真善美的光源，只要人人行动起来，只要大家都来做好事，社会就会变得美好。我们不要等待着去做惊天动地的大善事、大义举，不要因为善小而不为，而是从小事做起，积善成德。"合抱之木，生于毫末；九层之台，起于垒土"，只要每个人都在做好事，只要随处都能看到好人的身影，社会风气就会日渐好转，真善美的光辉就会照亮各个角落，诗意地栖居才会成为可能。

第四，社会的奖罚和舆论导向，都要围绕着惩恶扬善，都要有利于真善美的滋长。有什么样的土壤，就会生长出什么样的植物。我们希望真善美之树花繁叶茂，我们就要给它提供足够的阳光、雨露和肥料。毫无疑问，人类的法律大都是惩恶的，但是法律对道德的约束却是无力或欠缺的。倒是国家的一些奖罚制度和各种评选活动，特别是几千年来一直形成的乡规民约，对真善美行为都有很大的奖励和促进作用。我在此要强调的是，舆论导向和文学艺术作品在弘扬真善美方面起着不可替代的重大作用。我从小在农村长大，我们的父辈和爷爷辈，我们周围的许多许多人，他们大都目不识丁，但是凭着一个个口口相传的故事，凭着从说书人和戏台上那里得到的教育，就知道了什么是真善美，也划清了什么是假恶丑。听了《水浒》，就知道了什么是忠义；看了《秦香莲》，就会厌恶那些忘本之徒；听了《梁山伯与祝英台》，就知道了什么是纯真的爱情；看了《墙头记》，就会斥责那些不肖子孙。因此，我们在2005年拍摄长篇电视连续剧《闯关东》时，就把真善美的统一作为制作的追求目标，不放过一句台词，不放过一个镜头，精益求精，该剧播出后收到了良好的社会效果。

第五，坚守和弘扬真善美，培养人的道德和提升人格最为重要。2018年8月第二十四届世界哲学大会在北京举行，大会的主题是"学以成人"，我觉得"学以成人"这个主题非常好，它是中国的语言，但又是世界的声音；它是个古老的命题，但回应的是当下的关切。是这样的，每个人的道德水准都提高了，都成为一个精神丰满和高雅的人，个人获得了幸福，整个社会也更加和谐。孔子之所以被中国人奉为至圣先师，就因为他是一位卓越的教育家，他提出了系统的培养人的品质、提高人的境界的方法，并成功地应用于实践，亲手培育出数以千计的贤人和君子。孔子提倡"为己之学"，为己之学就是学习是为了提升自己的素质，为了"美其身"，而不是学给他人看的，不是为了沽名钓誉。中国先贤认为，通过学习和修养，每个人都会成为君子，甚至会成为圣贤，这正如孟子所说："人皆可以为尧舜"，也如王阳明所描绘的"满街跑的圣人"。说到学习和修养，这当然是终生的任务，"活到老、学到老"嘛！学习永远在路上。但就思想品质的培养而言，少年时代又特别关键，如果其他事情也需要从娃娃抓起，那么，品德培养就更需要从娃娃抓起。关于要抓好孩子的道德教育，《哈佛家训》中有段话十分精彩："孩子是一张光洁的白纸，是一泓未受污染的清泉，在他们人生开始的时候，我们一定要用最好的精神文化来熏陶他们，用最美的道德来塑造他们，用最纯洁的事物来感动他们……孩子的心有如春天的土地，如果错过了播种的季节，秋天等来的就是荒芜。最可怕的是，如果由于我们的粗心，不小心给他们播下了不良的种子，那么我们等来的就将是一生的后悔！"

真善美的话题是说不完的，真善美的故事也是讲不尽的。但是，真善美不只是哲学，也不只是道德说教，它是阳光，它是雨露，它是空气，它是我们人类须臾不可离开的护身法宝。有了它，我们才能够高于动物；有了它，我们才能够合群以共同生活在一起。我想对上面的内容再作一次概括和强调，希望和读者诸君一起记取：

1. 人类经过几千年的探索和实践，共同把真善美奉为不可疑移的价值取向，这是我们人类最宝贵的精神财富，这是我们人类最大的道统。我们人类只要还想继续前行，就一定要携带着真善美一起上路。

2. 真善美既存在于人类的心田，也存在于大自然的各个地方，我们只要善于发现和发掘，真善美就会像江湖之水，不断喷涌，永远流淌。

3. 人类已经创造了许许多多有关真善美的动人故事，我们要把这些故事讲好，传播好。更为重要的是，我们要创造出更多新时代的真善美的故事，续写新的篇章，以对得起我们的祖先和子孙。

4. 真善美是人间大道，真善美是人间正道，只有沿着真善美的方向前进，道路才会越走越宽广。哪个人拥有了真善美，那个人就拥有了幸福和快乐；整个社会都拥有了真善美，天堂即在人间。

5. 人类追求真善美的路途自始至终都是不平坦的，都是在与假恶丑的激烈博弈中艰难前行的。我大致同意这样的观点：人是处在动物和神之间的生灵，兼有动物性和神性，往下走就接近于禽兽，往上走就接近于神明。人性中有阳光和善良的一面，这是真善美赖以生发的根基；人性中亦有阴暗和邪恶的一面，这是假恶丑得以滋生的温床。人类的文明史从某种意义上来说，也就是真善美不断战胜和征服假恶丑的历史。

6. 人类进入工业化和后工业化时代，人类的精神文明赶不上科学技术和物质积累的发展速度，信仰和心灵都受到了巨大的冲击，真善美更受到了严峻的挑战。在消费主义盛行的时代，人们更加看重物质利益，更加看重眼前的利害，与精神家园渐行渐远。但是，离开了精神家园，离开了真善美，人们不管多么富有，都会陷入空虚和焦虑，更谈不上真正的快乐和幸福。因此，人类必须警醒，要始终关注道德和精神。

7. 坚守和弘扬真善美，就要坚信爱的无穷力量，就要相信只有爱才能超越和征服一切。关于爱的力量，关于爱的神奇，这不仅存在于我们先贤所讲说的道理中，也存在于一个个感动人心的故事中。爱不仅能给我们带来快乐，爱不仅能够冲散一切烦恼，爱也能够使我们人类超越生死。

8. 追求和弘扬真善美，就要从我做起，从日常生活做起，从点点滴滴小事做起。每个人捐助一滴水，就会汇成海洋；每个人发出一点光，就会组织成万丈彩虹；每个人送一点爱心，天地之间都会春光荡漾。人是真善美的载体，培养人的道德品质尤为重要。提高人的修养和品德，是终生都要努力的事，但抓好儿童和少年的教育最为关键。

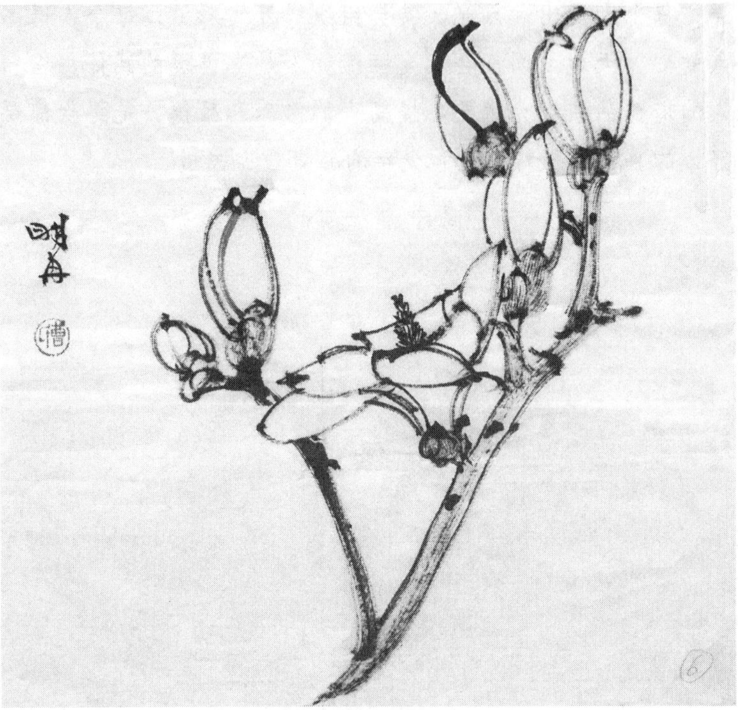

第七章

山重水复疑无路

人类进入21世纪之后，当展望自己的未来前途和命运时，既充满兴奋和希望，更心存担忧和悲观。几乎所有的有识之士都认为，人类正站在十字路口，人类正面临着巨大的困境和挑战，人类今后如果不能有正确的选择和有效的应对，人类就不仅会受到严重伤害甚至会有灭顶之灾。我们在这一章里，就是要一起探讨一下：我们人类时至今日究竟身处何地，我们人类的文明究竟遇到了什么样的困境和挑战，这些困境和挑战的具体表现是什么，困境和挑战的实质是什么，这些情况最终会给人类的生活和幸福带来哪些影响，还有人类困境和麻烦形成的深层次原因是什么。

一

历史的车轮行驶到今天，人类的文明已发展到极高的程度，人类的物质生活也可谓丰富和便利。但当人们谈到自己的处境时，常常是这不满意，那不称心，哀怨有加；特别是当人们展望人类的前景时，更是忧心忡忡，甚至不寒而栗。

人类面临着严重的困境和挑战，这已经成为共识：从各式各样的论文到书籍，从形形色色的论坛到会议，从高人的演讲到普通人的饭后茶余，都在为人类的危机而唏嘘！

以色列青年学者尤瓦尔·赫拉利（Yuval Noah Harari）近几年连续推出三部书：《人类简史》《未来简史》和《今日简史》。说实话，我对赫拉利书中的观点并不完全赞同，但我对他对人类前途命运的描绘和担忧，还是十分激赏的。这也是他书中最有价值的部分。如《今日简史》中说："智人之所以能够崛起成为地球的主宰者，主要原因在于其具备了虚构故事的能力。然而，在当前这样一个分化的世界，我们对旧故事已失去信心，对新故事亦远未达成共识。"又说"眼下，人类社会面临着科技颠覆、生态崩溃和核战争三大挑战，'国家'这一身份认同已不足以应对今天的挑战，任何一个国家都无法独立解决全球性问题。人工智能和生物技术正在颠覆原有的社会结构和分配方式，数据成为最重要的资源。"还有"然而，我们现在面临的最大的问题在于生态崩溃和科技颠覆，而自由主义对此并没有明确的答案。传统上，自由主义需要搭配经济增长，才能神奇地平息棘手的社会和政治冲突。自由主义能够让无产阶级与资产阶级、信徒与无神论者、原住民与移民、欧洲人与亚洲人之间都和睦相处，靠的就是保证每个人都能拿到更大的一块饼。只不过前提是饼必须不断变大。然而经济增长非但无法拯救全球生态系统，反而恰恰是生态危机的成因。经济增长也无法解决科技颠覆的问题，因为增长正是以越来越多的破坏性创新为基础的。"

实际上从19世纪开始，历经20世纪，关于"人类困境"的话题，一直声不绝耳。从马克思的异化理论到唯意志论和存在主义,从弗洛伊德学说到法兰克福学派的文明理论,从罗马俱乐部到英国未来学说的极限理论,都在用不同的视角来揭示人类面临的困境和危机。只是随着历史的发展,"人类困境"论的声调越来越高,人类面临的危机和挑战愈逼愈近,甚至连一些著名的科学家,对人类的前途也悲观失望。如霍金就多次宣称,地球最多能再撑200年,并告诫大家应提前做好向其他星球移民之准备。好在大家并不完全相信霍金的话,只是听后惊悚一阵,又各忙各的啦。

当下,更为要害的问题是:人类历史的列车仍然以加速度的状态奔驰向前,既看不到减速的趋势,也看不到调整方向的征兆。这正如有的学者所描述的那样:"把人类比喻为一艘大船,都知道前面有暗礁,但没有调整方向;都呼吁船已超载,却没有人肯抛出行李和多余之物。"还有的学者这样描述人类的前途:"即使是如今仍活着的杰出科学家,也不知道科学将带我们走向何方。我们正搭着一列加速前进的火车,下面的铁轨潜藏着无数的转折器,不知要把我们引向何处。火车司机室没有一个科学家,每个转折处又可能藏着危险,而社会上大部分人都在车厢中往后看。"

现在需要探讨这样一个问题:即"人类困境"究竟是指什么?所谓的人类危机究竟来自哪些方面?影响人类生活和生存的因素主要是什么?人类最担心和害怕的事情是什么?对这些问题的回答当然会见仁见智,但依据已有的文献资料和学术报告,大家则基本认同以下几个方面的问题应该是属于"人类困境"和"人类危机"的主要内容:① 生态恶化和气候变暖。② 资源枯竭。③ 人口爆涨。④ 贫富分化。⑤ 各种国际冲突加剧。⑥ 核战争威胁。⑦ 科学技术的滥用和科技颠覆。⑧ 西方民主制度和自由经济的衰落。⑨ 信仰缺失和精神生活匮乏。

下面我就其"人类困境"中的现象，择其要者，进行一番概括和剖析，使读者诸君能对人类的危机，有更切实的感受，有更透彻的认识。

1. 生态恶化和资源枯竭

生态恶化和资源枯竭是"人类困境"的最大问题。认识生态问题，应该首先要了解一下"生物圈"的概念。所谓"生态圈"，顾名思义就是指生物赖以生存的圈子和条件。据学术界报告，生物圈有内外"三环"之分：生物圈的外三环，即大气、水体和岩石层；生物圈的内三环，即地幔圈、外核液体圈和固体内核圈。支撑地球生物圈的主要靠十大生态系统：① 大气层，生物圈的靓亮肌肤。② 海洋，生物圈的气候调控系统。③ 森林，生物圈的心肺器官。④ 草原，生物圈的环境屏障。⑤ 湿地，生物圈的肾脏。⑥ 农田，生物圈的潜能转化系统。⑦ 山脉，生物圈的骨骼系统。⑧ 江河，生物圈的血脉循环系统。⑨ 湖泊，生物圈的水源调蓄库。⑩ 沙漠，生物圈的特殊生态系统。实际上，我们人类对环境的每一次破坏，都是对这十大生态系统的破坏，进而是对整个生物圈的破坏，当然最终都是对人类自身的伤害。

人是大自然亿万年演化的结果，人类是大自然之子，人和大自然是亲密的母子关系，大自然为人类尽可能地提供了一切生存和生活的条件。按理说，人类对大自然应该是永远心存感恩和敬畏，应该永远保护和爱护好大自然。但事实却不是这样，也可以毫不客气地说，自从有了人类，对大自然的破坏和伤害就已经开始了。只不过原始社会人类生产力水平很低，有几块石头就够人类打磨一阵子了，对大自然的整体不会带来大的影响。进入农业文明时代，人类就会砍伐森林，就会放火烧荒，就会拦河修坝，就会射禽杀兽，对生态就造成了一些影响，但问题还不大。因为大自然是广博而又仁慈的，又是具有巨大自身修复功能的。可是进入了工业文明时代，人类掌握了蒸汽机，拥有了电力，制造了各种各样的机器，学会了这样那样的先进技术，就开始了对大自然的全面征服和利用，结果在取得财富和生活便利的同时，对大自然造成了严重的破坏和伤害。鉴于工业革命以来人类对生态环境的破坏，人类的行为对大自然正常演化的干预，有些因素甚至加剧了地球岩石的永久性变化，所以，很多专家认为地球在地质上已经进入了"人类世"。用"人类世"来命名地质时代，这对人类是一个绝妙的讽刺和揶揄，这也充分说明了生态问题的严重性。

为了能够定量反映人类对生态的破坏程度，以及随时监测地球的承受能力，学者们还创造了"生态足迹"的理论。所谓生态足迹，也称为生态占用、生态足印，它是指一个单位、地区、国家和全球的生产生活所消耗的资源和排放的废物被吸纳等所需要的生态地域面积。它的计量单位是"全球公顷"。这个理论认为，人类的生产活动和消费，像一只巨足踏在地球上，踏下脚印越深，"生态足迹"就越大。区域生态足迹如果超过了该区域所能提供的生态承载力，就出现生态赤字。据世界自然基金会发布的《地球生命力报告2010》数据显示，人类生态足迹的增长，已经超出地球自然生态承载的极限。2007年，全球生态足迹为180亿全球公顷，人均生态足迹是2.7全球公顷；生态承载力则为119亿全球公顷，人均生态承载力为1.8全球公顷。全球生态赤字总量已高达61亿全球公顷，人均生态赤字为0.9全球公顷。

还有的学术机构用生态破坏折合成现金方式来描述，得出的结论是：研究发现，我们人类每年欠地球33万亿美元！欠债当然早晚是要偿还的。

也有的学者根据人类和大自然的关系，把人类的历史划分为这样几个不同的文明时代：即"天人混沌"的原始文明，"天人渐离"的农业文明，"天人相悖"甚至"天人相残"的工业文明。我们下面就具体描述一下，在大张旗鼓地征服自然、改造自然和利用自然的工业文明时代，人类对我们这赖以生存的美丽而可爱的地球，究竟造成了多大的破坏和创伤：

（1）掠夺性开发导致资源枯竭。人类可以利用的资源，绝大部分都是大自然经过几十亿年的演化而来的，大都是一次性的，是不可再生的。经过200多年的疯狂性开发利用，很多资源都大幅度减少，有些已渐渐枯竭。有关统计资料显示，1800—1900年，全球国内生产总值增长了7倍，相应的粗钢消费增长了10倍，铜增长了1.15倍，铝增长了2.27倍，主要能源煤炭增长了57倍，石油增长了26倍，天然气增长了1倍。1900—2000年，全球国内生产总值增长了18倍，石油、钢、铜、铝的年消费量分别增长了178倍、30倍、28倍和3600倍。就是为人类提供衣食的耕地资源，也在大幅度减少和退化。有学者估计，我们人类要想都过上美国人的生活，至少需要五个地球来提供资源。我倒认为，先不要急于来讨论是否都能过上美国人的生活，应该首先考虑一下我们的子孙后代如何维持生活的问题。

（2）环境污染已成为公害。工业文明时代大规模开采，利用化石能源和高消耗、高排放的生产方式，必然造成严重的环境污染和生态破坏。大气被污染，到处是雾霾天气，空气中弥漫着各种有害微粒，使人无法呼吸，肺病患者明显增多。水被污染，江河湖泊的生态严重恶化，不仅水生动物大量消亡，人类饮用水也受到了威胁。据世界卫生组织统计，全球每年有 300 万—400 万人死于饮水不洁有关的疾病。土壤被污染，人类的食品安全从根本上没有了保障。土壤一旦被污染，很难治理，为子孙后代埋下了隐患。堆积如山的垃圾和各种有害废品，不能及时有效地处理，也成为人类的一大公害。这正如有学者所说："工业排泄污染了空气及海洋，杀虫剂和农药渗入我们的食品，铝制罐头、纸杯、合成塑料制品堆满厨房。我们现在还不知道如何处理放射性废弃物，到底是埋在土里，还是投射到太空，或是倾倒在海洋里？"就拿白色污染这一项来说，后果就令人胆战心惊。据统计，目前每年全球有大约 3 亿吨塑料垃圾，大部分不能被土壤中的微生物所吸收降解，要原封不动地存留十年乃至数百年。现在，仅海洋中就存有超过 4 亿吨的塑料，很多鱼类都因为吞食过量的塑料而死亡。据预测，再用 20 多年的时间，塑料在全球海洋中的重量，将超过海洋生物的总重量。

（3）大片森林消失和土地沙漠化扩大。据有关资料显示，近 200 年，全球森林覆盖率由 48% 降至 32%。可现在地球尚有 40 亿左右公顷森林，每年正以 1800 万—2000 万公顷的速度在地球上消失。从 1960 年至 1990 年，全球丧失了 4.5 亿公顷的热带雨林。大量森林的消失和退化，直接导致了植被破坏、水土流失、水旱灾害和大批珍稀动物的灭绝。全球土地沙漠化的问题也很严重，沙漠现在已经占陆地面积的四分之一，而且每年仍以 600 万公顷的速度继续扩大。

（4）臭氧层破坏和酸雨危害加重。1985 年，英国科学家观测到南极上空出现臭氧层空洞，并证实其同氟利昂（CFCS）分解产生的氯原子有直接关系。到1994年，南极上空的臭氧层破坏面积已达2400万平方公里，北半球上空的臭氧层厚度比任何时间都薄，欧洲和北美上空的臭氧层厚度平均减少了10%—15%，西伯利亚上空则减少了35%。臭氧层出现空洞或变薄，将使阳光中的紫外线无法得到有效的屏蔽而直接辐射到地球表面，对地球生态系统造成严重的干扰，对人类健康更是造成严重的威胁。酸雨是由于二氧化硫和氮氧化物大量排放而形成的。酸雨会导致生物和自然生态退化，会使土壤贫瘠，并腐蚀建筑物。

（5）水土流失加剧和水资源短缺。在自然状态下，生成1厘米厚的土层平均需要120—400年，而在水土流失严重的地区，每年流失的土层厚度就在1厘米以上。目前全球约有耕地15亿公顷，由于水土流失与土壤退化，每年损失约500万—700万公顷。在过去三个世纪里，人类提取的淡水资源量增加了35倍，20世纪70年代即达到了3500立方公里。现在，全球淡水提取量每年仍增加4%—8%。据估计在未来的30年内，世界缺水人口将达20亿左右。

（6）温室气体增加导致气候变暖。有关资料显示，工业革命前，大气中二氧化碳的含量基本维持在280ppm。工业革命后，大气中二氧化碳的含量每年约上升0.8ppm，到2008年已上升到385.2ppm。气候变暖的直接后果是冰川和两极冰山的融化，海平面上升，淹没沿海低洼地带。联合国政府间气候变化专门委员会报告："全球气候变暖已是不争之事实。"并预测了全球变暖的可怕前景：全球气温21世纪可能上升1.1摄氏度—6.4摄氏度，海平面上升18厘米—59厘米。如果气温上升幅度超过1.5摄氏度，全球20%—

30%的动植物种将面临灭绝。如果气温上升3.5摄氏度以上，40%—70%的物种将面临灭绝。就目前的情况来看，世界各国虽然都对气候变暖采取了一些措施，但21世纪人类能否把气温升高的幅度控制在2摄氏度以内，仍然是一个未知数。

（7）大量动植物灭绝和生物多样性锐减。近200多年来，由于人类活动的强烈干预，物种的丧失速度越来越快，由大致每天一种加快到每小时一种，比自然灭绝的速度加快了1000倍，比物种形成速度快了100万倍。目前地球上有500种鸟、300多种兽、200多种两栖爬行动物濒临灭绝，2400多种有花植物也处于生存的危险之中。更为可怕的是，一个物种的灭绝，将引起20多种相关物种的生存危机，导致生态食物链的中断和遗传基因的流失。

姜春云主编的《拯救地球生物圈》一书中写道："人类在征服自然、掠夺自然的道路上已经走得够远了，对自然生态的伤害够惨了，可谓'伤筋动骨'。综观地球生物圈——生物活动圈、环境及其生态系统，已是遍体鳞伤满目疮痍。一向强大自信的地球生物圈在呻吟、在哀诉、在呼救！平心而论，地球生物圈孕育、抚养了人类，为人类的生存和发展慷慨无私地奉献了千百万年，竟然在人类的无情掠夺、摧残下落了个伤痕累累的下场，这实在是太不公道、太不正义，也太不应该了！"是的，完全是这样的。但是，人类对自然的掠夺和伤害，是要付出沉重代价的，最终是要给人类自己带来灾难的。

从上世纪初，人类就接连不断地遭受到大自然的报复，各种"公害事件"相继出现，无数生灵为此丧生。这其中有8起事件被称为"世界八大公害事件"，影响尤其巨大。这8个"公害事件"是：1930年12月1日至5日比利时马斯河谷烟雾事件；1943年美国洛杉矶光化学烟雾事件；1948年10月26日至30日美国多诺拉小镇二氧化硫气体污染事件；1952年12月5日至8日英国伦敦烟雾事件；1953至1968年日本水俣市发生的甲基汞污染的"水俣病"事件；1955至1961年日本四日市由于石油冶炼和工业燃油产生的废气严重污染大气的"哮喘病事件"；1963年3月日本爱知县米糠油中毒事件；1968年日本富山平原地区因河水和食物含镉造成的"痛痛病"事件。生态恶化的残酷现实，引起了一些有识之士的忧虑和重视，而1962年美国学者蕾切尔·路易斯·卡逊所著《寂静的春天》一书，无疑极大地提高了人们的环保意识。《寂静的春天》警告世人："化学工业正在将地球变成一个化学品毒性实验室，包括人类在内的所有生命都正在成为毒性测试的试验品。"作者还大声疾呼："人类一方面在创造高度文明，另一方面又在毁灭自己的文明，环境问题如不解决，人类将生活在幸福的坟墓之中。"

　　近半个多世纪以来，应该说生态问题引起了人们的高度重视，人类为了遏制生态的恶化，提出了一些新的理念，召开了很多会议，制定了很多规章和政策，签署了不少公约和协议，也花了不少钱。如形成"只有一个地球，要关怀和维护这个小小星球"的共识；如提出"增长的极限"的理论；如联合国通过了《人类环境宣言》；如国际社会通过了《里约宣言》和《21世纪议程》；如通过《京都议定书》，还有著名的《巴黎协定》。当然，除国际社会和各国政府的努力外，巨大的民间力量也为环保事业做出了贡献。在全人类的共同努力下，应该说生态恶化的趋势有所减缓。但要说人类已经走出生态危机的困境，要说人类从此可以高枕无忧地生活，那还为时尚早。就在我写这段文字时，从《参考消息》上看到《华盛顿邮报》的报道，说全球碳排放量在2018年创下新高。报道还说：从2014年到2016年，碳排放量基本持平，让人们看到了世界正在出现转机的希望，如今，希望已经破灭。2017年，全球碳排放量增长1.6%，2018年的增幅预计为2.7%。

2. 科技颠覆和科学技术的滥用

科学技术在人类的整个知识体系中虽然占的比例有限，但科学技术在人类整个文明中却是最核心最本质的东西。中国有位伟人说："科学技术是第一生产力。"不仅如此，科学技术也是改变人类生活方式和文明形态的最重要因素。科学技术在推动人类进步中的地位和作用，无数科学家为人类的幸福所做出的重大贡献，无论如何给予肯定和赞美都不为过。但是，科学技术和人类的关系，正应了中国的一句古语："水能载舟，亦能覆舟。"引领和灌溉人类文明的是科学技术的碧波清流，那最终要使人类有灭顶之虞的，也必然是科学技术的惊涛骇浪。

人类对于科学技术的担心和警惕，从几千年前已经开始了。传说孔子的学生子贡，在游楚返晋过汉阴时，见一位老者一次又一次地抱着瓮去浇菜，"搰搰然用力甚多而见功寡"，就建议他用桔槔去汲水。老人不愿意，并且说：这样做，为人就会有机心，得不偿失，"吾非不知，羞而不为也"。子贡把这件事报告了孔子，孔子赞叹说这位老者是一个高人。如果说古人对科学技术的担忧还为时过早的话，那么随着人类文明的发展，人类对科学技术的担忧就在逐日加深了。19世纪末，德国古典主义哲学家本雅明说："科学是一把双刃剑，这一点人类迟早会明白！"爱因斯坦曾说过："科学是一种强有力的工具，怎样用它，究竟给人带来幸福还是带来灾难，全取决于人自己，而不取决于工具。"我们在此要强调的是，人类进入21世纪后，所谓"双刃剑"和"工具"云云，已不能很好地定义科学技术的本质，已不足以揭示科学技术所具有的负面效应。

我们今天都接受科学技术是双刃剑的观点，我现在要提出的问题是：在科技这把剑的双刃中，现在究竟是哪一刃更为锋利，作用更为要害。据一位朋友讲，他曾经请教一位诺贝尔物理学奖获得者，科学技术对人类究竟会带来什么？这位著名科学家沉思良久后回答：就目前来说，科学技术对人类还是利大于弊，至于二三十年之后，科学技术会给人类带来什么，我说不清楚。实际上，这位科学家的看法是比较偏向于乐观的。不用等到二三十年之后，现在科学技术给人类带来的恐慌和伤害，已经十分明显。我对科学技术的双刃剑特性是这样看待的，随着历史和科学技术的发展，双刃剑中刺向人类自身的一侧越来越锋利，也就是说科学技术的负面作用与日俱增，特别是近一百多年来更是如此。我们再来辨析一下"工具论"，即科学技术只是人类手中的工具，如果使用得好、善加利用，就会造福于人类。这个判断，在过去或许是对的，但在今天，已经完全不是这样。所谓工具，应该掌握在人类的手中，而今天科学技术已经不在人的掌握之中：科学技术已经自成体系，已经可以自生自长、自大自强、自疯自狂，已经成为可以无法无天、横扫一切的魔杖。科学技术早已不在人的视野之内和掌控之中，科学技术不仅不是人类的工具，它已经成为人类崇拜、畏惧和屈服的偶像。人类在强大和神秘的科学技术面前，已经表现得非常软弱、盲目和无奈。这种情况，也正如马尔库塞在《单向度的人》中所揭示的那样：科学技术剥夺了人类的第二向度——否定和批判的功能，人类成了单向度的物种。科学技术使人类成为现代工业文明驯服的奴隶，人类迷失了自己真实的需求，丧失了真正的自由，放弃了真正的幸福。

我们谈论科学技术负面作用对人类的威胁和危害，往往首先想起的是核武器和生态环境的恶化，殊不知，这只是人类的疥癣之疾。科学技术给人类带来的心腹之患，乃是人工智能的盲目发展和生物技术的滥用。我们先说人工智能对人类的威胁和挑战。首先，人工智能和机器人的快速发展，能够替代人类，本来应该由人类承担的工作和劳动，逐渐都转交给人工智能，造成大量的失业，甚至最终使人类无所事事而成为无用阶级。有研究机构预测，到2030年，人工智能将占去整个就业岗位的40%以上，以后随着人工智能的发展，其所占去的就业岗位比例会逐年提高，直至90%以上的工作和劳动不再由人来完成。有人会说，机器人既然什么都能干，那我们人类就从事艺术创作和音乐欣赏吧！可是，艺术创造人工智能照样能做，无需劳驾人类。人类生活的方式和价值，就在于能够劳动和创造，如果真的有一天，人类任何劳动都不用参加，人类任何事情都无需再做，那人生还有什么意义，那生活还有什么乐趣！

其次，人工智能和机器人的快速发展，完全可能全面超越人类，使人类失去自信，变得无聊和无奈。有些专家预测，用不了多少年，人形智能机器人将变得和"真人"一样，它们不仅有精致的五官、光洁的皮肤、健美的身材，甚至也有渊博的知识、得体的谈吐、优雅的风度。我们过去一直认为，无论如何升级换代，机器人智慧上都不可能达到人类的水平，因为机器人毕竟是由人设计制造的。其实大谬不然。人工智能不仅有记忆功能，它还像人类一样有学习功能。特别是从2016年以来，阿尔法围棋机器人利用大数据的自我博弈训练方法，相继击败李世石、柯洁等世界围棋高手，人类对人工智能的能力开始刮目相看了，人类不再相信人是最高和唯一的智慧化身了，人类深切地感到焦虑和无力了。

第三，人工智能和机器人的快速发展，它们总有一天也会产生"意识"一类的东西，如果人工智能和人类的意识相左时，那人类就完全有可能受到奴役和杀害。我们大都会想当然地认为，机器人再发达，再有超强的计算能力，但它终归是机器，它们不可能像人类一样有意识，有好恶，有自己的见解。其实不是这样。究竟什么是意识，我们人类自己并不清楚。我倒同意有些学者的看法，所谓人类独有的意识，其实也不神秘，也不过就是信息流，也可以还原为算法。如果说意识就是信息流和算法，那我们聪明的人工智能，总有一天是会拥有的。据说有一位叫埃隆·马斯克（Elon Musk）的学者，他宣称找到了阻止人工智能拥有意识的良策：率先把人类的大脑和人工智能融合为一体，以使机器人不再有独立的意识。但人们很快发现，实际上马斯克的做法比人工智能更为危险，它有可能直接导致人类自我意识的被删除。

第四，人工智能和机器人的快速发展，将会冲击人类很多传统的道德和伦理，颠覆人类固有的理念和情感，这使人类会感到迷茫和惊慌失措。2017年10月25日，沙特阿拉伯授予香港汉森机器人公司研发的女性机器人索菲娅（Sophia）以公民身份，虽然引起了极大的不安和非议，现在类似这样的行为仍然在进行之中。现在有一些网红机器人，正以

"人"的名义和身份，出席各种社交活动和文艺演出。汉森博士甚至宣称，在不久的将来，机器人就会和人结婚，也会成为我们的秘书、助手和情人，机器人还将掀起一场全球性的机器人公民权利运动，以保障机器人的合法权益。对于这些，我们人类肯定很难接受，我们也没有做好这方面的人文主义和道德伦理准备。

正是基于人工智能这种快速和盲目的发展，正是基于人工智能发展后果的不确定性，人工智能的发展引起了很多有识之士的忧虑和阻止。如霍金就曾经多次发出警告："未来人工智能可能形成自己的意志，与我们人类相冲突的意志。……人工智能的真正危险并非在于恶意，而在于能力。超级智能的人工智能将极其擅长实现目标。如果这些目标与我们不一致，那我们就麻烦了。你可能不是出于恶意而踩死蚂蚁的那种邪恶的仇视蚂蚁的人。……我们别让人类陷入蚂蚁的境况！"英国科学协会主席吉姆·哈利利教授警告说："人工智能发展太快了，而且没有得到很好的监管。……就在几年前，如果有人问我，对于我们的未来，我们应该讨论的最紧迫和最重要的话题是什么，我可能会说，气候变化或人类面临的其他重大挑战，比如恐怖主义、细菌耐药性、流行病的威胁或世界贫困。但今天，我确信，我们应该讨论的最重要的话题是未来的人工智能。不管如何，它将主宰所有其他的问题。"人工智能专家斯图尔特·罗索（Stuart Russell），在达沃斯世界经济论坛年会上警告大家："在我们孩子们的有生之年里，人工智能将取代人类。未来将变得更加危险，反社会的机器人终将成为人类的威胁。"

我们现在说生物技术滥用对人类的威胁和挑战。包括人类在内的所有生物，都是大自然几十亿年逐渐演化的结果。

所谓生物技术，就是人为对大自然生物演化的干预和改造，以达到为人类饮食、健康等服务的目的。过去人类对生物技术并未有恐惧的感觉，因为那时生物技术主要是生产点维生素和抗生素，搞一点动植物杂交等。但当生物技术可以克隆动物、可以编辑和修改人类基因时，人类对生物技术的发展才开始恐慌和忧虑起来。1996年7月5日世界第一只克隆羊多莉的诞生，着实让人类震惊了一下。人们很自然地会联想，既然生物技术已经能够克隆羊，那克隆人也只是时间和机会的问题。试想，真到了克隆人的那一天，每个人都成了神话中的孙悟空，拔一根猴毛就可以吹出成千上万个小孙猴，那我们人类的两性关系、家庭关系、各种伦理关系，那我们人类的生活方式和生活意义，都将受到颠覆性的破坏。

把基因工程运用于人类，改变和编辑人类的基因，包括人为设计婴儿基因，更是一件让人类担心和忧伤之事。对于有关施用于人类的基因技术，当然都有各式各样的严格规定和限制。但是，再严格的禁令，也驱不走科技人员的好奇心，也挡不住企业家的利欲心，更动摇不了某些人想通过基因工程而达到长生健康的奢求。因此，一些企业和技术人员，从来就没有停止过在人类基因工程上动手动脚。这不，最近就有一位叫贺建奎的中国副教授，因为制造了免疫艾滋病基因编辑婴儿，而引起了众多人士的声讨，一些政府机构也介入了调查。据说，很多机构和科技人员在涉足人类基因工程中，其打的幌子都是说是为了防病治病，是为了人类的健康。但是，人类基因工程一旦上手，最终绝对不会只是为了治病，其后果更是难以预料。这正如尤瓦尔·赫拉利在《未来简史》一书中所说："而在选择及更换之后，可能的下一步就是改写。如果能够改写致命基因，又何必多此一举插入外来DNA？何不直接重写基因代码，把某个危险的突变基因改成良性的？这样，同样的机制修改的可能就不只是致命的基因，还包括不那么致命的疾病，比如自闭症、智力缺陷或肥胖。……而且，既然都做了，为什么不帮孩子再加点分？就算对完全健康的人来说，生活都够辛苦的了，所以能让这个小女孩的免疫系统比一般人更强大、记忆水平更高、性格特别开朗，一定会对她有帮助吧！而且，就算你不想对自己的孩子这么做，如果邻居都这么做了怎么办？难道要让孩子输在起跑线上吗？又如果本国政府禁止对婴儿做基因工程，但某个国家对此毫无限制，于是制造出许多了不起的天才、艺术家和运动员，遥遥领先于全世界，又该怎么办？于是，我们就像这样一小步一小步走着，等到哪天，就会有孩子基因类型目录任君选择。……每次的进化升级，最初的理由都是为了治疗。你可以去问问那些正在做基因工程或脑机接口实验的教授为什么他们要从事此类研究，他们答案很有可能是要治愈疾病。或许确实如此，但这绝不是终点。"

从20世纪末，学术界就一直流行着这样的观点：21世纪将是生命科学的黄金时代。现在有很多学者都这样认为：人类在征服自然和改造客观世界上已经做得差不多了，今后的主要精力和智慧应该放在提升和重塑人类自身上，21世纪人类的主要目标就是要实现长生不死、幸福快乐和化身为神。还有的学者预测，今后人和人之间的差别，将主要不是贫富之间的差别，而是超人和普通人之间的差别。富人和社会精英，将会率先利用生物技术，使自己和自己的后代，变得聪明、貌美、健康、长寿，而在各方面都凌驾于普通人之上，形成了真正意义上的、血统确实不同的贵族和平民。到那时，人类从人种上将进行分裂和分化，普通人在超人的眼里，一如我们今天人类看待猪马牛羊等动物一般。不仅有长生不老和变身为神的美好想法，实际上现在有一些富豪和精英，在拥有了豪宅、游艇和私人飞机之后，已经在悄悄地利用干细胞、基因工程等生物技术，在为自己的新目标而忙活了。

  笔者的见解是，如果谨慎地利用一些基因工程和生物技术，或许对人类战胜某些疾病有所帮助。但如果盲目地滥用基因工程和生物技术，并希望以此来使人变得聪明和长生不老，或者希望通过生物技术使自己变成超人，这些想法和行为都是极其愚蠢的。生物系统是极其复杂和神奇的，我们人类现在对生物奥秘的理解，其所知远远小于未知，更根本不知道大自然生物演化的规律指向。我们对人类自然演化的任何干预，我们对人类基因代码的任何修改和重写，都可能导致人类生物系统的紊乱，都可能导致人类身体和心智的严重异化，甚至导致人类这个物种的灭绝。基因一旦受到干扰，就有可能引起突变，有些可能反应在下一代身上，有些则可能反应在几代人之后。如果人类的遗传和基因出现了问题，如果人类的生物系统脱离了大自然的怀抱，那人类将要遭受灭顶之灾，那人类将迎来了自己的末日。到那时，无论你是富人、穷人，不管你是精英还是凡夫，都难逃厄运。话说到这里，使我油然想起海明威的名言："不要问丧钟为谁而鸣，它为你而敲响！"但愿人类所掌握的这点可怜的人类基因谱，不要谱出人类消亡的挽歌！

  3. 其他困境和挑战

  除生态恶化、资源枯竭、科技颠覆和科学技术滥用之外，在人类面临的困境和挑战中，还有一些其他问题，它们虽然没有上述问题更为重要和关键，但并不容掉以轻心，也是需要认真对待和解决的。这些问题是：（1）人口爆炸性增长和贫富分化加剧。用10亿人作一个增长的数量级来分析，人类第一次突破其关口，用了约300万年的时间，于1800年达到10亿人；第二次用了130年，于1930年达到20亿人；第三次的增加用了30年，于1960年达到30亿人；第四次增加用了14年，于1974年达到40亿人；第五次增加用了13年，于1987年达到50亿人；第六次和第七次的增加都用了12年，于1999年、2011年分别达到60亿人和70亿人。人口增长的无限性和地球资源的有限性，这是一个很大的矛盾，也是其他人类困境所形成的重要因素之一。贫富分化问题同样严重。据世界金融机构报告，在2016年全世界280万亿美元财富中，占人口不到百分之一的富人，却拥有全球46%的财富。而世界上最富有的100人所拥有的财富，已超过最贫穷的40亿人。意大利经济学家巴莱多曾提出8020定律，意思是社会20%的人拥有80%的财富，实际上贫富分化愈演愈烈，这个定律根本打不住。贫富分化加剧激化各种社会矛盾，也出现了难民潮这样国际性的问题。

（2）国际冲突加剧和核战争危险。人类经过两次世界大战的创伤，虽然对和平倍加珍视。但是，地区之间、国际之间的各种矛盾和冲突，仍然是十分激烈。特别是随着经济全球化的推进，国际间原有的诸如领土、宗教、军事等争端仍在继续，而新的诸如文化冲突、贸易摩擦、恐怖主义、网络攻击等斗争愈演愈烈。特别是西方某些大国，一面搞霸权主义，一面纷纷退群，推卸和逃避国际责任和义务，增加了世界协调一致以应对危机的难度。例如美国提出的退出《中导条约》，对世界的和平就造成了很坏的影响。谈到军事冲突和战争，那给人类带来最大威胁的还是核武器。虽然哪个国家都不会轻易使用核武器，但世界上这数以千计的核弹头的存在，毕竟给人类的生存构成了隐患，成为悬在我们头上的一把利剑，人类应早图良策才是。

（3）西方民主政治和自由经济的衰落。西方民主政治和自由经济形成发展了200多年，随着西方世界的不断强盛，这种自由主义的政治和经济制度，被赋予普世价值，被吹捧为神话，也曾被强制推行和渗透影响到世界各地。西方有些学者自豪地宣称，民主政治和自由经济既是少数天才的设计，也是"全人类不可磨灭的自由本能"所造成的。20世纪90年代末，随着苏联和东欧社会主义国家的解体，西方学者福山更是推出了著名的"历史终结论"。这种观点认为，人类社会的发展史，就是一部"以自由民主制度为方向的人类普遍史"，自由民主制度是"人类意识形态发展的终点"，是"人类最后一种统治形式"，别无选择。但是，神话终究会被打破。所谓的民主政治和自由经济，从来都不是什么公平和正义的化身，更不是"不可磨灭的自由本能"，西方世界也从来不是什么人间天堂。民主政治和自由经济只是一种人剥削人的资本主义制度，它代表和维护的是少数富人的利益，它自始至终都充满矛盾和对抗，也一直受到有识之士的鞭挞和嘲讽。西方的民主政治制度和自由经济，经过2008年金融风暴的颠覆，再加上新近特朗普上台、英国脱欧等一系列乱象，其固有的弊端和矛盾暴露无遗，其本质的贪婪性和虚伪性日益彰显。现在所谓的民主政治和自由经济，在广大的民众眼里，就是少数人统治多数人的民主、就是金钱政治、就是权钱交易的腐败、就是政客之间的相互攻讦和吵架、就是政府效率低下、就是少数人的暴富和对多数人的剥削。在很多国家里，群众的不满情绪越来越大，选民对政府的不信任日益增加，多数人对未来看不到希望，颓废之气弥漫在整个空气之中。民主政治和自由经济神话的破灭，增加了人类未来的很多不确定性，也成为人类进入困境的重要因素，也必须探索新的发展之路。

（4）信仰的缺失和精神生活的匮乏。随着工业化的发展，随着市场经济的繁荣，也随着人类对自然奥秘的一些揭示，人类一面是物质生活极大提高，科学知识也更加普及，但人类的信仰却在逐步丧失，精神生活也主要成为感官刺激和庸俗的娱乐。人类失去了崇高的信仰，生命不再有神圣的意义，生活中不再有高尚的精神活动，这既是人类进入困境的表现，也是人类一步一步走进困境的原因。人类要走出困境和成功迎接挑战，重新确立神圣的信仰，重新赋予人生的庄严意义，坚定不移地追求理想的社会，矢志不渝地拥抱美好的精神世界，乃是我们全人类的首要任务。

二

我们说人类进入困境和面临着严重的挑战，不仅是指生态恶化和资源枯竭、科技颠覆和科学技术的滥用、国际冲突加剧和核战争威胁、人口暴涨和贫富分化拉大等现象，还包括随着各种变革的加速和科学技术的盲目发展，对人类的思想观念和生活方式带来的巨大冲击，对人类的生活和幸福造成巨大的负面影响。如果没有这些人类生活方式的冲击和变化，没有对未来生活的忧虑和迷茫，那就不能说人类进入了全面困境和总危机，那就不能说人类已经病入膏肓。现代化给人类带来的一切好处这里就不说了，下面着重分析一下当前人类生活中的不幸和困扰。

1. 冲击大节奏快令人目眩和不安

阿尔文·托夫勒几十年前就在他的《未来的冲击》一书中，这样描述现代化给人类带来的冲击："今天，变革浪潮正以排山倒海之势颠覆我们的组织、转变我们的价值观、动摇我们的根基。我们来不及适应便被变革击溃，孤立无依，迷失方向。短暂性的信息不断袭扰人们的感知能力，新奇性的事物不断挑战人类的认知能力，而多样化的选择不断搅乱人们的判断能力。当无法适应三股联袂而来的变革浪潮时，人们便患了'未来恐惧症'。"还有的学者这样断言我们人类社会今天的发展之快和变革之速："将人类历史一分为二的时期，正是目前我们所处的时代。……今天的世界不同于我出生的世界，正如我出生的世界不同于恺撒时代的世界一样。我们正降生于人类的中间地带。我们出生所发生的，与我们出生后所发生的一样多。"

我们今天人类的生活确实要承受着巨大的冲击和压力，说压力山大也不过分；我们今天人类的生活确实令人感到变化大和节奏快，说瞬息万变也完全符合。我们每个人都神色慌张、步履匆匆，每个人都紧锁双眉、两眼圆瞪，紧紧搜索着各种信息，紧紧盯望着各种行情，生怕遗漏掉什么，生怕错过什么，更怕跟不上什么。我们就业和工作有压力，有时找不到工作，有时工作不顺心；我们的住房有压力，有时没房可住，有时嫌房子太小；我们钱永远不够花，再多也总是有点缺额……。住房和就业这些压力和冲击还不是最主要的，最可怕的是我们辛辛苦苦学到的知识和技能，不仅不能再传授给我们的下一代，连自己安身立命都不好使，我们今天学到的知识，明年就可能要过时；我们今天学到的技能，明天就可能派不上用场。有一些新奇的东西，你就是再反感也要接受和掌握，你就是老头、老太太，如果不会电子支付，在有些商店就会无法交易。你年龄大了，可以不上网，也可以没有微信，但你却不可能不买东西。

社会的飞速发展给人类带来的冲击已经够大，但人们还是喜欢瞎折腾，人为地又把生活节奏提升得更快更急。凡事都追求越快越好，几年能办成的事情，最好在一年内办成；几个月能办成的事情，最好在一个月内办成；几天就能办成的事情，最好能在一天内办成，甚至争分夺秒。有些事情是需要提高效率尽快办，早办一天会早受益一天，但在我们的日常生活中，多数时候所追求的快速则都是没有任何意义的。我在《天不变道亦不变》一书中曾这样说道："由于交通和通讯的发达，人们的生活节奏数十倍地加快。我们经常看到一些朋友，说是到某一环境优雅的地方去度假，实际他们像火烧屁股一样，坐着汽车或飞机奔驰而去，有时竟住不了一晚上，又急驰而归，这哪里是去消遣，更像是去送鸡毛信。"不只是这些生活中的小事变化和节奏加快了，就是我们人生中的几件大事，也变换不居了。比如搬家和迁徙，我们的祖先可能终其一生都不会发生一两次，但我们如今有很多朋友一年内搬过两次家；比如结婚和离婚，我们的祖先终其一生多数都是白头偕老，但我们如今有很多朋友结婚和离婚已成家常便饭；特别是就业，不仅是子承父业已为罕见，就是自己的职业，也往往是朝就夕改，不断地跳槽，以致很多人连本人都说不清自己是干什么的。我们并不非议搬家、离婚和跳槽，只是想指出这样就无形中加快了变动和生活节奏，使人感到不安和疲惫。

我们生活中的家具和日常用品，其存续的时间，最能反映出我们今天生活的节奏加快和一切的短暂性。五六十岁以上年纪的人还都可能会有这样的体验，我们从上学、中学甚至到上大学，在家里学习用的桌子和放衣服用的衣柜，就是母亲在出嫁时陪送的嫁妆。现在的孩子恐怕不再有这么幸运，他们不仅不能享用母亲陪送的嫁妆，就是其哥哥、姐姐所穿的衣服和所玩的玩具，他们也见不到踪迹了。这里消失的不仅是物品，还有美好的记忆和亲情。现在充斥在人类生活中的用品，很多都是一次性用品：一次性饭盒，一次性筷子，一次性纸杯，一次性牙刷，一次性方便袋……甚至有些商家推出一次性婚礼服，并宣称婚礼之后，这件衣服将变成厨房的窗帘。大量的用完即弃的一次性商品的使用，这不仅造成浪费和污染，而且割断了人和物的联系，强化了时间的短暂性，强化了生活的不稳定性。

我们人类在上万年的进化和发展中，对来自外部的冲击和压力，对生存环境和生活节奏的变化，是有一定的承受和适应能力的。但是，这种承受和适应能力是有限度的。我们说现代人类的生活方式，其压力、冲击和节奏超过了极限，就是以过去几千年的生活状况为参照，就是以人类这个生物系统所能应变的能力为标准。正是因为现代人承受了过大的压力和冲击，正是因为现代人生活节奏变得过快，所以才令人感到恐慌和不安。也正因为如此，尽管我们现代人的物质生活比以往有很大提升，但其幸福指数并没有相应地变好；也正因为如此，尽管我们现代人的医疗条件比以往改善了很大，但患病的比例并没有明显地降低。特别是肿瘤、心脑血管病和各种精神疾患，还有增长的趋势。据世界卫生组织报告，目前世界有25%的人都患有不同程度的精神障碍，诸如焦虑、失眠、恐惧、紧张和悲观，严重者甚至会抑郁和自杀。还有些研究机构预测，到2050年，精神疾患可能会上升为人类的第一位疾病和杀手。而这一切的原因，都和人类面临的冲击大、压力大及生活节奏快有关。我们过去不太注重生活节奏问题，以为生活节奏快点慢点都无所谓，其实不然。仅过快的生活节奏这一项，就足以击垮我们，就足以拖累我们，就足以使我们身心疲惫，就足以使我们远离幸福和舒适。

物品用完即弃，环境转息即变，节奏如风似电，稳固性的东西变得动摇，长久性的东西成为短暂，这样的生活方式不仅会给我们的心身造成极大的伤害，对我们人类的情感和信仰也会产生一些影响：既然一切都变化无常，既然一切都短暂如闪，那友情如何能够长久，那事业如何能够不朽，那人生的永恒意义又如何保证……如果对我们人类今天快节奏的生活不能有新的解释，那就不能希求我们原有的价值观不会改变。

2. 跟风消费并不知究竟之所需

如何看待物质和财富，如何把握消费和享受，这是人类生活中的一个永恒课题，其意义十分重大，它关系到我们人生的价值，关系到能否生活的健康和快乐。我们的生活离不开一定的物质条件，对金钱和财富的追求是正当的，人类的消费水平不断提高也是应该的。但是，当今人类存在的问题是：各种欲望空前的膨胀，对物质的占有已近病态，对财富的追求达到疯狂，奢侈消费成为时尚，花样不断翻新；物质享受成为生活的目标,精神和灵魂暗淡无光。为财富,你争我抢;为金钱,你追我忙;为消费,你攀我比……。人为物役,力为财使,个个搞得焦头烂额,身心俱疲,我们拥有的财富已几倍于先人,但幸福感或者说幸福指数并未见有明显提高。物质占有了人的空间和时间,金钱和财富成了人的主人,这些本来是应该为人类服务的工具,现在却成为很多人的包袱和拖累,成为很多人烦恼和不幸的根源。

其实,关于人不要有过多的贪欲,不要拥有太多的金钱和财富,单纯的物质利益并不能给人类带来永恒的幸福,靠高消费和感官刺激带来的快乐都是短暂和肤浅的等等,古圣先哲对这些早有明示,且教导谆谆。只是在物欲横流和高消费的今天,我们人类哪能听得进去这些逆耳忠言,不经过一番折腾和挫折,哪能识破财富和金钱的真实面目。亚里士多德说:"人类的贪婪是永远得不到满足的。"伊壁鸠鲁说:"快乐较多依赖于精神,较少依赖于物质;更多的钱财不会使快乐超过有限钱财已传达到的水平。"中国古代的圣人孔子一生都坚持安贫乐道,认为人的幸福和快乐主要来自于对崇高精神的追求和坚守,他之所以认为颜回是他最好的学生,就是他认为颜回做到了"安贫乐道","贤哉,回也!一箪食,一瓢饮,在陋巷,人不堪其忧,回也不改其乐。贤哉,回也!"老子更是认为贪欲是人生最大的祸害,对多余的东西嗤之以鼻,他说:"罪莫大于可欲,祸莫大于不知足,咎莫憯于欲得。"

贪婪、欲壑难平,对财富和名利永不知足,这当然是人性中的一大弱点,对人类的幸福起着破坏作用。但是,盲目攀比,跟风消费,更是一个更为普遍存在的心理,对人类的幸福和快乐的生活，其负面作用更为深广，俗话说得好，不攀皇帝攀邻居。只要是熟人和亲戚、朋友、同学、同事等人拥有的东西，我都应该拥有，没有，就会感到失落和焦虑，甚至惶惶不可终日。邻居家的房子装修好了，我只能比他装修得更好；朋友的孩子结婚摆了 50 桌，我孩子的婚宴至少要 55 桌；同事家里购买了一辆新款的车，我家的车虽然还很新也应该尽快更换；亲戚们逢年过节都要到外地旅游，我要待在家里就会感到憋屈；同学用的手机都到 4G 啦，我这破手机只能扔掉；那穿衣、吃饭当然也都要攀比。除了攀比之外，受广告商的煽惑，跟风消费也成为一大时代病。一位推销商曾经这样给他的员工下达指令：使妇女们对于她们拥有的东西不满意，就是我们的工作！是啊，在广告商和各式各样推销活动的忽悠下，我们对自己拥有和使用的一切，永远都感到不满意，永远都期待着要获得新奇的东西。为了不断提高消费，我们花掉积蓄、耗尽精力，整天为此忙忙碌碌、心神不定，至于这些新奇东西，是不是我们所真正需要的，是不是会给我们的生活带来益处，这已经不在理性的判断范围，只有天知道！

　　现在，这种盲目攀比和跟风消费的行为，已经不仅限于衣食住行等日常生活方面，而且影响到教育、医疗等重大的社会活动。你的孩子上好学校，我的孩子也要上好学校，以致学区房达到十多万元一平方米；你的孩子报美术、音乐班，我的孩子也要学习绘画和音乐，而不管自己的孩子是否有这些爱好和天赋；你的孩子请家教，我的孩子也要请家教，而不问自己的孩子是否有这种必要。看病、吃药也是攀比，你每年检查两次身体，我每年要争取检查三次身体；你做 CT，我就会做核磁共振；你请名医看病，我感冒发烧也要到大医院就诊，当然不问是否有这种需要；你吃贵重的药，我吃药都是进口的；你吃这种保健品，我也不甘落后，至于是否适合自己的身体需要则并不清楚。行文至此，我想和读者诸君一起再重温一下海明威的忠告吧："在这个奢华浪费的时代，我希望向世人说明，人类真正需要的东西确实很少！"

3. 在自由过多中丧失自由

自由是人类最为需要的东西，离开自由就无幸福可言，人类的文明史也可以说就是不断争取自由的历史。正因为自由对人如此宝贵，所以人们才写下"生命诚可贵，爱情价更高，若为自由故，二者皆可抛"诗篇，发出"不自由，毋宁死"的呐喊。但是，得到自由对人类来说始终难以如愿以偿，自由女神也很少真正地光顾人间。这种情形正如卢梭所说："人生而自由，却无往不在枷锁之中！"是的，正是这样的，在以往近万年的人类社会中，生产力和科技水平都很低，人类在精神上匍匐在各种神灵和宗教的面前，思想和意识上实际上无自由可言；人类的衣食住行要受到大自然的制约，一场洪水就可能让你倾家荡产，生活和生存经常受到巨大的威胁；在奴隶制和封建制的统治下，等级森严，摇手触禁，很少有自主和自由。近三百多年来，人类经过启蒙运动，经过工业化和后工业化的发展，随着科学技术的科技的突飞猛进，人类不仅从神祇的迷雾中清醒过来，找回了人的尊严；人类在大自然面前也不再是逆来顺受，而是掌握了其部分规律并为自己谋利，人类在大自然面前自由多了；物质财富的发展和医疗水平的提高，过去几千年解决不了饥馑和瘟疫问题，现在基本解决，人类的生活和健康有了保障和自由。但是，事到如今，人类又为自己创造的强大外部世界所包围，人类又进入了自己编织的天罗地网，人类进入了更大的不自由之中。

我们当今人类自由的丧失，不是因为人类的知识不多，而是因为过多；不是因为人类的力量不够强大，而是因为过于强大；不是因为物质的匮乏，而是因为过于丰富；不是因为科学技术水平的不高，而是因为被滥用；不是因为没有选择的余地，而是因为凡事都选择过多……。人类正是在这种选择和自由过多中，重新丧失了自由，被强大的人为的外力所包围、所牵引，想动而不能动，想出又出不去，想舍又舍不掉，而一步一步沦落为比以往任何时代都更加不自由的奴隶。比如知识和信息。在过去农业文明时代的几千年里，人类受困于知识的不足和信息的不畅通，给人类的自由发展带来了一定障碍。如今却是知识和信息爆炸，新知识层出不穷，信息铺天盖地而来，使人们目不暇接，晕头转向。据有关研究机构统计，我们目前每人每天自觉不自觉地接收到的各种宣传广告有数十个之多，接收和处理的各种短信达数百个，接收和拨打的电话数十个。虽然这些广告和短信绝大多数是没有用处的，却占去了我们很多宝贵的时间，使我们没有时间去阅读经典，去读自己喜欢的书籍，在学习上我们成为不自由的人。

在娱乐方面也是如此。比如我们人类和电视的关系，电视的英文单词 television，分别来自希腊文的 tele（远），和拉丁文的 visio（视界），意思是让我们可以看到远方的事物。是的，电视的发明，确实打破了时间和空间的限制，使我们能够看到原来看不到的东西。电视不仅成为人类的一种重要娱乐方式，也是人类学习各种知识的一个重要渠道。但是，现在数字电视发展到几百个频道，我们选择看什么节目已成为一个问题。我们都有这样的体验,当忙碌完一天,晚上想静下来看一看电视,但这么多频道,你一时确实不知看哪一个更好。可是,当你拿着遥控器调来调去,把这几百个频道都浏览一遍时,应该看电视的时间也基本上用完了,应该上床晚安啦。

人类的自由程度取决于不依赖任何外物的程度。过去,人类的生存和生活主要依靠大自然;进入工业化之后,人类的生存和生活一刻也离不开自己创造的声光电化。如今,随着人工智能和计算机技术的发展,人类不仅在衣食住行上离不开自己创造的人工物品,就是自己的决策和选择,也要听命于身外的物质。我们已有很多人戴上健康监测手环,24小时不停地向你报告你的血压、心率和血糖数值,因此,跑不跑步,吃不吃药,该吃多少饭,你自己说了不算,要听这些数据的。据说,现在的计算机已经能够监测和分析人类的情感及意念。用不了多久,我们只要戴上一个手环,计算机就会告诉你:你今天应该干什么,你明天和后天又应该干什么;你适合什么样的职业、你适合和什么样的人谈恋爱、你适合和什么样的人交朋友。《今日简史》一书中这样写道:"在某些国家和某些情况下,人们可能完全没有选择,只能被迫服从大数据算法的决定。然而,就算是在理论上自由的社会里,算法也可能成为权威,因为经验让我们越来越多的问题交给算法来处理,最后也就逐渐失去为自己做决定的能力。只要简单回想一下,短短不到20年,就已经有几十亿人把一件可以说是最重要的任务全然交付给了谷歌搜索算法,搜索相关、可信赖的信息。我们不再自己去搜索信息,而是都靠'谷歌'一下。而随着我们越来越依赖谷歌来寻找答案,自己搜索信息的能力就会下降。今日的'真相',已经是由谷歌搜索排名最靠前的结果来定义。"

最使我们人类将彻底失去自由的，还是各种各样的定位系统、监控系统。当然，定位系统、监控系统等等，都有它的社会功能和作用，也可能会给我们人类的生活和治理带来一些好处。但是，我们在拥有这些自由的同时，却失去了最根本的自由：隐私权。试想，如果我们每个人都成了透明的玻璃人，哪还有什么自由可言？令人担忧的是，我们上面所说的这些技术和应用，还都在悄悄地进展着。

4. 现实和虚拟已经界限不清

在古代，我们人类也有很多超现实的思想和故事。如每个民族都有这样那样的神话传说，认为有一些能力超人的神仙，自由自在的生活在另一个世界里；如基督教认为，人死之后要升入天堂或坠入地狱；如佛教不仅认为人死后还会投胎轮回，甚至我们人类所生活的现实世界也是虚妄不实的。不过，在我们的先民那里，不管是神仙也好，不管是天堂和地狱也好，不管是佛家所说的一切皆是虚幻也好，但现实终究是现实，虚拟终究是虚拟，这两个世界是截然分开的。只要是一个精神正常的人，都不会把现实生活和想象的神仙、天堂等混为一谈，都不会在行为上穿越于现实和虚拟的世界之间。可是，随着科学技术的发展，我们今天人类的生活都是大大不同了。我们每一个很普通的人，只要拥有一部智能手机，就可以和千里之外的人通话，就可以和陌生的人交朋友，就可以欣赏各种自己喜爱的娱乐节目，就可以查询各种知识和资料，就可以购买到自己需要的物品，就可以叫外卖，还可以在网上发表自己的一些信息和胡思乱想……我们现在就有不少这样的年轻朋友，凭着一部手机，独自一人猫居斗室，十天半个月足不出户，生活在半现实半虚拟的社会之中。我们还会经常看到这样的场景，在朋友和亲戚的聚会和聚餐之时，很多人不是慌着问长问短，互诉衷肠，而是在低头摆弄他的手机和微信。特别是我们的儿童和青少年，很多人沉浸在网络中而不能自拔，已成为家长们的一大隐忧。

我们现实生活中虚拟的成分已经够多，但很多好事者仍在推波助澜。有很多商家开发出一款又一款的游戏，让你在虚拟的世界里行走，体验着比真实世界还强烈的刺激和快乐。据说只要你头盔一戴，就想要什么有什么，想体验什么就体验什么，完全可以过上和神仙一样的浪漫生活。目前最能体现出"虚拟世界"的，是由美国加州"林登实验室（Linden Lab）"开发的Second Life，中文译作第二人生。在这个虚拟的世界里，你可以学习、工作、生产、购物、存款，可以和朋友一起喝酒、娱乐、四处闲逛，虚拟世界里通用的货币叫林登币（Linden dollars），可以和美元以一定汇率进行兑换。

虚拟世界的进展还远远没有结束，现在有人宣称，我们人类完全可以虚拟出一个现实的世界，包括整个宇宙。还有的人宣称，我们人类身在其中已经生活了若千万年的所谓现实世界，其实也都是别人虚拟的结果，并不是像我们祖祖辈辈所认为的，是生活在一个真实的世界里。我想，对持此言论者，应该用他爹的巴掌对其猛击一下，使其痛感到我们人类都是父母所生所养，且是有列祖列宗的，并不是哪个大神在键盘上随意敲打出来的。虚拟的世界当然会给我们的生活带来一些便利，但虚拟的东西是与真实的东西消退同行的，它的过度发展和扩张，又是以人性的变异甚至消失为代价的。我们一旦沉溺于虚拟世界，有时就很难抽身回头。当然，在一些极端的事件面前，也会使我们猛醒的，也会使我们愕然迅速走出虚拟世界：2012年3月，三名在澳大利亚旅行的日本人决定到一个小岛上观光，结果却把车一头开进了太平洋。他们在路途中也觉得不太对劲，但 GPS 定位系统一直说往前开没问题。2018 年 7 月，一个年轻的妈妈带着双胞胎女儿在青岛海滩消夏，她只沉浸在虚拟世界不到几分钟，只在朋友圈发几个微信的工夫，抬头却不见了自己的女儿。经过救援人员的大量搜寻工作，这两个可爱的孩子的尸体最终被从海里打捞出。

5. 生命不再庄严和宏伟

在过去六七千年的农业文明时代里，人的生命被赋予了神圣和庄严的意义，人的价值和作用能够得到尽情的发挥，人类确实是可以引以为骄傲的万物之灵。不要说大哲大贤和英雄豪杰，就是芸芸众生和普通百工，都觉得自己是独一无二的，都觉得人生有无限的可能性，只要有一技之长，只要有一德之善，你就可能声名远播，泽被子孙。今天的情形已大不相同。在人类自己建造的巨大物质形体面前，在人类制造的千奇百怪的庞大机器面前，在人类创造的高深的科学技术体系面前，特别是在人类苦心经营的互联网和人工智能面前，人类自己反而显得十分渺小和可怜，显得极其无用和无能。在当今的时代里，不要说凡夫俗子，就是一些所谓社会精英，也望网兴叹，徒呼奈何，不再生建不世之功的奢望。确实是这样：你再熟读经典和善于沉思，也成不了像苏格拉底和柏拉图那样的哲学家，因为你连相对论和量子力学都没有搞定，而哲学是要包含和解释一切的；你再熟读兵书和足智多谋，也成不了孙武和恺撒那样的军事家，因为现在打战主要不是攻城略地，指挥战争也主要靠网络系统；你再勤奋和有创作才能，也成不了曹雪芹和莎士比亚那样千古流芳的大文豪，因为现在大家光微信上的段子和笑话都看不完，无暇顾及你的大作；你想成为一代名医也不容易，现在诊断疾病的水平，主要取决于仪器设备是否先进和精良；你想拥有一个属于自己的手艺或工艺制作，比如王麻子剪刀店之类，也不太现实，因为现在机器和模具制造出来的产品，能够满足客户的各种需求；你想给子孙后代留下一些教训吗？比如朱子治家格言一类，打住，你自己下半辈子的生活究竟怎样都很难理得清楚……

那么，使我们人类走到今天的主要推动者，所谓的科学家和科技工作者，他们的感受又是如何呢？应该说，他们的感受比其他人更为沮丧，更感到自己的无奈和微不足道。他们已经不能像他们的远祖那样豪迈地宣告："给我一个支点，我可以撬动整个地球"；也不能像牛顿那样提出一个系统完整的理论，可以解释从苹果落地到星体运行；甚至像爱因斯坦那样揭示时空是弯曲的，这样重大发现的机会也不会再有。现在的所谓科学家，不仅很难给人类的发展提出一些良策妙方，就是其本专业的事情都搞不定。他们大多是固守在一个很小很小的领域，专业里的专业，分支里的分支，皓首穷经，不越雷池，敲敲打打，修修补补，就是偶有所得也并不敢过于欣喜，还要搜索一下谷歌和百度，看自己的观点是否已有人说过，是否能经得起大数据的分析。即使一些有幸拿到大奖的，也多半是"利用果蝇分离出一个控制日常生物节律的基因"，或是"光学镊子及其在生物系统的应用"一类。这些发现不能说没用，但对人类文明的走向已无关宏旨。现在是一个科学和技术高度发达的时代，科学家的黄金时代却一去不返。而今人类创造的科学和物质，已经自成体系，自生自长，自大自强，像堂吉诃德的风车一样，无须人给它加油助力，更不愿听谁给它指手画脚，完全可以自己风驰电奔，一往无前，且势不可当！

在强大的人造外力面前，人类既然显得这样微不足道和无奈，生命既然这样形同草芥，那人生就会不再有宏大的生活愿景，生命就不再那样庄严和神圣。因此，当今的人类也只能退而求其次，制订一些小目标。比如多挣点钱，把房子建得更大点，吃得更好些，有条件时再四处逛逛。如果不再有新的、更大的冲击和变故，人们如果能一直过着这样平庸但还算舒服的日子，也还是能说得过去的，只可惜历史的发展仍然会有新的麻烦。

三

人类的文明史虽然历经多次危机，但当前人类面临的危机和困境，与以往任何一次都有质的不同。这次人类面临和要应对的危机，是全面的危机，是根本性的危机，是人的思想和行为自身造成的。人类之所以出现今日的困境，是300多年来工业化和后工业化发展中其负面作用逐渐积累的结果。当今人类社会的状况，正如有些先哲所说的那样"人类是病得不轻的动物"，"这是一个最好的时代，也是一个最坏的时代"。在此需要强调的是，这次人类如果不能很好地迎接挑战、走出困境，那就不仅关系到人类能否继续幸福快乐地生活，也关系到人类的存续和消灭。那么，导致今天人类出现危局和困境的原因究竟是什么呢？虽说是百因一果，但笔者认为以下几个方面无疑是最要害和最关键的。

首先，没有从根本上认识到人类和大自然的密切关系，有时还摆错了位置。人类和大自然的关系，从本质上讲与其他生物、动物没有什么不同，都是大自然几十亿年逐渐演化的结果，都是大自然之子，都受到大自然的抚育和恩泽，都永远不能离开大自然的阳光和雨露。但是，人类又有与其他生物、动物不一样的地方，人类是大自然演化出的最高生命形态，他不仅有意识，还有点小的聪明和智慧，他能区分开主体和客体。正因为如此，人类上万年的文明史，就成了认识自然、利用自然，进而改造和征服自然的历史。人类认识和利用自然，无可厚非，这不仅对人类的发展和生活是有益的，也是大自然之母喜闻乐见的。不过，当人类掌握了一些自然规律和科学技术之后，特别是进入到工业化之后，竟错误地提出向大自然进军，宣称人类不仅可以认识和利用大自然，也可以改造和征服大自然，甚至人类最可以战胜和代替大自然。因此，这时人类对大自然不仅淡化了感恩之心，也缺少了敬畏之意。实际上，这些思想和行为不仅是狂妄和卑琐的，也是无知和愚蠢的。正是这种狂妄和无知，才导致了生态的恶化和资源的枯竭。

　　大自然是不可能被征服和战胜的。人类所谓掌握的一些自然规律，只是大自然规律中的一小部分，就是已经掌握的这一小部分，也是知其然而不知其所以然，对规律背后的成因人类仍然是一无所知。人类所谓的一些技术和制造，包括人造卫星和生物技术，也都是对大自然的拙劣模仿，而且还有多是人类连模仿也无法模仿的。更何况，无限的宇宙和大自然目前仍在演化和发展之中，而人类作为一个物种，除知识和技术继续积累之外，在能预见的时间里却不会再有质的提升。大自然也是不应该被征服和战胜的。人类和大自然是一个密不可分的整体，人类离开大自然，就无所产生和发展，大自然失去了人类，就没有了意义和觉醒，人类和大自然的母子关系，比我们人伦中的母子关系更具有根本性的和神圣性。大自然不仅为人类提供阳光、空气、水、土地、植物和矿产，为人类提供一切物质条件，而且人类的灵性和精神，也同样来源于大自然。正是在这个意义上，如果说要征服和战胜大自然，就等于说是要征服和战胜人类自身。

其次，把科学技术的发展当成最终目的来追求，忘记了科学技术仅仅是手段而已。科学技术经过300多年的高速发展，其在人类生活中的作用越来越大，在人类心目中的位置越来越高。现在一提到科学，就成了正确和善的代名词；追求科学，就等于追求真理和幸福。人类不仅逐渐形成了技术中心主义，而且还形成了对科学技术的迷信和崇拜，认为科学技术就是人类的救世主，人类一切都要顺从于科学技术，人类的智慧和财富应该贡献给科学技术。这种情况正如有些学者所说，人类从文艺复兴和启蒙运动开始，用几个世纪的时间，把人从上帝的统治下解脱出来，人类获得了数百年的自主和自由，现在人类却匍匐在科学技术的神威之下，再次失去自主和自由。当然也有相反的情形，因为近半个多世纪生态的恶化和核武器的研制，特别是生物技术的滥用，人们又把这一切恶果都归罪于科学技术。有的人说，"科学技术是魔鬼，不是天使"；也有的人说："科学技术是人类自杀的利剑"；还有人惊呼，"人类要想继续生存，就要放弃科学技术。"据说有一段时间，麻省理工学院、威斯康星大学和康奈尔大学的科学家和学生，在研究期间纷纷放下试管和计算尺，集体讨论他们的工作对社会的影响，重新探讨科学技术的地位和作用。

笔者认为，人类之所以面临危机和进入困境，与人类对科学的盲目崇拜和对科学技术的滥用有密切关系，与科技中心主义盛行有密切关系。人类什么时候都不应该把追求科学与追求人生理想等同起来，什么时候都不应该把发展科学技术与谋求人类福祉等同起来。科学和技术什么时候都只是手段，而不是目的；科学和技术什么时候都只是工具，它既可以为善，也可以为害；科学和技术什么时候都应该为人类所掌握、所控制、所拥有，而它不是人类应该绝对服从和顶礼膜拜的对象。我赞同有些学者所分析的，认为物性的科学和技术，它和人类的需求有诸多方面的差异和冲突：（1）物性科技和私有制的契合与人性和自然整体的矛盾。（2）物性科技的线性操作与其对象的非线性过程的矛盾。（3）物性科技局域性正值与它的全球性负值的矛盾。（4）物性科技的近期之利与长远之弊的矛盾。（5）物性科技所带来的眼前和局部利益的可预见性与其长远和整体弊害的不可预见性之间的矛盾。（6）物性科技对局部自然的整合建设与同时对整体自然的分解性破坏之间的矛盾。（7）物性科技对人性和自然之局部"改良"与其整体结果的恶化之间的矛盾。（8）物性科技活动中主体的未知性与整体过程的不可逆性和结果的不可预见性之间极为复杂的关系。（9）物性科技对自然物性愈益精细的丰富知识和它对人性的惊人无知形成强烈反差。（10）物性科技之利多为部分人类成员所享有而其弊害和恶果则为人类大多数人所承受的矛盾。

再次，过分夸大了物质和财富在人类生活中的作用，其实任何东西都不能代替信仰和精神。人既不是动物，也不是神，而是兼有动物性和神性。动物不需要精神，神不需要物质和财富，而人则既需要物质和财富，也需要精神。苏格拉底说:"未经思考的人生是不值得过的",正是指人生要想过得有意义和幸福,就要探讨人生的意义和真谛,就要有信仰和精神,绝不是吃饱喝足了事。正因为如此,人类的文明史,就既是不断发展生产力和积累物质财富的历史,也是追求信仰和不断丰富精神世界的历史。但是,进入工业化之后,人类把主要精力都用在发展经济和物质财富积累上,一度放松对精神世界的培育和光顾。甚至有些人曾这样认为:有高新的技术,有发达的经济,有雄厚的财富,有越来越好的衣食住行,有各式各样的享受和娱乐,人类即使没有信仰和精神,不一样也能快乐地生活吗?

但是,现实再一次向人类宣称:人类是不能过分夸大物质和财富作用的,人类是不能只拥有物质而放弃精神追求的。我们今天之所以陷入困境和危机,一个很重要的因素,就是只重视物质而轻视精神的结果。事实不正是这样吗?人类不注重内心修养,只是外求和向外扩张,最终造成了生态恶化和资源枯竭;人们的物质和财富越来越多,生活越来越便利,但并不感到幸福和快乐,而是充满了压力、焦虑和无聊;社会组织和社会服务已经高度发达,但不平之事反而随处可见,不和谐之声反而时时鸣起;人类的文明程度已经日益提高,但人和人的关系反而更加疏离,人和人之间的感情反而更加淡漠。特别可怕的是,很多人不再明了生活的意义,不再有信仰和精神追求,生命犹如朝花夕露和断线的风筝,一遇风雨和摧迫,人生即告凋零。

有关人类困境和危机的话题,还有很多很多,我想读者诸君只要能对以下几点有所了解和认同,则会有意想不到的良好效果,这毕竟正如塞万提斯所说:"提醒乃是最佳的准备。"

1. 人类在一派生机勃勃和繁花似锦的背景之下，却隐藏着深深的危机，面临着严重的挑战，且一步一步陷入困境。人类文明这次面临的困境和挑战，与以往任何一次都有质的不同。这次危机是一次全面的和更根本的危机，它是由人类自身的错误理念和行为造成的。

2. 这次人类文明的危机，必须要引起我们的高度重视，必须要全力以赴地去应战，去化解。人类如果不能成功地应战这次危机，如果不能顺利地走出困境，那就不仅不会有人类的幸福生活，而且对人类的存续和发展都构成重大的威胁。

3. 人类的危机和困境，可以从很多方面表现出来，但最重要的表现是生态恶化、科技颠覆和科学技术滥用、核武器威胁。除此之外，尚有资源枯竭、人口暴涨、贫富分化、冲突加剧和信仰缺失等危机现象。

4. 这次人类文明的危机，已经严重地影响到了人类的生活和幸福。主要表现是：冲击大、压力大、生活节奏加快，使人焦虑、紧张和不安；物欲横流，消费主义盛行，攀比成风，并不知道自己究竟需要什么；在选择过多中，在虚拟世界中，丧失自由，丧失自我；在强大人造外力面前，每个人都变得无足轻重，形同草芥，生命失去了庄严和宏伟。

5. 人类历史进入今日的困境和危机，其原因肯定是多方面的，但以下三个方面的因素无疑起着关键性作用：一是没有从根本上认识到人类和大自然的密切关系，没有完全摆正人类和大自然的位置；二是把科学技术当成最终目的去追求，盲目崇拜科学技术，忘记了科学技术仅仅是人类手中的工具；三是过分夸大了物质和财富在生活中的作用，忽视了信仰和精神的价值。

6. 人类的危机目前仍在继续加深，我们只有牢固树立人类危机意识，并付诸救济行动，才是对祖先的尊敬，才是对子孙的爱护，才成就我们自己最大的德和善！

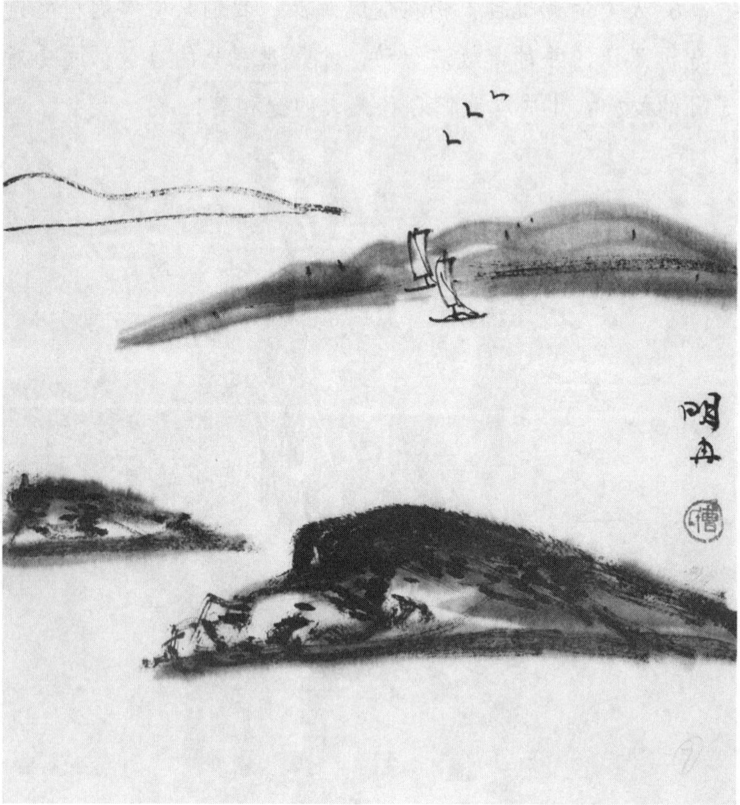
明丹

第八章

柳暗花明又一村

人类文明就是在不断迎接挑战中发展和提升的；这次工业化和后工业化时代面临的危机和挑战，人类也一定能够成功应对和走出困境；我们对人类的前途充满信心和期盼。人类的文明经过暴风雨的洗礼，一定会更加绚丽和美好；走出困境和成功应对挑战，要靠全人类的智慧，要靠所有人的一致行动；具有五千年文明史的古老的中华民族，在这次人类的文明转型中，应该也完全能够做出自己的巨大贡献；习近平新时代中国特色社会主义思想，特别是其提出的构建人类命运共同体的战略思维，为人类迎接挑战、走出危机贡献了中国智慧和中国方案。

一

我们说人类目前进入了困境，进入了"山重水复疑无路"的地步。但是，之所以会有"山重水复"的迷惑，那是因为我们还处在半山腰或山脚下，处在水的循环往复之中，如果"会当凌绝顶"，如果"行到水穷时"，那一定就会看到新的前途和"柳暗花明"。人类历史上曾经迎接过无数次挑战,都取得了成功。人类这次也一定能够成功应对危机和挑战,翻越山重之阻,济涉水复之险,走向一个新的柳暗花明之道,迎来人类更加美好的明天。我们对人类的前途和命运,充满了无限的希望和期盼!

我对人类的前途之所以乐观,并不是盲目的,而是有理论根据和经过分析的。我认为人类不仅不会很快从地球上消失,而是会永远健康快乐地生活在大地上,甚至会迎来新的文明阶段和新的繁荣时代,其根据是:第一,人类已经认识到自己身处困境和面临危机,并积极探索拯救之道。不管是思想家和科学家的预言,还是政治家的施政纲领;不管是专家教授的学术报告,还是普通百姓的饭后茶余,都异口同声地认为人类面临着危机和挑战,都为人类的前途忧心忡忡。这是一件好事,认识到问题的严重性,就会寻找解决问题的方案,就会在日后的行动中采取相应的措施。这正如一位学者所说,在预先知道信息的情况下,在行动中就会发生巨大改变。从这个意义说,问题的发现和提出,就等于问题已经解决一半。第二,笔者通过对人类科学和科学技术史的考察,通过对人类文明发展规律的考察,判断在今后数十年乃至上百年,人类的科学理论不会有大的突破,人类的科学技术不会有质的飞跃。在今后很长的历史时期内,人类的科学思想占主导地位的仍然是牛顿的数学哲学原理和爱因斯坦的相对论,模糊不清的量子力学仍然只能在微观世界起作用。人类的科学技术无论怎么发展,在能预见的时间里,也仍然做不到像传递信息一样来传递物质。科学技术发展相对缓慢一些,科学技术也有自身永远不能突破的瓶颈,这对人类是一件好事情。人类可以充分利用这个机遇,反思自己,提高人类的生存智慧和人文水平，调整人类的发展方向和生活方式，使科学技术重回其只是手段的应有位置，使人类最终免遭科技颠覆。第三，历史的发展造就了人类今天的困境和危机，但历史中也蕴藏着拯救今日人类的智慧和方案。黑格尔曾经说过："我们之所以是我们，是因为我们有历史。"是的，我们今天人类的思想和行为，我们今天的生活方式，包括我们今天面临的困境和危机，都是由历史一步一步发展而来的，都是由历史铸就的。那么，我们人类的未来呢？也仍然要受到历史的左右和影响，也仍然是历史发展的结果。我们人类只要"却顾所来径，苍苍横翠微"，善于向历史老人请教，善于从历史中吸取经验和智慧，就一定能够拨云见日，走出困境，使人类的列车永远驶在康庄大道上。

解决人类面临的危机和问题，要靠全人类的共同努力，要靠全人类古往今来的经验和智慧。无论是古埃及文明、古巴比伦文明、古希腊文明，还是基督教文化、佛教文化、伊斯兰文化，都对如何处理人和自然的关系、人和人的关系、人和自身的关系，有大量的明示古训，有难得的金玉良言。我们对各个民族各个国家几千年所传承的文化，都应该给予高度重视，从中汲取智慧和力量，成为我们人类今天化解危机、走出困境的宝贵财富和镜鉴。

在世界众多的古老文明中，我认为绵延5000多年从未中断的中华民族文化，更具有特质和深邃，更能为我们今天人类的健康发展提供启示和指引，更值得我们给予重视和利用。关于中国传统文化的重大现实意义，很多有识之士早有论说。如著名英国历史学家汤因比，就给予中国传统文化和中国人的生活方式很高的评价，他的名言是：未来属于中国。汤因比之所以如此看重中国文化，是因为他把中国作为蕴藏着稳定给予未来世界的很大可能性来看待的。汤因比认为："中国人，比世界上任何一个民族都更具有一贯性，数亿人数千年来在政治、文化上团结至今。他们展示出了这种政治、文化的统一技术，并拥有以此获得成功的极为珍贵的经验，而且那种统一化倾向正是当今世界绝对必要的需求。"汤因比还说："中国在漫长的21个世纪里，尽管也多次经历过混乱和解体，但是从大历史的角度来看，中国人完整地守护了一个超级文明，长时间生活在一个文明帝国的稳定秩序中，中国模式作为一种区域的世界主义模式可以为今天的人类提供宝贵的经验。"汤因比甚至还一往情深地遐想："如果有来生，我愿做一个中国人。"哲学家罗素也对中国文化给予高度评价，他说："我终于意识到，白种人并不像我们曾想象的那样重要。假如欧美人在战争中全都同归于尽，那也并不意味着人类的灭绝，甚至也不意味着文明的终结。大量的中国人还在那里呢。在许多方面中国都是我所见过的最伟大的国家。它不仅在人数和文化上是最伟大的，而且我认为，它还有最伟大的智慧。我觉得在任何其他国家中不可能还能见到这么豁达的心胸、这么好的哲学、这么实事求是的态度。"罗素在半个多世纪前就曾预言："今后的中国将在人类最关键的时刻带给人类全新的希望，这个希望是可以实现的！"当代汉学家安乐哲先生，在多种场合大声疾呼："世界需要儒学，要把儒学传播到外国去。儒家文化可以为构建新的世界文化秩序作出巨大贡献！"安乐哲先生认为："儒家文化传统作为丰富世界文化宝库的重要资源，作为实现我们现存价值观的实质性批判理论，价值巨大，意义深远，值得我们好好学习。"

中国自己的学者也认识到祖国传统文化的重要性，认识到祖国传统文化的世界意义。如梁漱溟先生认为："世界未来的前途是中国文化的复兴。我相信，人类的历史，在资本主义社会之后，不应该还是以物为先，而应该是以人与人之间的关系为先，以人与人之间如何相安共处友好地生活为先。"熊十力先生曾反复申说："今日全世界人类斗争与骗诈之祸，将趋以自毁，尤非孔学不救。我们要阐明孔子的思想，不仅是救中国民族的。"他又说："现代所谓文明人者，皆失其本心，而习于向外骋逞，纵欲殉物，因不得不出于抢夺，而陷于人类自毁之途。将图所以救之，非道之于中国文化，终不得救也。"

正如海内外有识之士所言，中国传统文化中有很多高明的理念和智慧，可以帮助我们人类解决当下所面临的难题，可以帮助我们人类走出困境。比如如何处理好人和自然的关系，如何保护好我们的地球和生态，中国传统文化中就有很多这方面的光辉思想和成功实践。中国传统文化把"天人合一"作为最高哲学和思想理念，认为"天地与我并生，万物与我为一"，把"与天地合其德，与日月合其明，与四时合其序，与鬼神合其吉凶"作为人生的最高境界，把敬天、畏天、顺天、契天、参天和保护好大自然作为信条和行动指南。在中国古代，对于如何保护好生态和树木禽兽，不仅有明确的指导思想，而且有严格的法律和奖惩制度。《周礼》中说："林衡掌巡林麓之禁令而平其守，以时计林麓而赏罚之。若斩木材，则受法于山虞。……川衡掌巡川泽之禁令而守其平，以时舍其守，犯禁者，执而诛罚之。……迹人掌邦田之地政，为之厉禁而守之。凡田猎者受令焉，禁麛卵者，与其毒矢射者。……卝人掌金玉锡石之地，为之厉禁以守之。"中国古代对政府和民间在不同的季节如何有节制地取用自然之物，都有明确的禁令，如仲春之月"毋竭川泽，毋漉陂池，毋焚山林"，季春之月"田猎、罝罘、罗罔、毕翳、餧兽之药，毋出九门"，孟夏之月"继长增高，毋有坏堕，毋起土功，毋发大众，毋伐大树，毋大田猎"，季夏之月"树木方盛，乃命虞人入山行木，毋有斩伐"，季秋之月"草木黄落，乃伐薪为炭"。《礼记》中还规定："獭祭鱼，然后虞人入泽梁。豺祭兽，然后田猎。鸠化为鹰，然后设罻罗。草木零落，然后入山林。昆虫未蛰，不以火田。不麛不卵，不杀胎，不殀夭，不覆巢。"至于孟子的"数罟不入洿池，斧斤以时入山林"云云，已经成了广为流传的格言。再如当今世界各种矛盾突出，各种关系紧张，国家和国家之间、地区和地区之间、人和人之间，为了利益都争斗不已。中国传统文化则是把"和"作为最高的价值观，认为"万物并育而不相害，道并行而不相悖"，把"和为贵"作为天经地义的处事原则，把"和谐"作为最佳的状态来追求。我们都还记得2008年北京奥运会开幕式的情景，当时上万名表演者手中都举着一个牌子，牌子上写着一个共同的汉字——"和"。据说有位外国学者问中国的哲学家，说你们能否用最少的话来概括中国传统文化，这位中国学者说："可以，三个字'政中和'，两个字'中和'，一个字'和'"。我在《大中华赋》中曾这样写道："华夏探得至道，一个'中'字协万理；神州获有大宝，一个'和'字生万机。人与天合，阳光雨露春常在；人与人合，四海之内皆兄弟；人与己合，淡定从容心安泰。"

中国传统文化中"天下一家""天下为公""协和万邦"的大同理想，对于我们今天人类团结一致，共同应对气候变暖和核战争威胁等挑战，都具有激励和启示意义。中国传统文化中对圣贤的敬仰和推崇，对理想人生和高尚人格的追求，对仁、义、礼、智、信等道德的提倡和实践，对于医治我们人类今天信仰缺失、道德淡薄、重利轻义和生活没有目标和意义，无疑是一剂良药。我们现在人类社会最重要、最基本的生活单位——家庭，也受到了严重冲击和威胁，独身主义盛行，单亲家庭增多，丁克家庭成为时尚，甚至同性恋家庭也被视为合法，中国传统文化则认为夫妇乃人伦之始，家庭是人生之基，重视家庭建设，重视家教和家风，把家庭和家族荣誉视为无价之宝，千家万户都奉行"忠厚传家远，诗书继世长"。笔者认为，古老的中华文明，为人类的家庭建设和延续树立了规范。现在人类最担心的科技颠覆，在中国传统文化中或许也能得到某些启示，因为中国传统文化始终对技巧有所防范，认定它们只是"术"，而不是"道"，术则是永远要受制和服务于"道"的。

在此，我还想特别提及一下中医和中药。中医和中药既是中国传统文化培育出的一枝奇葩，又属于中国传统文化的一个重要组成部分。几千年来，中医和中药不断传承和发展，自成体系，自铸规模，名医辈出，疗效神奇，不仅为历代炎黄子孙提供卫生保障，也惠及周边很多国家。我在《大中华赋》中曾这样写道："岐黄传寿道，《黄帝内经》《伤寒杂病论》《本草纲目》，药散针砭除魔障；阴阳与虚实，望闻问切，扶正祛邪，温补清泄，中华医术可回春。"笔者认为，中医要走向世界，世界需要中医。如果能在全世界范围内推广中医，推广中西医结合，中西医两条腿走路，那就不仅会大大提高人类的防病治病水平，从根本上保证人类强身健体和延年益寿，还会大大减少因大量生产西药所造成的化工污染。

中国传统文化为什么会有那么大的魅力，中国传统文化为什么对今天的人类还有那么大的价值，主要因为中国传统文化是一种成熟的、高度发达的、体系完备的农耕文明。中国传统文化主要起源和发展于黄河流域、长江流域，这里四季分明，阳光灿烂，土地肥沃，雨水充沛，是农业发展的黄金地带。在近万年的农业文明时代，勤劳智慧的炎黄子孙男耕女织，兴建百业，重视教育，以文化成，把农耕文明发展到极致。而中国的历代圣贤，又善于总结和提升，把农耕时代人们的思想提炼为经典，把农耕时代人们的日常行为变为道德伦理，把农耕时代人们的各种仪式上升为国家典章制度。因此，中国古老的传统文化，时至今日，仍然像五谷和醇酿一样，散发着浓郁的芳香。

那么，我们现在还要探讨这样一个问题：农耕文明为什么会有永恒的价值呢？农耕文明为什么能够解救工业文明遇到的危机呢？农耕文明为什么能够帮助我们人类今天走出困境呢？这其中原因固然很多，我想应该主要是有以下三个方面的因素吧：第一，工业文明从农业文明中诞生而来，农业文明是工业文明之母。那如果儿子有病了，母亲一定会知道病根在哪里，且脐带血是有神奇疗效的。第二，人类在农业文明时代生活了近万年，在工业文明时代，才生活了三百多年，人类的价值观和生活习惯，人类身上的血液和基因，还大都保留着农业文明的特征。人类吃惯了五谷，闻惯了花香，对于工业文明的生活有些水土不服，这是很正常的事。那么用农业文明来安抚工业文明所造成的焦虑和恐慌，用农业文明来匡正工业文明的偏激和过失，都是再自然不过的。第三，农业文明是一位饱经沧桑的老者，工业文明则是一个少不更事的后生，年轻人遇到困惑和迷津，当然应该向长者和智者请教。我很欣赏英国诗人库伯的话："上帝创造了乡村，人类创造了城市。"我还坚信，凡是自然的都是好的；凡是人为的，都是利害参半的。我还认为，当自然和人为发生矛盾和冲突时，人为应该服从于自然。我有一次听到一位人士曾这样宣称："我们应该加快城市化进程，应该尽快消灭农村。"这话使我十分愕然，身冒凉汗。说消灭农村，无异于在说要消灭人类。笔者坚信，人类无论到什么时候，只有脚踏在广袤无垠的土地上，眼看着千里翻滚的麦浪，耳听着鸟唱，鼻闻着花香，才会心旷神怡，才有幸福安康，才会有前途和希望。行文至此，我油然想起范成大的《四时田园杂兴》，现摘录几首，与读者诸君再一起回忆一下农耕文明的美好和惬意：(1)土膏欲动雨频催，万草千花一饷开。舍后荒畦犹绿秀，邻家鞭笋过墙来。(2)蝴蝶双双入菜花，日长无客到田家。鸡飞过篱犬吠窦，知有行商来买茶。(3)昼出耘田夜绩麻，村庄儿女各当家。童孙未解供耕织，也傍桑阴学种瓜。(4)新筑场泥镜面平，家家打稻趁霜晴。笑歌声里轻雷动，一夜连枷响到明。(5)村巷冬年见俗情，邻翁讲礼拜柴荆。长衫布缕如霜雪，云是家机自织成。

二

我在《大中华赋》中这样描写党的十八大召开的重大意义和习近平总书记的战略思想："盛世必显祥瑞，大业需待伟人。中国共产党十八大圆满召开，承前启后，北辰众星之局已布；元首发出时代最强音'中国梦'，继往开来，旷古宏谟之筹既定。构建人类命运共同体，美好温馨中国梦，与四海相接，与五洲相融，既造福吾邦，亦惠及八纮，美人之美，美美与共，长江黄河将高奏博爱黄钟；一带一路促共同发展，己欲达则达人，要一损俱损，要一荣俱荣，文化可互鉴，商贸需互通，清洁地球，和平世界，人类康乐乃我们共同愿景。"党的十八大以后，习近平总书记发表了一系列重要讲话，并逐渐形成习近平新时代中国特色社会主义思想。在这些重要的讲话和思想中，不仅有如何治国理政的丰富内容，为中华民族的伟大复兴和实现社会主义现代化作出了战略部署，提出了理论根据和行动指南；而且提出了构建人类命运共同体、推进"一带一路"发展和建设清洁美丽世界等光辉的国际主义思想，为人类成功迎接挑战和走出困境指明了方向，为人类的持久和平和繁荣发展贡献了中国智慧和中国方案。

习近平主席构建人类命运共同体的思想，是在人类面临着诸多挑战和危机，是站在历史的交汇点上，是回答建设一个什么样的世界、怎样建设这个世界重大人类问题，是以卓越的政治家和战略家的宏大视野和思维，高瞻远瞩，以大国领袖的责任担当而提出的。人类目前面临的困境和危机，正如我们前文所分析到的：生态恶化、资源枯竭、科技颠覆、贫富分化、核战争威胁、冲突加剧和信仰缺失等。但是，由于经济的全球化，由于交通和通讯的高度发达，现在人类已生活在同一个地球村，各国日益相互依存，变得你中有我，我中有你，没有哪个国家能够独自应对人类面临的各种危机和挑战，没有哪个国家能够单枪匹马走出人类困境，也没有哪个国家能够退回到自我封闭的孤岛，与他人老死不相往来。因此，历史的发展已经要求人类必须同呼吸、共命运。习近平主席人类命运共同体思想的提出，具有深远的思想根源和浓厚的中国文化特色。中华民族几千年来一直崇尚

"亲仁善邻""协和万邦""天下一家"和"推己及人",炎黄子孙一直把大同世界作为最高的社会目标去探索、去追求。习近平人类命运共同体思想,也是对中华传统文化的继承、发扬和升华。

2013年3月23日,习近平主席在莫斯科国际关系学院的演讲中首次阐发人类命运共同体思想,他说:"这个世界,各国相互联系、相互依存的程度空前加深,人类生活在同一个地球村里,生活在历史和现实交汇的同一个时空里,越来越成为你中有我、我中有你的命运共同体。"2015年3月28日在博鳌亚洲论坛上,习近平主席发表了"迈向命运共同体,开创亚洲新未来"的主旨演讲,再一次阐发人类命运共同体思想,他说:"人类只有一个地球,各国共处一个世界。世界好,亚洲才能好;亚洲好,世界才能好。面对风云变幻的国际和地区形势,我们要把握世界大势,跟上时代潮流,共同营造对亚洲、对世界都更为有利的地区秩序。通过迈向亚洲命运共同体,推动建设人类命运共同体。"在这次演讲中,习近平主席还提出了四点构建命运共同体的建议和原则:①迈向命运共同体,必须坚持各国相互尊重、平等相待。②迈向命运共同体,必须坚持合作共赢、共同发展。③迈向命运共同体,必须坚持实现共同、综合、合作、可持续的安全。④迈向命运共同体,必须坚持不同文明兼容并蓄、交流互鉴。

2017年10月18日,在中国共产党第十九次全国代表大会上的报告中,习近平总书记对推动构建人类命运共同体的思想,进行了一次集中的阐发和论说,报告中说:"我们生活的世界充满希望,也充满挑战。我们不能因现实复杂而放弃梦想,不能因理想遥远而放弃追求。没有哪个国家能够独自应对人类面临的各种挑战,也没有哪个国家能够退回自我封闭的孤岛。"又说:"我们呼吁,各国人民同心协力,构建人类命运共同体,建设持久和平、普遍安全、共同繁荣、开放包容、清洁美丽的世界。要相互尊重、平等协商,坚决摒弃冷战思维和强权政治,走对话而不对抗、结伴而不结盟的国与国交往新路。要坚持以对话解决争端、以协商化解分歧,统筹应对传统和非传统安全威胁,反对一切形式的恐怖主义。要同舟共济,促进贸易和投资自由化便利化,推动经济全球化朝着更加开放、包容、普惠、平衡、共赢的方向发展。要尊重世界文明多样性,以文明交流超越文明隔阂,文明互鉴超越文明冲突,文明共存超越文明优越。要坚持环境友好,合作应对气候变化,保护好人类赖以生存的地球家园。"

从党的十八大召开到现在,习近平总书记在国内外各种会议和论坛上,多次纵论人类命运共同体的重大时代意义,呼吁世界各国共同构建人类命运共同体,并以中国的实际行动来推动这项人类共同的伟大事业。习近平构建人类命运共同体的光辉思想,在全世界范围内已经引起了巨大反响,受到了国际政界、经济界、学术界的广泛好评和响应。"人类命运共同体"先后被联合国发展委员会、联合国安理会、联合国人权理事会以及联合国大会第一委员会纳入决议。联合国大会主席彼得·汤姆森将构建人类命运共同体,视为"人类在这个星球上唯一的未来"。2017年1月17日至18日,习近平先后在达沃斯和日内瓦发表两场主旨演讲,当时在现场聆听演进的瑞士驻华大使戴尚贤激动地说:"这的确是现代国际关系中一个非常重要的时刻,因为这一时刻,人类命运共同体理念闪烁着中国智慧的光芒,照耀在阿尔卑斯山脉的冰雪之上。"12月10日,澳大利亚前总理陆克文在出席第七届世界中国学论坛做主旨演讲时,为人类命运共同体点赞,他说:"人类命运共同体的提出富有远见,对世界各国都具有影响力,不少大学、智库开始研究这一概念。有一部分人认为,人类命运共同体是一种理想主义,我不同意。我们应当研究好全球的共同利益和共同价值,来改善已经存在的国际秩序。"陆克文甚至呼吁,要成立"新汉学",来帮助研究如何学习和理解中国的文化问题。

对人类命运共同体的重大意义和丰富内涵,国内外学术界不断进行探讨和概括。有的学者将人类命运共同体的内涵归结为五个方面:(1)政治上,要相互尊重、平等协商,坚决摒弃冷战思维和强权政治,走对话而不对抗、结伴而不结盟的国与国交往新路。(2)安全上,要坚持以对话解决争端、以协商化解分歧,统筹应对传统和非传统安全威胁,反对一切形式的恐怖主义。(3)经济上,要同舟共济,促进贸易和投资自由化、便利化,推动经济全球化朝着更加开放、包容、普惠、平衡、共赢的方向发展。(4)文化上,要尊重世界文明多样性,以文明交流超越文明隔阂、文明互鉴超越文明冲突、文明共存超越文明优越。(5)生态上,要坚持环境友好,合作应对气候变化,保护好人类赖以生存的地球家园。有的学者认为人类命运共同体理念蕴含平等互信的新型权力观,蕴含道义为先的新型义利观,蕴含兼收并蓄的新型文化观,蕴含合作共赢的新型交往观。还有的学者把人类命运共同体思想的内涵,概括为国际权力观、共同利益观、可持续发展观、全球治理观。在2017年12月1日的一次演讲中,习近平主席自己对人类命运共同体理念做了精彩解读,他说:"人类命运共同体,顾名思义,就是每个民族、每个国家的前途命运紧紧联系在一起,应该风雨同舟,荣辱与共,努力把我们生于斯、长于斯的这个星球建成一个和睦的大家庭,把世界各国人民对美好生活的向往变成现实。"

笔者认为,习近平主席提出的构建人类命运共同体,是人类思想史上的一座里程碑,具有划时代的重大理论意义和实践价值;构建人类命运共同体的思想,是成功应对人类面临的挑战,化解人类危机和走出困境,贡献的中国智慧和中国方案;构建人类命运共同体的思想,为人类的持久和平和繁荣发展,指明了方向、提供了行动遵循;构建人类命运共同体的思想,既是对中华优秀传统文化的继承和升华,也是人类公平、正义、平等、和平等各种美好进步理念的结晶;构建人类命运共同体的思想,既代表了中国人民的利益和心声,也反映了世界爱好和平、追求幸福生活所有人的利益和愿景;构建人类命运共同体的思想,标志着人类将进入一个文明发展的新时代,预示着人类必将有美好的前途和未来!

在提出构建人类命运共同体的同时,习近平主席又发出了建设"一带一路"的倡议,所谓"一带一路",即"丝绸之路经济带"和"21世纪海上丝绸之路"的简称。"一带一路"倡议既是构建人类命运共同体思想的具体实践,也是对人类命运共同体理念的生动诠释。"一带一路"贯穿欧亚非大陆,一头是活跃的东亚经济圈,一头是发达的欧洲经济圈,中间广大腹地国家经济发展潜力巨大。丝绸之路经济带重点畅通中国经中亚、俄罗斯至欧洲(波罗的海);中国经中亚、西亚至波斯湾、地中海;中国至东南亚、南亚、印度洋。21世纪海上丝绸之路重点方向是从中国沿海港口过南海到印度洋,延伸至欧洲;从中国沿海港口过南海到南太平洋。"一带一路"秉承共商、共建、共享的原则,超越了马歇尔计划、对外援助以及走出去战略，给21世纪的国际经贸、文化、旅游等合作提供新的平台和模式。"一带一路"的互通互联项目极大地推动沿线各国发展战略的对接与耦合，发掘区域内市场的潜力，促进投资和消费，创造需求和就业，增进沿线各国人民的人文交流与文明互鉴，让各国人民相逢相知互信互敬，共享和谐、安宁、富裕的生活。"一带一路"的发展和建设，不仅造福于沿线人民，也促进全球经济的平衡发展，促进全世界的和平和繁荣。自2013年习近平主席和中国政府发出"一带一路"建设倡议后，受到了各沿线国家的响应和支持，并已收到显著成效。中国和相关国家一道共同加速推进雅万高铁、中老铁路、亚吉铁路、匈塞铁路等项目，建设瓜达尔港、比雷埃夫斯港等港口，规划实施一大批互联互通项目。2014年至2016年，中国同"一带一路"沿线国家贸易总额超过3万亿美元。中国企业已经在20多个国家建设56个经贸合作区，为有关国家创造近11亿美元税收和18万个就业岗位。

习近平主席关于生态文明建设的论断，关于建设美丽中国和清洁地球的战略思考，也为人类正确处理好人与自然的关系，成功应对全球生态恶化、气候变暖等严重问题，做出了重大的理论贡献。习近平在地方工作时，就高度重视如何处理好人与自然的关系，高度重视生态文明建设工作，提出了著名的"两山"理论，即"绿水青山就是金山银山"。党的十八大以后，习近平总书记对生态文明建设作出了一系列重要讲话，并逐渐形成完备的生态文明建设理论体系。在党的十九大报告中，习近平总书记对他的生态文明建设理论进行了集中阐释和论述，报告中说："人与自然是生命共同体，人类必须尊重自然、顺应自然、保护自然。人类只有遵循自然规律才能有效防止在开发利用自然上走弯路，人类对自然的伤害最终会伤及人类自身，这是无法抗拒的规律。"又说："我们要建设的现代化是人与自然和谐共生的现代化，既要创造更多物质财富和精神财富以满足人民日益增长的美好生活需要，也要提供更多优质生态产品以满足人民日益增长的优美生态环境需要。必须坚持节约优先、保护优先、自然恢复为主的方针，形成节约资源和保护环境的空间格局、产业结构、生产方式、生活方式，还自然以宁静、和谐、美丽。"党的十八大之后，中国政府和人民推动生态保护决心之大、力度之大、成效之大前所未有，大气、水、土壤污染防治达到历史新水平，神州大地正在亮起来、美起来。天更蓝，与2013年相比，2017年全国338个地级及以上城市PM10平均浓度下降22.7%，京津冀、长三角、珠三角等重点区域PM2.5平均浓度分别下降39.6%、34.3%、27.7%；山更绿，五年多来，中国累计治理沙化土地1.5亿亩，全国完成造林5.08亿亩，森林覆盖率达到21.6%，成为同时期全球森林资源增长最多的国家。水更清，相比2012年，2017年全国地表水好于Ⅲ类水质所占比例提高了6.3个百分点，劣Ⅴ类水体比例下降4.1个百分点。中国生态建设的巨大进步，不仅惠及14亿炎黄子孙，而且对于全球生态恶化的遏制、人类生存环境的改善，都具有重大的影响和积极的作用。

说到习近平主席构建人类命运共同体的思想，其实在近代的学术界和思想界，也曾有些学者有过相似的想法。如中国的梁漱溟就曾经说过："科学发达至于今日，既穷极原子、电子种种之幽渺，复能以腾游天际，且即攀登星月，其有所认识于物，从而控制利用乎物者，不可谓无术矣。顾大地之上人祸方亟，竟自无术以弭之。是盖以言主宰乎物，似若能之；以言人之自主于行止进退之间，殆未能也。人类设非进于天下一家，即将自己毁灭，非谓今日之国际情势乎？"汤因比是一位对人类历史发展规律有洞见的卓越学者，他对人类的未来忧心忡忡，特别是在人类拥有核武器和生态明显恶化之后。他晚年一直坚定地认为，如果人类不成立"世界政府"，不采取协调一致的行动，人类就不可能成功应对挑战和走出困境，人类的文明就有中断和消亡之虞。关于如何建立世界政府，汤因比非常重视文化的力量，并非常看好中国的独特地位和作用。汤因比说："继欧洲现在的统治，如果发生文化的统一以及混合的话，西欧的进取性与中国传统的稳定性以恰好的比率配合起来，也许会诞生对人类来说完全新型的生活方式。这种生活方式使人类的生存得以可能，也能确保人类的幸福。"汤因比又说："西欧的手段是无法为人类实现在政治上、精神上的世界统一的。如果要使西欧所动摇的人类生活再次稳定，而且要使西欧的进取性缓和为在人类生活中不再是破坏性的而是能够赋予活力这种程度的话，下一运动的创始者就必须向欧洲以外去寻求。而且，完全可以设想他将出现在中国。"汤因比还说："他们在历史上的成就所反映的世界观命令他们：如果人类能够延续到二十一世纪，就必须由人类的某一部分担当起当今需要实现的统一以及稳定的任务。"这里的"他们"就是指中国和中国人。

习近平主席关于构建人类命运共同体思想的提出，既是解决人类困境和危机、保持世界和平发展所贡献的中国智慧和中国方案，也是中华民族实现伟大复兴、中国实现大国崛起的重要标志。当今人类虽然面临着很多困难和矛盾，但我们透过构建人类命运共同体的光辉思想及其伟大实践，透过人类几千年文明的积累，透过全球经济一体化的结果，透过世界人民向往和平和对更加美好生活的企盼，仿佛看到了一缕世界大同的曙光。实现世界大同，追求美好的理想社会，是人类一直就有的梦想。从柏拉图的《理想国》，到莫尔的《乌托邦》；从傅立叶等人的"和谐社会"，到马克思、恩格斯的共产主义，都是这种理想和追求的反映。中华民族更是一直把实现理想社会作为最高理想是去追求，从孔子的"大道之行"，到康有为的《大同书》；从孙中山的"天下为公"，到毛泽东等共产党人对共产主义理想社会的追求，都充分反映了炎黄子孙对美好社会的向往和热爱。

笔者在此特别强调的是，值此人类历史发展的十字路口和关键时期，作为传承几千年"天下一家"和"民胞物与"精神的华夏儿女，如何随着中华民族的伟大复兴，能够奋发有为、砥砺前行，为人类文明的新发展，为人类能够生活在更加美好的社会里，多贡献一些自己的智慧和力量。

三

有人说，"事业能否成功关键靠思想"；也有人说，"一个实际行动胜过一打纲领"。明代思想家王阳明提出"知行合一"，在人类认识史上具有独特的价值。王阳明的"知行合一"，不是我们通常所理解的理论和实践相结合，也不是我们一般人所认为的，先有指导思想，然后才有相应的行为。"知行合一"说的是知行本为一体，不可分离，知中有行，行中有知；知而不行，不是真知；行而不笃，不是真行。用王阳明自己的话说，就是"知行原是两个字，说一个功夫。……知是行的主意，行是知的功夫；知是行之始，行是知之成。只说一个知，已自有行在；只说一个行，已自有知在。"笔者认为,我们人类要想成功应对危机和挑战,要想走出困境而迎来更加美好的明天,即确实应该在"知行合一"上下功夫。因此,我以下几点不成熟的看法,也可以看作是"知",也可以看作是"行"吧。

1. 永远依偎在大自然的怀抱,热爱和呵护好我们的地球家园

中国著名革命家方志敏在《可爱的中国》一书中,曾这样深情地讴歌他的祖国:"朋友!中国是生育我们的母亲。你们觉得这位母亲可爱吗?我想你们是和我一样的见解,都觉得这位母亲是蛮可爱蛮可爱的。以言气候,中国处于温带,不十分热,也不十分冷,好像我们母亲的体温,不高不低,最适宜于孩儿们的偎依。……中国许多有名的崇山大岭,长江巨河,以及大小湖泊,岂不象征着我们母亲丰满坚实的肌肤上之健美的肉纹和肉窝?中国土地的生产力是无限的;地底蕴藏着未开发的宝藏也是无限的;废置而未曾利用起来的天然力,更是无限的,这又岂不象征着我们的母亲,保有着无穷的乳汁,无穷的力量,以养育她四万万的孩儿?……至于说到中国天然风景的美丽,我可以说,不但是雄巍的峨嵋,妩媚的西湖,幽雅的雁荡,与夫'秀丽甲天下'的桂林山水,可以傲睨一世,令人称羡;其实中国是无地不美,到处皆景,自城市以至乡村,一山一水,一丘一壑,只要稍加修饰和培植,都可以成流连难舍的胜景;这好像我们的母亲,她是一个天姿玉质的美人,她的身体的每一部分,都有令人爱慕之美。中国海岸线之长而且弯曲,照现代艺术家说来,这象征我们母亲富有曲线美吧!"相信我们每位炎黄子孙,看了方志敏烈士的这段话,都会表示由衷的赞同,都会更加热爱我们的祖国母亲。其实,放大而言,世界上各个民

族和国家的公民，他们心目中的祖国母亲，都和我们的感受一样，也是那样美丽和温存，也是那样值得她的儿女热爱和眷恋。这样说来，那诞生我们人类的宇宙和大自然，就是我们这70亿儿女所应该热爱和赞美的母亲。事实正是这样，不管是弱人择原理也好，还是强人择原理也好，反正现实的宇宙是为人类的生存和发展而设计的，大自然在人类的心目中就是那样无比神奇和美丽的，大地母亲是最适合人类依偎的。

中国有一句很有名的古诗："谁言寸草心，报得三春晖。"诗的意思是说，慈母的恩情就像春天的阳光一样，我们做子女的像小草一样是无论如何也难以报答的。这句诗当然很好，道出了所有做子女的心声。那么，我们人类共同的母亲大自然，不仅给我们洒下了春晖，还送给我们清新的空气和水源，送给我们人类生活中所需要的一切，我们对此又应该如何报答呢？应该说，人类也是一直感恩于天地的生育之恩的，从大量的古今中外文学作品中，从哲学家的沉思中，从虔诚的宗教仪式中，从巍峨的地坛、天坛和祈年殿的建筑中，都能够看出这一点。当然，我们人类也做过傻事，也做过恩将仇报之事，特别是当我们人类掌握了一点点新的技术之后，就以为可以为所欲为，对大自然进行了无限度的索取，甚至进行了征服和杀伐，当大自然之母伤痕累累之时，她虽然也生过气，甚至也惩罚过我们，但始终没有捐弃我们，仍然为我们提供着乳汁和温暖。有学者说，人类应该很好地上一堂生态伦理课，而生态伦理课的要义，就是如何热爱大自然，如何感恩大自然，如何保护大自然。中国有句俗语："百善孝为先"。我想，这个孝的对象不仅是指我们的父母和老人，也应该包括养育我们的大自然。

中国一位伟人说得好："错误和挫折教训了我们，使我们比较地聪明起来了。"300多年工业文明发展的经验和教训，使我们深深认识到人和大自然是密不可分的一体关系，是情深意浓的母子关系，人类应该永远感恩和热爱大自然，应该永远敬畏大自然，应该永远保护好我们的地球家园。这一至关重要的经验和教训，不仅我们这一代人要牢记，还要作为箴言传给我们的子孙。现在，人类已经初步统一了思想和行动，要遏制生态恶化的趋势，要寻找代替性能源，要恢复地球的清洁和宁静。从政府到民间，从各界精英到普通百姓，都在为环保而奔忙。半个多世纪以来，各个国家和地区，召开了很多会议，签订了很多协议和公约，发布了很多宣言，制订了很多环保措施和政策，采取了各式各样的绿色生活方式。也确实收到了不小的效果，人类生存的环境在慢慢改善。笔者认为，改善自然环境和遏制生态恶化，最好和最快捷的办法是实施休养生息的方略，给大自然以休息和调养的空间和时间。我们神奇和可爱的大自然，具有无限的自我修复和再生功能：只要我们人类不随意拦河造坝，只要我们人类不随意开山劈岭，只要我们人类不竭泽而渔，只要我们人类不杀鸡取卵；荒芜之地很快就会变成绿茵，杀绝之地很快就会有百鸟云集，污流会自己澄清，浊气会自己更新。

我们人类在古往今来的几千年历史长河中曾出现了很多圣人、贤者和英雄，他们的思想或行为有益于社会，受到人们的崇拜和尊敬。我想，在今天和今后的时光里，谁如果为保护我们的地球、使地球变得更加美好而做出了什么贡献，不管是在思想和哲学上，还是在具体行为上，那他就是圣人、贤者和英雄，就会受到人们的称赞和敬重。一个人做到了，这个人就受到称赞和敬重；一个地区做到了，这个地区就受到称赞和敬重；一个国家做到了，这个国家就受到称赞和敬重。在此，笔者还要郑重提醒一个问题，地球是人类的唯一家园，地球在则人类在，地球美好则人类美好，至于其他星球是否适宜物种生存，实际上已与人类无涉。

大自然不仅给人类提供一切物质需要，也是人类思想和精神产生的根源。大自然的无限性，是人类哲学和宗教产生的背景；而大自然的神秘性，又是人类推动科学发展的基础。大自然具有我们人类需要的一切，大自然属于人类，人类属于大自然。我们人类只要永远依偎在大自然的怀抱，热爱和保护好我们的地球家园，我们人类就会永远拥有鲜花和阳光，就会有永远享不尽的福祉。

2. 重新审视人生的意义和目的，恢复生命的高贵和丰富

人是万物之灵长，人是生命的最高形态。宇宙最终演化出人类，这是宇宙的觉醒和自我肯定。宇宙是有意义的，我们人类的生活和生命也应该是有意义的。西方先贤认为人是混合了兽性和神性的结果，中国先贤则认为去掉兽性和神性就成为人。西方先贤主张不经过思考的人生是不值得过的，中国先贤则主张人只有经过修养才能成为一个真正的人。这一些都表明，人类的生存需要吃喝拉撒，但吃喝拉撒绝不是人生的目的和全部意义。但是，人生的意义究竟是什么？我们人类为什么要活着？这是一个难以回答和难以定义的大问题。奥斯特洛夫斯基有一段名言，对于我们理解人生的意义或许会有启发，尽管你可以不同意他对人生目的的具体指向："人的一生应该这样度过：当你回忆往事的时候，不会因虚度年华而悔恨，也不会因碌碌无为而羞愧；在临死的时候，他就能够说：我的整个生命和全部精力，都已经献给了世界

上最壮丽的事业——为人类的解放而斗争。"

虽然人生的意义和目的不好定义，但我想明白以下几点，可能有助于这个问题的解决。第一，探索生活的意义，其本身就赋予生活以意义。几千年来，人类一直不停止地探索人生的意义和价值，一直不停地追问人生的目的是什么。就是在这漫长的求索中，我们出现了很多人生哲学和宗教，找到了真善美，也产生了苏格拉底、孔子、耶稣和释迦牟尼，还涌现出很多受人尊敬的杰士仁人和品德高尚的人。因此我认为，当你在探索和追问人生意义的时候，你的人生已经具有意义。第二，人类的生活要想有意义，关键在于要有超越性。所谓超越性，就是要超越日常生活，超越柴米油盐，超越眼前的利益，有时甚至需要超越自己，超越时代。你或者为了一个美好理想的社会去奋斗，你或者为了一项伟大的事业去努力，你甚至做一点微不足道的有益于他人的事，这都是超越，这都赋予生活以意义。

在数千年的农业文明时代，人类一直重视生活意义的探寻和构建，人类也从来不缺少这样那样的抱负和信仰，人类的精神生活也总是那样温暖和丰满。人们为了一个信仰，可以几代人去坚守；人们为了一项事业，可以前赴后继；人们为了生命的尊严和荣誉，可以杀身成仁；到处都有高山流水的佳话，随处可见一诺千金的壮举；多少人发达时兼济天下，多少人困厄时独善其身；先天下之忧而忧，绝不是诗人兴来的夸张；后天下之乐而乐，成为多少人的行事准则。不要说一些圣贤和志士仁人的惠言嘉行，就是一些沦落为风尘的女子，如苏小小、梁红玉、柳如是、李香君、董小宛等，也都有自己的情怀和大义。中国先贤提出的"三不朽"，即立德、立功、立言，两千多年来一直成为炎黄子孙人生追求的目标，为每个人的生活赋予了超现实的神圣意义。

我们喜爱农业文明时代人类的淳朴和天真，我们敬佩农业文明时代人类对信仰的执着和虔诚，我们赞叹农业文明时代人类精神生活的神圣和丰满，我们羡慕农业文明时代人类都能生活在一个有意义的世界里。但是，这并不等于说我们今天的人类就放弃了对生活意义的探索，更不是说我们今天的人类就失去了对精神生活的渴求。问题的症结是：现代人的生活节奏如此之快，人们已经无暇顾及精神和情感的培养；市场经济竞争如此激烈残酷，几乎能荡平人们所有超现实的梦想和期盼；轰鸣的机器和五光十色的声光电化，能完全淹没人类心灵深处的真实呼唤；扑面而来的且多数是无用的信息塞聪蔽明，使人们很难再聆听到古圣先贤的金玉良言。物质再丰富，也不能代替精神生活；科学技术再发达，也不能直接回答生活的意义是什么，这正如现象学大师胡塞尔所说："全部自然科学知识对于人生意义问题的回答，等于零。"那怎么办呢？物质的积累和科学的发展都不能解决人类的精神生活问题，而人类又永远都不能没有信仰和灵性。那我们就只有拨乱反正，坚定不移地去追寻，去追寻生活的意义，去追寻生活的目的，去追寻人生的价值，去追寻人生的尊严，去营建后工业化时代人类生存的精神家园！

理想主义什么时候都不过时，精神家园永远都需要构建，因为人类的幸福离不开精神的呵护。有人说，我们人类是被抛到地球上来的，人生充满无奈和偶然。还有人说，人生就是一株脆弱的芦苇，必须把另一株芦苇当作根。我想，人生就如在茫茫大海中航行，如果没有信仰和理想，就等于没有灯塔，就不知道彼岸在哪里？就会随风漂流，就会被巨浪吞没。我们有理由相信，人类的文明已经发展到如此高的程度，人类也完全能够有能力和有智慧，借鉴历史的经验，吸纳现代文明的精华，在不断创造物质财富的同时，把我们人类的精神生活提高到一个新的水平，使生命充满神圣和庄严，使人生更加幸福和丰满。如果有的读者要问，在提高精神生活方面，你有什么建议，我实在没有什么高见。我只是想说，您可以去探索生活的意义，而探索本身就会使您有所收益；其次，读一点经典，经典里有答案和启示；第三，见贤思齐，从高尚的人那里能学到您需要的东西。

3. 不断提升人文和智慧，使科学技术等手段只能为人类谋福利

现在科学技术已经发展到了很高的水平，科学技术已经具有无比巨大的威力，它的力量已足以摧毁地球上的一切，当然也包括人类自身；但是，几百年来，人类的人文水平和智慧并没有相应地提高。这种不协调的发展，乃是人类当前和今后的最大隐患，也是人类面临困境和危机的总根源。那么，什么是人文呢？人文就是以文化成，就是关于如何尊重人、重视人、保护人、关爱人的思想和情怀，它体现着人类的价值观和生活追求。什么是智慧呢？智慧就是人类高瞻远瞩、见微知著、统筹协调、趋吉避凶和化解危机的能力。我们前面说过，知识没有方向，它需要智慧去引领，但现在智慧发展缓慢，就无法去平抑和引领突飞猛进的科学技术等知识。

古希腊有位哲学家提出这样一个判断："人是万物的尺度"。这个结论永远不过时。人不仅是衡量一切事物的尺度，人的利益也是判断一切是非的标准。列宁同志也有一句著名的话："几何公理要是触犯了人们的利益，那也一定会被推翻的。"列宁这话当时虽然是带有嘲讽的意味，但我们也完全

可以从正面去看待，那就是不管是什么神圣的东西，只要会对人类的利益带来伤害，那我们就要给以抵制和防范。科学技术从总体上是给人类带来好处的，人类的科学技术今后还要继续发展。关键是我们如何对待科学技术。科学和科学技术就是人类能够更好生活的一种手段，它在人类历史中占有重要位置，但它不是人类顶礼膜拜的对象。人类既不能匍匐在神灵的脚下，也不能匍匐在科学技术的脚下，人类应该平视和俯视一切。启蒙运动几百年来，人们一直求真，认为真就是科学，科学就是正确，正确就是真理，而真理就是人类追求的最终目标。其实，事情不完全是这样，这其中有一些等号也不是很恰当的。"真"的东西也并不都是人类所需要的。只是人们已成积习，久而久之都人云亦云。

我们人类的人文和智慧提升不大，或者说相对发展缓慢，其原因固然是多方面的，但一个很关键的问题，是没有从人文和哲学的角度，对近百年高度发达的科学技术进行吸纳和升华。相对论和量子力学创立已经一个世纪了，但这些自然科学的哲学意蕴是什么，它对人类的世界观和价值观意味着什么，它对人类的终极关怀又有哪些影响。我们并没有从人文和哲学的角度去很好地分析和概括，哲学还大多数是几百年以前的概念和理论。20世纪产生了爱因斯坦、玻尔和霍金等一大批伟大的科学家，但真正的思想家和哲学家则很少，或者说是缺如。这样，智慧对知识就失去了引领的功能，科学技术之水就只能是四处漫溢，而不受规范。我在写这段文字时，恰逢2019年4月10人类有史以来首张黑洞照片的诞生，"黑洞"一时成为人们议论的中心话题。有人说，人类能够真真切切地看到黑洞，这是科学事业的一大创举；也有的人说，黑洞的存在，是否也表明灵魂的存在和生命的永恒；还有人担心，黑洞使光都无法逃逸，黑洞是否有一天会把太阳和地球吞没……其实，照片上的这个黑洞已经存在5000多万年了，它和人类一直相安无事，只不过我们人类今天发现了它而已。今后随着科学技术的发展，在宏观和微观领域，还会发现很多光怪陆离的事件，但这都无大妨碍，因为真正影响人类生活的，还主要在宏观世界里。我说这些话的意思，仍然是在强调"人是万物的尺度"这句格言，因为在宏观世界里都是人所能够看到和感觉到的。

现在，人们不是不知道科学技术是把双刃剑，不是不知道科学技术的滥用会给人类带来巨大的灾难，只是苦于找不到良策。这正如一位比利时前首相所说："我们获得了一个结论，即我们在寻找一个永远得不到的东西——科学的政策。"是的，趋利避害、兴良除莠的科学技术政策确实不好制定。因为科学家大都是凭着兴趣和好奇心去探讨自然的奥秘，企业家大都是围绕着利润去研发和转化科研成果。还有一点，科学技术广泛应用的后果是，它的局部利益和整体利益，它的短期利益和长远利益，常常是有矛盾的。还有学者建议，应该成立一个类似监督委员会的国际组织机构，当然每个国家和地区也要成立，专门就科学研究、特别是科研成果的转化和推广，进行严格的筛选和督察，及时遏制和防范科学技术的负面作用和科学技术的滥用。应该说，这些设想都很好。我们坚信，人类既然能够发展科学技术，也一定有能力、有智慧驾驭科学技术这匹烈马，使科学技术等手段只能永远为人类谋福利，使人类永远生活在健康安全的世界里！

4. 和而不同，我们需要一个绚丽多彩的美好世界

经济全球化的不断推进，交通通讯的高度发达，国家和

国家之间的交流日益增多，现在的世界已经变得越来越小，事实上，整个人类就像共同居住在一个地球村庄，大家都成为邻居和乡亲。习近平主席提出的构建人类命运共同体的思想，深刻地反映了人类社会当前最本质的特点，也为世界今后的发展指明了方向。现在的世界各国之间，已经你中有我，我中有你，你也离不开我，我也离不开你，再想独善其身，再想以邻为壑，再想说自己的国家利益优先，已经很不合时宜。试想，如果全球生态继续恶化，如果世界气候继续变化，你就是退群，其灾害你能够幸免吗？再如发生大规模的战争，现在世界上拥有这么多核武器，战争的最终结局还会有输家和赢家吗？而只能是共同灭亡。因此，我们必须从思想深处认识到，人类事实上已经从根本上联为一体，已经形成了一荣俱荣、一损俱损的利益关系。那么，我们人类今后需要一个什么样的世界呢？又需要如何来处理各种国际关系呢？我的理解是：和而不同，我们需要一个绚丽多彩的美好世界。

　　和而不同，首先是和。要做到和，第一是要牢固树立和的理念，认识到和的好处。中国人历来崇尚"和"，主张"和为贵"，认为"和气致祥""和生万物"。实际上，大千世界里的一切都是阴阳二气合和而产生的。笔者以为，我们要实现和平，要达到和维持和的状态，最要害的是要换位思考，是要设身处地地为他人着想："己所不欲，勿施于人"；"己欲立而立人，己欲达而达人"。自己不想要的东西，千万不要强加给他人；自己想做的事情，也要允许其他国家做。第二，人类要想和睦相处，必须在文化上相互尊重，相互理解，相互包容。文化是一个地区、一个民族、一个国家，在相当长的历史发展中逐渐形成的，它一旦形成，具有了强大的生命力，具有牢固的稳定性和认同性。虽然文化是什么还不好定义，据说现在关于文化的定义已有200多种，众说纷纭，但文化的特征，基本上就是余秋雨先生所描述的："文化，是一种包含精神价值和生活方式的生态共同体。它通过积累和引导，创建集体人格。"我们在历史上经常看到这种情况，攻占一个国家和民族的城池容易，但要消灭和改造这个国家和民族的文化几乎不可能。因此，现在有些学者鼓吹的文化冲突论，有些国家企图消解另一些国家文化的行为，都是极其愚蠢的，也是根本行不通的。民族文化只有不同，而没有高低优劣之分。我们要想在一个地球村里好好生活，就必须在文化上互相欣赏。歌德有一句话说得好："人类凭着聪明，划出了一条条界限，最后用爱，把它全部推倒。"是的，能消除文化隔阂的，全凭我们的良知和爱心。第三，我们的世界要想进入合和之境，那在经济上就必须坚持共同发展，学会分享和双赢。经济利益毕竟是人类的最现实利益，每个国家和民族都高度重视它，每个人也都和经济形势切身相关。你要吃饭，我也要吃饭；你想过得更好一些，我也想改善一下生活。人同此心，心同此理。但是，绝不能因为你想吃得更好点，就把别人的饭碗砸了，这样不符合情理，也很难行得通。在现实生活中，有些国家为了经济利益，出了一些歪招；有些国家为了抢占资源，不惜诉诸武力，这都是逆天而行，这都是见利忘义，这样的行为都不可能长久。世界上任何利益都是争之不足而让之有余。据说中国的先贤大舜，在他来到历山这个地方之前，这里的居民经常为争夺土地而打得头破血流。舜用自己的善良谦让行为，彻底改变了历山这个地方的风气，出现了"耕者让畔，行者让路"的和平景象，并使经济迅速发展，人人都过上了富裕的日子。中国政府近几年提出的"一带一路"倡议，就秉承的是共商、共建、共享的原则，因此受到了沿线国家的赞同和支持。

和而不同中的"不同"也很重要，它对人类的生活同样具有巨大意义。实际上，近一百多年来，随着经济全球一体化的发展，随着各国之间交往的增多，世界已经严重的被同化和西方化。你看，现在是千城一面，无非是高楼大厦；千村一面，即使是穷乡僻壤也拥有手机和地面砖；穿的什么，无非是西装革履；吃的什么，大多是盒饭快餐。即使是一些很有地方特色的旅游景点，也都进行了现代化的包装，在声光电化中掩盖了其本来的面目。现在，不仅是一些传统的工艺、手艺、习俗在丧失，就是一些语言特别是方言，也濒临绝境或者已经消亡。这是件很可怕的事情。我们大家知道，人类的生存需要生态的多样性，殊不知，人类的生存和幸福同样需要文明的多样性。试想，如果有一天，全球70多亿人都穿着同一颜色的衣裳，都说着同一腔调的话语，都吃着一样的饭菜，都执着一样的礼节，那我们的人类的生活还有意思吗？还能谈得到幸福和快乐吗？还值得过吗？中国有句古语说得好："和实生物，同则不继。"是这样的，如果大千世界整齐划一了，就没有了生机，就会停止发展。笔者坚定地认为，任何事物，任何生命形态，也包括任何文化和文明，如果内部不再有矛盾和差异，那就意味着死寂和终结。过去有句话，在中国一直流传很广："越是民族的，就越是世界的。"这话是对的。各个国家和民族，都不要盲目崇洋媚外，都要坚守和传承好本民族的特色文化，以在世界之林有一席之地，可以和其他文化争奇斗艳。一种声调不能演奏和谐的乐章，一种颜色不能绘制美丽的画卷，一花独放不是春,百花齐放春满园。经济的全球化,不应该是文化的同质化,不应该是生活方式的单一化,而是各美其美、美人之美、美美与共,而是文明因交流而多彩,文明因互鉴而丰富。

我们要想构建起人类命运共同体,要想在和而不同、绚丽多彩的美好世界里生活,当然要靠我们全人类的共同努力,当然要有大量的事情要做。但是,我认为提高每个人的视野和胸怀是最关键的。过去我们一直崇尚家国情怀,这是很好的。那么,在今后的地球村新时代,我们除了要有家国情怀,还要有宇宙情怀,还要有民胞物与和天下一家的思想,还要有四海之内皆兄弟的胸襟。一个人如何来判断是非和得失,如何来对待他人和他物,只有取决于自己的视野和胸怀,中国古书上就记载了这方面的一个故事。《吕氏春秋》中说:"荆人有遗弓者,而不肯索,曰:荆人遗之,荆人得之,又何索焉?孔子闻之曰:去其'荆'而可矣。老聃闻之曰:去其'人'可矣。"荆人不去寻找遗失的弓箭,认为反正捡到的都是楚国人,可见其深厚的乡土情怀;孔子则更高一筹,认为应该仁者爱人,不必区分国别人群,可见其一视同仁的博大情爱;老子则更进一步,认为万物都是同体共生、休戚相关的,不必区分人与非人,而应该同等善待,可见其"同与禽兽居,族与万物并"的大道情怀!

5.诗意和俭朴,应该成为我们生活的主流形态

毫无疑问,人类的一切创造和活动,都是围绕着人类的幸福而展开;任何英雄豪杰和伟大的天才,也都要回归日常的生活。据说,有一次记者采访英国前首相撒切尔夫人,请她谈一谈政治和社会问题,撒切尔夫人回答:"哪有什么

高深的政治和社会问题，无非就是男男女女一起过日子。"这话回答得好，人类就是为了过日子，为了过好日子。现在要讨论的问题是：我们应该如何过日子？什么样的日子才算是好日子？这个问题恐怕会有很多种答案，会因人而异。但据往圣先贤的教诲，结合我们现实生活中反映出来的问题，我认为诗意和俭朴，应该成为我们人类向往的生活，应该成为我们生活中的主流形态。所谓"诗意"，就是对生活充满乐观和欣赏，还有点对现实生活的超越和精神追求；所谓"俭朴"，就是既能吃饱穿暖，就是有条件也不奢靡和浪费。总之，日子过得舒闲滋润，而又没有喧嚣和夸张。

但是，在人类社会高度发达的当今世界里，要想淡定从容地生活，谈何容易！不是我们不具备诗意和俭朴生活的条件，大多数人想做都能够做到。只是各种诱惑太多，各种攀比太盛，使很多人都没有了主心骨。今天，是一个人类在生活中盲区最多的时代，当然也就是一个生活最需要智慧引领的时代。没有智慧的引领，我们空有一堆物质，而只能使生活越过越乱，离幸福和滋润的生活越来越远。我想，要想过上诗意和俭朴的生活，首先要听一听自己内心的声音，自己生命的渴望是什么？我们现代人的许多行为，并不是自己真实生命的绽放，并不是自己所真正喜欢做的事情。别人追逐名利，我也跟着追逐名利；别人追逐新奇，我也跟着追逐新奇；今天凑这个热闹，明天又凑那个热闹。跟来跟去，在时光的洪流中淹没了自己，忘却了自己。只有听从内心的呼唤，才能活出自己的模样，才会使生活有自家的滋味，才不枉度一生。

其次，要彻底看清楚财富和幸福生活之间的关系。要想

第八章　柳暗花明又一村

过上好日子，要想生活的幸福，没有一定的物质条件和财富肯定是不行。但是，除了给社会做贡献之外，就个人而言，并不是拥有的财富越多越好，更不是金钱越多越幸福。除却基本的生活所需之外，生活能否过得滋润，应该说和财富的多少关系并不太大。我们看到，有多少人一生为钱财所困，上半生拼命挣钱，积累财富；下半生拼命花钱，挥金如土。挣钱和花钱都很累，一直在路上，终生都很忙，但自己真实的生活都泡了汤。还有很多人这样认为，我今生辛苦些，多积累些财富让我的儿孙享福。实际上，金钱未必一定能给儿孙买来幸福。林则徐说得好："子孙若如我，留钱做什么，贤而多财，则损其志；子孙不如我，留钱做什么，愚而多钱，盖增其过。"

第三，要严格管控好属于自己的时间。能否有效的管控利用好自己的时间，能否有时间去做一些有意义的事业，能否有时间去做自己喜欢做的事情，能否有时间去品尝生活中的乐趣和滋味，这是一个人能否取得一定的成就和拥有诗意幸福生活的关键。我们现代人都很忙，可以说是忙得不可开交，总有完不成的各种大目标和小目标，总有赶不完的新潮，总有没完没了的各种应酬。特别是电视、手机和微信，更是占去我们每天的大部分时间。每个人都是身影匆匆，每个人都抱恨分身无术，每个人都感到时间不够用，哪还有时间去读一些经典著作，哪还有时间去做自己一些感兴趣而又有意义的事情，甚至没有多少时间来陪伴家人，想自己独处而使心灵空静一下，想思考一下人生的意义，想梳理回味一下生活的乐趣和馈赠，更是成为不可能。泰戈尔说得好：未被占据的空间和未被占据的时间具有最高的价值。有了时间，就可以创造一切，拥有一切，但任何东西都换不来时间，能拥有自己时间的人，就是生活的主人，而没有属于自己时间的人，则沦为生活的奴隶，生活并无快乐和幸福可言，我们现代人最大的损失，也可以说是最大的不幸，是对时间的丧失，是对时间的失控，是对时间无端的浪费。我判断一个人的品位，很重要的一个标准，是看他对时间管控和使用的情况，看他是否把宝贵的时间用到了一些无谓杂事上，看他是否经常无缘无故地去消耗别人宝贵的时间。我想，我们只有管控和利用好自己的时间，有更多的精力和时间去做自己感兴趣而又有意义的事情，成为生活的主人，我们的生活才会充满诗意和幸福。中国有句古话说得好："闲，天定许；忙，人自取"。

　　第四，应该堵塞奢侈和过度消费这个无底洞。生活就是消费，随着社会的发展，随着生活水平的提高，人类的消费不断增长，这些都是正常和合理的。但是，过度的消费，盲目的消费，甚至炫富、斗富，上演一幕又一幕石崇和王恺的现代版故事，这不仅不会给生活带来真正的幸福，而且会耗费财力和精力，会破坏生活的正常秩序和宁静。我曾经做过分析，奢侈和过度消费对人类是一举而三害。人类的历史自始至终都要面对和处理好三大关系：即人与自然的关系，人与人的关系，人与自身的关系。奢侈和过度消费，是生态恶化的主要原因，影响了人和大自然的关系；奢侈和过度消费，加剧了市场竞争和对资源的抢夺，影响了人与人的关系；奢侈和过度消费，会败坏人的品德和健康，影响了人自身的和谐。关于过度消费会影响人的幸福和健康，两千多年前的老子说得很到位："五色令人目盲，五音令人耳聋，五味令人口爽，驰骋田猎令人心发狂，难得之货令人行妨。"我们要想使自己过得安宁和健康，就一定要杜绝奢侈和过度消费，在生活中多做减法，使生活简单一些，绿色一点，低碳一点，简朴一点。

　　第五，要用明哲保护好自己的幸福生活。人生都有七灾八难，人生都有沟沟坎坎，人生是充满风险的。特别是生活在当今的人类社会，各种诱惑多，各种似是而非的忽悠多，各种陷阱多，人要想平平安安地度过一生，并非易事。我在《天不变道亦不变》一书中，对中国传统文化中的明哲保身思想进行了创新和积极的解读。《诗经》中说："既明且哲，以保其身。"孔颖达疏："既能明晓善恶，且又是非辨知，以此明哲择安去危，而保全其身，不有祸败。"我认为，我们现代人应该去掉对"明哲保身"的微词，像先贤那样从正面去理解"明哲保身"道理的善良和高明；明哲保身，不是不分是非曲直，只知和稀泥，而是委曲求全，顾全大局；明哲保身，不是只顾自己不管他人，而是为而不争，利而不害，利人利己；明哲保身，不是不敢担当和不思进取，而是厚积薄发，待机而动，尽量减少行动中的风险；明哲保身，不是平庸和降低人生追求，而是志存高远，从容淡定，多奉献，少索取，功成身退；明哲保身，不是唯唯诺诺和没有主见和能力，而是力求把握好分寸，掌握好火候，留有余地，慎终如始，谦卑做人。据说朱元璋有一次在朝会上问大臣，"天下谁人最快乐？"有人回答说功成名就最快乐，也有人说富甲一方最快乐，还有人说打猎钓鱼最快乐，朱元璋听后都不置可否。其中有一位大臣回答说："遵纪守法最快乐，只有遵纪守法，才能平平安安，才能做自己想做的事情。"朱元璋深表赞许。明哲保身，就是广义上的遵纪守法，就是遵循天地之大纪，就是坚守人间之律法。多少年来，我对亲人和朋友的祝福，都是"平安、健康、快乐"六个字，始终把平安放在首位。试想，一个人或者家庭，如果失去了平安，哪会有幸福和快乐的生活？

　　第六，要用乐观和欣赏的态度对待生活中的一切。对于我们每个人来说，究竟有没有类似像孔子所说的"生死有命，富贵在天"的命运呢？我们不好贸然断定。但是，在现实生活中，确实有些人好像显得一帆风顺些，而又有些人好像显得步履维艰些。当然，说一个人一帆风顺，在一生中也会有逆境；说一个人步履维艰，在一生中也会有坦途。好，那么我们就姑且承认有命运这东西吧。塞涅卡说：愿意的人，命运领着走；不愿意的人，命运拖着走。有的人认为命运很难改变，有的人认为要扼住命运的喉咙。我在这里要强调的是，不管命运是否可以改变，对待命运的态度则完全由我。大家经常说的一句话：不调工资就调心情，虽然是调侃，却富有哲理。不管碰上什么样的命运，我们都应该欣然接受，安之若素，不怨天尤人，不自暴自弃。机遇好一些，就加快发展事业；机遇差一些，就坚守自强以提升自己。总之，不管是逆境还是顺境，都要持有乐观向上的心态，都要在平和和快乐中度过。

　　我们现在再来讨论一下有关工作和职业的问题。大致上来说，我们每个人都应该有一项工作和固定的职业。但是，这份工作和职业对我们每个人来讲并不一定专业对口，也难说对自己所从事的工作和职业感兴趣。对于自己的工作和职业不感兴趣，我们大都是这样看待和处理的：对工作不感兴趣没有办法，这是我谋生的手段，要的是以此来养家糊口，工作对我虽是个煎熬，但我可以以此为代价，在业余时间寻找快乐。其实，这是很不划算的，试想你每天都要在痛苦中度过八个小时，这对身心是多大的损伤。我们应该转变思路和心态，像雷锋那样："干一行，爱一行，专一行，精一行。"实际上任何工作和职业都有它的社会价值，都有它的可爱之处，都有它值得研究和提升的地方，我们只要稍微转变一下视觉，看似枯燥无味的工作，很快就会变得乐趣无穷。你只要把工作和职业也变成了快乐的所在，那你一天里不幸福的时刻就已经很少了。我说这些话，并不是在唱高调，而是我几十年的切身体会。

再一种情况是，我们日常生活本身就蕴含着很多美好的事情，只是我们缺少观察的眼睛，失去欣赏的能力。我们的人生，就如同一个旅行者，一心只希望尽快到达目的地，日夜兼程，马不停蹄，忘记了路两边同样有好风景，无暇顾及，无心领略。中国古代有一个叫陈道婆的，她曾经这样感慨："高坡平顶上，尽是采樵翁。人人尽怀刀斧意，不见山花映水红。"（《五灯会元》卷六）是的，我们这些赶路人，心中尽是各种各样的盘算，满脑里装的尽是利害得失，眼前有再美的山水鲜花，也会视而不见，与己无关。中国有首古诗说得好："春有百花秋有月，夏有凉风冬有雪，若无闲事挂心头，便是人间好时节。"是啊，我们只要以欣赏的态度来看待生活，一年四季，一年365天，天天都会有赏心悦目之事，天天都会变得幸福快乐。

关于诗意和俭朴的生活，陶渊明在1500多年前给我们描绘了一幅理想生活的画卷，我们现代人虽然不可能再退回到桃花源的世界，但世外桃源的魅力和文化象征意义仍然十分巨大，我们下面就摘录一段《桃花源》中的文字，以共同分享一下人类曾经有过的美好理想："林尽水源，便得一山。山有小口，仿佛若有光。便舍船，从口入。初极狭，才通人，复行数十步，豁然开朗。土地平旷，屋舍俨然，有良田美池桑竹之属；阡陌交通，鸡犬相闻。其中往来种作，男女衣着，悉如外人。黄发垂髫，并怡然自乐。"

这一章的内容，也可以说是全书的总结和落脚点，我想读者诸君要能领会以下几点即可：

1. 人类一定能够成功应对工业化和后工业化时代面临的危机和挑战，我们对人类走出困境迎接新文明时代的到来，充满信心和希望。

2. 趋利避害，走出困境，建设一个更加美好的世界，要靠人类的智慧和力量。博大精深的中国传统优秀文化，能为我们当今人类的生活提供诸多借鉴和启示。

3. 习近平新时代中国特色社会主义思想，特别是其提出的构建人类命运共同体的理念，关于"一带一路"的倡议，为人类迎接挑战、走出困境，贡献了中国智慧和中国方案，为世界今后的和平发展指明了方向。

4. 总结人类历史几千年的经验教训，我们人类应该永远感恩、敬畏大自然，要永远依偎在大自然的怀抱，做大自然之子，共同精心呵护好我们的地球家园。

5. 要重新审视和确定人生的意义和目的，在发展经济和重视物质利益的同时，更要重视对理想和精神生活的追求，恢复生命的高贵和厚重。

6. 要防范科技颠覆和科学技术的滥用，要不断提升人文和智慧，提高驾驭引领科学技术发展的能力，限制基因工程、生物技术等高新技术的负面作用，使科学技术等手段只能为人类谋福利。

7. 我们要共同建设一个和而不同、绚丽多彩的美好世界，有事共同商量，利益要共同分享，文化要互相尊重。

8. 诗意和简朴应该成为我们生活的主流形式。要认清楚物质财富和幸福生活之间的关系，要反对奢侈豪华的过度消费，提倡绿色和低碳生活，要善于发现生活中的美，始终把生活过得健康和快乐。

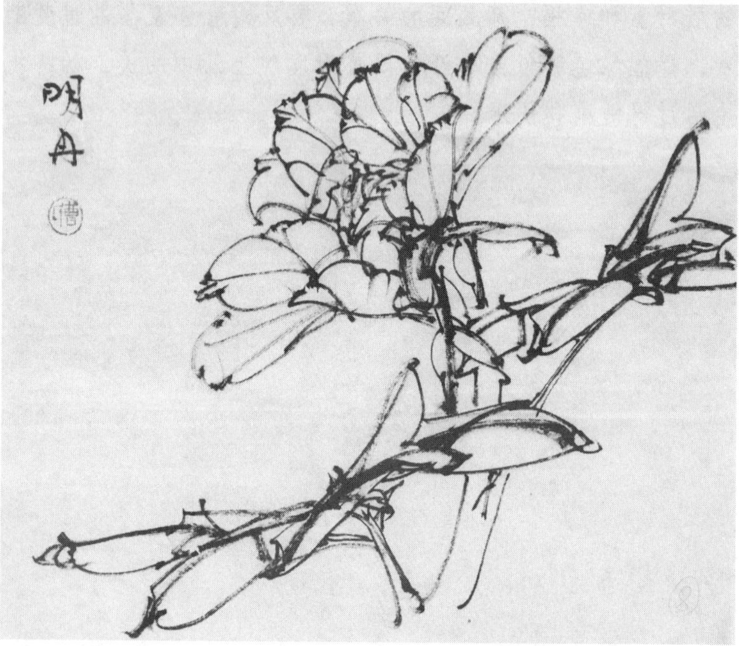
明丹

后　记

　　现在如果让我来重新写这一部书，我一定列出专章来谈论亲情、友情和感恩。历经十载，全部用业余时间完成这样一本内容浩繁的书，固然有自己的坚守和努力，但更离不开亲人、师友的支持和指导。妻子姜春云，为了让我有更多的时间读书和写书，包揽了所有的家务。山东大学副教授邵明华博士，给我查找文献、借阅书籍，并负担打印书稿。师兄傅克辉、王育济、方辉，给予了多方面的帮助。山东大学副校长、著名数学家刘建亚教授在数学方面为书稿把关。著名学者和作家余秋雨、张炜、吴义勤先生，既给予指导，又给予鼓励。此书能顺利出版，当然要感谢李岩先生、于殿利先生以及郑殿华编审，感谢商务印书馆的支持。

　　本书通篇都在探讨一个课题：如何能够使人类生活得更加安全和幸福。在此，祝愿我的亲人和朋友，祝愿每一位读者，都能够平安健康和快乐！